21 世纪高职高专规划教材·公共基础系列

现代营销礼仪

张岩松　刘晓燕　主　编

清 华 大 学 出 版 社
北京交通大学出版社
·北京·

内容简介

本书作为反映高职教育教学改革最新理念的新型实用教材，是工作过程导向的高职项目课程开发的一次有益尝试。其内容是根据企业营销工作所涉及的礼仪活动和规范而设定的，分为营销人员形象设计、营销人员日常交往、营销人员活动开展三大项目，项目下设有仪容设计、服饰设计、仪态设计、见面礼仪、拜访礼仪、接待礼仪、馈赠礼仪、求职礼仪、客户沟通、电话营销、营销宴请、营销活动等12项任务。每项任务作为一个活动训练单元，由“学习目标”、“案例导入”、“任务设计”、“知识链接”、“专业阅读”和“课后训练”六部分构成。全书体例新颖，内容翔实，紧贴营销工作实际，实训项目设计科学得当，课后训练题型新颖实用，让学生在做中学、在学中练，学做结合，不断提高其营销礼仪各项技能的应用能力。

本书可作为针对经管类、商贸类高职高专各专业学生进行营销礼仪训练的创新型教材，还可作为商界人士提高礼仪素养和能力的优秀读物及自我训练手册，它也是各企业进行相关岗位培训的实用教材。

图书在版编目(CIP)数据

现代营销礼仪/张岩松主编. —北京：清华大学出版社；北京交通大学出版社，2012.4(2016.8 重印)
(21 世纪高职高专规划教材・公共基础系列)
ISBN 978-7-5121-0955-1

Ⅰ. ①现…　Ⅱ. ①张…　Ⅲ. ①营销-礼仪-高等职业教育-教材　Ⅳ. ①F713.50

中国版本图书馆 CIP 数据核字（2012）第 056889 号

责任编辑：郭东青
出版发行：清 华 大 学 出 版 社　　邮编：100084　　电话：010-62776969
　　　　　北京交通大学出版社　　邮编：100044　　电话：010-51686414
印 刷 者：北京交大印刷厂
经　　销：全国新华书店
开　　本：185mm×230mm　　印张：20.5　　字数：495 千字
版　　次：2012 年 4 月第 1 版　　2016 年 8 月第 3 次印刷
书　　号：ISBN 978-7-5121-0955-1/F・995
印　　数：5 001～5 500 册　　定价：33.00 元

本书如有质量问题，请向北京交通大学出版社质监组反映。对您的意见和批评，我们表示欢迎和感谢。
投诉电话：010-51686043，51686008；传真：010-62225406；E-mail：press@bjtu.edu.cn。

出版说明

高职高专教育是我国高等教育的重要组成部分，它的根本任务是培养生产、建设、管理和服务第一线需要的德、智、体、美全面发展的高等技术应用型专门人才，所培养的学生在掌握必要的基础理论和专业知识的基础上，应重点掌握从事本专业领域实际工作的基本知识和职业技能，因而与其对应的教材也必须有自己的体系和特色。

为了适应我国高职高专教育发展及其对教学改革和教材建设的需要，在教育部的指导下，我们在全国范围内组织并成立了“21世纪高职高专教育教材研究与编审委员会”(以下简称“教材研究与编审委员会”)。“教材研究与编审委员会”的成员单位皆为教学改革成效较大、办学特色鲜明、办学实力强的高等专科学校、高等职业学校、成人高等学校及高等院校主办的二级职业技术学院，其中一些学校是国家重点建设的示范性职业技术学院。

为了保证规划教材的出版质量，“教材研究与编审委员会”在全国范围内选聘“21世纪高职高专规划教材编审委员会”（以下简称“教材编审委员会”）成员和征集教材，并要求“教材编审委员会”成员和规划教材的编著者必须是从事高职高专教学第一线的优秀教师或生产第一线的专家。“教材编审委员会”组织各专业的专家、教授对所征集的教材进行评选，对所列选教材进行审定。

目前，“教材研究与编审委员会”计划用2～3年的时间出版各类高职高专教材200种，范围覆盖计算机应用、电子电气、财会与管理、商务英语等专业的主要课程。此次规划教材全部按教育部制定的“高职高专教育基础课程教学基本要求”编写，其中部分教材是教育部《新世纪高职高专教育人才培养模式和教学内容体系改革与建设项目计划》的研究成果。此次规划教材按照突出应用性、实践性和针对性的原则编写并重组系列课程教材结构，力求反映高职高专课程和教学内容体系改革方向；反映当前教学的新内容，突出基础理论知识的应用和实践技能的培养；适应“实践的要求和岗位的需要”，不依照“学科”体系，即贴近岗位，淡化学科；在兼顾理论和实践内容的同时，避免“全”而“深”的面面俱到，基础理论以应用为目的，以必要、够用为度；尽量体现新知识、新技术、新工艺、新方法，以利于学生综合素质的形成和科学思维方式与创新能力的培养。

此外，为了使规划教材更具广泛性、科学性、先进性和代表性，我们希望全国从事高职高专教育的院校能够积极加入到“教材研究与编审委员会”中来，推荐“教材编审委员会”成员和有特色的、有创新的教材。同时，希望将教学实践中的意见与建议，及时反馈给我们，以便对已出版的教材不断修订、完善，不断提高教材质量，完善教材体系，为社会奉献更多更新的与高职高专教育配套的高质量教材。

此次所有规划教材由全国重点大学出版社——清华大学出版社与北京交通大学出版社联合出版，适合于各类高等专科学校、高等职业学校、成人高等学校及高等院校主办的二级职业技术学院使用。

21世纪高职高专教育教材研究与编审委员会

2010年1月

前　　言

随着经济的不断发展，营销已经成为企业发展和生存的命脉，营销人员的工作业绩直接影响着企业的经济效益。营销是一个被客户认可的过程，作为营销人员首先要让客户认可自己，因为只有这样，营销人员才能实现第二步——让客户认可企业和产品。如何才能赢得客户的认可呢？营销礼仪是不可或缺的。营销礼仪作为营销活动的基本礼仪规范，它帮助营销人员塑造良好的个人形象，给客户留下最美好的第一印象，使双方真诚地沟通，更好地赢得客户的好感、信任与尊重。正如北京未来之舟礼仪培训机构所评价的那样：营销礼仪就是营销人员“完善自身的点金榜、与顾客交往的润滑剂、成功交易的催化剂”，“是新的市场环境下竞争的核心。”鉴于此，我们开发了这本《现代营销礼仪》特色教材。

本书是 2007 年教育部立项建设的大连职业技术学院现代交际礼仪国家精品课程的标志性成果之一。它作为反映高职教育教学改革最新理念的新型实用教材，是工作过程导向的高职项目课程开发的一次有益尝试。其内容是根据企业营销工作所涉及的礼仪活动和规范而设定的，分为营销人员形象设计、营销人员日常交往、营销人员活动开展三大项目，项目下设有仪容设计、服饰设计、仪态设计、见面礼仪、拜访礼仪、接待礼仪、馈赠礼仪、求职礼仪、客户沟通、电话营销、营销宴请、营销活动等 12 项任务。每项任务作为一个活动训练单元，由“学习目标”、“案例导入”、“任务设计”、“知识链接”、“专业阅读”和“课后训练”六部分构成。

“学习目标”指明了学习本“任务”之后学生能够掌握何种营销礼仪技能，让学生在每个学习任务一开始就做到明确重点、学有方向。

“案例导入”是指与本任务应掌握的核心技能相关的案例，该案例营造了一个典型、实用、生动的交际情境，这些交际情境有的是“示范式”的（正确的礼仪表现），有的是“示错式”的（错误的礼仪表现），通过这些典型“情境”引发学生思考，进一步明确本“任务”的学习目标和核心内容。

“任务设计”充分强调了急需解决的营销礼仪的具体任务的重要性和意义，进一步明确教学需要面对的具体问题，并为完成本任务的学习具体设计了实训项目。这些实训项目是教师课堂教学的主要内容，通过情景模拟、角色扮演等方式方法，让学生在做中学、学中做，学做结合，不断提高其实践操作能力。

“知识链接”重点介绍了为完成营销礼仪实训项目必须具备的基础知识。这些知识的介绍本着“理论够用为度”的原则，注重条理性和可读性。

“专业阅读”精选了富有情趣而贴近营销礼仪的相关精美文章，提供学生作为课堂知识延伸的阅读材料，以使学生开阔视野，进一步加深对营销礼仪相关知识、技能的掌握和深化。

“课后训练”中的练习题是精心设计和选编的，多为需要学生消化课堂学习内容，亲身实践，动手动脑去完成的技能训练题，它可供学生在课后复习巩固时选用，以巩固营销礼仪知识和技能，并将各类规范不断内化为行为习惯，塑造出全新的形象。

本书可作为针对经管类、商贸类高职高专各专业学生进行营销礼仪训练的创新型教材，还可作为商界人士提高礼仪素养和能力的优秀读物及自我训练手册，它也是各企业进行相关岗位培训的实用教材。

本书由张岩松、刘晓燕任主编，唐长菁、许峰任副主编，具体分工如下：张岩松确定全书体系框架并编写任务一、任务三和任务十二；刘晓燕编写任务二、任务四、任务七和任务八；唐长菁编写导论、任务五、任务九和任务十一；许峰编写任务六和任务十。蔡颖颖、张铭、祁玉红、潘丽、王艳洁、包红军、马蕾、付强、李健完成了资料检索搜集工作。蔺瑶、谷明艳、胡丹、屈剑、赵祖笛、张楠同学为书中图片模特，刘晓燕负责图片摄影和后期制作。高琳、穆秀英、阚丽、郭沁荣、王芳、刘桂华、于凯、王洪亮、李晓明、唐成人、王海鉴进行了文字录入工作。全书由刘晓燕、许峰统稿。

本书在编写过程中，集采众家之说，参考颇多，限于篇幅仅列出了主要参考书目，在此，向各位专家学者深表谢意。有些资料是参考互联网上发布或转发的信息，在此亦向各位原作者所付出的辛勤劳动表示衷心的感谢。本书的出版也得到了北京交通大学出版社的大力支持，在此一并致谢。

本书是尝试之作，对书中的疏漏之处，敬请读者批评指正。

编　者

2012 年 4 月

目　　录

导论　礼仪与营销礼仪 …… 1

项目一　营销人员形象设计

任务一　仪容设计 …… 19
　学习目标 …… 19
　案例导入 …… 19
　任务设计 …… 20
　知识链接 …… 20
　专业阅读 …… 33
　课后训练 …… 38
任务二　服饰设计 …… 40
　学习目标 …… 40
　案例导入 …… 40
　任务设计 …… 40
　知识链接 …… 41
　专业阅读 …… 56
　课后训练 …… 58
任务三　仪态设计 …… 63
　学习目标 …… 63
　案例导入 …… 63
　任务设计 …… 64
　知识链接 …… 65
　专业阅读 …… 87
　课后训练 …… 94

项目二　营销人员日常交往

任务四　见面礼仪 …… 99
　学习目标 …… 99
　案例导入 …… 99
　任务设计 …… 100
　知识链接 …… 100
　专业阅读 …… 115
　课后训练 …… 119
任务五　拜访礼仪 …… 121
　学习目标 …… 121
　案例导入 …… 121
　任务设计 …… 122
　知识链接 …… 122
　专业阅读 …… 128
　课后训练 …… 131
任务六　接待礼仪 …… 133
　学习目标 …… 133
　案例导入 …… 133
　任务设计 …… 134
　知识链接 …… 134
　专业阅读 …… 141
　课后训练 …… 144
任务七　馈赠礼仪 …… 146
　学习目标 …… 146
　案例导入 …… 146
　任务设计 …… 146
　知识链接 …… 147
　专业阅读 …… 152
　课后训练 …… 153
任务八　求职礼仪 …… 157
　学习目标 …… 157

案例导入 …… 157
任务设计 …… 157
知识链接 …… 158
专业阅读 …… 169
课后训练 …… 176

项目三 营销人员活动开展

任务九 客户沟通 …… 183
学习目标 …… 183
案例导入 …… 183
任务设计 …… 184
知识链接 …… 184
专业阅读 …… 215
课后训练 …… 219
任务十 电话营销 …… 225
学习目标 …… 225
案例导入 …… 225
任务设计 …… 225
知识链接 …… 226
专业阅读 …… 236
课后训练 …… 241
任务十一 营销宴请 …… 246
学习目标 …… 246
案例导入 …… 246
任务设计 …… 247
知识链接 …… 248
专业阅读 …… 278
课后训练 …… 283
任务十二 营销活动 …… 286
学习目标 …… 286
案例导入 …… 286
任务设计 …… 287

知识链接 …… 288
专业阅读 …… 310
课后训练 …… 315

参考文献 …… 317

导论　礼仪与营销礼仪

礼仪能够带来良好的人际关系，而良好的人际关系又是提高生产力的要求。

——（新加坡）李光耀

我不喜欢和不注重礼仪的人打交道，我相信别人也是这样。

——（美）杰克·韦尔奇

礼仪是人们步入文明社会的“通行证”。人类自诞生那天起，便开始了对文明与美的追求。礼仪体现了人类社会不断摆脱愚昧、野蛮、落后，以及整个社会的进化程度，也是一个国家、一个民族进步、开化与兴旺的标志。我国作为东方文明古国和东方文化的发源地，素有“礼仪之邦”的美誉。数千年对文明的不懈追求，形成了丰富多彩的东方文化和礼仪。

今天，随着社会生产力的不断发展，物质生活条件的逐步改善，社会文明程度的日益提高，人们对礼仪倍加推崇。讲文明、懂礼貌，尊重他人，服务社会已成为人们的共识。无论是人际的、社会的以至国与国之间的交往，或是旅游、商业、服务业等行业的接待服务工作，都离不开对礼仪规范的遵守。

一、礼仪

礼仪是人们在社会交往过程中形成的并得到共同认可的各种行为规范，它是人们以一定的程序、方式来表现的律己、敬人的完整行为。它体现了一个国家、一个民族、一个地区的道德风尚和人们的精神面貌。所以，礼仪是人类精神文明的产物。

1. 礼仪的历史沿革

礼仪的历史是漫长而久远的。它随着人类社会的产生而产生，随着经济的发展、社会的进步而不断前进。

在原始社会，人类还处在蒙昧时代，生产力水平极端低下，靠“天”吃饭，人们对许多自然现象无法解释，就把“天”、“神”作为宇宙间最高的主宰，对之顶礼膜拜，进行祭祀，这时就产生了最早的也是最简单的以祭天、敬神（即“图腾”）为主要内容的“礼”，当时只有简单的人际交往，只要不违背“图腾”，就可以继续交往下去。

随着原始社会的解体，人类进入奴隶社会，“礼”开始打上阶级的烙印，礼的含义也有所变化。在周代，礼除了用于祭祀之外，还作为治国之本。孔子认为：“为国以礼”。《礼记·经解》上说：“朝觐之礼，所以明臣子之义也；聘问之礼，所以使诸侯相尊敬也；丧祭之礼，所以明君臣之恩也；乡饮酒之礼，所以明长幼之序也；婚姻之礼，所以明男女之别也。”由此可见，周礼不仅内容已大为增加，而且还包含着社会政治制度的结构形式和社会生活行为规范。礼已成为阶级统治的工具，成为社会等级制度的表征，成为区分贵贱、尊卑、顺逆、贤愚的准则。

春秋时期，“礼崩乐坏”。有人提出了“仪”这一概念。据《左传·昭公五年》记载，鲁昭公到晋国去访问，晋平公对女叔齐说：鲁昭公很懂得礼。女叔齐却不以为然，答曰：鲁昭公哪里知礼？晋平公觉得很奇怪，就反问道：鲁昭公从效劳一直到赠贿，从没有失礼之处，为何说他不知礼？女叔齐说：鲁昭公在外交上善于应酬，那只不过是仪，根本算不上礼。在他看来，礼乃立国治政的大法，仪是指一种礼节、仪式、仪文。这在当时是较流行的观点。如齐国的晏子认为：“在礼，家施不及国、民不迁、农不移、工贾不变、士不滥、官不滔、大夫不收公利。”礼可以治国，礼能改变政局发展的趋势。在先秦时代人们的心目中，礼和仪的含义是不同的。不过，在当时礼和仪也很难明确区分，其实所谓的“礼”中也包含着一定成分的“仪”。

到了封建社会，礼仪逐渐成为统治阶级进行封建统治的工具，有些还以法律的形式固定下来，形成“礼制”，成为束缚人们行为的工具。

辛亥革命在推翻了封建帝制的同时，也结束了封建礼制，“五四”新文化运动使中华民族开始了新文化建设征程。

随着无产阶级的觉醒，使社会主义礼仪具备了雏形。无产阶级是历史上最先进、最革命的阶级，以解放全人类为己任，他们具有高尚的情操。为了处理其内部及与其他劳动阶级的关系，完成共同的历史使命，更需要讲究文明礼貌，更需有自己的礼仪规范。

早在民主革命时期，中国共产党领导的人民军队区别于国民党部队的显著标志之一就是讲“三大纪律，八项注意”。其中的“说话要和气”，“买卖要公平”，“不许打人骂人”，“不许调戏妇女”，“不虐待俘虏”等，都是适应当时斗争需要的纪律，也可视为公德、礼仪的组成部分。当时在各解放区均形成了一种新型的人际关系和新的道德风尚。人心的向背，决定了共产党领导的新民主主义革命的胜利。当时的社会公德和风尚，实质上具有社会主义公德与礼仪规范雏形的性质，我们今天别具一格的、世人景仰赞扬的社会主义新风尚，正是在此“雏形”的基础上壮大和发展起来的。

新中国成立以后，随着社会制度的彻底变革，逐步地变私有制经济为公有制经济为主导的经济基础，人与人之间的关系也出现了前所未有的变化。在人民内部合作代替了对抗，互助、互利代替了尔虞我诈，建立起真正平等的、亲密的同志关系，由此而建立起的礼宾规范，为世人所称赞，人们至今仍对20世纪50年代好的社会风尚留有深刻的印象。在人际和社会交往的过程中，真正做到只有分工不同，没有高低贵贱之分，诚挚相处，互谅互让；舍己救人，助人为乐蔚然成风，不少地方真正形成道不拾遗、夜不闭户；敬老、爱幼、尊贤的优良礼貌传统，得到充分的弘扬。不少外国友人对此惊叹不已。

改革开放以来，人们对礼仪重新进行了文化审视和理性思考，汲取了西方文明的优秀成果，使中西方文化和中西方礼仪有机地交融，逐步地完善和发展。

2. 礼仪的内涵

礼仪是人际交往过程中的外在表现的形式与规则的总和。它作为在人类历史发展中逐渐形成并积淀下来的一种文化，始终以其某种精神的约束力支配着每一个人的行为。礼仪是人类文明进步的重要标志，是适应时代发展、促进个人进步和成功的重要途径。礼仪、法律与道德，被称为人生幸福的三位守护神。而礼仪却不像法律那样威严，不像道德那样肃然。礼仪始终是一个会心的微笑、一种温和的声音、一种怡情悦心的需要。礼仪的内涵包括如下四个方面。

第一，礼仪是一种行为准则或规范。它是一种程序，有一定的套路，表现为一定的章法，只有遵守这些习俗和规范，才能适应社会发展。

第二，礼仪是一定社会关系中人们约定俗成、共同认可的行为规范。它表现为一些零散的规矩、习惯，然后才逐渐上升为大家认可的，可以用语言、文字、动作进行准确描述和规定的行为准则，并成为人们有章可循、可以自觉学习和遵守的行为规范。

第三，礼仪是一种情感互动的过程。在礼仪的实施过程中，既有施礼者的控制行为，也有受礼者的反馈行为。即礼是施礼者与受礼者的尊重互换、情感互动的过程。

第四，礼仪的目的是为了实现社会交往各方面的互相尊重，从而达到人与人之间关系的和谐。在现代社会，礼仪体现着一个人对他人和社会的认知水平、尊重程度，是一个人学识、修养和价值的外在表现。遵守礼仪是人获得自由的重要手段和途径之一。

随着时代的变迁、社会的进步和人类文明程度的提高，人们的文明程度在不断地提高，礼仪在对我国古代礼仪扬弃的基础上，不断推陈出新，内容更完善、更合理、更加丰富多彩。

（1）礼节。礼节是人们在交际过程中逐渐形成的约定俗成的和惯用的各种行为规范之总和。礼节是社会外在文明的组成部分，具有严格的礼仪性质。它反映着一定的道德原则的内容，反映着对人对己的尊重，是人们心灵美的外化。在阶级社会，由于不同阶级的人在利益上的根本冲突，礼节多流于形式。在现代社会中，由于人与人之间地位平等，其礼节从形式到内容都体现出人与人之间相互平等、相互尊重和相互关心。现代礼节主要包括：介绍的礼节、握手的礼节、打招呼的礼节、鞠躬的礼节、拥抱的礼节、亲吻的礼节、举手的礼节、脱帽的礼节、致意的礼节、作揖的礼节、使用名片的礼节、使用电话的礼节、约会的礼节、聚会的礼节、舞会的礼节、宴会的礼节等。当今世界是个多元化世界，不同国家、不同民族、不同地区的人们在各自生存环境中形成了各自不同的价值观、世界观和风俗习惯，其礼节从形式到内容都不尽相同。

（2）礼貌。礼貌是指人们在社会交往过程中良好的言谈和行为。它主要包括口头语言的礼貌、书面语言的礼貌、态度和行为举止的礼貌。礼貌是人的道德品质修养的最简单、最直接的体现，也是人类文明行为的最基本的要求。在现代社会，使用礼貌用语，对他人态度和蔼，举止适度，彬彬有礼，尊重他人已成为日常的行为规范。

（3）仪表。仪表指人的外表，包括仪容、服饰、体态等。仪表属于美的外在因素，反映人的精神状态。仪表美是一个人心灵美与外在美的和谐统一，美好纯正的仪表来自于高尚的道德品质，它和人的精神境界融为一体。端庄的仪表既是对他人的一种尊重，也是自尊、自重、自爱的一种表现。

（4）仪式。仪式指行礼的具体过程或程序。它是礼仪的具体表现形式。仪式是一种比较正规、隆重的礼仪形式。人们在社会交往过程中或是组织在开展各项专题活动过程中，常常要举办各种仪式，以体现出对某人或某事的重视，或是为了纪念等。常见的仪式包括成人仪式、结婚仪式、安葬仪式、凭吊仪式、告别仪式、开业或开幕仪式、闭幕仪式、欢迎仪式、升旗仪式、入场仪式、签字仪式、剪彩仪式、揭匾挂牌仪式、颁奖授勋仪式、宣誓就职仪式、交接仪式、奠基仪式、洗礼仪式、捐赠仪式等。仪式往往具有程序化的特点，这种程序有些是人为地约定俗成的。在现代礼仪中，仪式中有些程序是必要的，有些则可以简化。因此，仪式也大有越来越简化的趋势。但是，有些仪式的程序是不可省略的，否则就是非礼。

（5）礼俗。礼俗即民俗礼仪，它是指各种风俗习惯，是礼仪的一种特殊形式。礼俗是由历史形成的，普及于社会和群体之中并根植于人们心里，在一定的环境经常重复出现的行为方式。不同国家、不同民族、不同地区在长期的社会实践中形成了各具特色的风俗习惯。“十里不同风，百里不同俗”，不但每一个民族、地区，甚至一个小小的村落都可能形成自己的风俗习惯。

3. 礼仪的特性

礼仪是人们在漫长的社会实践中逐步形成、演变和发展的。现代礼仪是在一番脱胎换骨之后形成的，它具有文明性、共通性、多样性、变化性、规范性和传承性等特性。

（1）文明性。礼仪是人类文明的结晶，是现代文明的重要组成部分。人类从降世那天起就开始了对文明的追求，亚当、夏娃用树叶遮身便是文明之举。人类从茹毛饮血到共享狩猎成果，从盲目迷信、敬畏鬼神到崇尚科学、论证无神，从战争到和平，尤其是文字的发明，人类运用语言文字来表达文明、宣传文明、建设文明。文明的体现宗旨是尊重，既是对人也是对己的尊重，这种尊重总是同人们的生活方式有机地、自然地、和谐地和毫不勉强地融合在一起，成为人们日常生活、工作中的行为规范。这种行为规范包含着个人的文明素养，比如待人接物热情周到、彬彬有礼；人们彼此间互帮互助、彼此尊重、和睦相处，体现出人们日常生活中的文明、友好；注重个人卫生，穿着适时得体，见人总是微笑着问候致意，礼貌交谈，文明用语，这也体现出人们的品行修养。总之，礼仪是人们内心文明与外在文明的综合体现。

（2）共通性。无论是交际礼仪、商务礼仪还是公关礼仪，都是人们在社会交往过程中形成并得到共同认可的行为规范。我们今天生活的世界可谓千姿百态。人们尽管分散居住于五大洲、四大洋的不同角落，但是，许多礼仪都是世界通用的。例如，问候、打招呼、礼貌用语、各种庆典仪式、签字仪式等，大体上是世界通用的。虽然由于各国家、各地区、各民族形成了许多特有的风俗习惯，但就礼仪本身的内涵和作用来说，仍具有共通性。正是由于礼仪拥有共通性，才形成了国际交往礼仪。

（3）多样性。世界是丰富多彩的，其中礼仪也是五花八门、绚烂多姿的。世界各地民俗礼仪千奇百怪，几乎没有人能说清楚世界上到底有多少种礼仪形式。从语言的表达礼仪到文字的使用礼仪，从举止礼仪到规范化礼仪，从服饰礼仪到仪表礼仪，从风俗礼仪到宗教礼仪等，在不同的国家、不同的场合，礼仪的表达方式也有所不同。比如在人们常见的国际交往礼仪中，仅见面礼节就有握手礼、点头礼、亲吻礼、鞠躬礼、合十礼、拱手礼、脱帽礼、问候礼等。礼仪可谓多种多样，纷繁复杂。有些礼仪所表达的方式和内容，在甲国家或地区与乙国家或地区可能截然相反。

（4）变化性。礼仪并不存在僵死不变的永恒模式。随着时间的推移，礼仪会发生巨大的变化。可以说，每一种礼仪都有其产生、形成、演变、发展的过程。礼仪在运用时也具有灵活性。一般说来，在非正式场合，有些礼仪可不必拘于约定俗成的规范，可增可减，随意性较大。在正式场合，讲究礼仪规范是十分必要的。但如果双方已非常熟悉，即使是较正式的场合，有时也不必过于讲究礼仪规范。

（5）规范性。礼仪，指的就是人们在交际场合待人接物时必须遵守的行为规范。这种规范性，不仅约束着人们在一切交际场合的言谈话语、行为举止，使之合乎礼仪；而且也是人们在一切交际场合必须采用的一种“通用语言”，是衡量他人、判断自己是否自律、敬人的一种尺度。礼仪是约定俗成的一种自尊、敬人的惯用形式，任何人要想在交际场合表现得合乎礼仪，彬彬有礼，都必须对礼仪无条件地加以遵守。另起炉灶，自搞一套，或是只遵守个人适应的部分，而不遵守不适应自己的部分，都难以为交往对象所接受、所理解。

（6）传承性。任何国家的礼仪都具有自己鲜明的民族特色，任何国家的当代礼仪都是在本国古代礼仪的基础上继承、发展起来的。离开了对本国、本民族既往礼仪成果的传承、扬弃，就不可能形成当代礼仪。这就是礼仪传承性的特定含义。作为一种人类的文明积累，礼仪将人们在交际应酬之中的习惯做法固定下来，流传下去，并逐渐形成自己的民族特色，这不是一种短暂的社会现象，而且不会因为社会制度的更替而消失。对于既往的礼仪遗产，正确的态度不应当是食古不化，全盘沿用，而应当是有扬弃，有继承，更有发展。

二、营销礼仪

当今，企业与企业的竞争已经从局部的产品竞争、价格竞争、资源竞争、人才竞争，发展到企业整体性竞争——企业形象的竞争。企业形象是一个综合性的概念，它是由众多的个体形象组成的，而营销礼仪正是塑造个人形象、企业形象的一种重要手段和工具。

1. 营销礼仪的含义

营销礼仪是指营销人员在营销活动中，用以维护企业或个人形象，对交往对象表示尊重、善意、友好的一系列行为规范及惯用形式。

营销礼仪是一般礼仪在营销活动中的运用和体现，它比一般的人际交往礼仪的内容更丰富，同一般的人际交往礼仪相比，营销礼仪有很强的规范性和操作性。在现代市场经济条件下，作为一名营销人员，要想在竞争激烈的行业领域取得成功，并保持良好的商业信誉和个人形象，就必须了解、熟悉和正确地使用营销礼仪。

一般来说，在营销活动中，语言合情合理、行为自然得体，按约定俗成的规矩办事，按大家都可以接受的礼节程序与客户交往，这些都是营销礼仪的基本内容。营销礼仪是企业及企业营销人员与公众关系的“润滑剂”，正确地运用营销礼仪，对于树立良好的企业形象、个人形象，妥善处理各方面关系，促进营销工作的开展，有效地消除隔阂、误解，使营销过程变得和谐、愉快，更好地实现营销工作的目标，取得最佳的经济效益和社会效益都具有非常现实的意义。

一般地，营销礼仪包括如下四个基本要素。

（1）营销礼仪的主体。即各种营销活动中礼仪行为和活动的操作者和实施者，包括企业或企业的营销人员。

（2）营销礼仪的客体。即各种礼仪行为和活动的指向者或接受者，营销礼仪的客体包括有形的对象和无形的对象，可以是人，也可以是物。这里着重探讨的是顾客（客户、用户）公众，也就是所有现实或潜在的营销对象。

（3）营销礼仪的媒介。即营销礼仪行为或活动所依托的载体，包括言语交际符号和非言语交际符号两大类。

（4）营销礼仪的环境。即营销礼仪行为和活动都是在一定的时空条件下进行的，受到环境的制约和影响，因此，在践行礼仪时，要从实际出发，因地制宜、因人而异。

2. 营销礼仪的本质和特征

营销礼仪本质上是企业市场营销活动的一部分，是企业形象的一种宣传形式和传播手段，是建立在尊重、诚信、宽容基础上的现代礼仪方式。

营销礼仪的内容贯穿于企业经营活动的全过程，只是或明或暗地有所体现而已。营销礼仪在企业营销活动和日常工作中体现得更加明显，包括企业和营销人员的礼仪观念、礼仪行为、礼仪程序及企业对顾客公众的反应和反馈礼仪。

营销礼仪的主体即企业或企业的营销人员，他们既有接受顾客公众礼仪的反馈和引导，培育顾客公众礼仪向善、向“美”的义务，又有不可因公众对自己的礼仪不周或缺失而产生不满或报复心理，进而影响企业和营销人员应有的礼仪态度和礼仪行为的义务。营销礼仪在具体实施过程中应当突出显示企业的价值观和经营理念与精神，致力于建立良好的企业形象，始终坚持把营销礼仪与企业的利益联系起来，把个人的礼仪融入企业的营销礼仪之中，自觉维护自身形象，为企业的发展尽职尽责。

一般地，营销礼仪具有以下特征。

（1）围绕企业营销目标。营销礼仪属于企业营销活动的组成部分，代表企业，反映企业形象，是围绕企业营销目标而运转的企业化个人行为。

（2）注重情理与利益和谐。营销礼仪既注重情感沟通，也注重信息交流，注意利用各类传播手段来沟通企业与顾客公众的关系，旨在实现理性和感情的结合，实现情理与利益的和谐统一。

（3）旨在维护企业形象。营销礼仪的主要目的在于树立和维护企业的良好形象。一套能代表企业的营销礼仪会带上企业文化的色彩，除了具有一般社交礼仪的特征，还反映企业内部规范的独特之处。

（4）注重礼仪的民族特性。企业营销人员应该在保证产品质量的前提下，针对不同的民族和不同信仰的顾客公众，采取适合当地风土人情的令人愉快的营销礼仪方式，从而使企业的产品、服务和企业形象为当地的顾客所接受。

（5）注重遵守礼仪的一般原则。一般礼仪所强调的尊重、诚信、热情、宽容等，在营销礼仪中也得到了普遍的重视，营销礼仪中也更加强调诚信服务顾客、热情服务顾客、处处尊重顾客等。

3. 营销礼仪的作用

营销礼仪是企业营销人员的社交金钥匙，是营销活动中的通行证，它甚至能够决定营销活动的成败。这里有一个例子颇能说明问题：一天上午，有一家公司同时来了两位客人，他们分别是两家知名化妆品公司的销售人员。第一位销售人员无论是自我介绍还是递名片，都显得彬彬有礼，而且穿着打扮和言谈举止都显得很有涵养。第二位销售人员在接公司主管的名片时，只是扫了一眼，就顺手把名片放进了上衣口袋里，而且这位销售人员穿着随便，言谈举止比较粗俗。最终，这家公司和第一位销售人员签订了销售合同。这家公司主管后来解释说："第二位销售人员缺乏礼仪修养，给人一种不可信的感觉，由此我对其产品和售后服务产生了怀疑。第一位销售人员则给我留下了很好的印象，我对其产品和售后服务有信心。尽管我知道，第一位销售人员的产品并不比第二位销售人员的产品质量好，但我最终还是选择了第一位销售人员的产品，我想，这是因为他有良好的礼仪修养的缘故。"

不可否认，随着商业影响逐步全球化，人与人之间、公司与公司之间商业往来的日益频繁，尤其是我国融入世界经济循环之后，营销礼仪越来越受到人们的重视。

（1）营销礼仪有利于塑造个人形象。个人形象是指一个人的相貌、身高、体形、服饰、语言、行为举止、气质风度及文化素质等方面的综合。这其中有先天构成要素，但更多要素是需要我们通过后天不断努力来加以改善提高的。作为营销人员，应该给自己的角色定位为：服务他人的营销人员。这一角色定位要求我们必须在以下几个方面达到一定的礼仪要求，分别为：仪表、表情、举止动作、服饰、谈吐、待人接物等。可见，营销礼仪与个人形象的塑造密不可分，营销人员平时所付出的全部努力，可以被归纳为一句话：想方设法在人际交往中，自己塑造出完美的形象，并且尽心竭力地维护个人的形象。正如一位公关大师所说的那样："形象是金。在世人眼里，每一名营销人员的个人形象如同他所在单位生产的产品、提供的服务一样重要。它不仅真实地反映了每一名营销人员本人的教养、阅历及是否训练有素，而且还准确地体现着他所在单位的管理水平与服务质量。"如果说个人形象是职业人士进行自我宣传的广告，恐怕一点也不过分。只有学习并掌握好营销礼仪，才能更好地提升自己的个人形象。

首先，遵守营销礼仪可以给人留下良好的第一印象。众所周知，人际交往中存在着"首因效应"，即人们在日常生活中初次接触某人、某物、某事时所产生的即刻的印象，通常会在对该人、该物、该事的认知方面发挥明显的、甚至是举足轻重的作用。对于人际交往而言，这种认知往往直接制约着交往双方的关系。美国推销学会有这样一个统计，在第一次接近时成功与否形象占55%、声音占38%、内容占7%。可见，在交往过程中，可能前30秒、10秒，甚至3秒都能决定你工作、交际的成败。充分认识到这一点，我们就不难理解营销礼仪对树立良好的第一印象所起的重要作用，从而在学习和工作当中更好地运用营销礼仪。

其次，遵守营销礼仪可以充分展示营销人员良好的教养与优雅的风度。个人形象说到底是由人的身材、长相、服饰打扮及姿态、风度构成的，是一个人精神面貌和内在素质的外在表现。身材、长相是天生的，而服饰打扮及姿态、风度却是可以通过后天培养的。一个人的外在美固然能引人注目，但只有将外在的美丽与内在美结合起来，个人的魅力才能长久不衰。营销礼仪不仅要求营销人员注重仪容仪表，更强调营销人员要培养良好的语言行为习惯，遵守社会公德及法纪法规，符合社会规范。

再次，遵守营销礼仪有助于促进营销人员的社会交往，改善人们的人际关系。古人认为："世事洞明皆学问，人情练达即文章。"这句话，讲的其实就是交际的重要性。一个人只要同其他人打交道，就不能不讲礼仪。运用礼仪，除了可以使营销人员在交际活动中充满自信，胸有成竹，处变不惊之外，其最大的好处就在于，它能够帮助营销人员规范彼此的交际活动，更好地向交往对象表达自己的尊重、敬佩、友好与善意，增进彼此之间的了解与信任。假如人皆如此，长此以往，必将促进交往的进一步发展，帮助人们更好地取得交际成功，进而造就和谐、完美的人际关系，取得事业的成功。

最后，遵守营销礼仪可以更好地向交往对象表示尊敬、友好之意，赢得对方的好感。"礼仪"中"礼"字就是表示敬意、尊敬、崇敬之意，多用于对他人的尊重，体现着一个人对他人和社会的认知水平、尊重程度，是一个人的学识、修养和价值的外在表现。一个人只有在尊重他人的前提下，才会被他人尊重，人与人之间的和谐关系，也只有在这种互相尊重的过程中，才能逐步建立起来。这是礼仪的重点和核心，是对待他人的诸多做法中最要紧的一条。要做到敬人之心常存，处处不可失敬于人，不可伤害他人的尊严，更不能侮辱对方的人格。掌握了这一点，就等于掌握了礼仪的灵魂。

因此，我们完全可以说礼仪即教养，而有道德才能高尚，有教养才能文明。这也就是说，通过一个人对礼仪运用的程度，可以察知其教养的高低、文明的程度和道德的水准。孔子曰：质胜文则野；文胜质则史，文质彬彬，然后君子。意即：内心品质超过礼仪修养即不注重礼仪修养，则是粗野；而只注重外表修饰而忽略内心修养，则显虚浮，只有既重视内心修养的提高又重视礼仪修养，这样的人才是真正的君子。由此可见，营销人员学习礼仪，运用礼仪，有助于提高自身的修养，有助于"用高尚的精神塑造人"，真正提高营销人员的文明程度。

（2）营销礼仪有利于塑造企业形象。企业形象是指社会公众心目中对一个企业组织的总体评价。包括企业的价值观念、企业的行为准则和规范、企业的传统习惯和道德修养、企业的礼仪文化。企业形象是企业最宝贵的无形资产，塑造和树立良好的企业形象是企业生存和发展的根本。因此，名牌企业对自己的组织形象格外重视，麦当劳的黄色大“M”，员工整齐划一的服饰和操作流程；可口可乐使人过目不忘的 Coca-Cola 的标准字体、白色水线和红底色的图案，常变常新的代言人；“蓝色巨人” IBM 统一的服饰打扮……在一个成熟的买方市场中，消费者绝不会为一两个耀眼的广告、一两句动听的广告语而进行购买。在一个成熟的买方市场中，企业卖的或生产的是什么？是企业形象。礼仪是企业形象的核心内容之一，礼仪必须通过人来展现。所以，营销人员的个人形象与企业形象不可避免地紧密联系在一起。营销人员形象是企业形象的代表，营销人员是企业形象的主要塑造者，营销人员是企业连接消费者的“桥梁”。在职场上，营销礼仪不再仅仅是个人素质的外在表现，更是企业文化内涵的体现。大凡国际化的大企业，对礼仪都有着极高的要求，原因就在于企业希望通过形式规范的礼仪表现出企业的整体素质，从而获得良好的公众评价。

营销礼仪能展示企业的文明程度、管理风格和道德水准，使企业的规章制度、规范和道德具体化为一些固定的行为模式，从而对这些规章制度、规范和道德等起到强化作用，塑造出完美的企业形象。“世界一流的饭店组织”之一的白天鹅宾馆的成功经验之一就是：大胆引进外国管理酒店的先进经验，结合本国国情和当地具体环境，制定一整套严格的、切实可行的管理制度和服务规范，并始终不渝地执行。

让顾客满意，为顾客提供优质的商品和服务，是良好企业形象的基本要求。营销礼仪服务能够最大限度地满足顾客在服务中的精神需求，使顾客获得物质需求和精神需求满足的统一。以礼仪服务为主要内容的优质服务，是企业生存和发展的关键所在。它将通过营销人员的仪容仪表，服务用语、服务操作程序等，使服务质量具体化、系统化、标准化、制度化，使顾客得到一种信任、荣誉、感情、性格、爱好等方面的满足，给企业带来巨大的经济效益。

企业通过各种规范化的礼仪，还可以激发员工对企业的自豪感，增强企业的凝聚力和向心力。如日本松下公司创作了自己的“松下之歌”、“松下社训”，每天早晨八点钟，遍布各地的松下企业员工一起高唱松下之歌，使每一名员工都以自己是松下的员工而感到光荣。目前，我国的许多企业通过统一企业标识，统一企业服装，统一色彩等，塑造企业统一的社会形象，也使企业的员工自觉地维护企业的形象，企业通过开业庆典、周年纪念、表彰大会等仪式，激发员工对本企业的了解、爱戴，加深感情，增强企业的凝聚力和向心力。可见，营销礼仪在塑造企业形象中的作用是十分巨大的。

（3）营销礼仪有利于塑造职业形象。职业形象是行业或组织的精神及文化理念与从业人员个体形象的有机融合，是个性化和规范化的统一。不同的行业和组织都有各自不同的文化和理念，这就要求其从业人员的个人形象必须服从于组织形象，其个性的凸显必须在符合企业要求的前提之下。因此，职业形象必须是个体形象与组织形象的完美结合，不同行业的从业人员，其个体形象必须符合某类特定职业角色的要求。每一个营销人员，都应该树立起与之相适应的职业理想、职业道德、职业信念，都应该具备与行业要求相吻合的职业素质、职业气质和职业仪表。

著名的形象顾问法兰克曾经说过："你在职场中的威信，有五成来自于别人如何看待你。"面对竞争激烈的现代商业社会，营销人员想要在职场中脱颖而出，必须与各种各样不同的人打交道，这就必须学会与人相处。营销礼仪的本质就是按照规范与人交往。你的服饰打扮不符合要求，别人会拒绝与你为伍，你的举止谈吐粗俗，别人会对你敬而远之，你不尊重他人的宗教习俗，会令你功败垂成。而良好的礼仪可以更好地向对方展示自己的长处和优势。为他人服务不是件简单而容易的事情，要赢得社会的认同和尊重，不断地学习，提高自己的素质，树立良好的职业形象非常重要。

（4）营销礼仪有利于塑造国家形象。一个国家的实力由软实力和硬实力构成。硬实力是指国家的GDP、科技实力、军事实力等，软实力是指文化、文明礼仪及修养水平等精神要素。哈佛大学肯尼迪政府学院前院长约瑟夫·奈教授认为，可以将软实力表述为一国的文化、价值观念、社会制度、发展模式的国际影响力与感召力。如果软实力做得好，国家的文化就容易被别人接受，文化辐射力就强，国家的政策也就容易被别人理解，对外交往遇到的障碍就相对少得多。随着改革开放的深入，中国国力的提高，世界对中国的关注也加大了，可以说整个世界都在分析和关注中国。所以，当我们的公民走出国门的时候，我们的公司走出国门的时候，就要严格遵循道德和文明礼仪规范，因为这涉及整个中国的形象问题。

一个国家的公民道德素质、文明礼仪涉及国家对外的信用，影响到整个民族、整个国家的对外形象。随着我国融入世界经济经贸大循环，对外开放进一步扩大，这就意味着我国与世界各国的交往日益增多，营销人员涉外服务、国际营销也随之增加。我们的一言一行，一举一动，无不代表国家的形象。

4. 营销礼仪的原则

在不同的交际场合，对不同的交往对象，我们采取的礼仪都有所不同。但是其中隐含的基本精神是一致的，主要包括以下一些基本原则。

（1）学会尊重。心理学认为，人们对尊重的需要分两类，即自尊和来自他人的尊重。自尊包括对获得信心、能力、本领、成就、独立和自由的愿望。来自他人的尊重包括威望、承认、接受、关心、赏识等。人们往往容易做到自尊，但要获得来自他人的尊重，首先要学会尊重他人。尊重他人是礼仪的重要原则。与人交往，不论对方的地位高低、身份如何、相貌怎样，都要尊重他人的人格，使人感到他在你的心目中是受欢迎的，从而得到一种心理上的满足，进而产生愉悦。要注意三点：一是在交往中，要热情、真诚。热情的态度会使人产生受重视、受尊重的感觉。相反，对人冷若冰霜，会伤害别人。如果过分热情，会使人感到虚伪、缺乏诚意。二是要给人留面子。所谓面子，就是自尊心。每个人都有自尊心，失去自尊心对一个人来说，是件非常痛苦的事。伤害别人的自尊是严重的失礼行为。维护自尊，希望得到他人的尊重，是人的基本需要。三是允许他人表达思想，表现自己。当别人和自己的意见不同时，不要把自己的意见强加给对方。当你和与自己性格不同的人交往时，也应尊重对方的人格和自尊。尊重他人才能赢得他人的尊重。

尊重原则要求营销人员忠诚并尊重自己的企业，尊重顾客，尊重对手，这样才能真正为自己的企业所接纳，为自己的顾客所喜爱。尊重是营销礼仪的第一原则和最根本原则，是一切原则的前提和基础。

（2）遵时守信。所谓遵时，就是要遵守规定或约定的时间，如按时赴约、交货、完成项目，准时参加会议等，不能违时或失约；所谓守信，就是讲信用，对自己的承诺认真负责。现代社会工作节奏快，时间就是生命，时间就是效益，这早已为世人所认同。违时既会给对方造成各方面的损失，也是对对方的不尊重，是人际交往中的大忌。在营销活动中，如果已和顾客约定了时间或是作出了承诺，一般不能轻易变动，而应想方设法去做到。在不得已需要变更时，也须提前打招呼并作出令人信服的解释，尽量避免给对方造成麻烦或使对方产生误解。凡是需要承诺的事情，要量力而行，不能仅仅是为了顾及面子就随便答应，事后又不负责任地随意毁约。一旦言而无信，尤其是养成了习惯，就会造成对别人的不便，甚至会对企业、对自己的形象和声誉造成很大损害。

（3）宽容待人。一般来说，营销活动交往双方的心理总存在一定的距离，存在不相容的心理状态，这种差异会在交往者之间产生思想隔膜，甚至会使关系僵化，要想缩小这种心理上的差异，求得人与人之间能多一分和谐、多一份信赖，就必须抱着宽容之心。“宽则得众”（孔子语）。宽容就是要求人们既要严于律己，又要宽以待人，要多容忍他人，多体谅他人，多理解他人，而不能求全责备，斤斤计较，过分苛求，咄咄逼人。唯有宽容才能排除交往中的各种障碍，不能宽容他人的人，往往会得理不饶人，使人际关系恶化。共性是寓于个性之中的，人们应该维护和发展共性，以理解和宽容来增强人们之间的凝聚力。

（4）平等对待。平等原则是企业和营销人员在营销过程中对任何营销对象都应一视同仁，给予同等程度的礼遇，不应因企业规模的大小，所有制的不同，人员彼此在年龄、性别、种族、文化、职业、身份、财富、衣着打扮等方面有所不同就厚此薄彼，区别对待，给予不同的礼遇。在营销过程中，平等对待是建立良好关系的首要前提和必要条件，只有平等才能造就和谐的人际关系和真正的道德。

（5）真诚交往。营销礼仪的运用基于交际主体对他人的态度，如果能抱着诚意与对方交往，那么交际主体的行为自然而然地便显示出对对方的关切与爱心。因为无论用何种语言表达，行为则是最好的证明。在通常情况下人们可以用假话来掩饰自己的企图，但却无法用行为来掩饰自己的空虚，因为体态语是无法掩饰虚假的。因此唯有真诚，才能使你的行为举止自然得体，与此相反，倘若仅把运用礼仪作为一种道具和伪装，在具体操作礼仪规范时口是心非，言行不一，弄虚作假，投机取巧，或是当面一个样，背后一个样，有求于人时一个样，被人所求时又一个样，将礼仪等同于“厚黑学”，是违背营销礼仪的基本原则的。

（6）优质服务。曾经有一个单位要招聘营销部经理，出的唯一一道面试题是：“谁给你发工资?”，最后，只有一个人被录取了，他的回答是“顾客给我发工资，因为顾客给我们带来效益；公司给我发工资，因为公司给我提供了舞台；我自己给自己发工资，因为一切还要靠自己的主观努力。”这里不难看出，对于企业来说顾客永远是最重要的，它是企业财富的源泉，是企业的生命和衣食父母，没有了顾客也就没有了业绩，顾客不必依赖企业，但是企业必须依赖顾客，有专家指出：失去一个老顾客，要花费5倍于维护新顾客关系的精力和费用去开发一个新顾客；一家企业的顾客存续率只要增加5%，利润就会提高70%。如何赢得顾客呢？关键要靠为顾客提供最优质的服务。只有给客户提供优质的服务，才能增强竞争的优势，把握营销制胜的主动权。

优质服务首先是态度，要求对客户表现出热情和关注，即使商品再好，但如果营销人员出言不逊，冷言冷语、爱理不理，恐怕结果也是客户的愤懑离去乃至投诉。为客户服务应想客户之所想，体察客户的需求，当好客户的参谋，解决好客户的各种难题，提供高效快捷的服务，真正做到以客户为中心，设身处地站在顾客的立场考虑问题，通常是化解拒绝的一条有效途径。有这样一个故事：假期，小吴在商场销售服装，赚取学费。某日，一位小姐看中一条长裤，但试穿之后嫌长裤是素色，认为有格子的更加富有青春气息。但小吴轻声跟她说了几句话，她欣然付钱买下。原来，小吴跟她说：“你身材不高，穿格子长裤，不是一下子就被人判断出你的身高了吗?”销售活动的最大课题，是就自己商品的特性，求得顾客的认同。营销人员应该将“商品的特征”转变为“顾客使用该商品的好处”。比如说：“我的复印机每分钟可复印60张。”这还不够，应该加上一句：“那么您的复印业务便可加倍增长了。”

(7) 施礼适度。俗话说：“礼多人不怪”。人们讲究礼仪是基于对对方的尊重，这是无可厚非的，但是，凡事过犹不及，营销过程中交往要因人而异，要考虑时间、地点、环境等条件。施礼过度或不足，都是失礼的表现。比如见面时握手时间过长，或是见谁都主动伸手，不讲究主次、长幼、性别；告别时一次次地握手，或是不住地感谢，让人觉得厌烦。礼仪的施行只是内心情感的表露，只要内心情感表达出来，就完成了礼仪的使命。如果反复重复，似乎有别人不理解，不领情之嫌，画蛇添足，实无必要。

5. 营销礼仪的修养

礼仪修养是一个需要经过长期反复的陶冶、磨炼的过程。在这个过程中，除了加深对礼仪的认识之外，还包括激发礼仪情感，养成礼仪习惯等，在礼仪修养过程中，只有经过反复认识、反复感染、反复实践才能得其要领，真正符合礼仪的规范要求。营销礼仪的修养要从以下几方面着手①。

(1) 提高营销礼仪认识。从事现代营销活动，就应了解与现代营销活动相适应的营销礼仪。一位营销人员只有在营销礼仪知识的指导下，才能在各种营销活动中如鱼得水、左右逢源。提高对营销礼仪的认识是进行礼仪修养的起点，也是实现营销礼仪修养其他环节的前提和基础。提高对营销礼仪的认识是将礼仪规范逐渐内化的过程。通过学习、评价、认同、

---

① 杜明汉．营销礼仪．北京：电子工业出版社，2007.

模仿和实践过程，逐渐学习、构造、完善自己的社交礼仪规范体系，并以此来评价他人的行为，调整自己的交际行为和交往行为。人们总是通过学习，尽可能地开阔视野，丰富礼仪知识。一般可通过学习礼仪史、伦理学、心理学、公共关系学等方面的一般知识，还可以通过日常的观察、学习、了解社会习俗和风土人情，积累各方面的社会知识。这是开阔视野，增加礼仪知识的重要途径。

（2）明确角色定位。营销礼仪修养的目的之一是要通过修养，使个人的言行在营销交往活动中与自己的身份、地位、社交角色相适应，从而被人理解、被人接受。营销活动中的角色则是指在营销活动中处于某一营销关系状态的人，或者说她是指某一个个体在营销关系系统中所占的一定地位。社会对于不同的营销角色提出了不同的行为规范和行为模式。营销活动中的角色既包括社会、他人对具有一定社会地位的人在社交中的行为的期待，也包括对自己应有行为的认识。营销角色是人根据自己对社会期待的认识而实现的、外显的、可见的外部行为模式。具有不同社会经验的人，对于营销角色的评价可能有完全不同的意义。

在营销活动过程中，随着主客关系和社交对象的变化，角色也在发生相应的变化。一个人扮演的不是一个营销角色，如庆典嘉宾、谈判者、拜访者。既然每一个人在营销活动中都扮演着不同的营销角色，那么重视营销角色定位、加强营销角色的礼仪修养，就有着十分重要的意义，同时，这也为我们加强营销角色的礼仪修养提供了客观的根据。

在营销活动中，每个人按其所处的身份地位为实现其存在价值而完成一系列行为。当经理就要有经理的样子，当推销员就要有推销员的样子。营销角色不仅给每个人确定自己的行为提供了规范，而且为人们相互识别、相互交际、相互评价、相互理解提供了标准。营销人员在营销活动中往往需要以不同的身份出现，这种身份的变化就是角色的变化，其行为必须符合社会对这一角色所认同的规范。

营销活动中角色不同，应遵循的礼仪要求也就不同。不同的角色，如上下级之间、男女之间、亲朋之间、主宾之间，其礼仪要求是有差别的。在人与人之间的交往活动中，社交成功的主要标志是个人使自己的行为与他人和社会的期待相吻合。营销活动中角色的实现是建立在个人对自己的角色的认识基础之上的。例如，一位经理在公司里是管理者，管理着几个部门，其礼仪要求主要体现在听取汇报、检查工作、指导员工、决策规划等方面，要求他能平等待人、科学决策、说话和气等。对外当他面对客户时，则是一名“推销员”，要求他热忱真诚、彬彬有礼、大方得体，两种角色的礼仪要求是不同的。

在营销活动中，要把角色扮演得恰到好处、礼貌有加、事事得体，并不是一件容易的事情。正因为如此，每个营销人员一方面要重视营销活动中角色的定位，增强角色意识；另一方面要加强自己的礼仪修养，以适应多种角色的不同礼仪要求。

（3）陶冶营销礼仪情感。在正确认识营销礼仪的基础上，还需要得到感情上的认可，才会自觉地去遵守礼仪规范。如果没有真挚的情感，即使凭理智去遵循礼仪规范，也会显得不自然。例如，营销现场每天要接待成千上万名不同的顾客，有些顾客非常挑剔，如果营销人员没有良好的营销礼仪情感，是难以做到始终如一、服务周到、以礼相待的。礼仪需要真诚，如果缺乏对他人的关心、重视、尊重、一切礼仪都将变成毫无意义的形式。

陶冶情感包括两个方面：一是形成与应有的礼仪认识相一致的礼仪情感；二是要改变与应有的礼仪认识相抵触的礼仪情感。

（4）锻炼营销礼仪意志。营销人员要想使遵循的营销礼仪规范变成自觉的行为，没有持之以恒的意志是办不到的。营销人员只有自觉地坚持修养一些基本的行为规范，如站、坐、走、微笑，才能使这些规范行成为自觉的行为。在现实世界中，礼仪规范实际遵循起来并不是畅通无阻的，"好心不得好报"的事则屡见不鲜，有时你积极主动地帮助别人，却有可能被别人说成是假惺惺；一个人对经理说话礼貌、客气了被视为拍马屁。凡此种种，不仅需要你能克服错误舆论的非难、亲戚朋友的责备和埋怨，而且更需要你有足够的勇气和毅力克服来自本身情绪的干扰，不为眼前的局面所困扰，继续保持良好的礼仪。这种礼仪行为持之以恒，就能取得良好的效果。因此，礼仪修养除了需要提高礼仪认识、陶冶礼仪情操之外，还要注意锻炼自己的礼仪意志。

（5）养成营销礼仪习惯。营销礼仪修养的最终目标是要人们养成按礼仪要求去做的行为习惯，如见面的礼仪、电话的礼仪，日积月累的修养就会成为一种习惯，又如养成控制自己声调、表情的习惯，时间长了也能收到意想不到的效果。总之，在营销礼仪修养过程中，通过一些看得见的礼仪训练，让营销人员通过模仿、学习提高自己的实际操作能力进而养成良好的礼仪习惯，对以后的营销礼仪实践将有所裨益。

课后训练

1. 礼节礼仪与职业道德有怎样的关系？大学生，尤其是职业技术学院的学生掌握礼仪礼节的重要意义何在？

2. 举出近一个月来发现的不符合礼仪礼节的 5 个例子，并分析其问题所在及其改进办法。

3. 请指出以下营销人员礼仪上存在的问题。

（1）小王邋里邋遢站在总经理办公室门前，头发乱蓬蓬的，西装皱皱巴巴，刚一进门就被秘书小姐赶出了办公室。

（2）小李坐在接待室等待顾客，不耐烦地走过来走过去，还不时地翻看接待室的物品。顾客一来他就迫不及待地开始推销产品，顾客没机会插上一句话。

（3）拥挤的公共汽车上，小张因一点小事和一个乘客争吵起来。他气呼呼地赶到顾客那儿，发现顾客是和自己刚才在车上争吵过的那个人。

（4）小刘是饭店前厅的接待小姐，客人登记住店时，看了房价后无意中说了一句："这么高的房价？你们的房价为什么这么高呢？"小刘回答："本来还要高，看你不是经商的，这不已经给你打了折了。"客人听后极为不悦，大步离开了店堂。

（5）居民区苏小姐正在忙家务，门铃响了，她打开门，迎面而立的是一位戴墨镜的年轻男士。苏小姐问："您是……"男士没有摘下墨镜，而是从口袋里摸出一张名片，"我是保险公司的。"苏小姐接过名片看了看，不错，他确实是保险公司的，但这位男士的形象让她反感，便说："对不起，我们不打算买保险。"说着就要关门，而这位男士动作非常敏捷，已将一只脚迈进门内，挤了进来，一副极不礼貌的样子，在屋内打量，"你们家的房子装修得这么漂亮，真令人羡慕。可天有不测风云，万一发生个火灾什么的，损失就大了，不如现在你就买份保险……"苏小姐越听越生气，光天化日之下，竟然有人闯进门来诅咒她的房子，于是，她把年轻男子轰了出来。

（资料来源：胡详鸿．礼仪：销售人员的第一课．现代营销：经营版，2010（01））

4. 案例分析

劳模张秉贵

据报道，张秉贵1955年11月到百货大楼站柜台，三十多年的时间接待顾客400万人次，没有跟顾客红过一次脸，吵过一次嘴，没有怠慢过任何一个人。他把为人民服务的信念与本职工作密切联系起来，他认为"站柜台不单是经济工作，也是政治工作；不但是买与卖的关系，还是相互服务的关系。""一个营业员服务态度不好，外地人会说你那个城市服务态度不好，港澳同胞会感到祖国不温暖，外国人会说中华人民共和国不文明。我们真是工作平凡，岗位光荣，责任重大！"

从为国家争光、为人民服务的政治信念出发，他练就了"一抓准"和"一口清"的过硬本领，通过眼神、语言、动作、表情、步伐、姿态等调动各个器官的功能，几乎成了那个时代商业领域的服务规范，商业服务业的简单操作，被他升华为艺术境界。

在北京，传统的"燕京八景"名扬天下，而张秉贵售货艺术被人们誉为"第九景"。张秉贵不仅技术过硬，而且注重仪表，天天服装整洁，容光焕发。他认为："站柜台就得有个干净利落的精神劲儿，顾客见了才会高兴地买我们的东西。特别是我们卖食品的，如果不干不净，顾客就先倒了胃口，谁还会再买我们的东西啊！"他坚持每周理发，每天刮胡子、换衬衣、擦皮鞋。

张秉贵一进柜台，就像战士进入阵地。普通售货员一般早晨精神饱满，服务态度较好；下午人疲倦了，不太爱说话了，也懒得动弹，对顾客就容易冷漠。张秉贵却不然，从清晨开门接待第一个顾客，到晚上送走最后一个顾客，自始至终都能春风满面，笑容可掬。他到了退休年龄，体力明显不济，一上柜台还是表现得生龙活虎。到了下班后，他却往往步履蹒跚。同志们说他是"上班三步并作一步走，下班一步变为三步迈"。

看张秉贵工作，也成了许多人的享受。有一位拄着拐杖的老人，经常来欣赏他卖货。这位老人对他说："我是因病休息的人，每天来看看您站柜台的精神劲儿，我的病也仿佛好了许多。"一位音乐家看他售货后说："你的动作优美，富有节奏感，如果配上音乐，是非常动人的旋律。"

（资料来源：曹彦志．张秉贵：燕京八景添一景．北京青年报．2001-06-21）

思考与讨论：

（1）张秉贵讲究礼仪有何特殊意义？

（2）本案例对你有哪些启示？

5. 案例分析

乔·吉拉德的推销术

乔·吉拉德被誉为世界上最伟大的推销员，他在 15 年中卖出 13 001 辆汽车，并创下一年卖出 1425 辆（平均每天 4 辆）的纪录，这个成绩被收入“吉尼斯世界大全”，那么你想知道他推销的秘密吗？他讲过这样一个故事：

记得曾经有一次一位中年妇女走进我的展销室，说她想在这儿看看车打发一会儿时间。闲谈中，她告诉我她想买一辆白色的福特车，就像她表姐开的那辆，但对面福特车行的推销员让她过一小时后再去，所以她就先来这儿看看。她还说这是她送给自己的生日礼物：今天是我 55 岁生日。“生日快乐！夫人。”我一边说，一边请她进来随便看看，接着出去交代了一下，然后回来对她说：“夫人，您喜欢白色车，既然您现在有时间，我给您介绍一下我们的双门式轿车，也是白色的。”我们正谈着，女秘书走了进来，递给我一打玫瑰花，我把花送给那位妇女：“祝您长寿，尊敬的夫人。”显然她很受感动，眼眶都湿了，“已经很久没有人给我送礼物了”，她说，“刚才那位福特推销员一定是看我开了部旧车，以为我买不起新车，我刚要看车他却说要去收一笔款，于是我就上这儿来等他，其实我只是想要一辆白色车而已，只不过表姐的车是福特，所以我也想买福特，现在想想，不买福特也可以”。最后她在我这儿买走了一辆雪佛莱，并写了一张全额支票，其实从头到尾我的言语中都没有劝她放弃福特而买雪佛莱的词句，只是因为她在这里感到受了重视，于是放弃了原来的打算，转而选择了我的产品。

（资料来源：杨在田．最伟大推销员的真诚法则．理财，2010（03））

思考与讨论：

（1）乔·吉拉德为什么能向这位妇女成功地推销雪佛莱车？

（2）乔·吉拉德在推销过程中体现了怎样的营销原则？

营销人员形象设计

项目一

仪容设计　任务一

服饰设计　任务二

仪态设计　任务三

任务一　仪容设计

销售能否顺利进行，在很大程度上取决于第一分钟给客户的印象。

（日）原一平

凡人之所以为人者，礼义也。礼义之始，在于正容体、齐颜色、顺辞令。容体正，颜色齐，辞令顺，而后礼义备。

——《礼记·冠义》

学习目标

1. 进行仪容细节的修饰，做到仪容整洁卫生；
2. 能够根据自身面容的特点进行化妆，展现出富有魅力的妆容；
3. 做到发型美观；
4. 能够进行皮肤的保养。

案例导入

松下幸之助重视礼仪

日本的著名企业家松下之助被称为“经营之神”，但他曾经不修边幅，也不注重企业形象，因此企业发展缓慢。一天，松下幸之助去理发时，理发师不客气地批评他不注重仪表，说：“你是公司的代表，却这样不注重衣冠，别人会怎么想，连人都这样邋遢，他的公司会好吗?”从此松下幸之助一改过去的习惯，开始注意自己在公众面前的仪表仪态，生意也随之兴旺起来，现在，松下电器的种类产品享誉天下，与松下幸之助长期率先垂范，要求员工懂礼貌、讲礼节是分不开的。

（资料来源：http：//blog. sina. com. cn/s/blog_4e591e350100v967. html，2011-09-29）

任务设计

在企业经营管理中，若想在激烈的市场竞争中脱颖而出，获得成功，企业员工的个人礼仪与整体形象将起到至关重要的作用。礼仪，不仅是“人际交往的通行证”，更是企业成功的金钥匙。礼仪虽小，但却是小中见大，于细微处见精神，是从表象反映本质的“行为显微镜”。“经营之神”松下幸之助的例子正说明了这一点。因此，作为一名营销人员必须重视礼仪细节，尤其是要进行仪容设计，给人一个良好的第一印象无论何时都是至关重要的。

仪容，通常是指人的外貌，是一个人的精神面貌和内在气质的外在体现。具体而言，仪容由一个人的面容、发式及身体所有未被服饰遮掩的肌肤所构成。在社会交往中要维护良好的自我形象，就必须讲究仪容仪表。良好的仪容仪表不仅能给人以端庄、大方、舒适的印象，还能体现个人的自尊自爱及对他人的尊重和礼貌。而不注意自身仪容修饰的人，将引起交际对象的反感，损害自己的和所代表的组织的形象。

为了完成本项任务的学习，建议在班级举行一次“营销人员仪容设计展示会”，具体如下。

营销人员仪容设计展示会

实训目标：运用仪容设计的相关要求与规范，设计出符合现代礼仪要求的仪容形象。

实训学时：2 学时。

实训地点：实训室。

实训准备：准备化妆盒、棉球、粉底霜、胭脂、眼影、眉笔、唇彩、香水等化妆用品。

实训方法：将全班学生分组，两两一组，要求其根据所学仪容礼仪知识，扬长避短地展现出得体的妆容。在课堂上分组进行形象展示，最好用数码相机进行拍摄，由学生互评，要求从面部化妆、发型设计方面进行重点评价。由教师进行总结评价，重点评价各组存在的共性问题。最后，全班评出“最佳表现”妆容。

知识链接

一、仪容整洁

1. 面容的清洁

清洁感是仪容美的关键，也是一个基本要求。面部是一个人最突出的代表部位，面容是否洁净，是有生气、有光泽，还是灰暗、死气沉沉、憔悴疲倦，关系到每个人留给他人的印象，你对别人也会由于这一点产生不同的印象。一个教养有素的人不会经常不修不整、蓬头垢面。仪容的清洁感要求面容干净整洁。面容清洁不仅仅是面部没有看得见的污垢，而且不要存有附在皮肤上的老死的细胞角质层。彻底清洁皮肤的几种方法如下。

（1）清洗面容。保持面容洁净需要天天洗脸，这很容易。用清水、香皂、洗面奶都可以，但记住一定要用清水冲洗干净。仅仅保持天天洗脸不一定能保证仪容的清洁感，因为你无法及时洗去和老死的细胞屑混在一起的角质性污物。这是你面部容易起小疹子、疙瘩、发痒、起红斑、黄褐斑的重要原因。要知道皮肤也在新陈代谢，不停分泌皮脂及其他废物。皮肤分皮下组织、真皮和表皮，细胞不断在真皮内生成并推向表皮，一般当细胞到达最外层时，就已经开始死亡了，没有生命力了。在显微镜下，这些老死的细胞屑像枯叶一样堆积成一层灰色的皮痂，只不过肉眼看不见罢了。皮痂不仅阻挡着新生细胞继续补充到皮肤表皮上去，而且使你的皮肤黯淡无光、干燥易皱。

（2）定期脱落表皮。实际上部分枯死细胞会在不知不觉中落在枕巾、毛巾和水中，但仍需要定期进行“大扫除”。定期使用磨砂膏、面膜，都能起到非常好的脱落皮屑的作用。经常注意脱落表皮，还有一个益处，它们可以防止、缓解某些皮肤病，如粉刺、痤疮等。

面容清洁还包括保持脖颈、耳朵等部位的绝对清洁。

2. 肌肤的保养

护肤是仪容美的关键。皮肤尤其是面部皮肤的经常护理和保养，是实现仪容美的首要前提。正常健康的人皮肤具有光泽，且柔软、细腻洁净、富有弹性；而当人处于病态或衰老的时候，其皮肤就会失去光泽、弹性，出现皱纹或色斑。对皮肤进行经常性的护理和保养有助于保持皮肤的青春活力。

（1）皮肤的类型。皮肤一般分为干性皮肤、中性皮肤、油性皮肤、混合性皮肤、敏感性皮肤。对于不同类型的皮肤需用不同的方法加以护理和保养。

①干性皮肤红白细嫩，油脂分泌较少，经不起风吹日晒，对外界的刺激十分敏感，极易出现色素沉着和皱纹。有些干性皮肤的人苦于自己的皮肤少了一份“亮光”，使劲往脸上涂抹“增亮”的油脂，殊不知此举减少了皮肤的透气性。其实对于这种皮肤，每天在洗脸的时候，可以在水中加入少许蜂蜜，湿润整个面部，用手拍干。坚持一段时间，就能改善面部肌肤，使其光滑细腻。保养的要点是补充油脂和保湿。

②中性皮肤比较润泽细嫩，对外界的刺激不太敏感。这种皮肤比较易于护理，可以在晚上用水洗脸后，再用热水捂脸片刻，然后轻轻抹干。保养要点是维持水油平衡。

③油性皮肤肤色较深，毛孔粗大，油光满面，易生痤疮等皮脂性皮肤病，但适应性强，不易显皱。洗脸时可在热水中加入少许白醋，以便有效地去除皮肤上过多的皮脂、皮屑和尘埃，使皮肤富有光泽和弹性。保养要点是控制油脂分泌和保湿。

④混合性皮肤看起来很健康且质地光滑，但T型区（额头、鼻子、下巴的区域）有些油腻，而两颊及脸部的外缘有一些干燥的迹象。混合性皮肤在护肤时可考虑分区护肤的法则，对于干燥的部位除了更多地补水保养外，可以适当地选择一些营养成分较丰富的护肤品，而偏油部分可以使用清爽护肤品。保养要点是控制T型区的油脂分泌，消除两颊的干燥现象并保湿。

⑤敏感性皮肤表皮较薄，毛细血管明显，使用保养品时很容易过敏，出现发炎、泛红、起斑疹、瘙痒等症状。保养要点是适度清洁、不过度去角质、不频繁更换保养品、不使用含有致敏成分的化妆品。

确定皮肤类型的简单方法是：在早晨起床前，准备三张干纸片，分别贴在额头、鼻子、面颊上，两分钟后揭下，放在亮处观察，就可以判断自己的皮肤类型。如果满纸油迹即为油性皮肤，极少油迹即为干性皮肤；如果额头、鼻子有油迹，脸颊上几乎没有即为中型皮肤，额头、鼻子有较多油迹，脸颊上没有为混合性皮肤。

（2）皮肤的保养。

①注意合理的饮食。合理的饮食是美容保健的根本。人体需要多种养分，有了养分，皮肤才有自然健康的美。因此，在日常的生活中应注意饮食上的多种多样，多吃富含维生素的食物，少吃刺激性食物，保持吸收、消化系统的畅通。有的人可不这样认为，打工妹小孙就是一个典型的例子。小孙有着对"高档"化妆品的强烈追求，在她每月的正常支出中，用于购买化妆品的支出几乎占了一半，她是同学们中最了解化妆品的人，每当有新品上市的时候，她总控制不住跃跃欲试的冲动，总会率先试用一把，然后把自己的感受以最快的速度向外传播，这也是她不无骄傲的一点。然而，家里给的钱是个定数，买了化妆品，吃饭的钱相应就少了，于是，小孙会省吃俭用，尽可能把吃饭的消费降低到最低点。假如你也像小孙，请你和她一起调整一下支出比例，饮食是根本，小孙的做法恰恰是舍本逐末。一项研究表明：美好的容颜的养成，内在营养占80%，外在占20%。

②保持乐观情绪。乐观的情绪是最好的"润肤剂"。俗话说："笑一笑，十年少"，笑是一种化学刺激的反应，它激发人体各器官，尤其是激发头脑、内分泌系统的活动，笑的时候，脸部肌肉舒展，使面部皮肤新陈代谢加快，促进血液循环，增强皮肤弹性，起到美容作用。经常笑能使面色红润，容光焕发，给人年轻健康的美感。放松是保持乐观情绪的一剂良药，每天平躺在床上，使脚比头高，什么也不想，可以听轻音乐，10分钟后，即可增加面部的供血量，收到护肤的功效。

③保证良好的睡眠。保持卧室的良好环境，卧室的温度、床垫和枕头的软硬，都要适合自己入睡的要求，如有可能，特别是北方的冬季，可在室内装置加湿器，防止皮肤干裂。良好的睡眠使皮肤可以获得更多的氧气，满足代谢的需要。

④保持皮肤适度的水分。皮肤的弹性和光泽是由含水量决定的。要使皮肤滋润，每天要保证喝水2 000毫升。每天晚上睡前饮一杯凉开水，睡眠时，水分会融入细胞，为细胞所吸收。早晨起床后，也要饮一杯凉开水，使胃肠畅通，使水随血液循环分布全身，滋润皮肤。皮肤角质层水分也可以从体外吸收，保持环境湿度，在化妆品中配合保湿剂，是保持皮肤水分的好方法。坚持每天用冷水浸脸一次，约2分钟，坚持必有成效。

⑤正确洗脸。正确洗脸，保持皮肤清洁卫生是不可或缺的。正确的洗脸方法是：洗脸水温不要太高，一般应低于35℃；洗脸应从下往上洗，从里向外的方向洗，这样有助于皮肤血液循环；要使用温和的洗面奶，少用或不用香皂；洗脸的动作要轻柔。

⑥避免不良刺激。紫外线对皮肤有破坏作用，过度暴晒会使皮肤变黑、粗糙并出现皱纹，因此阳光太强的天气，要注意防晒。应化淡妆，不要浓妆艳抹，减轻对皮肤的刺激。不要使用伪劣化妆品。

⑦按摩皮肤。具体方法是：两手掌相互摩擦发热，然后两手掌由前额顺着脸的两旁轻轻向下擦，擦至下巴时，再上擦至前额，如此一上一下将脸的各处擦周到，上下共36次，每天早晚洗脸后进行。在按摩时手法要轻柔，不可过分用力。

只有自觉地、习惯地在日常生活和工作中保养皮肤，坚持皮肤“锻炼”，才能使皮肤细腻、光泽、柔嫩、红润，富有弹性，青春永驻。

3. 头发的整洁

头发经常没有像面容那样受到人们的重视，但假如你在乎自己的形象，愿意改进自己的形象，就应该把头发作为重要的环节来考虑。一张再美的面孔，如果没有了头发的衬托，那就大大逊色了。头发松软黑亮有光泽，加上整齐的梳理，才能呈现出光洁的面容，展现您良好的素养、气质。头发不整洁，头皮屑及脱落的头发落在肩膀上、衣背上，穿着再漂亮，面部再干净，仍要给人不洁的感觉。头发干净与否，是一个比服饰更重要的显示教养素质的环节。

（1）洗发。我们应该改变自己的洗发观念和洗发频率。过去几十年因条件因素而形成的洗发习惯不知不觉误导了人们对于健康头发的认知概念，以至于今天许多人可以天天沐浴，而不能理解天天洗发这一做法。前不久，中国健康教育协会特别推出“头发天天清洁，把握成功瞬间”社会公益活动，建议人们遵循正确的洗护发方法，养成每周洗头4~7次的卫生习惯。

许多人误认为天天洗发会影响发质，会使头发变干枯、受损，会促使头发的掉落。事实上，头发上的毛囊每天都在不断地分泌油脂以润滑头发，正常人平均每平方厘米的头皮上，分布144~192个能分泌油脂的皮脂腺，所以，经常洗头，不但不会损伤头发，良好的循环还能刺激皮脂腺的正常分泌，使头发滋润光泽。香波洗头起到最基本清洁功能，但绝不会洗去过量油脂。因此，清洁是保养头发的最基本的方法，只要根据自己的发质，选用优质的洗发露，并遵循正确的洗发方法，天天洗发不仅不会引起掉头发，反而会令头发更加健康强壮。

此外，经常用发刷（或梳子）刷梳头发，应刷（梳）到头皮上，可以促进头皮血液循环，加强对头发的营养供给，并会刺激毛根均匀分泌油脂来滋润头发。古语说“梳理百回，养发健身”。

要注意选择好洗发用品。洗发用品中有一类是药物性洗发剂，如去头屑洗发精、止痒洗发水、防脱发洗发液等。它们都是在洗发剂基剂中加入了一定的药物原料配制而成。你可以根据自己头发的情况“对号入座”，选择其中一种。

另一类洗发剂是营养性洗发剂，如蛋白洗发液、水果洗发液，以及用何首乌、啤酒花配方的洗发剂等。它们是在洗发剂中添加一定的营养性物质。这一类洗发用品的选择要求不是太严格，可以多使用几种试试，看哪一种用后头发感觉最好。

研究人员测量健康头发的 pH 值为 4 ~ 5，在这个数值范围内头发呈最佳弱酸状态比较好，有弹性，有光泽。然而洗发剂中的某些成分会使头发的 pH 值偏向碱性，所以洗发后最好用护发品来中和头发的酸碱度。

（2）护理。头发的性质是指头发的油性含量。根据不同的油脂含量，头发可分为干性、油性、中性和混合性四种发质。不同的发质有不同的特点和产生原因，我们在日常护理中应该根据自身发质特点进行护理，否则只会损坏秀发。不同发质的护理方法见表 1-1。

表 1-1　不同发质的护理方法

发质类型	表现	成因	护理
油性	头发细长、发丝油腻、经常需要清洁；洗后第二天，发根出现油垢；头皮厚，容易头痒	荷尔蒙分泌紊乱、精神压力大、遗传、过度梳理、常吃高脂肪食物	缓解精神压力、勤于洗发、调节内分泌平衡、少吃高脂肪食物
干性	头发缺乏光泽、干燥、油脂少；易打结、难梳理、易生头皮屑；一般发根稠密、发梢稀薄、没有分叉，头发僵硬弹性较低	皮质分泌不足、头发蛋白缺乏水分、经常漂染或高温吹干、天气干燥	多摄入高脂肪食物和水分、少漂染头发、少用高温吹干、勤于梳理
中性	头发不油腻、不干燥，柔软顺滑、有光泽，只有少量头皮屑	皮脂分泌正常，日常护理良好	无须特别护理，按常规进行护理即可
混合性	头皮油腻、干燥、靠近头皮 1 厘米以内的头发很油腻，越往发梢越干燥甚至分叉	体内激素水平不稳定；过度烫发或染发等	少烫发或染发，在护肤专家的指导下进行护发

（资料来源：向多佳．职业礼仪．成都：四川大学出版社，2009）

有人说头发是皮肤的变型。而在另一种古老的语言中，头发被称为“血余”。可见充足的血液及其良好的循环，决定着我们头发的质量。而要保证血液供给充分，促进血液循环，就必须保证营养摄入的富足。所以，除了已知的那些有益于皮肤健美的各种营养外，豆类、芝麻、核桃中的植物性蛋白质，海带、海菜、贝类中的钙质，对头发也都有着特殊功用。

少白头与家庭遗传及人体内分泌有关系。分泌系统中的脑下垂体会影响头发中皮质层的色素颗粒，内分泌功能失调，会引起发色的变化。头皮血液循环不畅通，也会使乌发变色。此外，从营养学分析，人体内缺乏铜元素和铁元素，缺乏泛酸，都会引起头发早白。还有，情绪上长时间的紧张、焦虑，也会使头发变白。因此有必要多吃黑芝麻、核桃、豆类及动物肝脏等食品，可服用些当归、红枣茶、何首乌汁等，再配合以头皮的按摩、梳刷，平服安定自己的情绪。

体内如果摄取过多的糖分、盐分及动物性脂肪等有害于血液循环的食物，会使头发变硬、变脆并容易脱落。应尽可能地少吃这类食物，这同时也是保养肌肤的要求。

容易脱发和秃顶的人，头皮往往硬化，可多吃富含铁质的食品，如水果、瘦肉、鸡蛋蛋白、菠菜、卷心菜、芹菜等。这些食物有助于活血软化头皮，并促进其更新。及时补充各种氨基酸和多种微量元素，也会防止或减缓头发脱落。而富含这些营养的食物有：黑豆、蛋类、黑芝麻、乳类等。

4. 手及指甲的卫生

有了光洁的面容，整洁的头发，如果伸出一双手很脏，手指甲长而黑污，美好的印象就会荡然无存。指甲应当整齐清洁。男士留长指甲，非常不合时宜。女性在这个问题上有更多的自由选择，但重要的是要修剪整齐，保持干净。坚决杜绝黑指甲。

要养成洗手的好习惯，坚持外出回来、饭前、便后勤洗手。

还应该注意双手的护养。最基本的保养方法是，在接触水以后，注意擦一些护肤霜在手上。如果在户外工作或外出，应该在手上也涂一层防晒霜。在保养手的皮肤的同时，如果加做手操就更好了。一方面，可以使手部血液循环加速，促进皮肤的新陈代谢。另一方面，手操使各指关节得到锻炼，手指活动灵巧而不是粗硬弯曲。下面介绍的手操都非常简便，随时随地都可以做。

（1）伸直左手，用伸直的右手背贴在左手背上，来回摩擦，然后相反运动；

（2）双手伸直，左右摇动，摇动得越快越好；

（3）用手握拳，然后放开，由慢到快持续两分钟；

（4）给手做干浴；

（5）做翻花鼓的动作，手指手腕都尽可能往外翻；

（6）臃肿的手指，可在热水中做按摩，以促进血液循环；饮食方面需减少盐分，多吃蔬菜和水果；

（7）用手指模仿弹钢琴的样子，手指移动换位，越快越好；

（8）用柠檬片擦手背，也可以帮助消除粗糙。

5. 口腔的卫生

口腔是表现清洁感的另一个重点。

与人说话的时候露出的牙齿上嵌有、沾有食物残渣，是很让人厌恶的，它会让人产生窝囊、作风马马虎虎的印象。所以应该注意口腔卫生。还应当特别注意口中的异味。也就是通常所说的口臭。与人交谈的时候如果口中发散出难闻的气味，会使对方很不愉快，自己也很难堪。

口腔异味原因很多，口腔内本来就有多种细菌，能够分解食物残渣中的淀粉类物质和蛋白类物质，产生酸性或其他异味。坚持随时刷牙漱口的习惯，口腔中细菌没有作用的对象，口腔中异味就自然消除了。有时候吃过葱、韭菜、大蒜、萝卜等刺激性食物，也会产生强烈异味。所以，在与人交往、工作之前，如果碰巧吃了这一类食物，可在口中嚼一点茶叶、红枣和花生，它们有助于清除异味。必要时可以使用口香糖减少口腔异味。但应该指出，参加比较正式的交际活动，在他人面前大嚼口香糖是不礼貌的。

造成口腔异味的另一个原因是口腔疾病，如龋齿、牙龈炎、牙槽脓肿、口腔溃疡等疾病。这种原因造成的口中异味，单靠刷牙漱口的方法不可能消除。当治疗好这些口腔疾病，异味会随之消失。

如果上述两种情况都已经排除，那么口中异味就与体内疾病有关了。如消化不良，肺病、肝病、糖尿病、气管炎等，这就需要治疾病之本了。

切记，口臭会使一个人的好印象大打折扣。

6. 身体、衣裳的整洁

保持身体干净，经常洗澡是必需的，尤其是参加正式活动之前一定要保持清爽干净。洗澡可以除去身上的尘土、油垢和汗味，并且使人容光焕发，至少也要坚持每星期洗一次澡。每天晚上睡前要坚持洗脚，用热水泡脚还可以解乏，帮助睡眠，十分有益健康。

身体不要带有异味。有些人会有身体异味，也就是俗称的“狐臭”，应当及时根除治疗和使用治疗药水，此外要紧的是加强个人卫生。体臭是大汗腺分泌物和细菌作用后发生的酸，经常保持皮肤的清洁干燥，就可以将体味减少到最低限度。喷涂治疗药物也是抑制细菌、杀菌的一个非常有效的方法。

保持衣裳整洁，勤换内衣，外衣也要定期清洗、消毒。要勤换鞋袜，保持鞋袜舒适干净，不要在集会或看演出等公众场合穿拖鞋。

此外，要使用自己的毛巾、口杯、脸盆、牙刷和香皂，养成良好的卫生习惯。

二、化妆适度

爱美之心，人皆有之。在人际交往和参加某些仪式时，适当化妆，既表现出个人对美的追求，也表现对他人的尊重。做任何事情都贵在适度，化妆也不例外，一定要根据东方人的特点来装扮修饰，做到恰如其分。过分醉心于美容，妆化得不堪浓艳，不仅有损于皮肤的健康，而且还有损于别人的观瞻，因此，化妆适度是仪容美的基本要求。

1. 妆前自我认识

一个人要让别人觉得美，全身的整体比例很重要，因为只有符合比例的才是和谐的，只有和谐的才是美的。

（1）“黄金分割”。“黄金分割”是指事物各部分间的一定数学比例关系，即将一条线段一分为二，其较短一段与较长一段之比等于较长一段与全线段之比。按照此种比例关系组织的任何对象，都表现出变化的统一，内部关系的和谐。因此，许多哲学家与美学家认为，无论在艺术界还是自然界，“黄金分割”都是形式美中较为理想的关系。对于人类而言，通常人的脸形是接近黄金矩形的，女性的椭圆形脸之所以被较多数人视为理想的脸形，就是因为脸形的长宽之比近似黄金矩形。然而生活中的人们并不都是这样的脸形，但是可以从美的比例出发，利用发型和化妆弥补脸形的比例不足，使整个头部形成一种新的比例关系。

（2）“三庭五眼”。除了脸形的长宽之比之外，“三庭五眼”也是对人的面部长宽比例进行测量的一种简单方法。五官端正就是指符合“三庭五眼”的比例要求。

“三庭”是指上庭、中庭和下庭。①上庭：从额头发际线到两眉头连线之间的距离；②中庭：从两眉头连线到鼻头底端之间的距离；③下庭：从鼻头底端到下颏（下巴尖）的距离。理想的比例是上庭：中庭：下庭 =1∶1∶1，即三者长度相等。

“五眼”是指：①左太阳穴处发际至左眼尾的长度；②左眼长度；③左眼内眼角至右眼内眼角的长度；④右眼长度；⑤右眼眼尾至右太阳穴处发际的长度。

“三庭”、“五眼”结构如图 1-1 所示（选自：http：//kdsjlkefc. blog. 163. com/blog/static/11899870320095702324372/，2008-07-04）。

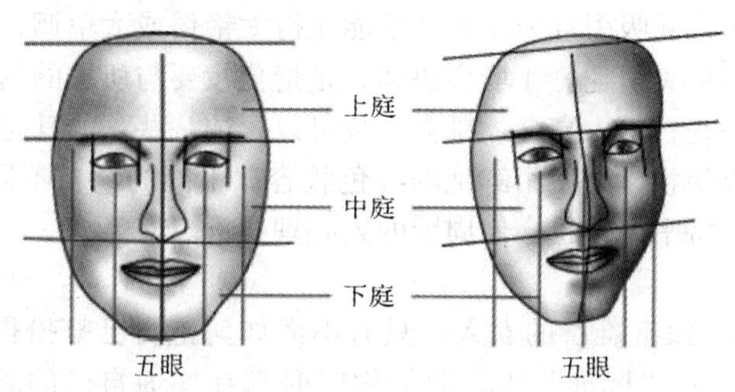

图 1-1　“三庭”、“五眼”结构示意图

理想的比例是这五者长度相等，即从左太阳穴发际到右太阳穴发际之间的横向连线长度正好是五只眼睛的长度，并且均匀分布。

“三庭五眼”是人的脸长与脸宽及颜面器官布局的标准比例，如果不符合这个比例，就会与理想脸形产生距离，那么，在化妆时就要运用一定的技巧进行调整和弥补。

通过自我形象分析，可以了解你自己容貌上的优点与不足，虽然人的相貌在很大程度上依赖于遗传，但是后天的努力、科学的保养及恰到好处的修饰却有举足轻重的作用。

2. 化妆的原则

（1）美化原则。每一个化妆的人都希望化妆能使自己变得更美丽，这是无疑的，但事实上，这些人以为把各种色彩涂抹在脸的相应部位就自然美了，这是错误的。我们看到许多幼儿园的孩子被阿姨化妆化得脸上一团红、眼睛一团黑，变得又凶又老气，孩子的天真可爱荡然无存，这样的化妆不是使人更美了，而是丑了。因此，美化的原则是从效果来说的。要使化妆达到美的效果，必须了解自己脸的各部位特点，孰优孰劣要心中有数；还要清楚怎样化妆和矫正才能扬长避短，变拙陋为俏丽，使容貌更迷人。这些，要在把握脸部个性特征和正确的审美观的指导下进行。

（2）自然原则。自然是化妆的生命，它能使化妆后的脸看起来真实而生动，不是一张呆板生硬的面具。化妆失去了自然的效果，那就是假，假的东西就无生命力和美可言。自然的化妆要依赖正确的化妆技巧、合适的化妆品；要一丝不苟，井井有条；要讲究过渡、体现层次；要点面到位、浓淡相宜。总之，要使化妆说其有，看似无，就像被化妆的人确确实实长了这样一张美丽的面容，像真的一样。化妆时不讲艺术技法手段，胡来一气，敷衍了事，片面追求速度，都有可能使妆面失真。

（3）协调原则。这包括以下内容。①妆面协调，指化妆部位色彩搭配、浓淡协调，所化的妆针对脸部个性特点，整体设计协调。②全身协调，指脸部化妆还必须注意与发型、服装、饰物协调，如穿大红色的衣服或配了大红色的饰物时，口红可以采用大红色的，力求取得完美的整体效果。③身份协调，指礼仪人员化妆时要考虑自己的职业特点和身份，采用不同的化妆手段和化妆品。作为职业人士，应注意化妆后体现端庄稳重的气质；作为专门从事各种关系建立和协调的从业人员出头露面的机会较多，与有身份、有地位、有权力人打交道频繁，要表现出一定的人际吸引魅力，妆就不能化得太艳俗或太单调，而应浓淡相宜，青春妩媚，适合人们共同的审美情趣。④场合协调，是指化妆要与所去的场合气氛要求一致。日常办公，妆可以化淡一些；出入宴会、舞会，妆可以化浓一些，尤其是舞会，妆可以亮丽一些；参加追悼会，素衣淡妆，忌使用鲜艳的红色妆容。不同的场合不同的妆容，相得益彰，不仅会使化妆者内心保持平衡，也会使周围的人心理融洽。

3. 化妆的技巧

靳羽西说："世界上没有难看的女人，只有不懂如何把自己打扮得体的女人。"世界上没有一个人是十全十美的"标准"人。假如你时时都在懊悔自己的脸形或者五官不标准，那大可不必，因为即使自己存在不符合标准的部分，同样可以用化妆的技巧来改善，体现出自己的个性美。扬长避短，遮掩缺陷是非常重要的技巧。下面介绍几种常见的脸形应如何化妆。

（1）圆脸形。这种脸形一般偏平，化妆应加强面部立体塑造，在涂粉底时，可用偏深的粉底涂面部两侧，在额头、鼻梁、下巴处涂明亮色。鼻侧影略向眉头部位揉擦，以抬高鼻根，使鼻形挺拔。眉毛应上挑呈圆弧形。眼影不宜用浅亮色，深色眼影可以使面部凹凸加强。

（2）方形脸。这种脸形棱角分明，化妆底色不宜太浅，色彩沉着的底色加上红褐色的面颊红，会使方脸有结实感，眉形可以是略粗的呈角度弧形，又细又弯的眉会与方脸的轮廓形成较明显的对比。眼影与唇影的颜色可以鲜明一些，用强调五官来减弱方脸轮廓。

（3）长脸形。这种脸形缺乏生气，化妆可以选择较浅的自然型粉底。胭脂用淡红色，从颧骨的中心往耳朵方向推抹呈扇形。在下巴、额头上也略施暖色调阴影色。眉毛修饰成向脸部横向发展的平弧状缓和曲线。用睫毛膏染外眼睫毛。总之，化妆上采用的线条与色彩，都应以横向引导来造成视觉错觉，以便使长脸形有所改观。

（4）小脸形。这种脸形给人的感觉比较可爱，化妆用浅色粉底可使脸部面积显得宽阔。面红可选用浅桃红、淡红。眉毛、眼睛、嘴唇的颜色可适当明丽，线条的描画清晰，使修饰过的五官显得眉清目秀。

（5）大脸形。这种脸形缺乏灵气，显得呆板。化妆可选用比自己原来肤色偏深一些的粉底作为底色，因为深色比浅色有收缩感，面部的两侧可以涂一些能与底色衔接的阴影色。

额头、鼻梁、下巴涂上明亮色，但也需要与底色自然衔接。这样，首先形成脸部大的起伏，再用鼻侧影使脸部唯一的纵长结构更具立体感，鼻侧影的颜色比肤色略深，并应和眼影色融合。眼睛作重点刻画，加上眉毛与嘴唇的衬托，使五官明艳清晰，以此来减弱脸庞轮廓线的印象。

4. 化妆的步骤

化妆时要认真掌握化妆的方法。化妆大体上应分为打粉底、画眼线、施眼影、描眉形、上腮红、涂唇彩、喷香水等步骤。每个步骤均有一定之法，必须认真遵守，讲求化妆的方法。

（1）打粉底。打粉底，又叫敷底粉或打底。它是以调整面部皮肤颜色为目的的一种基础化妆。在打粉底时，有四点特别应予以注意。一是事先要清洗好面部，并且拍上适量的化妆水、乳液。二是选择粉底霜时要选择好色彩。通常，不同的肤色应选用不同的粉底霜。选用的粉底霜最好与自己的肤色相接近，而不宜使二者反差过大，看起来失真。三是打粉底时一定要借助于海绵，而且要做到取用适量、涂抹细致、薄厚均匀。四是切勿忘记脖颈部位。在那里打上一点儿粉底，才不会使自己面部与颈部“泾渭分明”。

（2）画眼线。这一步骤在化妆时最好不要省掉。它的最大好处，是可以让化妆者的一双眼睛生动而精神，并且更富有光泽。在画眼线时，一般应当把它画得紧贴眼睫毛。具体而言，画上眼线时，应当从内眼角朝外眼角方向画；画下眼线时，则应当从外眼角朝内眼角画，并且在距内眼角约 1/3 处收笔。应予重点强调的是，在画外眼线时，特别要重视笔法。最好是先粗后细，由浓而淡，要注意避免眼线画得呆板、锐利、曲里拐弯。画完之后的上下眼线，一般在外眼角处不应当交合。上眼线看上去要稍长一些，这样才会使双眼显得大而充满活力。

（3）施眼影。施眼影的主要目的是强化面部的立体感，以凹眼反衬隆鼻，并且使化妆者的双眼显得更为明亮传神。施眼影时，有两大问题应予注意。一是要选对眼影的具体颜色。过分鲜艳的眼影，一般仅适用于晚妆，而不适用于工作妆。对中国人来说，化工作妆时选用浅咖啡色的眼影，往往收效较好。二是要施出眼影的层次之感。施眼影时，最忌没有厚薄深浅之分。若注意使之由浅而深，层次分明，这将有助于强化化妆者眼部的轮廓。

（4）描眉形。一个人眉毛的浓淡与形状，对其容貌发挥着重要的烘托作用。任何有经验的化妆者，都会将描眉视为其化妆时的重中之重。在描眉时，有四点需要注意。一是先要进行修眉，以专用的镊子拔除那些杂乱无序的眉毛。二是描眉所要描出的整个眉形，必须要兼顾本人的性别、年龄与脸形。三是在具体描眉形时，要对逐根眉毛进行细描，而忌讳一画而过。四是描眉之后应使眉形具有立体感，所以在描眉时通常都要在具体手法上注意两头淡，中间浓；上边浅，下边深。

（5）上腮红。它是指化妆时在面颊处涂上适量的胭脂。上腮红的好处，是可以使化妆者的面颊更加红润，面部轮廓更加优美，并且显示出其健康与活力。在化工作妆时上腮红，需要注意四条：一是要选择优质的腮红，若其质地不佳，便难有良好的化妆效果。二是腮红与唇膏或眼影应属于同一色系，以体现妆面的和谐之美。三是要使腮红与面部肤色过渡自然。正确的做法应是，以小刷蘸取腮红，先上在颧骨下方，即高不及眼睛、低不过嘴角、长不到眼长的1/2处，然后才略作延展晕染。四是要扑粉进行定妆。在上好腮红后，即应以粉定妆，以便吸收汗粉、皮脂，并避免脱妆。扑粉时不要用量过多，并且不要忘记在颈部也要扑上一些粉。

（6）涂唇彩。化妆时，唇部的地位仅次于眼部。涂唇彩，既可改变不理想的唇形，又可使双唇更加娇媚迷人。涂唇膏时的主要注意事项有三。一是要先以唇线笔描好唇线，确定好理想的唇形。唇线笔的颜色要略深于唇膏的颜色。描唇形时，嘴应自然放松张开，先描上唇，后描下唇。在描唇形时，应从左右两侧分别沿着唇部的轮廓线向中间画。上唇嘴角要描细，下唇嘴角则要略去。二是要涂好唇膏。以唇线笔描好唇形后，才能涂唇膏。选择唇膏时，既可以选彩色，也可以选无色。但要求其安全无害，并要避免选用鲜艳古怪之色。女性一般宜选棕色、橙色或紫色唇膏，男性则宜选无色唇膏。涂唇膏时，应从两侧涂向中间，并要使之均匀而又不超出早先以唇线笔画定的唇形。三是要仔细检查。涂毕唇彩后，要用纸巾吸去多余的唇膏，并细心检查一下牙齿上有无唇膏的痕迹。

（7）喷香水。主要是为了掩饰不雅的体味，而不是为了使自己香气袭人，这一点很重要。喷香水要注意的问题如下。一是不应使之影响本职工作，或是有碍于人。二是宜选气味淡雅清新的香水，并应使之与自己同时使用的其他化妆品香型大体上一致，而不是彼此“串味”。三是切勿使用过量，产生适得其反的效果。四是应当将其喷在或涂抹于适当之处，如腕部、耳后、颌下、膝后等，而千万不要将它直接喷在衣物上、头发上或身上其他易于出汗之处。

5. 化妆的注意事项

（1）女士要注意颈部皮肤的护理。女士不要忽视颈部皮肤的护理，颈部皮肤与脸部的皮肤差不多，所以你不必去买专门的营养霜，可以使用用于脸上的护肤品，使用方法和程序跟面部护理一样，只不过在春天、秋天和冬天，脖子上因为有衣服和围巾等的遮掩，护肤用品使用次数不必太频繁，可以在每天早晨或晚上使用一次，夏天因为脖子皮肤裸露在外较多，出外晒太阳时，应与脸部皮肤一样，使用防晒霜，每天两次爽肤和使用营养霜。女士把自己的颈部护理得与自己的脸一样年轻，就会更加完美了。

（2）注意化妆的基本礼节。化妆不但要掌握一定的方法，还要掌握化妆的礼节：化妆的浓淡视时间而定，白天工作场合化淡妆，夜晚化浓妆、淡妆都适宜；不能在公共场所里化妆，在众目睽睽之下化妆是非常失礼的。如有必要化妆或修妆，要在卧室或化妆间里去做。工作时间不能化妆，否则易被他人当作不务正业的人。不要在同事面前化妆，否则会引起误会；不要非议他人的化妆。由于民族、肤色和文化修养的差异，每个人化的妆不可能都是一样的；不要借用他人的化妆品，这样做既不卫生也不礼貌。

值得注意的是青年女性不宜过多使用化妆品，平时只使用一些适合自己皮肤的护肤霜就可以了。特别是正值发育期的女孩子，更不要多用化妆品，因为这时她们的机体新陈代谢旺盛，皮肤毛孔很容易被堵塞，从而有可能引发皮肤病。至于唇膏，旨在护肤，一般多在冬季使用，以防嘴唇开裂。

6. 男士的“化妆”

以上化妆主要针对女士而言，其实男士也应注意面容之美，除了具有宗教信仰和某些风俗习惯者之外，男性不宜蓄留胡须，因为在交际场合，“美髯公”并不美，它显得不清洁，还对交往对象不尊重，因此男性最好每天坚持剃一次胡须，绝对不可以胡子拉碴地上班或去会面。如果有必要蓄须，也要考虑工作是否允许，并且要经常修剪，保持卫生，不管是留络腮胡还是小胡子，整洁大方最重要。

剃须虽然人人都会，但仍需要注意操作程序和方法是否正确和得当。男子剃须方法和程序如下。

（1）清洁皮肤。剃须前，应先用中性肥皂洗净脸部。如果脸上、胡须上留有污物及灰尘，在剃须时，因剃刀对皮肤会产生刺激，或轻微地碰伤皮肤，污物会引起皮肤感染。

（2）软化胡须。洗净脸后，用热毛巾捂胡须，或将软化胡须膏涂于胡须上，使胡须软化。过一会儿再涂上剃须膏或皂液，以利于刀锋对胡须的切割和减轻对皮肤的刺激。剃须膏是男子剃须的专用品，有泡沫型和非泡沫型两种，有的还可自动发热。剃须膏使用方法比较简单，先用温水将胡须部位拍湿后，再挤少量剃须膏均匀地涂抹在胡须上，待泡沫出现或稍等片刻后，即可开始刮须。

（3）正确剃刮。剃须时应绷紧皮肤，以减少剃刀在皮肤上运行时的阻力，并可防止碰破皮肤。尤其年纪大或者瘦弱的人，皮肤易起皱褶，更应绷紧皮肤，使之保持弹性和一定支撑力。剃刮完毕，用热毛巾把泡沫擦净或用温水洗净后，应检查一下还有没有胡楂。

（4）剃后保养。剃须后应注意皮肤保养，因为剃刮胡须时，对皮肤有一定的刺激，并且易使皮脂膜受损，为了在新皮脂膜再生之前保护好皮肤，应在剃须后用热毛巾再敷上几分钟，然后可选用诸如须后膏、须后水、面后蜜、护肤脂或润肤霜之类外搽。这样可形成保护膜，使皮肤少受外界刺激。

（5）胡须修剪与保养。对于蓄须者，修剪胡须时可用一把细齿小木梳和一把弯头小剪，先将胡须梳顺，然后再剪翘起的胡子和长于胡型的胡子，使修剪后的胡须保持整齐挺括的外形。上唇胡须的下缘要齐整，否则会影响面容美观。

如果要改变胡子的形象，可用剪刀将不需要的部分仔细地修剪掉，不要一下子剪得太多，以免失手而影响胡形。

胡须的保养步骤。首先要清洁，每天应认真地清洗胡须，以免尘埃及脏物污染胡须和其根基部的皮肤。洗完后可涂少量的滋润剂，以保持胡须的柔软和光泽。

此外还要注意经常检查和修剪“鼻毛”，在人际交往中，偶尔有一两根鼻毛黑乎乎地“外出”，是很会破坏他人对自己的看法的；吸烟的男子要注意吸烟后能嚼口香糖等去除烟味；有“汗脚”的男士应注意保持鞋袜清洁，鞋最好准备两双以上，换着穿。

男士的形象与其精神面貌有很大关系，如果外表各方面都处于最佳状态，但目中无人，神态不振，这个人的形象也谈不上好，所以，男士在精神面貌上要保持对生活的乐观和追求，少些抑郁忧愁，多些爽朗欢笑。

三、发型设计

在交际场合，观察一个人往往是“从头开始”的，发型是构成仪容美的重要内容，是营销人员展示良好的个人形象的前提。

美观的发型能给人一种整洁、庄重、洒脱、文雅、活泼的感觉。发型的选择要与性别、发质、服装、身材、脸形等相匹配，还要与自己的气质、职业、身份相吻合，这样才能扬长避短，和谐统一，显现出真正的美。

1. 发型与性别

对于男士来讲，头发的具体长度，有着规定的上限和下限。所谓上限，是指头发最长的极限。按照常规，一般不允许男子在工作时长发披肩，或者梳起辫子，在修饰头发时要做到：前发不覆额，侧发不掩耳。男士头发长度的下限是不允许剃光头。对于女士来讲，在工作岗位上头发的长度的上限是：不宜长于肩部，不宜挡住眼睛。长发过肩的女子在上岗之前，可以采取一定的措施，如将超长的头发盘起来、束起来、编起来，不可以披头散发。女士头发长度的下限也是不允许剃光头。

2. 发型与发质、服装

一般来说，直而硬的头发容易修剪得整齐，故设计发型时应尽量避免花样复杂，应以修剪技巧为主，做成简单而又高雅大方的发型。比如梳理成披肩长发，会给人一种飘逸秀美的悬垂美感；用大号发卷梳理成略带波浪的发型或梳成发髻等，会给人一种雍容、典雅的高贵气质。

细而柔软的头发，比较服帖、容易整理成型，可塑性强，适合做成小卷曲的波浪式发型，显得蓬松自然；也可以梳成俏丽的短发，能充分体现你的个性美。

在现代美容中，一个人的发式与服装有着十分密切的关系。什么样的服装应当有什么样的发式相配，这样才显得协调大方。一个高贵典雅的发髻配上一套牛仔服系列就显得不伦不类，因此，只有和谐统一才体现美。

3. 发型与身材

身材高大威猛者，应选择显示人力、健康洒脱美的发式，以避免给人大而粗、呆板生硬的印象。高大身材的女士，一般留简单的短发为好，切忌花样复杂。烫发时，不应卷小卷，以免造成与高大身材的不协调。

身材高瘦者，适合留长发，并且应当增加发型的装饰性。梳卷曲的波浪式发型，会对高瘦身材更有一定的协调作用。但高瘦身材者不宜盘高发髻，或将头发削剪得太短，以免给人一种更加瘦长的感觉。

身材矮小者，适宜留短发或盘发，因露出脖子可以使身材显得高些，并可以根据自己的喜爱，将发式做得精巧、别致些，追求优美、秀丽。但矮小身材者不宜留长发或粗犷、蓬松的发型，那样会使身材显得更矮。

身材较胖者，适宜梳淡雅舒展、轻盈俏丽的发式，尤其是应注意将整体发势向上梳，使脖子亮出，这样会使人产生视错觉，感觉你瘦些。但若留长波浪，两侧蓬松，则会显得更胖。

另外，如果你的上身比下身长，或上下身等长，可选择长发以遮盖其上身；如果肩宽臀窄，就应选择披肩发或下部头发蓬松的发式，以发盖肩，分散肩部宽大的视角；如果颈部细长，可选择长发，不适宜采用短发式，以免使脖颈显得更长；如果颈部短粗，则适宜选择中长发式或短发式，以分散颈粗的感觉。

总之，进行发式选择时，必须根据自己的体型，选择一个与之相称的发型。

4. 发型与脸形

用合适的发型配不同的脸形，不但可以掩饰脸形的缺陷，还可以使脸形与发型相得益彰、凸显魅力，见表1-2。

表1-2　脸形与对应的发型

脸形	椭圆形	长方形	方形	圆形	倒三角形	三角形
发型	任何发型	横向发型：两侧蓬松，有波浪，顶部头发压低；可留刘海	以圆破方：顶部头发应高耸；两侧以波浪形掩住轮廓	增加纵向感：顶部头发高而蓬松；两侧收紧；不要刘海	顶部头发分缝；遮住大额头；两侧头发略松	顶部头发要蓬松、柔和；两侧头发收紧

（资料来源：向多佳．职业礼仪．成都：四川大学出版社，2009）

专业阅读

一、护肤小秘方

1. 黄瓜美容

黄瓜纤维丰富、娇嫩，食之能促进排泄肠内毒素。吃黄瓜还可降低血脂。更使人瞩目的是黄瓜的美容护肤作用，黄瓜中的丙醇二酸可以减肥。鲜黄瓜的黄瓜酶是很强的活性生物酶，能有效促进机体新陈代谢，促进血液循环，达到润肤美容的作用。黄瓜具有摄取身体多余热量的作用，还能消除皮肤的发热感，使发热皮肤平稳，同时排除毛孔内积存的废物，去除褐斑，使肌肤更加美丽，特别对容易出汗及脸常长小疙瘩的人更适合。

方法：把一根鲜黄瓜切成薄片，先用热毛巾在脸上仔细擦拭，接着仰面将黄瓜逐一贴在脸部，鼻子等不好贴部位，可以把黄瓜切成半片贴在上面。保持10分钟左右，最后再用热毛巾把脸面擦拭干净。黄瓜美容法坚持每天做1次，能使皮肤柔润，毛孔内不积存污物，肌肤焕然一新，达到清洁靓肤的效果。

2. 蛋清去死皮

把蛋清涂在皮肤上，可溶掉死皮。等蛋白干后用温水洗去，死皮便脱去，使人容光焕发。

3. 花生酱软肤霜

将两勺花生酱搽涂在膝和手肘等部位粗糙的皮肤上，等十分钟后抹去，温水洗净。花生酱富含蛋白质和脂肪酸，有助软化及美化那些干燥起鳞的皮肤。

4. 乳酪洁肤霜

把一匙乳酪与一匙柠檬汁混合后涂在脸上，等十分钟后，用温水洗净，然后擦上爽肤水及润肤品，肌肤会变得洁白无瑕。

5. 柠檬青瓜紧肤霜

把一个新鲜青瓜切成大块放入搅拌机中，拌成浆状，去渣，加入一个新鲜柠檬的汁和1/4 杯水，用棉花棒搽在皮肤上，皮肤立刻紧收起来。

6. 冻奶去眼肿

把棉花团放在冻奶中浸泡，取出敷眼 5 分钟。之后再在眼皮上铺两片梨或菠萝，使眼睛明亮。

7. 润唇膏

把半匙干麦片与 1/8 匙蜂蜜及一匙牛奶混合成糊，涂在嘴唇上按摩，然后用清水洗净，嘴唇会光亮润泽。

（资料来源：陈光谊．现代实用交际礼仪．北京：清华大学出版社，2009）

二、面部局部矫正化妆

1. 眉部的矫正化妆

画眉首先要了解标准眉形的比例结构及在脸部的标准位置。

标准的眉形为：眉与眼的距离大约有一眼之隔；眉头在鼻翼与内眼角的垂直延长线上；眉峰在眉头至眉梢的 2/3 处；眉梢在鼻翼与外眼角连线的延长线上；眉与眉梢基本保持在同一水平线上。几种常见眉形的修正方法如下。

（1）吊眉。

特征：眉头位置较低，眉梢上扬。吊眉使人显得有精神，但也会使人显得不够和蔼可亲。

修正：将眉头下方和眉梢上方多余的眉毛除去。描画时，要加宽眉头上方和眉梢下方的线条，这样才可以使眉头和眉尾基本在同一水平线上。

（2）八字眉。

特征：眉尾和眉头不在同一水平线。这种眉形使人显得亲切，但过于下垂会使面容显得忧郁。

修正：去除眉头上面和眉梢下面的眉毛。在眉头下面和眉尾上面的部分要适当补画，尽量使眉头和眉尾能在同一水平线上，或使眉尾略高于眉头。

（3）短粗眉。

特征：眉形短而粗。这样的眉形显得粗犷有余，细腻不足，有些男性化。

修正：根据标准眉形的要求将多余的眉毛修掉，然后用眉笔补画出缺少部分，可适当加长眉形。

（4）眉形散乱。

特征：眉毛生长杂乱，缺乏轮廓感，使得面部五官不够清晰、干净。

修正：先按标准眉形的要求将多余眉毛去掉，在眉毛杂乱的部位涂少量的专用胶水，然后用眉梳梳顺，再用眉笔加重眉毛的色调，画出相应的眉形。

2. 眼睛的矫正化妆

对眼睛的修饰主要是画眼影、眼线和对睫毛的美化。例如，利用不同颜色的眼影晕染，可以增加眼部神采，调整眼部结构；粗细不同、长短不一的眼线，可以改变眼睛的形状；不同假睫毛的配合，又可以加强眼睛的神韵。

（1）大眼睛。

特征：大眼睛给人以可爱、美丽的印象，但过大的眼睛又令人觉得呆板。

修正：对于这种眼形在画眼影时可采用浅亮色的眼影平涂的手法，并在靠近睫毛根处选用眼影以增强眼部神韵。眼线不可画得太粗。

（2）小眼睛。

特征：小眼睛的人在化妆时总想要达到双目生辉的效果，以弥补小眼睛在视觉上缺乏个性的一面。

修正：在眼影色的选择上有两种方法。一是画出上深下浅的假双眼皮，例如以深咖啡色与浅白色配色，这种修饰多用于舞台妆，日常生活中不宜；二是用上浅下深的手法来晕染，不刻意强调上眼睑的褶皱。但小眼睛在化妆时尽量不要选用太刺目或另类的色彩，宜选择接近东方人肤色的暖色系色彩。

（3）上斜眼。

特征：上斜眼形内眼角低垂，但外眼角向上飞起，此种眼形给人以十分凌厉精明的印象。

修正：在修饰时，可在内眼角的上眼睑处涂以耀眼的色彩；外眼角处不强调，以柔和的色调轻轻带过即可；内眼角的下侧可选用浅亮色提亮；外眼角下侧同样可以用点缀色来强调，并在画眼线时，加宽上眼线内眼角处及下眼线外眼角处，以此来达到视觉上的平衡。

（4）下斜眼。

特征：下斜眼的形状与上斜眼形恰好相反，此种眼形给人以和蔼可亲的印象，但易让人有衰老和忧郁的感觉。

修正：下斜眼在化妆前可用美目贴或深色纱布贴于上眼睑的外眼角处，令眼部弧度向上提升。在选择眼影时，与上斜眼的画法恰好相反，外眼角的眼影位置可略向上提升，色彩可以鲜亮一些，也可加宽上眼线外眼角处的眼影宽度。

（5）肿眼睛。

特征：上眼皮脂肪较厚，使得眼睑的厚度很突出，造成肿眼泡的视觉印象。

修正：肿眼睛在东方人群中十分常见，因此在选择眼影色时要十分谨慎。例如一些蓝、绿等冷色调的色彩，肿眼睛的人应尽量少尝试，因为它们会造成眼部更加突出的印象。可选择一些与东方人肤色相近的暖色系色彩，如咖啡色系即肿眼睛的安全色系之一。此外可选用亮色提亮眉骨，选择较长的假睫毛等也可以削弱眼皮的厚重感。

（6）凹陷眼。

特征：凹陷眼的眼形与肿眼睛恰好相反，它具有欧洲的风格。眼眶凹陷，较具现代感，但又易给人留下成熟、憔悴的印象。

修正：在选择眼影色时，可使用一些浅白色系使上眼睑突出，增加柔和的感觉；眉骨处的色彩不可太刺目，否则在强烈的对比之下，会使眼部的凹陷感加强。眼线的描绘也应采用自然的线条。

（7）圆眼睛。

特征：圆眼睛给人留下机灵聪慧的印象，但同时又会有精明、厉害的感觉。

修正：圆眼睛的眼影画法可取几色横向并列的方法，尤其是外眼角处的色彩要鲜明、突出，整个眼影的位置不可过高。眼线的画法可细长一些，以增加眼部的视觉长度。

（8）长眼睛。

特征：长眼睛常会给人以妩媚、女性化的感觉，但又会有缺乏神采的印象。

修正：画眼影时可采取上下几色并列的画法，眼影的位置可略高，但不可太长，可强调下眼睑处眼影色。眼线的画法可采取中间粗、两头细的方法，以加强眼睛的视觉宽度。

3. 鼻部的矫正化妆

对于鼻子的修正方法主要是画侧影和涂抹亮色，对于不同鼻形，鼻侧影和亮色的使用也有所不同。

（1）塌鼻梁。

特征：鼻梁低平，使面部显得呆板，缺乏立体感和层次感。

修正：在鼻梁两侧涂抹暗影，上端与眉毛衔接；在眼窝处颜色要深一些，往下逐渐淡化；鼻梁上较凹陷的部位及鼻尖处涂亮色。

（2）短鼻子。

特征：鼻子的长度小于面部长度的1/3，即常说的“三庭”中的中庭过短。鼻子较短会使五官显得集中，同时使鼻子显得较宽。

修正：鼻侧影的上端与眉毛衔接，下端直到鼻尖。亮色从鼻根处一直涂抹到鼻尖处，要细而长。

（3）鼻子较长。

特征：鼻子的长度大于面部长度的1/3，也就是中庭过长，鼻子过长使鼻形显细，并使脸形显得更长。

修正：鼻侧影从内眼角旁的鼻梁两侧开始，到鼻翼的上方结束，鼻尖涂阴影色。鼻梁上的亮色要宽一些，但不要在整个鼻梁上涂抹，只需涂抹鼻中部。

（4）鹰钩鼻。

特征：整个鼻梁弯曲呈钩状，并且鼻头较尖，鼻中隔后缩，面部缺乏柔和感，显得较为冷酷。

修正：鼻侧影从内眼角旁的鼻梁两侧开始到鼻中部结束。鼻尖部涂阴影，鼻根部及鼻尖上侧涂亮色，鼻中部凸起处不涂亮色。

（5）宽鼻。

特征：鼻翼的宽度超过面宽的1/5，会使面部缺少秀气的感觉。

修正：鼻侧影涂抹的位置与短鼻相同，从鼻根至鼻翼处，并在鼻头部位涂亮色。

4. 唇部的矫正化妆

唇形的修饰包括描画唇线和涂抹唇膏两个部分。唇形在矫正前，应选用与面部打底相同的遮盖力较强的粉底色，将原唇的轮廓进行遮盖，然后用蜜粉将其固定，再进行修饰，以便使矫正后的唇形效果自然。

（1）嘴唇过厚。

特征：嘴唇过厚分上唇较厚、下唇较厚及上下唇均厚三种。嘴唇过厚使面容显得不够精致。

修正：保持唇形原有的长度，再用唇线笔沿较厚的唇部轮廓内侧画唇线。唇膏色宜选用深色或冷色以达到收敛效果，避免使用鲜红色、粉色和亮色。

（2）嘴唇过薄。

特征：嘴唇过薄有上唇较薄、下唇较薄及上下唇均薄三种。嘴唇过薄，唇形缺乏丰润的曲线，使面容显得不够开朗或给人以刻薄的感觉。

修正：在唇周围涂浅色粉底，再用唇线笔沿原轮廓向外扩展。唇膏可选暖色、浅色或亮色，以增加唇的饱满感。

（3）嘴角下垂。

特征：嘴角下垂容易给人留下愁苦的印象，且使人显得苍老。

修正：用粉底遮盖唇线和嘴角，将上唇线向上方提起，嘴角提高，上唇唇峰及唇谷基本不变，下唇线略向内移。下唇色要深于上唇色，不宜使用较多亮色唇膏。

（4）嘴唇凸起。

特征：上、下唇突出会产生外翻的感觉，影响唇形的美感。

修正：沿原唇形的嘴角外侧画轮廓，上下唇线应平直一些，以缩减唇的突出感。唇膏宜选择暗色。

（5）唇形平直。

特征：唇峰、唇谷等曲线不明显，唇形的轮廓感不强。这样的唇形缺乏表现力，面部不生动。

修正：按标准唇形的要求勾画唇线，然后再涂抹唇膏。

（资料来源：郑彦离．礼仪与形象设计．北京：清华大学出版社，2009）

课后训练

1. 仪容修饰对营销人员形象的塑造有何重要意义？

2. 作为女士，请用 5 分钟时间给自己化一个漂亮的工作妆。请实际操作，如果结果不令你满意，要继续实践，反复练习，直到取得满意效果为止。

3. 作为男士如何保持仪容整洁？请每天早晨上班前对着镜子检查一下，在个人卫生方面还有哪些地方需要改进？要坚持一丝不苟。

4. 坚持在刷牙、洗脸、洗头时，采用正确的方法，养成良好的卫生习惯。

5. 请结合自身的体会阐述良好的生活习惯与皮肤护理的关系。

6. 与同学交流一下自己对头发、面部、手、脚等进行清洁和保养的心得。

7. 皮肤护理训练。分小组操作，每组针对一种皮肤类型进行护理，每组中一位同学重点操作，其他同学辅助操作。事先准备好洗脸盆、毛巾、清洁纸巾、洗面奶等物品。

8. 发型选择训练。若干学员分别上台展示自己的发型，并说明其理由。其他学员予以点评并提出具体的发型建议，评选出三种最佳发型。

9. 案例分析

一道道奇特的风景线

阿美和阿娟是一所美容学校的学生，初学化妆，非常着迷，走在大街上，总爱观察别人的妆容，因此发现了一道道奇特风景线。

一位中年妇女没有做其他化妆，只涂了唇彩，而且是那种很红很艳的唇膏，只突出了一张嘴。另一位女士的妆容看起来真的很漂亮，只可惜脸上精彩纷呈，脖子却粗糙马虎，在脸庞和脖子的轮廓上有明显的分界线，像戴了面具一样。再看，还有的女士用粗的黑色眼线将眼睛轮廓包围起来，像个“大括号”，看上去那么的生硬、不自然。一位很漂亮的女士，身穿蓝色调的时装，却涂着橘红色的唇膏……

（资料来源：国英．公共关系与现代礼仪案例．北京：机械工业出版社，2004）

思考与讨论：

（1）请帮助阿美和阿娟分析一下，针对以上几种情形，你化妆时应注意哪些问题？

（2）本案例对你有何启示？

10. 案例分析

美中不足

一天，黄先生与两位好友小聚，来到某知名酒店。接待他们的是一位五官清秀的服务员，接待服务工作做得很好，可是她面无血色，显得无精打采。黄先生一看到她就觉得心情欠佳，仔细留意才发现，这位服务员没有化工作淡妆，在餐厅昏黄的灯光下显得病态十足。上菜时，黄先生又突然看到传菜员涂的指甲油缺了一块，他的第一个反应就是“不知是不是掉到我的菜里了”。但为了不惊扰其他客人用餐，黄先生没有将他的怀疑说出来。用餐结束后，黄先生唤柜台内服务员结账，而服务员却一直对着反光玻璃墙面修饰自己的妆容，丝毫没注意到客人的需要。自此以后，黄先生再也没有去过这家酒店。

（资料来源：http：//www. canyin168. com/glyy/yg/ygpx/fwal/200707/7350_ 15. html，2007-07-12）

思考与讨论：

（1）请指出案例中服务员在仪容上存在的问题。

（2）本案例对你有哪些启示？

任务二　服饰设计

三分长相，七分打扮。

——中国谚语

一个人的穿着打扮，是他的教养、品位、地位的真实写照。

——（英）莎士比亚

学习目标

1. 能够正确、规范地穿着西装、西服套裙等正装；
2. 着装讲究色彩搭配与和谐之道；
3. 按照礼仪规范的要求佩戴各类饰物。

案例导入

坏了大事的着装

郑伟是一家大型国有企业的总经理。有一次，他获悉有一家著名的德国企业的董事长正在本市进行访问，并有寻求合作伙伴的意向。他于是想尽办法，请有关部门为双方牵线搭桥。

让郑总经理欣喜若狂的是，对方也有兴趣同他的企业进行合作，而且希望尽快与他见面。到了双方会面的那一天，郑总经理对自己的形象刻意地进行一番修饰，他根据自己对时尚的理解，上穿茄克衫，下穿牛仔裤，头戴棒球帽，足蹬旅游鞋。无疑，他希望自己能给对方留下精明强干、时尚新潮的印象。然而事与愿违，郑总经理自我感觉良好的这一身时髦的“行头”，却偏偏坏了他的大事。

（资料来源：http：//zhidao. baidu. com/question/296063433. html，2011-08-04）

任务设计

根据惯例，在交往中，每个人都必须时时刻刻注意维护自己的形象，特别是要注意自己在正式场合留给初次见面的"外国友人"的第一印象。郑总经理与德方同行的第一次见面属国际交往中的正式场合，应穿西服或传统中山服，以示对德方的尊敬。但他没有这样做，正如他的德方同行所认为的：此人着装随意，个人形象不合常规，给人的感觉是过于前卫，尚欠沉稳，与之合作之事当再作他议。由此可见，服饰是要分场合、讲礼仪的，它对营销人员是十分重要的。

"先看罗衣后看人"，对营销人员来说，掌握一定的服饰技巧非常必要。得体的服饰不仅使营销人员更有精气神，体现出对生活和工作的乐观态度、良好修养和独特品位，还能体现出营销人员所在公司或团队的企业精神和文化。服饰整齐的营销人员永远会给顾客以规范、严谨、积极、干练的印象，这是赢得顾客信任的首要因素。

为了完成本项任务的学习，建议在班级举行一次"营销人员服饰展示会"，具体内容如下。

营销人员服饰展示会

实训目标：根据服饰选配的相关要求与规范，使自己的着装符合营销礼仪要求，展示良好的形象。

实训学时：2 学时。

实训地点：实训室。

实训准备：男士、女士的正装及各类饰物等。

实训方法：将学生分成小组，每组 5 至 6 人，每组设计营销场合的服饰穿戴与搭配。每组学生进行角色扮演，演示服饰的穿戴与搭配，用数码摄像机记录整个过程，然后投影回放，学生自我评价，找出不合规范之处。授课教师总结点评学生存在的个性问题和共性问题。最后，全班评选出"最佳表现组"。

知识链接

一、着装的一般原则

1. 个性协调原则

所谓穿着的协调，是指一个人的穿着要与他的年龄、体形、职业和所处的场合等吻合，表现出一种和谐，这种和谐能给人以美感。具体内容如下。

（1）穿着要和年龄相协调。在穿着上要注意你的年龄，与年龄相协调，不管青年人还是老年人，都有权利打扮自己，但是在打扮时要注意，对不同年龄的人有不同的穿着要求。年轻人应穿着鲜艳、活泼、随意一些，这样可以充分体现出青年人的朝气和蓬勃向上的青春之美。而中、老年人的着装则要注意庄重、雅致、整洁，体现出成熟和稳重，透出那种年轻人所没有的成熟美。因此，无论你是青年、中年还是老年，只要你的穿着与年龄相协调，那么都会使你显出独特的美来。

（2）穿着要与体形相协调。关于人体美的标准，古今中外众说纷纭。有关专家综合我国人口的健美标准，提出两性不同的体形标准。女性的标准体形是：骨骼匀称、适度。具体表现为：站立时头颈、躯干和脚的纵轴在同一垂直线上。肩稍宽，四肢比例及头、颈、胸的比例，以肚脐为界，上下身的比例符合“黄金分割”的1.618∶1，也可用近乎8∶5来表示。若身高160厘米，则其较为理想的体重是50～55公斤，肩宽是36～38厘米，胸围是84～86厘米，腰围是60～62厘米，臀围是86～88厘米；男性的标准体形应基本遵循两臂侧平举等于身高的原则，若身高167～170厘米，则其较为理想的体重是68～70公斤，胸围是95～98厘米，腰围是75～78厘米，颈围是30～40厘米，上臂围是32～33厘米，大腿围是55～56厘米，小腿围是37～38厘米。

然而，在现实生活中，并非每个人的体形都十分理想，人们或多或少地存在着形体上的不完美或欠缺，或高或矮，或胖或瘦。若能根据自己的体形挑选合适的服装，扬长避短，则能实现服装美和人体美的和谐、统一。

一般来说，身材较高的人，上衣应适当加长，配以低圆领或宽大而蓬松的袖子，宽大的裙子、衬衣，这样能给人以“矮”的感觉，衣服颜色上最好选择深色、单色或柔和的颜色；身材较矮的人，不宜穿大花图案或宽格条纹的服装，最好选择浅色的套装，上衣应稍短一些，使腿比上身突出，服装款式以简单直线为宜，上下颜色应保持一致；体形较胖的人应选择小花纹、直条纹的衣料，最好是冷色调，以达到显“瘦”的效果，在款式上，胖人要力求简洁，中腰略收，后背扎一中缝为好，不宜采用关门领，以“V”形领为最佳；体形较瘦的人应选择色彩鲜明、大花图案及方格、横格的衣料，给人以宽阔、健壮的视觉效果，在款式上，瘦人应当选择尺寸宽大、上下分割花纹、有变化的、较复杂的、质地不太软的衣服，切忌穿紧身衣裤，也不要穿深色的衣服。另外，肤色较深的人穿浅色服装，会获得健美的色彩效果，肤色较白的人穿深色服装，更能显出皮肤的细洁柔嫩。

（3）穿着要和职业相协调。穿着除了要和身材、体形协调之外，还要与你的职业相协调。这一点非常重要，不同的职业有不同的穿着要求。例如，教师、干部一般要穿得庄重一些，不要打扮妖艳，衣着款式也不要过于怪异，这样可以给人留下一个良好的印象；医生穿着要力求显得稳重和富有经验，一般不宜穿着过于时髦，给人以轻浮的感觉，这样不利于取得病人信任；青少年学生穿着要朴实、大方、整洁，不要过于成人化；而演员、艺术家则可以根据他们的职业特点，穿着得时尚一些。

（4）穿着要和环境相协调。穿着还要与你所处的环境相谐调。上班的办公室是一个很严肃的地方，因此在穿着上就应整齐、庄重一些。外出旅游，穿着应以轻装为宜，力求宽松、舒适，方便运动。平日居家，可以穿着随便一些，但如果有客人来访，应请客人稍坐，自己立即穿着整齐，如果只穿内衣内裤来接待客人，那就显得失礼了。除此之外，在一些较为特殊的场合，还有一些专门的穿着要求。例如，在喜庆场合不宜穿得太素雅、古板；庄重的场合不能穿得太宽松、随便；悲伤场合不能穿得太鲜艳，等等。对于这些穿着要求，在下面还要作具体的介绍。

2. 色彩搭配原则

色彩，是服装留给人们记忆最深刻的印象之一，而且在很大程度上也是服装穿着成败的关键所在。色彩对他人的刺激最快速、最强烈、最深刻，所以被称为“服装之第一可视物”。

一般来讲，不同色彩的服饰在不同的场合所产生的效果是不同的，为此，需要对色彩的象征性有一定的了解。

黑色，象征神秘、悲哀、静寂、死亡，或者刚强、坚定、冷峻；
白色，象征纯洁、明亮、朴素、神圣、高雅、恬淡，或者空虚、无望；
黄色，象征炽热、光明、庄严、明丽、希望、高贵、权威；
大红，象征活力、热烈、激情、奔放、喜庆、福禄、爱情、革命；
粉红，象征柔和、温馨、温情；
紫色，象征谦和、平静、沉稳、亲切；
绿色，象征生命、新鲜、青春、新生、自然、朝气；
浅蓝，象征纯洁、清爽、文静、梦幻；
深蓝，象征自信、沉静、平静、深邃；
灰色是中间色，象征中立、和气、文雅。

人们在穿着服装时，在色彩的选择上既要考虑个性、爱好、季节，又要兼顾他人的观感和所处的场合。所以明代卫泳在《缘饰》中说春服宜清，夏服宜爽，秋服宜雅，冬服宜艳；见客宜重装；远行宜淡服；花下宜素服；对雪宜丽服。古人对服饰的讲究的确值得我们借鉴。

对一般人而言，在服装的色彩上要想获得成功，最重要的是掌握色彩的特性，色彩的搭配，以及正装色彩的选择这三个方面。

（1）色彩的特性。色彩具有冷暖、轻重、缩扩等特性。

①色彩的冷暖。使人产生温暖、热烈、兴奋之感的色彩为暖色，如红色、黄色；使人有寒冷、抑制、平静之感的色彩叫冷色，如蓝色、黑色、绿色。

②色彩的轻重。色彩明暗变化程度，被称为明度。不同明度的色彩往往给人以轻重不同的感觉。色彩越浅，明度越强，它使人有上升之感、轻感。色彩越浅，明度越弱，它使人有下垂之感、重感。人们平日的着装，通常讲究上浅下深。

③色彩的缩扩。色彩的波长不同给人收缩或扩张的感觉有所不同。一般来讲，冷色、深色为收缩色，暖色、浅色则为扩张色。运用到服装上，前者使人苗条，后者使人丰满，二者皆可使人在形体方面扬长避短，运用不当则会在形体上出丑露怯。

（2）色彩的搭配。色彩的搭配主要有统一法、对比法、呼应法。

①统一法。即配色时尽量采用同一色系之中各种明度不同的色彩，按照深浅不同的程度

搭配，以便创造出和谐感。例如穿西服按照统一法可以选择这样搭配，如果采用灰色色系，可以由外向内逐渐变浅，深灰色西服——浅灰底花纹的领带——白色衬衫。这种方法适用于工作场合或庄重的社交场合的着装配色。

②对比法。即在配色时运用冷色、深色，明暗两种特性相反的色彩进行组合的方法。它可以使着装在色彩上反差强烈，静中求动，突出个性。但有一点要注意，运用对比法时忌讳上下 1/2 对比，否则给人以拦腰一刀的感觉，要找到黄金分割点即身高的 1/3 点上（即穿衬衣从上往下第四、第五个扣子之间），这样才有美感。

③呼应法。即在配色时，在某些相关部位刻意采用同一色彩，以便使其遥相呼应，产生美感。例如在社交场合穿西服的男士讲究“三一律”。所谓“三一律”就是指男士在正式场合应使公文包、腰带、皮鞋的色彩相同，即为此法的运用。

（3）正装的色彩。非正式场合所穿的便装，色彩上要求不高，往往可以听任自便，而正式场合穿的服装，其色彩却要多加注意。总体上要求正装色彩应当以少为宜，最好将其控制在三种色彩之内。这样有助于保持正装保守的总体风格，显得简洁、和谐。正装若超过三种色彩则给人以繁杂、低俗之感。正装色彩，一般应为单色、深色并且无图案。最标准的正装色彩是蓝色、灰色、棕色、黑色。衬衣的色彩最佳为白色，皮鞋、袜子、公文包的色彩宜为深色（黑色最为常见）。

此外，肤色也关系到着装的色彩，浅黄色皮肤者，也就是我们所说的皮肤白净的人，对颜色的选择性不那么强，穿什么颜色的衣服都合适，尤其是穿不加配色的黑色衣裤，则会显得更加动人。暗黄或浅褐色皮肤，也就是皮肤较黑的人，要尽量避免穿深色服装，特别是深褐色、黑紫色的服装。一般来说，这类肤色的人选择红色、黄色的服装比较合适。肤色呈病黄或苍白的人，最好不要穿紫红色的服装，以免使其脸色呈现出黄绿色，加重病态感；皮肤黑中透红的人，则应避免穿红、浅绿等颜色的服装，而应穿浅黄、白等颜色的服装。

3. 注意场合原则

所谓穿着要注意场合，是说要根据不同场合来进行着装。英国女王伊丽莎白二世访问中国时，走出机舱门第一个亮相，穿的是正黄色西服套裙，戴正黄色帽子。这位女王本人喜欢红色和天蓝色，很少穿黄色衣服。但在中国，历史上黄色是皇帝的专用色。女王来中国访问穿正黄色，既表示尊重中国的传统习俗，又显示了她作为一国君主的高贵身份。

（1）正式场合。正式场合是指商务谈判、重要的商务会议、求职面试等正规、严肃的场合。男士在正式场合通常穿严肃的西服套装（上下装面料相同、颜色相同）。纯黑色西服在西方通常用于婚礼、葬礼及其他极为隆重的场合，而正式的商务场合最常使用的西服套装颜色为深蓝色和深灰色，深蓝色或深灰色西装搭配白衬衫是商务场合男士的必备服装。女士在正式的商务场合中，与男士西装相对应的是女士西服套裙（上衣领子与男士西装领子相似）。

（2）半正式场合。商务人员的半正式场合是指无重大活动、无重要严肃事务的商务场合（需要注意的是，有些着装要求非常严格的公司只有周末允许穿半职业装）。在半正式场合，男士不用系领带，可以选择不太正式的西服上衣，如亲切感更强的咖啡色西服，以及其他权威感较弱的明快的颜色。面料可以选择更随意更舒适的粗花呢等。上装和长裤采用不一样的面料和不一样的颜色，看上去更加轻松。

搭配的时候要注意颜色与面料的平衡感。男士半职业装可以搭配高品质的针织衫及时尚感、休闲感较强的衬衫，衬衫的领型可有较多的变化。长裤的面料和颜色可以更加自然随意。需要注意的是，长裤的款式还是以西裤款式为主，不可出现宽松裤、萝卜裤、牛仔裤等休闲时尚裤型。女士的半职业装款式变化与组合非常丰富，可以将正装的西服套裙与套裤分开来穿，搭配经典款式的连衣裙、针织衫、短裙、衬衫。各个款式的细节处理可以更加富有创意，颜色可以更加明亮丰富，但仍然要保持躯干线条的清晰干练。

（3）休闲场合。所谓“休闲”，是指“停止工作或学习，处于闲暇轻松状态”。在这种休闲状态下，服装应当舒适、轻松、愉快，因此在款式上，男士和女士都采用宽松的款式，如夹克衫、T恤衫、棉质休闲裤、牛仔装等。服装颜色可以选择鲜艳新奇的色彩。女士连衣裙、短裙或衬衫的款式细节、图案和色彩都可以更大胆、更丰富。

（4）商务酒会场合。西方男士在特殊场合的礼服分为晨礼服、晚礼服等，但近年来有逐渐简化的趋势。国内一般公司的小型商务酒会、聚会，男士穿深色西装即可，但是领带的图案和颜色都需要更加华丽一些。女士的服装尽量以小礼服风格的款式为主，但不宜过于暴露肌肤，领、袖、肩既不可过于裸露又不可过于严实，千万不要过于隆重、夸张，裙长在膝盖上下比较妥当。布料可以选用丝缎、纱等，也可用无领无袖单色连衣裙搭配亮丽的首饰、富有质感的毛皮围巾、丝巾等增强闪光点和华丽感。酒会穿的鞋可以选有丝缎面料、露趾的晚装鞋，提包换成小巧一些的晚装包。

（5）晚宴场合。国际商务场合隆重的晚宴需要晚礼服。晚礼服是晚上20：00以后穿用的正式礼服，是礼服中档次最高、最具特色、最能充分展示个性的礼服样式。女士的晚礼服常与披肩、外套、斗篷等相搭配，与华美的装饰手套等共同构成整体装束效果。西方传统晚礼服款式强调女性窈窕的腰肢，夸张臀部以下裙子的重量感，肩、胸、臂的充分展露为华丽的首饰留下表现空间。面料通常选用闪光缎、丝光面料，充分展现华丽、高贵感。多配高跟细袢的凉鞋或修饰性强、与礼服相宜的高跟鞋。中国女性的身材和西方女性有所不同，因此可以选用面料华丽、制作精美的旗袍式晚礼服，同样能够产生惊艳的效果。男士参加晚宴的时候可以根据自身的喜好选择正式晚礼服或黑色西装，但一定注意细节处理要恰到好处。

（6）运动场合。商务人员会经常参加公司组织的体育比赛或观看体育比赛，参加此类活动应当穿运动装。运动装与休闲装都具有宽松、舒适的特点，但是运动装比休闲装更加适宜人体运动。不同的体育比赛有不同的运动装款式，参加活动之前应当准备好相应的服装。

（7）家居场合。下班回家之后通常应当换上家居服。家居服也有晨衣、睡衣等诸多款式，但其一致的特点是非常舒适、宽松、随意。因此，需要提醒商务人员注意的是，假如有客人来访，只要不是非常熟悉的人，就一定要换上休闲服或半职业装会见客人。即使是在家里，穿着睡衣之类的家居服见同事或客户也是非常不礼貌的。有些家居服的款式是会客时穿的，但也只适用于很熟的私人朋友或邻居等。最后要提醒大家的是，家居服绝不可以穿到自家大门以外，哪怕只是去楼下小卖店买瓶酱油，穿着睡衣也是非常失礼的。

4. 档次匹配原则

营销人员在穿衣时也应考虑档次，着装的档次应与自己所卖产品的档次相匹配。如果销售的是“宝马”车，不穿一身质地优良的服装，是无法与那些“富翁”打交道的。但如果你是销售保险的，穿着一身上万元的档次过高的西装的话，会让客户主观地认为你卖的产品是昂贵的。但这并不是说，你卖的产品价格相对低廉，就可以穿劣质的服装，来表明产品价格低廉，着装是营销人员精神面貌的体现，具有烘托产品品质的目的，这对实现营销目标是具有重要意义的。

通常可以把所有的产品分成高档奢侈品和一般商品两类。从客户的角度来看，购买高档奢侈品的客户希望自己花大价钱买的东西在方方面面都可以彰显一种地位、一种档次。因此，作为营销人员，最好像欧洲的绅士一样，穿着上乘面料的西服，优雅地为他们服务。如果只是一般商品，就大可不必穿得那么高档，亲切的笑容才是客户所需要的。穿一身看起来很整洁的西服就可以了。如果销售一些价格低廉的商品，则有品牌标志的工作服或一身具有亲和力的普通衣服是最佳的选择。

二、男士西装的穿着

西装是男士最常见的办公服，也是现代交际中男子最得体的着装。国外很多机构，包括一些大企业，规定工作人员不能穿西装短裤、运动服上班，要求男士必须穿西服打领带。为了塑造良好的个人形象，男性营销人员必须学会穿西装。

1. 男士西装的选择

（1）选择合适的款式。西装的款式可分为英国、美国、欧洲三大流派。尽管西装在款式上有流派之分，但是各流派之间差异并不很大，只是在后开衩的部位、扣是单排还是双排、领子的宽窄等方面有所不同。不过，在胸围、腰围的胖瘦，肩的宽窄上还是有所变化的。因此，我们在选择西装时，要充分考虑到自己的身高、体形，如身材较胖的人最好不要选择瘦型短西装；身材较矮者也最好不要穿上衣较长、肩较宽的双排扣西装。

（2）选择合适的面料和颜色。西装的面料要挺括一些。作正式礼服用的西装可采用深色，如黑色、深蓝、深灰等颜色的全毛面料制作。日常穿的西装颜色可以有所变化，面料也可以不必讲究，但必须熨烫挺括。如果穿着皱巴巴的西装，是会损坏自己的交际形象的。

（3）选择合适的衬衣。穿西装时一定要穿带领的衬衣，衬衫领子应根据脖子的长短来选择，脖子较短的人不宜选用宽领衬衫；相反，脖子较长的人也不宜选用窄领衬衫。花衬衣配单色的西装效果比较好，单色的衬衣配条纹或带格西装比较合适；方格衬衣不应配条纹西装，条纹衬衣也不要配方格西装。衬衫袖子的长度以长出西装袖口 2 厘米左右为标准。

（4）选择合适的领带。在交际场合穿西装必须打领带，领带是西装的灵魂，在西装的穿着中起着画龙点睛的作用。领带的颜色、花纹和款式要与所穿的西装相协调。领带的面料以真丝为最优。在领带颜色的选择上，杂色西装应配单色领带，而单色西装则应配花纹领带；驼色西装应配金茶色领带，褐色西装则应配黑色领带等。

2. 男士西装的穿着

（1）穿好衬衣。穿西装必须要穿长袖衬衣，衬衣最好不要过旧，领头一定要硬扎、挺括，外露的部分一定要平整干净。衬衣下摆要掖在裤子里，领子不要翻在西装外，衬衣长于西装袖子。衬衫口要扣上。

（2）注意内衣不可过多。穿西装切忌穿过多内衣。衬衣内除了背心之外，最好不要再穿其他内衣，如果确实需要穿内衣的话，内衣的领圈和袖口也一定不要露出来。如果天气较冷，衬衣外面还可以穿上一件毛衣或毛背心，但毛衣一定要紧身，不要过于宽松，以免穿上显得过于臃肿，影响穿西装的效果。

（3）打好领带。在比较正式的社交场合，穿西装应系好领带。领带常可体现一个人的心理特征，如系短领带，领带结头宽大，则表明此人自信心极强。相反，领带的结头打得过紧过小，则表明此人自卑。因此领带应打得宽松得体。领带的长度要适当，以达到皮带扣处为宜。如果穿毛衣或毛背心，应将领带下部放在毛衣领口内。系领带时，衬衣的第一个纽扣要扣好，如果佩戴领带夹，一般应在衬衣的第四、第五个纽扣之间。在喜庆宴会场合，应该选用色彩鲜艳亮丽的领带；在庄严肃穆的场合，应该选用深色或者黑色的领带。领带的打法主要有以下几种。

①平结。平结为男士选用最多的领结打法之一，几乎适用于各种材质的领带。要诀：领结下方所形成的凹洞需让两边均匀且对称。如图 2-1 所示（选自 http：//www. yqrc. com/show_ news. asp？ id =90800，2006-04-26）。

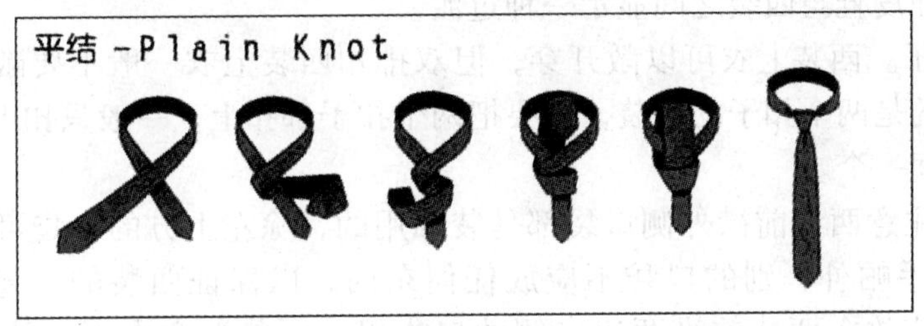

图 2-1　平结

②交叉结。这是对于单色素雅质料且较薄领带适合选用的领结。对于喜欢展现流行感的男士不妨多加使用。如图 2-2 所示（选自 http：//www. yqrc. com/show_ news. asp？ id =90800，2006-04-26）。

图 2-2　交叉结

③温莎结。温莎结适用于宽领带型的衬衫，该领结应多往横向发展，应避免材质过厚的领带，领结也勿打得过大。如图 2-3 所示（选自 http：//www. yqrc. com/show_ news. asp? id =90800，2006-04-26）。

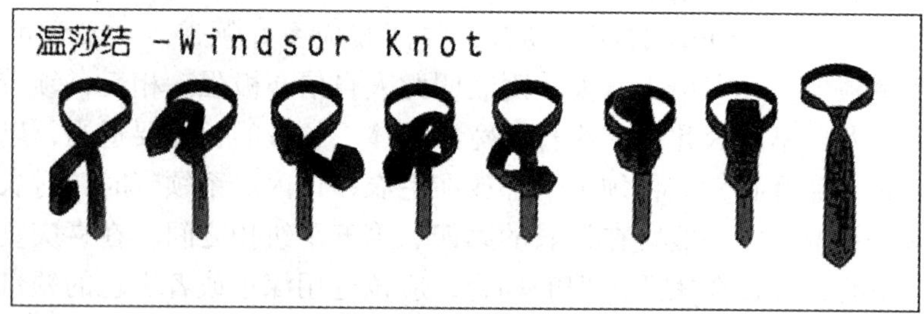

图 2-3　温莎结

（4）鞋袜整齐。穿西装一定要穿皮鞋，而不能穿布鞋或旅游鞋。皮鞋的颜色要与西装相配套。皮鞋还应擦亮，不要蒙满灰尘。穿皮鞋还要配上合适的袜子，袜子的颜色要比西装稍深一些。使它在皮鞋与西装之间显示一种过渡。

（5）扣好扣子。西装上衣可以敞开穿，但双排扣西装上衣一般不要敞开穿。在扣西装扣子时，如果穿的是两个扣子的西装，不要把两个扣子都扣上，一般只扣上面一个。如果是三个扣子只扣中间一个。

此外，还要注意西装前襟外侧口袋都是装饰用的，除左上方的口袋可以根据需要置放折叠考究的西装手帕外，别的口袋不应放任何东西，以保证西装的“笔挺”。钱夹、名片、钥匙等物品应放入西装前襟两边内侧的口袋里。西装裤兜内不宜放沉东西，不要鼓鼓囊囊。

标准的男士西装穿着如图 2-4 所示（选自：http：//male. ruilitang. com）。

图 2-4　标准的男士西装穿着

三、女士套裙的穿着

1. 选择合适的套裙

（1）面料。最好是纯天然质地，又是质量上乘的面料。上衣、裙子及背心等应选用同一种面料。在外观上，套裙所用的面料，讲究的是匀称、平整、滑润、光洁，不仅有弹性、手感好，而且应当不起皱、不起毛、不起球。

（2）色彩。应当以冷色调为主，借以体现出着装者的典雅、端庄与稳重。一套套裙的全部色彩不要超过两种，不然就会显得杂乱无章。

（3）图案。按照常规，商界女士在正式场合穿着的套裙，可以不带任何图案。

（4）点缀。不宜添加过多的点缀。一般而言，以贴布、绣花、花边、金线、彩条、亮片、珍珠、皮革等加点缀或装饰的套裙都不适宜商界女士穿着。

（5）尺寸。上衣不宜过长，下裙不宜过短。裙子下摆恰好达小腿最丰满处，乃是最为标准、最为理想的裙长。紧身式上衣显得较为正统，松身式上衣则看起来更加时髦一些。

（6）造型。“H”形上衣较为宽松式，裙子多为筒式；“X”形上衣多为紧身式，裙子多为喇叭式；“A”形上衣多为紧身式，裙子则为宽松式；“Y”形上衣多为松身式，裙子多为紧身式，并以筒式为主。

（7）款式。套裙款式的变化主要体现在上衣和裙子方面。上衣的变化主要体现在衣领方面，除常见的平驳领、驳领、一字领、圆状领之外，青果领、披肩领、燕翼领等并不罕见。裙子的式样常见的有西装裙、一步裙、筒式裙等，款式端庄、线条优美；百褶裙、旗袍裙、“A”字裙等，飘逸洒脱、高雅漂亮。

2. 选择和套裙配套的衬衫

与套裙配套的衬衫，有不少讲究。从面料上讲，主要要求轻薄而柔软，比如真丝、麻纱、府绸、罗布、涤棉等，都可以用作其面料。从色彩上讲，则要求雅致而端庄，不失女性的妩媚。除了作为“基本型”的白色外，其他各式各样的色彩，包括流行色在内，只要不是过于鲜艳，并且与所穿的套裙的色彩不相互排斥，均可用作衬衫的色彩。不过，还是以单色为最佳之选。同时，还要注意，应衬衫的色彩与所穿套裙的色彩要搭配，要么外深内浅，要么外浅内深，形成深浅对比。

3. 选择和套裙配套的内衣

一套内衣往往由胸罩、内裤及腹带、吊袜带、连体衣等构成。它应当柔软贴身，并且起着支撑和烘托女性线条的作用。有鉴于此，选择内衣时，最关键的是要使之大小适当。

内衣所用的面料，以纯棉、真丝等面料为佳。它的色彩可以是常规的白色、肉色，也可以是粉色、红色、紫色、棕色、蓝色、黑色。不过，一套内衣最好同为一色，而且其各个组成部分亦为单色。就图案而论，着装者完全可以根据个人爱好加以选择。

内衣的具体款式甚多。在进行选择时，特别应当关注的是，穿上内衣之后，不应当使它的轮廓一目了然地在套裙之外展现出来。

4. 选择合适的鞋袜

选择鞋袜时，首先要注意其面料。女士所穿的与套裙配套的鞋子，宜为皮鞋，并且以牛皮鞋为上品。同时所穿的袜子，则可以是尼龙丝袜或羊毛袜。

鞋袜的色彩则有许多特殊的要求。与套裙配套的皮鞋，以黑色最为正统。此外，与套裙色彩一致的皮鞋亦可选择。但是鲜红、明黄、艳绿、浅紫的鞋子，则最好莫试。穿裙时所穿的袜子，可有肉色、黑色、浅灰、浅棕等几种常规选择，只是它们宜为单色。多色袜、彩色袜，以及白色、红色、蓝色、绿色、紫色等色彩的袜子，都是不适宜的。

鞋袜在与套裙搭配穿时，要注意其款式。与套裙配套的鞋子，宜为高跟、半高跟的船式皮鞋或盖式皮鞋。系带式皮鞋、丁字式皮鞋、皮靴、皮凉鞋等，都不宜采用。高统袜与连裤袜，则是与套裙的标准搭配。中统袜、低统袜，绝对不宜与套裙同时穿着。

5. 女性着装两忌

一忌入座撩裙。有些女性有在公共场合撩起裙子才坐下的习惯（应稍稍归拢一下而不是撩起），这样会有失体面。

二忌公共场所随意脱鞋。在办公室、会议室、公共汽车等地方，一些女性随意脱鞋松脚，有的跷着腿，一只脚上不经意地吊着鞋子，有的还把吊着的鞋子晃来晃去。这些不雅的姿态，会给人一种轻浮、懒散的印象。

标准的女士套裙穿着如图 2-5 所示。

图 2-5　标准的女士套裙穿着

四、服装饰物的佩戴

1. 饰物的种类

（1）服饰。这里的“服饰”是指服装上的装饰。服饰种类繁多，主要包括刺绣、系带、金属装饰品、珠宝等。不同时期、不同民族、不同国家的服饰既相似又不同。例如，我国唐代袍衫的纹样一般以暗花为多，武则天当朝后规定，在不同职别官员的袍服上，绣上各种不同的禽兽纹样，以区别等级；又如，我国少数民族中的白族，妇女的头饰上有一缕长长的穗，随着妇女年龄的增长或已婚否，这缕长穗慢慢地被剪短，直至完全没有。再如，我国布依族已婚妇女要用竹皮或笋壳与青布做成“假壳”戴在头上，向后横翘尺余。

（2）挂件。项链、玉佩、包挂等都属于挂件。在众多品种的挂件中，最流行和被人们广泛佩戴的是用贵金属、玉石、玛瑙、水晶、象牙、木雕、石雕等材料制成的各种人们心目中的吉祥物挂件。例如，保佑平安、祈祷发财、保佑健康的吉祥物。挂件制品在制作原料、工艺及饰物造型上，男女有别。除项链外，其余挂件一般不用贵金属材料制作。

（3）佩件。戒指、耳环、手镯、臂镯、丝巾扣等都属于配件。传说戒指源于3000年前的古埃及，戒指是环形的，它没有开始，也没有结束，象征着爱情的浪漫与永恒。佩件一般用贵金属和珠宝制成。现代社会出现了很多能取代贵金属和珠宝的人造贵金属和人造珠宝材料，用这些材料制作的戒指、耳环、手镯、臂镯、丝巾扣等也同样非常漂亮，光彩照人。

（4）手袋。手袋，特别是女士用的小型手袋是女士出席各种社交活动的重要饰物。手袋的面料很多，可用皮革、金属、塑料、串珠、刺绣等材料制成。

（5）帽子。帽子是现代女士的主要饰物。无论是质料、色彩，还是款式都是多种多样的。

（6）腰带及眼镜。腰带及眼镜是男女皆用的最常见的饰物，属于应用及装饰为一体的饰物。特别是眼镜，随着现代人装饰意识和审美情趣的变化，眼镜已成为一种修饰脸部的饰物了。

（7）发饰。我国历代衣冠服饰制中对“冠”（即发饰）都有严格规定。在奴隶制度和封建制度时期，发饰是用来区分等级的一种饰品。例如，商代对冠巾、发簪等发饰的佩戴就有明确的要求。不同民族、不同地区的发饰在样式、佩戴方式等方面是有区别的，在某种意义上说发饰具有民族和区域特性。例如，傣族、白族等一些民族的妇女是已婚还是未婚，可通过其发式及发饰来判别。随着社会的发展，发饰等级制度已经消亡；随着民族之间、地区之间交往的日益紧密，不同民族、不同地区的发饰在逐步融合，使现代发饰呈现出丰富、多彩、繁荣的局面。

2. 饰物佩戴的原则

（1）符合身份。俗话说：做什么要有做什么的样。如果你在做着售货员的工作，却用饰物给自己打扮得珠光宝气，你自己认为合适吗？所以，佩戴饰物时，一定要使之符合自己的身份。

（2）搭配得宜。穿着工作装的最好饰物是金银饰物，一般不戴珠宝饰物。而且饰物最好能与服装搭配和谐，从颜色、样式、整体效果上，都应该仔细协调，尽量让其浑然天成。另外，男士应该审慎选择饰物，尽量不要赶时髦。比如男士戴耳环就不太适合。

（3）以少为好。有些人总是爱显示自己的优越性，好像自己佩戴了什么，就比别人高一等，于是将身上能戴上饰物的地方全部武装起来。其实这样完全是大可不必。即使你有这样的心态，也不一定非要在数量上与他人一决高下，品质不是更能显示出气质吗？何必非要把自己打扮成珠宝推销员似的？一般而言，正确的佩戴原则，以不超过两种为限，另外，同样的品种也不能超过两个。

3. 常见饰物的佩戴

各类饰物的佩戴有具体的要求，在社交中应该区别对待，使饰物发挥出其自身特有的作用。

（1）丝巾的选择和佩戴。丝巾是女士的钟爱。确实，不管什么场合，利用飘逸柔媚的丝巾稍作点缀，一下就能让你的穿着更有味道。挑选丝巾重点是丝巾的颜色、图案、质地和垂坠感。可以用丝巾调节脸部气息，如红色系可映得面颊红润；或是突出整体打扮，如衣深巾浅、衣冷色巾暖色、衣素巾艳。但佩戴丝巾时要注意：如果脸色偏黄，不宜选用深红、绿、蓝、黄色丝巾；脸色偏黑，不宜选用白色、有鲜艳大红图案的丝巾。丝巾不要放到洗衣机里洗，也不要用力搓糅合拧干，只要放入稀释的清洁剂中浸泡一两分钟，轻轻拧出多余水分再晾干就行了。

（2）围巾、帽子、手套的选择和佩戴。围巾的花色品种很多，与帽子一样，起御寒保暖和美观的作用。巧妙地选戴围巾，效果远远超过不断地更新衣服。围巾的面料有纯毛、纯棉、人造毛织物、真丝绸、涤丝绸等。围巾的色彩及图案也名目繁多。男士一般应选用纯毛、人造毛织物制作的围巾，色彩应选用灰色、棕色、深酱色或海军蓝，不能选用丝绸类的围巾。女士对围巾的选择范围极大，可选用丝绸类及色彩多样的三角巾、长巾及方巾等。除可用来围在脖子上取暖外，还可以将围巾扎在头发上、围在腰上做装饰品。如果配上丝巾扣，围巾围、戴，变化就更多了。对女士来说，不论怎样选戴围巾，都要与年龄、身份和环境相协调，与所穿衣服的面料、款式、颜色及使用者的肤色相配。围巾一般在春冬季节使用得比较多。它的搭配要和衣服、季节协调。厚重的衣服可以搭配轻柔的围巾，但轻柔的衣服却绝不能搭配厚重的围巾。围巾和大衣一般都适合室外或部分公共场所穿着，到了房间里就要及时摘掉，不然会让人感到压抑。

帽子是由头巾演变来的。在当代生活中，帽子不仅有御寒遮阳的作用，还具有装饰功能。在男女衣着中，帽子也占据着举足轻重的地位。戴帽子时，一定要注意帽子的式样、颜色与自身装束、年龄、工作、脸形、肤色相和谐。一般来说，圆脸适合戴宽边顶高的帽子，窄脸适合戴窄边的帽子。女士的帽子，种类繁多，不同季节造型和花色应不同。例如，在冬天，女士可戴手工制的绒线帽；地位较高的女士可选择小呢帽；年轻姑娘可选择小运动帽。戴帽子的方法也很多，例如，帽子戴得端端正正显得很正派，稍往前倾一些显得很时髦。另外，戴眼镜的女士不适宜戴有花饰的帽子；身材矮小者，应戴顶稍高的帽子。戴帽子应注意的一般礼仪是：戴法要规范，该正的不能歪，该偏前的不能偏后；男性在社交场合可以采用脱帽方式向对方表示致意；在庄重和悲伤的场合，除军人行注目礼外，其余的人应一律脱帽。

在西方的传统服饰中，手套曾经是必不可少的配饰。现在，不管在哪儿，手套除了御寒以外，无非就是为了保持手臂的清洁和防止太阳曝晒。和别人握手，不管冬夏，都要摘掉手套；女士握手，有时不用摘掉手套显得更加礼貌；进屋以后，一般要马上摘下手套；吃饭的时候，必须摘下手套。

（3）腰带的搭配和注意事项。腰带更重要的是装饰作用。男士的腰带一般比较单一，质地大多是皮革的，没有太多的装饰。穿西服时，都要扎腰带；而其他的服装（如运动、休闲服装）可以不扎。夏季只穿衬衫并把衬衫扎到裤子里去的时候，也要系上腰带。女士的腰带很丰富，质地有皮革的、编织物的、其他纺织品的，纯装饰性的场合更多；款式也多种多样。女士使用腰带要注意这样几个问题。一是和服装的协调搭配，包括款式和颜色，比如穿西服套裙一般选择皮革或纺织的、花样较少的腰带，以便和服装的端庄风格搭配。穿着轻柔织物裙装时，腰带的选择余地大一些；暗色的服装不要配用浅色的腰带，除非出于修正形体的需要。二是要和体形搭配，比如个子过于瘦高，可以用较显眼的腰带，形成横线，分割一下，增加横向宽度；又如上身长下身短，可以适当提高腰带到比较合适的上下身比例线上，造成比较好的视觉效果；如果身体过于矮胖，就要避免使用大的、花样多的腰带扣（结），也不要用宽腰带。三是要和社交场合协调。职业场合不要用装饰太多的腰带，而要显得干净利落一些；参加晚宴、舞会时，腰带可以花哨些。

无论男女，扎腰带一定要注意：出门前看看你的腰带扎得是否合适，腰带有没有“异常”，在公共场合或别人面前动腰带是不合适的；在进餐的时候，更不要当众松紧腰带，这样既不礼貌，也不雅观；如果必要，可以起身到洗手间去整理腰带。经常注意检查自己的腰带是不是有损坏，以提早替换，避免发生“意外”。

（4）皮包。皮包具有使用及装饰作用，在现代服饰中起着画龙点睛的作用。皮包的种类千变万化，有肩挂式、手提式、手拿式及双肩背式等。在选购时要考虑它的适用范围。正式场合应选用质地较好、做工精细、外观华丽，体积不宜大，横长形的皮包；平时上班和日常外出使用的皮包不必太华丽，以实用性和耐用性为主；使用皮包要考虑其颜色与季节和着装是否相一致。皮包与使用人的体形也有很大关系，例如，体形小巧的人不能选用太大的皮包；体形矮胖的人不要选用太秀气的皮包；瘦高的人虽然有较大的选择余地，但也不能选用太大或太小的皮包。在参加公务活动时应携带公文包。

（5）丝袜。丝袜在服装整体搭配中起着举足轻重的作用。在国外，正式场合中如果女性不穿丝袜，就如同不穿内衣一样十分不雅。丝袜不仅能保护腿、足部的皮肤，掩盖皮肤上的瑕疵，还能与衣服相搭配，使女性更添魅力。

在工作场合穿着裙装及皮鞋时，一定要穿丝袜，而且必须是连裤丝袜。这样可以避免丝袜因质量问题掉落，也不会将袜口露在外面。有的人因为怕热而穿中长袜或短丝袜是不职业的做法。而平时在穿连衣裙及凉鞋时，就不要再穿丝袜了。因为凉鞋本来就是为了凉快的，再穿袜子就显得多此一举了。不过现在有一种前后包脚的凉鞋，是属于较为正式的款式，就必须穿袜子了。穿凉鞋时，要注意脚趾和脚后跟的洁净，不要把黑乎乎的指甲缝和老茧丛生的脚后跟露在外面，平时应注意保养。

丝袜的选穿不能敷衍了事，但要根据自身特点和着装风格做到合理选穿，亦不是件容易的事，你最好知道选穿袜子的窍门，以下是一些供你参考的经验：对于日常忙于上班的职业女性，不妨选一些净色的丝袜，只要记住深色服装配深色丝袜，浅色服装配浅色丝袜这一基本方法就可以了。丝袜和鞋的颜色一定要相衬，而且丝袜的颜色应略浅于皮鞋的颜色（白皮鞋除外）。颜色或款式很出位的袜子对腿形要求很高，对自己腿形没有自信的女孩不可轻易尝试。品质良好的裤袜要比长筒丝袜令你更有安全感，能够避免袜头松落。白丝袜很容易令人看上去又胖又矮，应该避免。上班族更不要穿着彩色丝袜，它会令人感到轻浮，缺乏稳重感。参加盛会穿晚装时，一双背部起骨的丝袜会使高雅大方的格调分外突出。但穿此类丝袜时，切记别将背骨线扭歪，否则极其失仪。

（6）鞋。在美国纽约华尔街有一句话："永远不要相信穿着脏皮鞋和破皮鞋的人"。现在仍然有营销人员借口整天跑来跑去，而穿着一双又脏又破的鞋。营销人员应该记住，成功从脚下开始。皮鞋不一定要"老人头"，但是一定要擦干净，而且确信是完好的。

（7）戒指。在西方，戒指是无声的语言。一般来说，将戒指戴在左手各手指上有不同含义：戴在食指上表示未婚或求婚；戴在中指上表示正在热恋中；戴在无名指上表示已订婚或结婚；戴在小指上则表明"我是独身者"。右手戴戒指纯粹是一种装饰，没什么特别的意义。一般情况下，一只手上只戴一枚戒指，戴两枚或两枚以上的戒指是不适宜的。参加较正规的外事活动，最好佩戴古典式样的戒指。

（8）项链。项链的粗细应与脖子的粗细成正比，与脖子的长短成反比。从长度上分，项链可分为四种：短项链约 40 公分，适合搭配低领上衣；中长项链约 50 公分，可广泛使用；长项链约 60 公分，适合在社交场合使用；特长项链约 70 公分，适合用于隆重的社交场合。

（9）耳饰。耳饰有耳环、耳链、耳钉、耳坠等款式，仅限女性所用，并且讲究成对使用，也就是说每只耳朵上均佩戴一只。在工作场合，不要一只耳朵上戴多只耳环。另外佩戴耳环，应兼顾脸形，不要选择和脸形相似形状的耳环，使脸形的短处被强调夸大。耳饰中的耳钉小巧而含蓄。

（10）手镯。有雕塑感的木质阔手镯带有中性色彩，金属宽手镯显得很酷。而另一种风格的宽手镯——用人造宝石镶成图案，必将制造出一种目不暇接的华丽氛围。它主要强调手腕和手臂的美丽。可以只戴一只，通常应在左手。也可以同时戴两只，一只手戴一个，也可以都戴在左手。

（11）手链。男女都可以佩戴手链，但一只手上只能戴一条，而且应戴在左手上。它可以和手镯同时佩戴。在一些国家，佩戴手链、手镯的数量、位置，可以表示婚姻状况。手链不要和手表同时戴在一只手上。

（12）手表。在社交场合，佩戴手表，通常意味着时间观念强、作风严谨。在正规的社交场合，手表往往被看做首饰。它也是一个人地位、身份、财富状况的体现。所以男士的手表，往往引人注目。在正式场合佩戴的手表，在造型上要庄重、保守，避免怪异、新潮，尤其是尊者、年长者更要注意。一般正圆形、正方形、长方形、椭圆形和菱形手表适用范围极广，也适合在正式场合佩戴，而那些新奇、花哨的手表造型，仅适合少女和儿童。而且适合选择单色或双色手表，色彩要清晰、高雅。黑色的手表最理想。除数字、商标、厂名、品牌外，手表没必要再出现其他无意义的图案。像广告表、卡通表等不宜出现在工作人员的手腕上。另外，在交际场合，特别是和别人交谈时，不要有意无意地看表。否则对方会认为你对交谈心不在焉、不耐烦，想结束谈话。

（13）胸花。胸花是为女性特别设计的，专门用于装饰女性的胸、肩、腰、头、领口等部位。胸花有鲜花和人造花两种。相比之下，鲜花佩戴起来更显高雅，但不能持久。选择胸花时，一定要考虑服装的类型、颜色、面料，要考虑所出席的社交活动的层次，要考虑自身的体形和脸形条件。例如，个子矮小的女士适合小一点的胸花，佩戴时部位可稍高一些；个子高大的女士可选择大一点的胸花，佩戴时位置可低一些。胸花要注意别的部位，穿西服应别在左侧领上，穿无领上衣时应别在左侧胸前。发型偏左时胸针应当居右，发行偏右时胸针应当偏左，其高度应在从上往下数第一粒、第二粒纽扣之间。

（14）领针。领针专门用来别在西式上装左侧领上。男女都可以用。佩戴时戴一只就行了，而且不要和胸针、纪念章、奖章、企业徽记等同时使用。在正式场合，不要佩戴有广告作用的别针，不要将它别在右侧衣领、帽子、书包、围巾、裙摆、腰带等不恰当的位置。

（15）发饰。常见的发饰主要有头花、发带、发箍、发卡等。通常，头花和色彩鲜艳、图案花哨的发带、发箍、发卡，都不要在上班时佩戴。

（16）脚链。脚链是当前比较流行的一种饰物，多受年轻女士的青睐，主要适合在非正式场合佩戴。佩戴它，可以吸引别人对佩戴者腿部和步态的注意，如果腿部缺点较多，就不要用。一般只戴一条脚链。如果戴脚链时穿丝袜，就要把脚链戴在袜子外面，让脚链醒目。

除了以上这些常见的饰物外，还流行佩戴鼻环、脐环、指甲环、脚戒指等。它们多是标榜前卫、张扬个性的选择，建议慎重佩戴，尤其在严肃的场合不要佩戴。

有些女士一次佩戴太多的首饰，项链、耳坠、戒指、手链，甚至再加上一枚胸针，像全副武装的士兵一样，整个人看起来既累赘又缺乏品位。佩戴首饰的作用不是为了显示珠光宝气，而是要对整体服装起到提示、浓缩或扩展的作用，以增强一个人外在的节奏感和层次感。像服装一样，首饰也有它自己的季节走向，春夏季可戴轻巧精致些的，以配合衣裙和缤纷的季节，秋冬季可戴庄重和典雅的，可以衬出毛绒衣物的温暖与精致。切不可一条项链戴过春夏秋冬，否则会显得单调和缺乏韵律。切忌用首饰突出自己身体中不太漂亮的部位。如脖颈上有赘肉和褶皱的女士，就不适合戴太有个性色彩的颈链，以免别人过多地关注；手指欠修长丰润的，不要戴镶有大宝石或珍珠的戒指。

佩戴首饰一定要和你的身份气质及服装相协调才有品位。学生不要戴太多的首饰。气质文静的女士不要戴过于夸张和象征意义太浓的首饰，否则会使别人产生错乱感。

当穿职业装时最适合佩戴珍珠或做工精良的黄金白金首饰；穿晚装时，可以戴宝石或钻石首饰；穿休闲装时，比较适合戴个性化或民族风格的首饰。

专业阅读

一、中西方服饰文化的异同

服装艺术是以服装为载体的对现实生活和精神世界的反映，是人的知觉、情感、理想、意念等综合心理活动的有机产物。科技发展使世界文化的多元化并存现象更加突出，东西方的冲突也日趋增多。在这种情况下，如何更深地理解东西方服饰文化的异同，是我们面临的一个重要问题。

1. 服饰艺术的设计思想

（1）中国古代“天人合一”与“师法自然”的哲学思想。中国传统的哲学世界观可以概括为追求“天人合一”的理想境界，“天人合一”的思想是中国古代文化之精髓。它把天地万物看做是一个有机的、生动的、协调的整体。《庄子·齐物论》早有论述，“天地与我并生，而万物与我为一。”古人把“天、地、人”视为一个整体。中国古代哲学家老子主张“师法自然”：“人法地，地法天，天法道，道法自然。”人是自然之子，是天地之气化育而成，人必须以天、地为师，以自然为师，法天地自然规律而行事。《周易》中也肯定了人与自然的统一性和交融性，即人的一切活动从道德修养到功利实践，都必须遵循自然的启示，受自然规律的制约，人与自然二者互相影响渗透，人与自然遵循统一的法则，天地自然也具有人的社会属性，同时又包含了与人事有关的伦理道德，表现在审美情感上就是偏感性的。因此，不论道、儒都主张精神与肉体兼并，美与善合璧，中国古代服装正是体现人和物之间的审美和谐和自然表现形式的外化。

（2）西方“有用就是美”的审美意识。当中国先秦诸子们在谈论美的时候，古希腊哲人们也同样在为“美是什么”而争辩。与中国诸子们不同的是，这些哲人们几乎混淆了实用与美的界限。苏格拉底通过功用内涵的扩展而主张“有用就是美”，即“我们研究每一件东西的本质、制造和形状，如果它有用，就说它美，说它美只是看它有用，在某些情景可以帮助达到某种目的；如果它毫无用处，就说它丑。”进入大机器时代，人们对实用、功能与形式、美的关系的理解大大深化。著名的思想代表拉斯金以美学为依据，以伦理为出发点，提出哥特式样不仅是至善的而且是最合理的。保尔·苏约利提出并把实用与审美的关系解说为内容与形式的关系，使人们对工艺造物之美的认识，从装饰之美或外观之美走向注重结构之美、功能之美。包豪斯组织起机械时代的美学体系，使技术与艺术完美统一。西方的这种功能主义，直接导致人们对于服装用来满足人的各种需要的寻求。

2. 服饰艺术的形态

（1）款式。中式服装的款式特点是由中国特有的文化和东方人身体结构特点决定的。中国人属于黄色人种，人体的胸、腰、臀曲线不明显，再加上中国人讲究自尊、含蓄、中庸，反映到服装上，以宽衣肥袖、连身平袖直腰身的平面裁剪方法为主。中式服饰多以中轴对称为特征，男子以上下连属的袍为贵，女子着短襦、长裙。

西式服装的款式特点也是由西方讲求实用、追求“理性的美”的审美思想和西方人身体结构的特点决定的。西方人属白色人种，人体的胸、腰、臀曲线明显。西方的服饰强调科学性，服装结构是合乎人体运动规律的，有省道、袖笼、褶裥等的半立体设计。西方的服饰张扬个性、崇尚人体美。反映到款式上，各种适合人体的收腰、隆胸等设计比比皆是，服装的廓型属体形型。男子着上衣下裤的套装，女子着上下连属的裙装。

（2）色彩。中式服装的色彩多是青、红、黑、白、黄色。特别是红色，被孔子定为正色而被广泛使用。与红色形成对比的补色调有红色与黑色，红色与绿色，红色与蓝色，红色与白色等。色彩搭配的方法是以高纯度的长调对比为主，这些传统用色与黄色人种的肤色也很适合。

西方服装的色彩较多采用天蓝色、白色、黑色、绿色、棕色、米黄色等对比较强的颜色。尤其是棕色、米黄色很适合白色人种的发色与肤色，一直是西方的传统用色。

（3）图案与装饰。中式服装因其服装结构与廓型的相对稳定，使得中国传统服饰更重视平面的章法铺陈，人们对服装的审美情趣，多集中在色彩的搭配、图案的设计、刺绣的针法、镶边、滚边的装饰效果上，服装衣襟、领、袖、扣、边褶的变化都极为讲究。补子是中式服装独有的装饰手段。中式图案如梅花、兰花、菊花、松树等代表了中国古代文人的精神理想，所以多见于文人士大夫的服装。谐音图案和寓意图案、吉祥文字图案是明代之后的常用图案，一直延续下来，被人们广泛接受。中式服装的装饰物很多，其中玉是备受推崇的饰物，配以内涵丰富、寓意深刻的“中国结”，装饰在腰部。西式服装纹饰上常见的是以规则骨式构成的石榴纹、菱花纹，其布局对称，造型饱满，色彩艳丽。西方服饰注重颈、胸、袖口的装饰，传统的花边和刺绣图案很丰富，多以写实图案为主。西式女装的装饰物有珍珠、钻石等珠宝，帽子、手套是不可或缺的配件，西式男装的装饰物为帽子、步行手杖是较常见的配件。

（4）材料。中式服装的材料多采用丝绸或棉布、葛布、麻布等天然纤维，缝制方法使用缝纽、手针、补缀等东方技法，从而表现出东方形象。西方服装应用较多的是亚麻布、羊毛织物、棉布、天鹅绒。缝制工艺注重适应服装的功能。

总之，服饰作为一种文化形态，贯穿了东西方各个时期的历史。在漫长的人类发展的过程中，中式服饰与西式服饰因为不同的审美意识，走上了不同的发展方向。中国服饰文化注重精神层面的追求，服装款式上不露曲线，呈现出端庄、婉约、优雅、含蓄的东方情调。西方服饰文化注重科学层面的追求，服装款式上追求依附于人体形态的穿用，因此服装曲线明显，呈现出从实用而来的优美、大胆和雅致。

（资料来源：张雷．中西方服饰文化的异同．艺术教育，2007（5））

二、职业装穿着七忌

（1）忌残破。职业装该洗就洗，该换就换，该淘汰就淘汰，宁可不穿也不能穿破衣服。你去餐厅吃饭，你看到的服务生最好穿套装制服。但是如果他穿的制服上面有一个洞，有一个污痕，或者掉一个扣子，或者很脏，那你还想吃吗？

（2）忌杂乱。具体包括两个方面。一方面，单位要求你穿就得穿，不能发了制服，一半人穿，一半人不穿。另一方面，要按服装自身的规则穿。比如穿西装的时候得穿皮鞋。女孩子要穿凉鞋的话，露指凉鞋不能穿袜子，否则就会比较傻。另外，服装着装有集成的规则。

（3）忌鲜艳。从制作的角度来讲，应该统一颜色，不能太鲜艳。一般要遵守三色原则，也就是说颜色不能超过三种。

（4）忌暴露。职业装在款式上要既利于工作，时尚、新颖，但也不能过于暴露。不能穿露脐装、露背装、低胸装、露肩装。职业装要四不露，即不露胸、不露肩、不露腰、不露背。

（5）忌透视，就是不能透视。内衣、外衣的色彩要协调。

（6）忌短小，就是不能太短。不能一弯腰露出一截内裤。

（7）忌紧身。紧身衣，搞不好走光了，扣子绷了、开线了，蹲着也不方便。工作时，要展示的是爱岗敬业的精神，训练有素的态度，而不是优美的线条。职业装还分好几种。白领职业装一般要求是套装、套裙，更注重于职业形象。而劳动服更注重安全防护。像炼钢服、潜水服，驾驶员的衣服等都更注重方便工作。

（资料来源：http：//blog. sina. com. cn/s/blog_ 44a2df5e0100hyjl. html）

课后训练

1. 作为男性营销人员，请每天出门前对照以下“男士仪容仪表自我检测”仔细审视自己，看看自己哪些方面需要改进，以养成良好的习惯。

男士仪容仪表自我检测

发型款式大方，不怪异，头发干净整洁，长短适宜。无浓重气味，无头屑，无过多的发胶、发乳。

鬓角及胡须已剃净，鼻毛不外露。

脸部清洁滋润。

衬衣领口整洁，纽扣已扣好。

耳部清洁干净，耳毛不外露。

领带平整、端正。

衣、裤袋口平整伏贴。衬衣袖口清洁，长短适宜。

手部清洁，指甲干净整洁。

衣服上没有脱落的头发和头皮屑。

裤子熨烫平整，裤缝折痕清晰。裤腿长及鞋面。拉链已拉好。

鞋底与鞋面都很干净，鞋跟无破损，鞋面已擦亮。

2. 作为女性营销人员，请每天出门前对照以下“女士仪容仪表自我检测”仔细审视自己，看看自己哪些方面需要改进，以养成良好的习惯。

女士仪容仪表自我检测

头发保持干净整洁，有自然光泽，不要过多使用发胶；发型大方、高雅、得体、干练，前发以不遮眼、遮脸为好。

化淡妆：眼亮、粉薄、眉轻、唇浅红。

服饰端庄：不太薄、不太透、不太露。

领口干净，脖子修长，衬衣领口不过于复杂和花哨。

饰品不过于夸张和突出，款式精致、材质优良，耳环小巧、项链精细，走动时安静无声。

公司标志佩戴在要求的位置，私人饰品不与之争夺别人的注意力。

衣袋中只放小而薄的物品，衣装轮廓不走样。

指甲精心修理过，不太长，不太怪，不太艳。

裙子长短、松紧适宜。拉链拉好，裙缝位正。

衣裤或裙子及上衣的表面无明显的内衣轮廓痕迹。

鞋洁净，款式大方简洁，没有过多装饰与色彩，鞋跟不太高、不太尖。

衣服上没有脱落的头发和头皮屑。

丝袜无勾丝、无破洞，无修补痕迹，包里有一双备用丝袜。

3. 请根据周围同学的脸形、形体和个性特点，给他（她）在服饰运用上提些合理化的建议。

4. 请根据衣服款式及衬衣颜色搭配合适的领带，并练习领带的不同打法。

5. 有一位著名女企业家，年龄 36 岁，身高 165 厘米，体重 55 公斤，请你为这位女企业家提供着装建议。

6. 如果你所在的学院将举行首届校园形象礼仪大赛，请为自己进行个人形象整体设计。

7. 案例分析

衣着助成功

美国商人希尔就清楚地认识到，在商业社会中，一般人是根据一个人的衣着来判断对方的实力的，因此，他首先去拜访裁缝。靠着往日的信用，希尔订做了三套昂贵的西服，共花了 275 美元，而当时他的口袋里仅有不到 1 美元的零钱。然后他又买了一整套最好的衬衫、领带及内衣裤，而这时他的债务已经达到 675 美元。每天早上他都会身穿一套全新的衣服，在同一时间里同一位出版商“邂逅”相遇，希尔每天都和他打招呼，并偶尔聊上一两分钟。

这种例行性会面大约进行了一星期之后，出版商开始主动与希尔搭话，并说：“你看来混得相当不错。”接着出版商便想知道希尔从事哪一行业。因为希尔身上的衣着表现出来的这种极有成就的气质，再加上每天一套不同的新衣服，已引起了出版商极大的好奇心，这正是希尔盼望发生的事情。希尔于是很轻松地告诉出版商：“我正在筹备一份新杂志，打算在近期内争取出版，杂志的名称为《希尔的黄金定律》。”出版商说：“我是从事杂志印刷和发行的。也许我也可以帮你的忙。”这正是希尔等候的那一刻，而当他购买这些新衣服时，他心中已想到了这一刻。这位出版商邀请希尔到他的俱乐部，和他共进午餐，在咖啡和香烟尚未送上桌之前，已说服了希尔答应和他签合约，由他负责印刷和发行希尔的杂志。发行《希尔的黄金定律》这本杂志所需要的资金至少在三万美元以上，而其中的每一分钱都是从漂亮衣服所创造的“幌子”上筹集来的。因此我们要学会运用服饰这一武器来“武装”自己，获得成功。

（资料来源：http：//www. ceen1886. com/nanshixiuxianpixie/20111029/4057. html，2011-11-08）

思考与讨论：

（1）在营销工作中衣着具有怎样的作用？

（2）本案例对你有何启示？

8. 案例分析

你代表不了公司

一个炎热的下午，一位销售钢材的专业推销员走进了一家制造公司的总经理办公室。这个推销员身上穿着一件有泥点的衬衫和一条皱巴巴的裤子。他嘴角叼着雪茄，含糊不清地说：“早上好，先生，我代表森筑钢铁公司。”

"你也早上好！你代表什么？"这位总经理问，"你代表森筑公司，听着，年轻人，我认识森筑公司的高层领导，你不能代表他们——你的形象和外貌代表不了他们。"

（资料来源：宋洪洁．每天学点销售学大全集．上海：立信会计出版社，2011）

思考与讨论：

（1）为什么说这位年轻人代表不了森筑公司？

（2）本案例对你有何启示？

9. 案例分析

银行职员如何着装

英国阿比银行实行了全周休闲服制。开始时，人们感到突然地解放了，再也不用每日熨衬衣、打领带、擦皮鞋了，职员们开始穿着自己舒适的衣服上班。一天，当实在找不出得体的搭配时，印度职员纳师就穿着黑色牛仔裤来上班。

部门经理把他叫到办公室："我们公司虽然实行休闲服制度，但并不意味着什么都可以穿到公司。前几天，你穿着民族特色的衬衣，考虑到你的民族文化，我没有干涉。但是，牛仔裤是不利于我们公司形象的服装，公司明文规定不能穿牛仔裤上班。请不要让我再看到你穿着它上班。"纳师听从了经理的告诫，从此把牛仔裤留到了周末。

几天之后，纳师穿着短袖保罗T恤衫上班，他又被叫到了经理室："我希望你在着装上注意点，T恤衫和露出肌肤的衣服不符合我们公司的穿衣原则，请你不要再穿着它上班了。"纳师百般不解地抱怨道："什么才是真正的休闲服？休闲服不是为了解放我们的压力，让我们自由地选择吗？现在，休闲服制度带给我这么多的'不允许'，让我并不休闲！这么多禁忌，我真不知道还会触犯哪条规定！穿西服的日子远比现在的所谓休闲服的日子好过得多。现在，每天晚上，我不得不为第二天的穿着而伤脑筋。"

（资料来源：英格丽·张．你的形象价值百万．北京：中国青年出版社，2005）

思考与讨论：

（1）员工的着装对企业营销有怎样的影响？

（2）结合本案例谈谈你对"营销礼仪就是把企业无形的服务有形化，使得有形的规范的服务和企业营销过程进行完美的结合。"这句话的理解？

10. 案例分析

镜子原理

日本销售大师原一平曾访问美国大都会保险公司，该公司副总经理曾问他："您认为访问客户之前，最重要的工作是什么？"

"在访问客户之前，最重要的工作是照镜子。"

"照镜子？"

"是的，你面对镜子与面对准客户的道理是相同的。在镜子的反映中，你会发现自己的表情与姿势；而从准客户的反应中，你也会发现自己的表情和姿势。”

“我从未听过这种观念，愿闻其详。”

“我把这称为镜子原理。当你站在镜子前面，镜子会把映现的形象全部还原给你；当你站在准客户前面，准客户也会把映现的形象全部还给你。当你的内心希望客户有某种反应时，你把这种希望反映在如同镜子的准客户身上，然后促使这一希望回到你身上。为了达到这一目标，必须把自己磨炼得无懈可击。”

（资料来源：宋洪洁．每天学点销售学大全集．上海：立信会计出版社，2011）

思考与讨论：

（1）谈谈你对原一平“镜子原理”的理解。

（2）搜集关于原一平的资料，总结一下他的推销秘诀有哪些。

11. 案例分析

小芳的戒指

小芳毕业后到一家公司做文秘工作不久，一次在接待客户时，领导让她照顾一位华侨女士。临别时，华侨对小芳的热情和周到的服务非常满意，留下名片，并认真地说：“谢谢！欢迎你到我公司来做客，请代我向你的先生问好。”小芳愣住了，因为她根本没有男朋友，何谈“先生”呢。可是，那位华侨也没有错，她之所以这么说，是因为看见小芳的左手无名指上戴有一枚戒指。

（资料来源：http：//home. 51. com/maxjqcj，2008-02-09）

思考与讨论：

（1）从小芳这里你应该吸取什么教训？

（2）佩戴戒指等饰物有哪些具体要求？

任务三　仪态设计

在美的方面，相貌的美高于色泽的美，而秀雅合适的动作又高于相貌的美。

——（英）培根

讲礼仪，才会有品味；有品味，才会有魅力。

——笔者

学习目标

1. 在营销工作中，能够以正确优美的站姿、坐姿、走姿、蹲姿、鞠躬塑造出良好的交际形象；
2. 在与客户交际时，能够正确遵循眼神、微笑、手势等礼仪规范要求，展现出大方自然的个性形象；
3. 在营销工作中，能够杜绝各种不良的行为举止。

案例导入

金先生失礼

风景秀丽的某海滨城市的朝阳大街，高耸着一座宏伟楼房，楼顶上“远东贸易公司”六个大字格外醒目。某照明器材厂的业务员金先生按原计划，手拿企业新设计的照明器材样品，兴冲冲地登上六楼，未及擦脸上的汗珠，便直接走进了业务部张经理的办公室，正在处理业务的张经理被吓了一跳。“对不起，这是我们企业设计的新产品，请您过目。”金先生说。张经理停下手中的工作，接过金先生递过的照明器，随口赞道：“好漂亮啊！”并请金先生坐下，倒上一杯茶递给他，然后拿起照明器仔细研究起来。金先生看到张经理对新产品如此感兴趣，如释重负，便往沙发上一靠，跷起二郎腿，一边吸烟一边悠闲地环视着张经理的办公室。当张经理问他电源开关为什么装在这个位置时，金先生习惯性地用手搔了搔头皮。好多年了，别人一问他问题，他就会不自觉地用手去搔头皮。虽然金先生作了较详尽的解释，张经理还是有点半信半疑。谈到价格时，张经理强调：“这个价格比我们的预算高出较多，能否再降低一些？”金先生回答：“我们经理说了，这是最低价格，一分也不能降了。”张经理沉默了半天没有开口。金先生却有点沉不住气，不由自主地拉松领带，眼睛盯着张经理，张经理皱了皱眉，“这种照明器的性能先进在什么地方?”金先生又搔了搔头皮，反反复复地说：“造型新、寿命长、节电。”张经理托辞离开了办公室，只剩下金先生一个人。金先生等了一会，感到无聊，便非常随便地抄起办公桌上的电话，同一个朋友闲谈起来。这时，门被推开，进来的却不是张经理，而是办公室秘书。

（资料来源：刘克芹．社交礼仪．北京：经济科学出版社，2010）

任务设计

仪态，又称“体态”，是指人的身体姿态和风度。姿态是身体所表现的样子，风度则是内在气质的外在表现。人的一举手、一投足、一弯腰乃至一颦一笑，并非偶然的、随意的，这些行为举止自成体系，像有声语言那样具有一定的规律，并具有传情达意的功能。人们可以通过自己的仪态向他人传递个人的学识与修养，并能够以其交流思想、表达感情。英国哲学家培根说：“在美的方面，相貌的美高于色泽的美，而优雅合适的动作又高于相貌的美。”在社交中，仪态是极其重要、有效的交际工具，它用一种无声的语言向人们展示出一个人在道德品质、人品学识、文化品味等方面的素质和能力，用优良的仪态礼仪表情达意，往往比语言更让人感到真实、生动。所以，在营销工作中必须举止优雅，做到仪态美。

本“案例导入”中的营销人员金先生在职业交际过程中，使客户不满，严重损害了公司形象和产品形象，原因就在于他没有做到仪态美，表现出了许多失礼之处。

为了完成本项任务的学习，建议在班级举行一次“营销交际情景模拟演示活动”，具体如下。

营销交际情景模拟演示活动

实训目标：掌握营销交际仪态礼仪规范，开展各类营销交际活动，体现出优雅的举止，展现出营销人员良好的职业形象。

实训学时：2 学时。

实训地点：实训室。

实训准备：场景设计方案。

实训方法：同学分组，每个小组5～6人，设计各种情景（例如：求职面试、营销接待、营销拜访等场景）展示基本的仪态礼仪；每组同学根据设计的情景进行角色扮演，展示基本的站姿、坐姿、走姿和蹲姿、表情、手势等仪态，用摄像机记录展示的全过程；根据录像，找出不规范的地方，同学可进行相互评价；最后由授课老师进行总结评价，全班同学评选出“最佳表现组”。

知识链接

一、站姿

站姿是静态的造型动作，是指人的双腿在直立静止状态下所呈现出的姿势，站姿是走姿和坐姿的基础，一个人想要表现出得体优雅的姿态，首先要从规范站姿开始。所谓“站如松”，就是指人的站立姿势要像松树一样直立挺拔，双腿均匀用力。

1. 标准站姿

（1）头正。两眼平视前方，嘴微闭，脖颈挺直，头顶上悬，下颌微收，表情自然，面带微笑。

（2）肩平。肩部微微放松，稍向后下沉，自然呼吸。

（3）臂垂。两肩平整，两臂自然下垂于体侧，虎口向前，手指自然弯曲。

（4）躯挺。挺胸收腹，臀部向内向上收紧。

（5）腿并。女性两腿立直、贴紧，脚跟靠拢，脚尖呈 45°～60°夹角，男性可两脚分开，与肩同宽。

标准站姿如图 3-1 和图 3-2 所示。

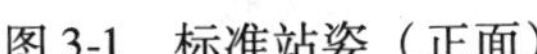

图 3-1　标准站姿（正面）

图 3-2　标准站姿（侧面）

站立的时候，男士双脚可以叉开，大致和肩部同宽。女士可以在以一条腿为中心的前提下，支撑脚脚尖指向前方，另一只脚脚跟贴着支撑脚的 1/2 处，脚尖向外展开 45°，呈“丁”字步站姿，如图 3-3 所示。

图 3-3　“丁”字步站姿

站累了的时候，单腿可以后撤半步，身体重心可以前后移动，但双腿必须保持直立。另外要注意一点，即站的时候要选择恰当的站立位置，不要妨碍他人。

在营销过程中，不论是男性营销人员还是女性营销人员，都要特别注意，一定要在自己站立的时候正面对着顾客，绝不可以将自己的背部对着对方。双手也不能平端或抱在胸前，更不要把一只手插进衣袋或手夹香烟。这些都直接关系到营销人员是否尊重顾客，所以必须引起高度重视。

2. 营销工作中的不同站姿

因为营销工作场合和岗位的不同，标准站姿会呈现三种变化，形成营销工作的不同站姿①。具体如下。

（1）为客户服务的站姿。为客户服务的站姿，俗称“接待员的站姿”。显而易见，在接待客户的时候，站立的身前没有障碍之物挡身、受到他人的注视、与他人进行短时间交谈、倾听他人的诉说等，都可以采用这种站立姿势。采用为客户服务的站姿时，头部可以微微侧向自己的服务对象，但一定要保持面部的微笑。要收腹、挺胸、抬头、提臀。手臂可以持物，也可以自然地下垂，或双手叠放在腹部，表示“我随时为您服务”。此时女士的双脚站成“丁字步”，男士站成“V”字步或双脚稍开立就可以了。

（2）柜台营业员待客的站姿。柜台营业员待客的站姿，亦称为“长时间站姿”、“障碍物挡身时的站姿”或稍息。当一个人长时间持续不断地采用标准站姿，难免会感到疲惫不堪。所以情况允许时可采用柜台待客的站姿，既可以稍作休息，不失仪态美，也不会影响服务质量。

采用柜台待客的站姿，技巧上有五个重要之点。一是手脚可以适当地进行放松，不必始终保持高度紧张的状态。二是可以在一条腿为重心的同时，将另外一条腿向外侧稍稍伸出一

① 未来之舟．营销礼仪手册．北京：海洋出版社，2005.

些，使双腿呈叉开之状。三是双手可以指尖朝前的做法轻轻地扶在身前的柜台之上。四是双膝要尽量地伸直，不要令其出现弯曲。五是肩、臂自由放松，在敞开胸怀的同时，一定要伸直脊背。兼顾上述五点，营业员采用柜台待客的站姿时就可以算是完美无缺了。

（3）恭候顾客的站姿。恭候顾客的站姿，又称“等人的站姿”或“轻轻的站姿”。当营销人员在自己的工作岗位上尚且无人接待，或者恭迎服务对象的来临时，大都可以采用这种站立的姿态。它的最大特点，是可以使站立者感到比较轻松、舒适。不过，当服务对象已来到自己面前，尤其是在自己的下半身并无屏障挡身，或是对方是自己的重要客人时，最好应立即恢复标准站姿。

采用恭候顾客的站姿时，需要注意的重要几点有：双脚可以适度地叉开，两脚可以相互交替放松，并且可以踮起一只脚的脚尖。即允许在一只脚完全着地的同时，抬起另外一只脚的后跟，而以其脚尖着地。双腿可以分开一些。肩、臂应自然放松，手部不宜随意摆动。上身应当伸直，并且目视前方。头部不要晃动，下巴须避免向前伸出。采用此种站立姿势时，非常重要的一点是：叉开的双腿不要反复不停地换来换去，否则会给人以浮躁不安、极不耐烦的印象。

3. 不雅的站姿

不雅的站姿主要包括身躯歪斜、弯腰驼背、趴伏倚靠、腿位不雅、脚位欠妥如“内八字”等。另外还有手位失当，如将手插在衣服的口袋内、双手抱在胸前或脑后、将双手支于某处或托住下巴等，以及站立时全身乱动等。

4. 站姿的训练

（1）对镜练习。在他人的帮助下，或自己对着镜子进行训练，便于纠正不良姿势，在找准标准站姿的感觉后，再坚持每次 20 分钟左右的训练。

（2）靠墙站立练习。要求脚后跟、小腿、臀部、双肩、后脑勺都要紧贴墙壁。每次训练控制在 20 ~ 30 分钟。如图 3-4 所示。

图 3-4　靠墙站立练习

（3）头顶书练习。要求把书放在头顶中心，为使书不掉下来，头、躯挺直，自然保持平衡，这种训练方法可以纠正低头、仰脸、晃头及左顾右盼等不良习惯。每次训练控制在20～30分钟。如图3-5所示。

图3-5　头顶书练习站姿

二、坐姿

坐姿是一种基本的静态体位，是指人在就座以后身体所保持的一种姿势。端庄优美的坐姿会给人以文雅、稳重、大方的美感，给人留下良好的印象。所谓“坐如钟”，就是指坐姿要像钟一样端庄沉稳、镇定安详。

1. 标准坐姿

轻轻地走到座位前，缓慢转身，从座位左侧入座，坐在椅子上时，一般应坐满椅子的1/2～2/3。坐下后，头正颈直，下颌微收，面带微笑，双目平视前方或注视对方。身体要保持正直，挺胸收腹，腰背挺直。不要在顾客面前出现低头、仰头、歪头、扭头等现象。整个头部应当如同一条直线一样，和地面保持垂直。书写的时候，可以低头俯看桌面上的文件、物品，但在回答顾客的提问时，必须抬起头来，不然就带有爱理不理的意思。坐好后，身体要端正，双脚并拢，小腿与地面垂直，双膝和双脚脚跟并拢。要注意，和顾客交谈时，为了表示重视，不仅应面向对方，而且要把整个上身朝向对方。

坐好后，尤其要注意手臂位置的摆放。坐好后手臂位置的得体摆放主要有以下5种①。

（1）放在两条大腿上。双手各自扶在一条大腿上，也可以双手叠放后放在两条大腿上，或者双手相握后放在两条大腿上。

（2）放在一条大腿上。侧身和顾客交谈时，通常要将双手叠放或相握地放在自己所侧一方的那条大腿上。

（3）放在皮包文件上。当穿短裙的女性面对男士而坐的时候，身前又没有屏障时，为避免“走光”，可以把自己随身的皮包或文件放在并拢的大腿上。随后，就可以把双手或扶、或叠、或握着放在上面。

---

① 未来之舟．营销礼仪手册．北京：海洋出版社，2005.

（4）放在身前桌子上。把双手平扶在桌子边沿，或是双手相握置于桌上，都是可行的。有时，也可以把双手叠放在桌上。

（5）放在椅子的扶手上。当正身而坐时，应该把双手分扶在两侧扶手上。当侧身而坐时，应该把双手叠放或相握后，放在侧身一侧的扶手上。

一般情况下，要求女性的双腿并拢，而男性双腿之间可适度留有间隙。双腿自然弯曲，两脚平落地面，不宜前伸。在日常交往场合，男性可以跷腿，但不可跷得过高或抖动。女性大腿并拢，小腿交叉，但不宜向前伸直。如果女性着裙装，在就座前从后面抚顺一下再坐下，如图3-6所示。根据不同的场合和不同的座位，坐的位置可前可后，但上身一定要保持直立。

图3-6　整理裙装

2. 坐姿的分类

以一个人的脚位为依据，男士、女士的坐姿可以做以下分类。

（1）垂直式坐姿。这一坐姿就是通常说的“正襟危坐”，在最正规的场合使用，男士、女士均适用。要领是：上身与大腿、大腿与小腿、小腿与脚部都呈直角，小腿垂直于地面，双膝、双腿完全并拢。

（2）标准式坐姿。这一坐姿适用于各种场合。要领是：在垂直式坐姿的基础上，女士两脚保持小“丁字”步，男士两脚自然分开呈45°角。如图3-7所示。

图3-7　标准式坐姿

（3）屈直式坐姿。尤其是坐在稍微低矮一些的椅子上更为适用，是女士非常优雅的一种坐姿。要领是：大腿与膝盖靠紧，一脚伸向前，另一脚屈回，两脚前脚掌着地并在一条直线上。

（4）前伸式坐姿。这一坐姿适用于各种场合，一般为女士所采用。要领是：双腿与双脚并在一起，向前伸出一脚左右的距离，按方向共有三种：正前伸直、左前伸直和右前伸直，脚的位置可以是双脚完全并拢，也可以脚踝不交叉，脚尖不可翘起。

（5）后屈式坐姿。这一坐姿适用于各种场合，以女士为主。要点是：两腿和膝盖并紧，两小腿向后屈回，脚尖着地，脚尖不可翘起。

（6）分膝式坐姿。这一坐姿适用于一般场合，为男士坐姿。要领是：两膝左右分开，但不超过肩宽，小腿与地面垂直，两脚脚尖朝向正前方，两手自然放于大腿上。

3. 不雅的坐姿

不雅的坐姿包括不雅的腿姿和不安分的脚姿。

（1）不雅的腿姿。这主要有以下几种。

双腿叉开过大。面对外人时，双腿如果叉开过大，不论是大腿还是小腿叉开，都极其不雅；架腿方式欠妥。

将一条小腿架在另一条大腿上，在两者之间还留出大大的空隙，成为所谓的“架二郎腿”或架“4”字形腿，甚至将腿搁在桌上，就显得更放肆了。

双腿过分伸张。坐下后，将双腿直挺挺地伸向前方，这样不仅可能会妨碍他人，而且也有碍观瞻。因此，身前若无桌子，双腿尽量不要伸到外面来。

腿部抖动摇晃。力求放松，坐下后抖动摇晃双腿。

（2）不安分的脚姿。不安分的脚姿主要有：坐下后脚后跟接触地面，而且将脚尖翘起，脚尖指向别人，使鞋底在别人眼前“一览无余”。另外，以脚蹬踏其他物体，以脚自脱鞋袜，都是不文明的。

4. 坐姿的训练

最影响坐姿优美的是腿位和脚位，这是坐姿训练的主要内容。训练时要求上身挺直，腿姿优美。同时，还要注意入座和离座两个环节的训练。入座时，要在顾客之后入座，动作要轻而缓。走到座位前面转身，右脚后退半步，左脚跟上，保持上身的直立和身体的重心，轻轻地坐下。女性入座时，要稍微拢一下裙边。离座时，也要轻而缓，且稍在客人之后离座。先采用基本的站姿规范，站定之后方可从左侧离席。若是起身抬腿就走，则会显得过于匆忙，有失稳重。

三、走姿

走姿也称步态，是指一个人在行走过程中的姿势。它以人的站姿为基础，是站姿的延续，始终处于运动中。走姿体现的是一种动态美，能直接反映出一个人的精神面貌，表现一个人的风度、风采和韵味。有良好走姿的人会更显年轻有活力。所谓“行如风”，就是指行走动作连贯，从容稳健。步幅、步速要以出行的目的、环境和身份等因素而定。协调和韵律感是步态的最基本要求。

1. 标准的走姿

走姿的要领：双眼平视臂放松，以胸领动肩轴摆，提髋提膝小腿迈，跟落掌接趾推送。

标准的走姿应该是上身基本保持站立的标准姿势，挺胸收腹，腰背笔直。两臂以身体为中心，前后自然摆动：前摆约35°，后摆约15°，手掌朝向体内。起步时身子稍向前倾，重心落前脚掌，膝盖伸直；脚尖向正前方伸出，行走时双脚踩在一条线缘上。正确的行走姿势，上体的稳定与下肢的频繁规律运动形成对比，和谐、干净利落、均匀的脚步形成节奏感。前后、左右行走动作的平衡对称都会呈现行走时的形式美。男子走路两步之间的距离要大于自己的一个脚长，女子穿裙装走路时两步之间的距离要小于自己的一个脚长。正常的情况下步速要自然舒缓，显得成熟自信，男子行走的速度标准为每分钟108～110步，女子每分钟118～120步为宜。

2. 走姿的种类

（1）前行式走姿。身体保持起立挺拔，行进中若与人问候时，要同时伴随头部和上身的左右转动，微笑点头致意。禁止只转动头部，用眼睛斜视他人的举止。

（2）后退式走姿。当与他人告别时，扭头就走是不礼貌的。应该是先后退两三步，再转身离去。退步时不能轻擦地面，不高抬小腿，后退的步幅要小些，两腿之间距离不能太大，要先转身再转头。

（3）侧行式走姿。当引导他人前行或在较窄的走廊、楼道与他人相遇时，要采用侧行式走姿。引导时要走在来宾的左侧，身体稍向右转体，左肩稍前，右肩稍后，身体朝向来宾，保持两步左右的距离。介绍环境时要辅以手势，这样可以观察来宾的意愿，及时提供满意的服务。

3. 不同环境的走姿

（1）在比较拥挤的环境中，要精神饱满，步态轻盈，行走的步幅、速度要适中，手臂的摆幅不宜过大，路遇来宾要让路，躲闪要灵敏，有礼貌。（2）在要求保持安静的地方，要避免发出大的响声，走路要轻盈；若穿皮鞋或高跟鞋在没有地毯的地方行走，要把脚后跟提起，尽量用脚掌着地行走，以免发出响声。（3）如在楼道、楼梯等环境里，由于过道狭窄，行走时要靠右行，途中如遇来宾走来，要提早侧身让路，并微笑点头致意，表示尊重。（4）进出电梯时，应遵循“先出后进”的原则。进出时，应侧身而行，以免碰撞、踩踏他人，进入电梯后，应尽量靠里边站。

4. 不良的走姿

（1）横冲直撞。行进中，爱专拣人多的地方行走，在人群之中乱冲乱闯，甚至碰撞到他人的身体，这是极其失礼的。

（2）抢道先行。行进时，要注意方便和照顾他人，通过人多路窄之处务必要讲究“先来后到”，对他人“礼让三分”，让人先行。

（3）阻挡道路。在道路狭窄之处，悠然自得地缓慢而行，甚至走走停停，或者多人并排而行，显然都是不妥的。还须切记，一旦发现自己阻挡了他人的道路，务必要闪身让开，请对方先行。

（4）蹦蹦跳跳。务必要注意保持自己的风度，不宜使自己的情绪过分地表面化，如激动起来，走路便上蹿下跳，甚至连蹦带跳，都有失风度。

（5）奔来跑去。有急事要办时，可以在行进中适当加快步伐。但若非碰上了紧急情况，则最好不要在工作时跑动，尤其是不要当着客户或服务对象的面突然狂奔而去，那样通常会令其他的人感到莫名其妙，产生猜测，甚至还有可能造成过度紧张的气氛。

（6）制造噪声。应有意识地使行走悄然无声。正确的做法是：①走路时要轻手轻脚，不要在落脚时过分用力，走得“咯咯”直响；②上班时不要穿带金属鞋跟或钉有金属鞋掌的鞋子；③上班时所穿的鞋子一定要合脚，否则走动时会发出吧嗒吧嗒的令人厌烦的噪声。

5. 走姿的训练

（1）顶书训练。将书置于头顶，面对镜子，行走时，双肩自然摆动，保持头正、颈直、目不斜视，可以纠正走路摇头晃脑、东瞧西望的毛病。

（2）步位、步幅训练。在地上画一直线，行走时检查自己的步位和步幅是否正确，可以纠正八字脚及脚步过大或过小的毛病。

（3）步态综合训练。最好在节奏感较强的音乐中训练走姿，行走时各种动作要协调，注意掌握好行走时的速度和节拍。

四、蹲姿

俗话说“蹲要雅”，蹲姿是人的身体在低处取物、拾物、整理物品、整理鞋袜时所呈现的姿势，它是人体静态美与动态美的综合。蹲姿要动作美观，姿势优雅。

1. 标准的蹲姿

标准的蹲姿有以下要求：首先要讲究方位，当需要拣拾低处或地面物品的时候，可走到物品的左侧；当面对他人下蹲时，要侧身相向；当需要整理鞋袜或于低处整理物品时可面朝前方，两脚一前一后，一般情况是左脚在前、右脚在后，目视物品，直腰下蹲。直腰下蹲后方可弯腰捡低处或地面的物品，以及整理鞋袜或低处工作。取物或工作完毕后，先直起腰部，使头部、上身、腰部在一条直线上，再稳稳站起。标准的蹲姿如图 3-8 所示。

图 3-8　标准的蹲姿

2. 蹲姿的种类

蹲姿主要有高低式、单膝点地式和交叉式三种。

(1) 高低式。这是常用的一种蹲姿，基本特征是双膝一高一低。此蹲姿男士、女士均可适用。要领是：下蹲后，左脚在前，右脚在后；左脚完全着地，小腿基本垂直地面；右脚要脚掌着地，脚跟提起；右膝要低于左膝，右膝内侧可靠于左上腿的内侧，形成左膝高右膝低的姿态。臀部向下，基本上以有右腿支撑身体。女士应注意紧靠双腿，男士两腿之间可有适当的距离。如图 3-9 所示。

图 3-9　高低式蹲姿

(2) 单膝点地式。这种蹲姿适用于男士，其特征是双腿一蹲一跪。它是一种非正式的蹲姿，多用于下蹲时间较长或为了用力方便时采用。下蹲后，右膝点地，臀部坐在脚跟之上，以脚尖着地。另一条腿全脚掌着地，小腿垂直于地面。双膝同时向外，双腿尽力靠拢。如图 3-10 所示。

图 3-10　单膝点地式蹲姿

(3) 交叉式。这种蹲姿优美典雅，其基本特征是双腿交叉在一起，此蹲姿适用于女士。要领是：下蹲后，左脚在前，右脚在后，左小腿垂直于地面，全脚着地。左腿在上，右腿在下，二者交叉重叠，右膝从后下方伸向左前侧，右脚跟抬起，脚掌着地，两腿前后靠近，全力支撑身体。上身略向前倾，臀部朝下。如图 3-11 所示。

图 3-11　交叉式蹲姿

3. 蹲姿的注意事项

（1）不要突然下蹲。下蹲时，速度切勿过快，特别是在行进中下蹲时尤其要注意。

（2）不要方位失当。在他人身边下蹲时，最好与之侧身相向，正面面对他人或背对他人下蹲都是极不礼貌的。

（3）不要毫无遮掩。在大庭广众之下下蹲时，身着裙装的女性一定要注意掩饰。

（4）不要随意滥用。不要在工作中随意采用蹲姿，也不可蹲在椅子上或蹲在地上休息。

错误的蹲姿如图 3-12 所示。

图 3-12　错误的蹲姿

4. 蹲姿训练方法

要有意识地、主动经常地进行标准蹲姿训练，形成良好习惯。可以运用压腿、踢腿、活动关节等方式加强腿部膝关节、踝关节的力量和柔韧性训练，这是优美蹲姿的基础。

平时在进行蹲姿训练时可以配上优美的音乐，放松心情，减轻单调、疲劳之感。

五、鞠躬

鞠躬是人们在生活中用来表示对人的恭敬而普遍使用的一种礼节，既适用于庄严肃穆或欢乐喜庆的仪式，又适用于一般的社交场合。随着社会文明程度的提高，鞠躬礼的使用越来越频繁。

1. 正确的鞠躬姿势

（1）以站姿为基础，双手在身前搭好，双眼注视对方，面带微笑。

（2）鞠躬时，以臀部为轴心，将上身挺直地向前倾斜，目光随着身体的倾斜而自然下垂于脚尖1.5米处。鞠躬完毕，恢复站姿，目光再回到对方脸上。

（3）鞠躬时，应同时伴有问候语。声音要热情、亲切、甜美，且与动作协调。

（4）准确地运用鞠躬礼。鞠躬礼一般分为90°、45°和15°三种，90°鞠躬礼一般用于三鞠躬，属最高礼节。45°鞠躬礼通常在下级向上级、学生向老师、晚辈向长辈及营销人员、服务人员对顾客或来宾表示致意时使用。15°鞠躬礼运用于一般的应酬，如说“你好”或“谢谢”、介绍、握手、递物、让座、让路等都应伴随15°的鞠躬礼。

（5）一般应是站着行鞠躬礼。如果坐着见到客人、领导、长辈，应起立鞠躬致意。如在办公室见到一般的客人，而且手上的工作离不开，也可坐着行15°鞠躬礼。

2. 鞠躬时不礼貌的行为

鞠躬时不礼貌的行为主要有：鞠躬时不摘帽；鞠躬时眼睛不往下看，而是翻起看着对方；鞠躬前后不正视客人；鞠躬时嘴里吃着东西或叼着香烟；鞠躬时扭扭捏捏，装腔作势，让人反感。

以上这些鞠躬时不礼貌的行为都是营销人员必须加以克服和杜绝的。

六、眼神

生活中，人们曾被许多眼神所打动。人们不会忘记摄影家解海龙拍摄的照片——《希望工程——大眼睛》中小姑娘苏明娟那渴求读书的眼神，苏明娟后来成为“希望工程”的形象代言人。俗话说：“眼睛是心灵的窗户”，它是人体传递信息最有效的器官，而且能表达最细微、最精妙的差异，显示出人类最明显、最准确的交际信号。据研究，在人的视觉、听觉、味觉、嗅觉和触觉感受中，唯独视觉感受最为敏感，人由视觉感受的信息量占总信息量的83%。人的七情六欲都能从眼睛这个神秘的器官内显现出来。

直觉敏感的客户初次与人接触时往往仅看对方的眼睛就能判断出“这个人可信”或“要当心这小子会耍花样”，有的顾客甚至可以透过对方的眼神来判断营销人员工作能力的强弱。能否博得对方的好感，眼神也起着主要的作用。言行态度不太成熟的人，只要他眼神好，有生气，即可一俊遮百丑；反之，即使能说会道，如果眼神不好，也不能博得客户的青睐，反而会落得“光会耍嘴皮子”的下场。由此可知，眼神对于营销人员来说是多么重要。

1. 眼神的构成

眼神主要由注视的时间、视线的位置和瞳孔的变化等三个方面组成。

（1）注视的时间。据调查研究，人们在交谈时，视线接触对方脸部的时间约占全部谈话时间的30%～60%，超过这一平均值，可认为对谈话者本人比谈话内容更感兴趣；低于平均值，则表示对谈话内容和谈话者本人都不怎么感兴趣。不难想象，如果谈话时心不在焉、东张西望，或只是由于紧张、羞怯不敢正视对方，目光注视的时间不到谈话的1/3，这样的谈话，必然难以被人接受和信任。

（2）视线的部位。和客户沟通的时候，比较理想的注视区域是两眼为底线、额中为顶角形成的三角区。如果看着对方这个区域就显得认真、很有诚意。如果不是和客户第一次见面，或者是在餐桌等社交场合，则注视区域应以两眼为上线、唇部为下顶点形成的倒三角区域，这一区域会给人平等而轻松的感觉，利于营造良好的交际氛围。对于头顶、胸部、腹部、臀部、大腿、脚部及手部都是注视的禁区，特别是异性之间。

（3）瞳孔的变化。瞳孔的变化即视觉接触时瞳孔的放大或缩小。心理学家往往用瞳孔变化大小的规律，来测定一个人对不同事物的兴趣、爱好、动机等。兴奋时，人的瞳孔会扩张到平常的4倍；相反，生气或悲哀时，消极的心情会使瞳孔收缩到很小，眼神必然无光。所谓“脉脉含情”、“怒目而视”等都多与瞳孔的变化有关。所以说，古时候的珠宝商人已注意到这种现象，他们能窥视顾客的瞳孔变化而猜测对方是否对珠宝感兴趣，从而决定是抬高价钱还是跌价。

2. 眼神的运用

与客户会面或被介绍认识时，可凝视对方稍久一些，这即表示自信，也表示对对方的尊重。双方交谈时，应注视对方的眼鼻之间，表示重视对方及对其发言感兴趣。当双方缄默不语时，就不要再看着对方，以免加剧因无话题本来就显得冷漠、不安的尴尬局面。当别人说了错话或显拘谨时，务请马上转移视线，以免对方把自己的眼光误认为是对其的嘲笑和讽刺。送客时，要等客人走出一段路，不再回头张望时，才能转移目送客人的视线，以示尊重。

在谈判中也很讲究眼神的运用。一方让眼镜滑落到鼻尖上，眼睛从眼镜上面的缝隙中窥探，就是对对方鄙视和不敬的情感表露。一方在不停地转眼珠，就要提防其在打什么新主意。双目生辉，炯炯有神，是心情愉快、充满信心的反映，在谈判中持这种眼神有助于取得对方的信任和合作。相反，双眉紧锁、目光无神或不敢正视对方，都会被对方认为无能，可能导致对自己的不利结果。

同时和多人沟通时，要用环视加点视的方法表示对他们的认真、重视和一视同仁。

眼神还可传递其他信息，就如有些在视线的位置中已提到的：已被人注视而将视线移开的人，大多怀着相形见绌之感，有很强的自卑感。无法将视线集中在对方身上或很快收回视线的人，多半属于内向型性格。仰视对方，表示怀有尊敬、信任之意；俯视对方表示有意保持自己的尊严。频繁而急速的转眼，是一种反常的举动，常被用做掩饰的一种手段，或内疚，或恐惧，或撒谎，需据情作出判断。视线活动多且有规则，表明其在用心思考。听别人讲话，一面点头，一面却不将视线集中在谈话人身上，表明其对此话题不感兴趣。说话时对方将视线集中在你身上的人，表明他渴望得到你的理解和支持。游离不定的目光传递出来的信息是心神不宁或心不在焉。

眼神表达出异常丰富的信息，但微妙的眼神有时是只可意会，难以言传，只能靠在社会实践中用心体察、积累经验、努力把握，方能在营销工作中灵活运用眼神。

3. 克服不正当的眼神

（1）不正面看人。不敢正面看人可表现为不正视对方的脸，不断改变视线以离开对方的视线，低着头说话，眼睛盯着天花板或墙壁等没有人的地方说话，斜着眼睛看一眼对方后立刻转移视线，直愣愣地看着对方，与对方的视线相交时立刻慌慌张张地转移视线等。不正面看人的人是做不成生意的。记住看着对方，使自己能以平常心说话。

（2）贼溜溜的眼神。一双贼溜溜的眼神是营销工作的一大障碍，它会使顾客产生不安全感和不信任感。因此必须克服，一定要用一副柔和的眼神与顾客交流。对一切宽宏大量是从根本上治疗这种眼神的唯一方法。

（3）浑浊的眼神。上了年纪的人眼睛浑浊是正常现象。但年纪轻轻的人却也眼睛浑浊，布满血丝，这种眼神会给人不清洁的感觉，甚至被误认为此人人格卑下，营销人员以浑浊的眼神看人是十分不利于营销工作的。年轻人浑浊的眼神往往是由于睡眠不足或不注意用眼卫生引起的，这是不难克服的。

（4）冷眼儿。冷眼儿给人一种冷冰冰的感觉，营销人员如果冷眼看人，会很容易被顾客误解。

（5）直愣愣的眼神。访问客户时，眼不斜视直愣愣地朝着对方的办公桌走去，是没有经验的表现。正确的做法是，环顾四周，视线能及的人就走上前去打个招呼，远的就礼貌地行注目礼。

4. 眼神训练

每人一面小镜子、音乐播放器材、音乐歌曲 CD、磁带、优秀影视剧中的演员和节目主持人通过眼神表达内心情感的影象资料等。运用以下方法坚持天天训练，不要间断，必使目光明亮有神。

（1）睁大眼睛训练。有意识地练习睁大眼睛的次数，增强眼部周围肌肉的力量。

（2）转动眼球训练。头部保持稳定，眼球尽最大的努力向四周做顺时针和逆时针 360°转动，增强眼球的灵活性。

（3）视点集中训练。点上一只蜡烛，视点集中在蜡烛火苗上，并随其摆动，坚持训练可达目光集中、有神，眼球转动灵活。

（4）目光集中训练。眼睛盯住 3 米左右的某一物体，先看外形，逐步缩小范围到物体的某一部分，再到某一点，再到局部，再到整体。这样可以提高眼睛明亮度，使眼睛十分有神。

（5）影视观察训练。观看录像资料，注意观察和体会优秀影视剧中的演员和节目主持人，是如何通过眼神表达内心情感的。

七、微笑

著名画家达·芬奇的杰作《蒙娜丽莎》是欧洲文艺复兴时期最出色的肖像作品之一，画中女士的微笑给人以美的享受，使人们充满对真善美的渴望，至今让人回味无穷。一位著名企业的营销总监曾说过这样的话："我宁愿雇用一个没有上完小学但却有愉快笑容的员工，也不会雇用一个神情忧郁的博士。"可见，微笑对于营销人员来说是多么的重要。

商品作为联系企业和客户的媒介，在流通过程中是靠其质量和优质服务增值的，是靠营销人员在对客户的服务中去完成的。营销人员的"微笑服务"，体现了对顾客的热情和关心，是一种爱的表现，可以拉近与顾客的距离，可以消除人与人之间的隔阂，更容易使营销人员与顾客达到沟通的目的，从而使顾客盈门，生意兴隆，招财进宝。一张笑脸，蕴涵着商机，微笑能产生魔力般的效应。因此，营销人员在关注销售商品的同时，要分析顾客的心理要求，重视商品质量的同时，更要重视亲情化的服务和温馨的氛围。营销人员的微笑服务，必将在潜移默化中促进营销，扩大市场份额。

1. 微笑的规范

微笑是有规范的，一般要注意四个结合。

（1）口眼结合。要口到、眼到、神色到，笑眼传神，微笑才能扣人心弦。

（2）笑与神、情、气质相结合。这里讲的"神"，就是要笑得有情入神，笑出自己的神情、神色、神态，做到情绪饱满、神采奕奕；"情"，就是要笑出感情，笑得亲切、甜美，反映美好的心情；"气质"就是要笑出谦逊、稳重、大方、得体的良好气质。

（3）笑与语言相结合。语言和微笑都是传播信息的重要符号，只有注意微笑与美好语言相结合，声情并茂，相得益彰，微笑方能发挥出它应有的特殊功能。

（4）笑与仪表、举止相结合。以笑助姿、以笑促姿，形成完整、统一、和谐的美。尽管微笑有其独特的魅力和作用，但若不是发自内心的真诚的微笑，那将是对微笑的亵渎。有礼貌的微笑应是自然的坦诚，内心真实情感的表露，否则强颜欢笑，假意奉承的"微笑"则可能演变为"皮笑肉不笑"、"苦笑"。如拉起嘴角一端微笑，使人感到虚伪；吸着鼻子冷笑，使人感到阴沉；捂着嘴笑，给人以不自然之感。这些都是失礼之举。

2. 微笑训练

每人准备一面小镜子、音乐播放器材、音乐歌曲 CD、磁带、优秀影视剧中的演员和节目主持人微笑的影像资料等物品，在教室进行训练，练习微笑之前要忘掉自我和一切的烦恼，让心中充满爱意。训练时可以配上优美的音乐，放松心情，减轻单调、疲劳之感。

（1）情绪记忆法。即将自己生活中最高兴的情绪储存在记忆里，当需要微笑时，可以想起那件最令你兴奋的事，脸上会流露出笑容。注意练习微笑时，要使双颊肌肉用力向上抬，嘴里念"一"音，用力抬高口角两端，注意下唇不要过分用力。普通话中的"茄子"、"田七"、"前"等的发音也可以辅助微笑口型的训练。

（2）对镜训练法。对着镜子，练习微笑，调整自己的嘴形，注意与面部、其他部位和眼神的协调，做最令自己满意的微笑表情，到离开镜子时也不要改变它。

八、手势

手是人体上最富灵性的器官，如果说"眼睛是心灵的窗户"，那么手就是心灵的触角，是人的第二双眼睛。手势在传递信息、表达意图和情感方面发挥着重要作用。手的“词汇”量是十分丰富的。据语言专家统计，表示手势的动词有近200个。如招手致意、挥手告别、握手友好、摆手回绝、合手祈祷、拍手称快、拱手答谢（相让）、抚手示爱、指手示怒、颤手示怕、捧手示敬、举手赞同、垂手听命等。可见，丰富的手势语在人们交往间是不可或缺的。

不论是在日常交往还是营销工作中，手势都是运用最多的一种身体语言，有着不可低估的作用。法国大画家德拉克洛瓦说过：“手应当像脸一样富有表情。”生动形象的有声语言再配合准确、精彩的手势动作，必然能使交往更富有感染力、说服力和影响力，也更能表达出对顾客的体贴和尊重。

1. 引领的手势

在各种交往场合都离不开引领动作，例如请客人进门，请客人坐下，为客人开门等，都需要运用手与臂的协调动作，同时，由于这是一种礼仪，还必须注入真情实感，调动全身活力，使心与形体形成高度统一，才能作出色、做出美感。引领动作主要有以下几个表现形式。

（1）横摆式。以右手为例：将五指伸直并拢，手心不要凹陷，手与地面呈45°角，手心向斜上方。腕关节微屈，腕关节要低于肘关节。动作时，手从腹前抬起，至横膈膜处，然后，以肘关节为轴向右摆动，到身体右侧稍前的地方停住。同时，双脚形成右丁字步，左手下垂，目视来宾，面带微笑。这是在门的入口处常用的礼让的姿势。如图3-13所示。

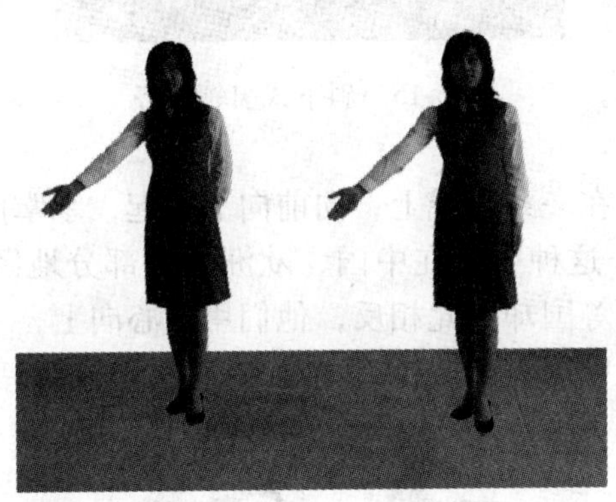

图3-13　横摆式引领手势

（2）曲臂式。当一只手拿着东西，扶着电梯门或房门，同时要作出“请”的手势时，可采用曲臂手势。以右手为例：五指伸直并拢，从身体的侧前方，向上抬起，至上臂离开身体的高度，然后以肘关节为轴，手臂由体侧向体前摆动，摆到手与身体相距20厘米处停止，面向右侧，目视来宾。如图3-14所示。

图 3-14　曲臂式引领手势

（3）斜下式。来宾入座时，手势要斜向下方。首先用双手将椅子向后拉开，然后，一只手曲臂由前抬起，再以肘关节为轴，前臂由上向下摆动，使手臂向下呈一斜线，并微笑点头示意来宾。如图 3-15 所示。

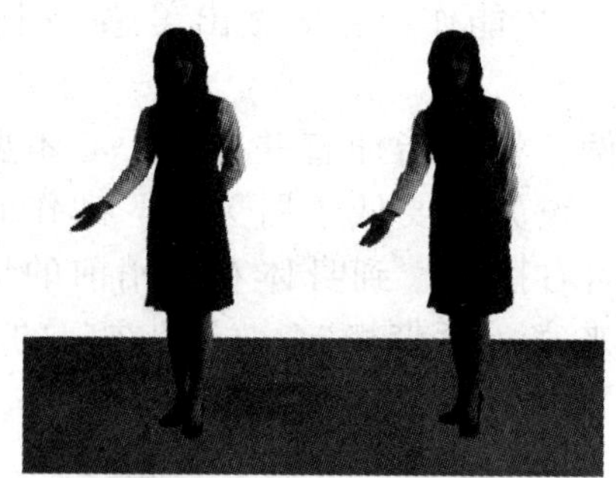

图 3-15　斜下式引领手势

2. 招呼他人的手势

手放于体侧，手臂伸直在一条直线上，向前向上抬起，手掌向下，屈伸手指做搔痒状或晃动手腕，如图 3-16 所示。这种手势在中国、欧洲的大部分地区及拉丁美洲的许多国家都比较适用，但在美国、日本等国却与此相反，他们用掌心向上，手指向内屈伸手指做搔痒状或晃动手腕招呼别人，而在中国、南斯拉夫和马来西亚等国这种手势却是用来召唤动物的。

图 3-16　招呼他人的手势

3. 挥手道别的手势

身体要站直，不晃动，目视对方，手臂伸直，呈一条直线，手放在体侧，向前向上抬至与肩同高或略高于肩，手臂不可弯曲，掌心朝向对方，指尖朝向上方，五指并拢，手腕晃动。如图 3-17 所示。

图 3-17　挥手道别的手势

4. 指引方向的手势

当有人询问去处时，要先行站直，不可尚未站稳或在行走中指引方向。手臂伸直在一条直线上，五指并拢，手掌翻转到掌心朝上，与肩平齐，直指准确方向。目光要随着手势走，指到哪里看到哪里，否则易使对方迷惑。指引方向后，手臂不可马上放下，要保持手势顺势送出几步，体现对他人的关怀和尊敬。

5. 递接物品的手势

作为对顾客的尊重，必须用双手递送、接取物品，不方便双手时，也可用右手，但绝不可单用左手。双方距离比较远时，应起身站立，主动走近对方递送或接取物品。递送时最好直接递至对方手中并且要方便对方接取，在顾客拿稳后再放手。如果因为特殊情况不能递到顾客的手中，也要放在顾客容易拿取的位置。递送有文字、图案、正反面的物品时，要正面向上且朝向对方；接取物品时，要缓而且稳，不要急于抢取。接收物品后要立即表示感谢。如图 3-18 所示。递送带尖、带刃或其他易于伤人的物品时，应使其朝向自己或朝向他处，切不可朝向对方。如图 3-19 所示。

图 3-18　递物品

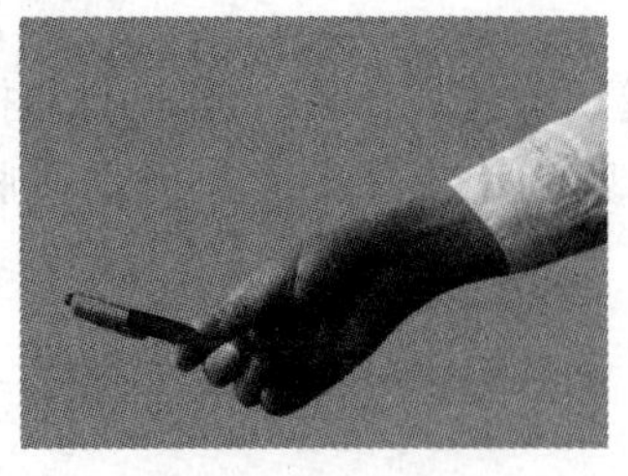 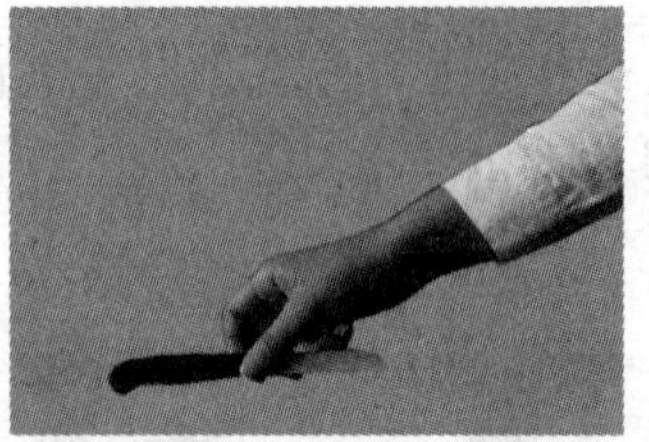 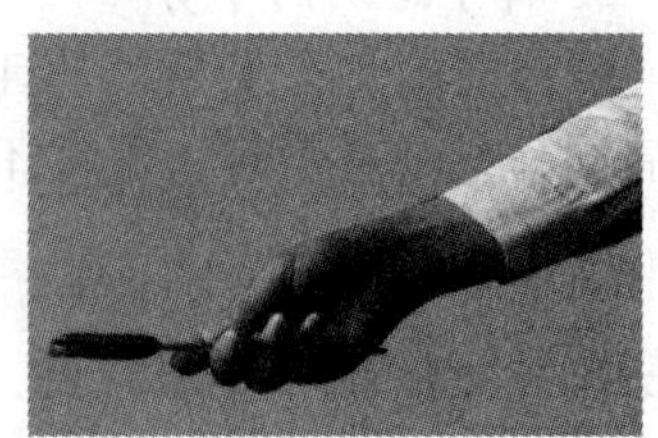

图 3-19　递笔、刀、剪子

6. 展示物品的手势

应使物品在身体的一侧展示，不要挡住本人头部。展示的位置不同表明物品的意义不同：当手持物品高于双眼之处时，适用于被人围观时采用；当手持物品位于眼睛下方，胸部上方，双臂横伸时物品自肩至肘部以内时，给人以放心、稳定感；当手持物品位于眼睛下方，胸部上方，双臂伸直在肘部以外时，给人以清楚感，通常在这个位置展示想让对方看清楚的物品；当手持物品位于胸部以下，给人以漠视感，通常展示不太重要或不太明显的物品时采用。展示物品要注意动作平缓，使物品掉落或是碰到顾客身上都是不好的。而且还要考虑到物品是不是有气味或热气之类，不可以直接把物品伸到顾客的鼻子底下，要注意适当的距离。营销人员在展示物品时，不论是口头介绍还是动手操作，都要符合标准，让顾客听清楚、看清楚。解说要做到口齿清晰，语速舒缓、动听。操作手法要干净利落，速度得当，适当地进行必要的重复。如图 3-20 所示。

图 3-20　展示物品

7 鼓掌的手势

鼓掌是在观看文体表演、参加会议、迎候嘉宾时表示赞赏、鼓励、祝贺、欢迎等情感的一种手势。要领是：以右手掌心向下有节奏地拍击左掌，不可左掌向上拍击右掌；不可右掌向左，左掌向右，两掌互相拍击。鼓掌时间要长短相宜，5 ~ 8 秒为宜。

8. 常见手势语

手势语是以手的动作和面部表情表达思想、进行交际的手段。使用时，多伴有上肢和身体的动作。社交中常用的手势语如下。

（1）“OK”的手势。拇指和食指合成一个圆圈，其余三指自然伸张。这一手势于 19 世纪初期风靡美国，其意义相当于英语的“OK”，即“好了”、“一切妥当”、“赞扬”、“允许”、“了不起”、“顺利”。“OK”手势在西方某些国家比较常见，但应注意在不同国家其语义有所不同，如在法国表示“零”或“无”；在印度表示“正确”；在中国表示“零”或“三”两个数字；在日本、缅甸、韩国则表示“金钱”。

（2）伸大拇指手势。大拇指向上，在说英语的国家多表示“OK”之意或是打车之意；若用力挺直，则含有骂人之意；若大拇指向下，多表示坏、下等人之意。在我国，伸出大拇指这一动作基本上是向上伸表示赞同、一流、好等，向下伸表示蔑视、不好等。

（3）“V”字型手势。伸出食指和中指，掌心向外，其语义主要表示胜利（英文 Victory 的第一个字母）。这一手势来源于英国首相温斯顿·丘吉尔。在第二次世界大战中，英国在对德国抵抗中处于较为不利的地位。首相丘吉尔在演说中使用了这样的手势，代表“Victory”（胜利）之义，号召人们起来保家卫国，坚决同法西斯斗争到底。这一手势受到人们的欢迎和喜爱，很快风靡全国。现在，这一手势已经风靡世界。在赛场上，在人们互相祝贺的各种场合都不难发现这一手势频频亮相。需要注意的是，如果将手心向内作出这样的手势，在英国、澳大利亚和新西兰等国，就成了一种亵渎侮辱他人的信号。在中国，可以使用类似的手势表示数字“2”。在欧洲各地，这一手势也用来表示“2”。

（4）伸出食指手势。在我国和亚洲一些国家表示“一”、“一个”、“一次”等；在法国、缅甸等国家则表示“请求”、“拜托”之意。在使用这一手势时，一定要注意不要用手指指人，更不能在面对面时用手指着对方的面部和鼻子，这是一种不礼貌的动作，容易激怒对方。指人时的正确手势如图 3-21 所示。

图 3-21　指人时的正确手势

（5）捻大拇指手势。商人、推销员、银行职员等经常与钱打交道的人常常使用捻指手势表示“钱”。这是因为在日常生活中，人们使用这一动作来点钱。捻大拇指的手势是这样的：拇指与食指相捏，然后用拇指向上，食指向内，作出两指相捻的动作。人们注意到，在使用这一手势时，食指是向里、向内移动的。这一下意识的动作方向暗示了谈钱者希望“向里”收钱的愿望。当人想得到报酬或各种形式的好处时，其食指一定会向“里”移动，这是无意识地对有形的钱或无形的其他好处的“期盼”与“接收”。相反，如果使用这一手势时，食指是向外移动的，这恰恰与人们弹掉什么东西的手势相似，那么，他所表示的意思就不再是内敛或内聚了，就成了表示“排除”和“解除”的信号。

（6）十指交叉的手势。这是将十指交叉在一起，置于桌上或身体一侧的动作。这一手势的含义不一。实际上，对这种手势的理解有两种：许多情况下，人们将这种手势看做是自信，因为使用这一手势的人总是神情自若，面带微笑，言谈中也总显得无忧无虑。另一方面，也有人将这种手势看做是一种消极的人体信号，它表示情绪沮丧、心理矛盾或敌对情绪，也可以表示紧张或被控制的思想情绪，但到底是哪一类，需结合具体情况而定。

（7）“尖塔式”手势。这是将左手的五指和右手的五指，分别指尖相对和相交，形成近似尖塔的形状。根据“尖塔”的指向，可以把这种手势分为“上耸式”和“下垂式”两种。哪些人喜欢使用“尖塔式”手势呢？那些比较自信的人较之不那么自信的人，更经常使用这一手势，以此显示他们的高傲和自信。在上下级之间，这种手势主要用来表示“高人一等”、“万事皆通”和“唯我独尊”的心理状态。具体而言，具有相当权势的各级各类领导人物较多地使用这种手势。上耸式手势是两拇指朝向自身，其余各指相对，指向上方的塔尖式手势。这一手势是大脑产生“拔尖儿”思想时，手作出的下意识动作，它与高傲、盛气凌人及“我比人强”等思维活动有关。一般来说，大多数自信的男人喜欢使用这一手势。下垂式手势是与之相反的手势，拇指向外，其余各指指向下方。对于大多数女性而言，她们更习惯于使用这种手势。下垂式的尖塔式手势也是“拔尖儿”心情的一种下意识表现，是在遇到“山外有山，人外有人”的情况，遇到比自己更“拔尖儿”者时，作出的“让步”的表示。

（8）捻指作响手势。就是用手的拇指和食指弹出声响，其语义或表示高兴，或表示赞同，或是无聊之举，有轻浮之感。应尽量少用或不用这一手势，因为其声响有时会令他人反感或觉得没有教养，尤其是不能对异性运用此手势，这是带有挑衅、轻浮之举。

总之，手势语能反映出复杂的内心世界，但运用不当，便会适得其反，因此在运用手势时要注意几个原则：首先要简约明快，不可过于繁多，以免喧宾夺主；其次要文雅自然，因为拘束低劣的手势会有损于交际者的形象；再次要协调一致，即手势与全身协调，手势与情感协调，手势与口语协调；最后要因人而异，不可能千篇一律地要求每个人都做几个统一的手势动作。

9. 手势训练

准备音乐播放器材、音乐歌曲 CD、磁带、投影设备，毛泽东、周恩来等伟人的音像资料等物品。训练时首先观看毛泽东、周恩来等伟人的音像资料，然后在四面墙安装了长度及地镜子的形体训练室开始训练。每两人一组对着镜子练习常用手势并互相纠正。教师最后点评、总结。注意练习时调整体态，保持良好的站姿，并且表情自然。

九、举止

一个人的举止端庄、行为文明、动作规范，是良好素养的表现，它能帮助个人树立美好形象，也能为组织赢得美誉，反之，则会损害组织形象。《人民日报》有过这样一则报道："中国长江医疗机械厂经过艰难的谈判即将与美国客商约瑟先生签订"输液管"生产线的合同。然而在参观车间时，厂长陋习难改，在地上吐了一口痰，约瑟看后一言不发，掉头就走，只留给厂长一封信："我十分钦佩您的才智和精明，但您吐痰的一幕使我彻夜难眠。一个厂长的卫生习惯可以反映一个工厂的管理素质。况且我们合作的产品是用来治病的，人命关天。请原谅我的不辞而别，否则上帝都会惩罚我的。"一口痰毁了一项合同，可见，日常举止是优美仪态的一个重要组成部分，端庄的举止，文明的行为体现在日常生活中的方方面面，营销工作中也要求人们的举止有一定的约束。例如，以下不受欢迎的坏习惯和不良举止就应在营销工作中努力戒除。

1. 冒冒失失的行为

行为冒失的人，往往是"目中无人"，以自我为中心，不考虑自己的行为是否会对他人造成影响。行为冒失的人的行为特征是手脚太"快"，动作太"硬"，幅度太"大"。有些人是手脚冒失，例如，在庄重肃穆的场合，冒失的人往往会蹿来蹿去；展览会上的展品他会随便去摸；进别人的房间时，往往忘了敲门；由于手脚冒失经常将物品损坏。有些人是语言冒失。他们常常说话不看对象、不分场合、不讲分寸，结果常常闹出笑话或得罪人。例如，初次相识，冒失的人便会对对方提出一些不恰当的问题或要求；连别人是否结了婚都没闹清楚，便贸然问人家的孩子是男孩还是女孩；一不小心言语就伤害了别人的自尊心。有人认为这是性格粗犷、豪爽仗义，其实，这些冒冒失失的行为举止，正表现出其在礼仪方面的修养很不成熟。

2. 公共场合大声说话

在公共交通工具上、餐厅里、剧院、电梯等地方，经常可以看到一些人大声交谈，即使是一些很隐私的问题，他们也旁若无人地进行大声地交流。这必将影响周围人的心情、思绪，有时甚至让听到者感到难堪。所以，在公共场合，应注意控制自己说话的音量，以免干扰别人。如果可以找到一个不影响他人的区域，最好到这样的区域去谈话。

3. 随地吐痰，乱扔垃圾

吐痰是最容易直接传播细菌的途径，随地吐痰是非常没有礼貌而且绝对影响环境、影响人们的身体健康的行为。如果你要吐痰，应该把痰吐在纸巾上，丢进垃圾箱，或去洗手间吐痰，但不要忘记清理痰迹和洗手。随手扔垃圾也是应当受到谴责的最不文明的举止之一。

4. 当众搔痒

搔痒的举止很不文雅，但瘙痒的原因很多，在出现这些情况时，要按所处场合来灵活掌握。如果处在极严肃的场合，应稍加忍耐；如果实在是忍无可忍，则只有离席到较为隐蔽的地方去挠一下，然后赶紧回来。一般来说，在公共场合不得用手抓挠身体的任何部位，因为你不管怎么注意，抓挠的动作都是不雅的。

5. 当众嚼口香糖和剔牙

有些人必须当众嚼口香糖以保持口腔卫生，那么，应当注意在别人面前的形象。咀嚼的时候闭上嘴，不能发出声音。并把嚼过的口香糖用纸包起来，扔到垃圾箱。

宴会上，谁也免不了有剔牙的小动作，既然这小动作不能避免，就得注意剔牙时不要露出牙齿，而且不要把碎屑乱吐一番，最好用左手掩嘴，头略向侧偏，吐出碎屑时用纸巾接住。

6. 当众挖鼻孔、掏耳朵

有些人用小指当众挖鼻孔或用钥匙、牙签、发夹等当众掏耳朵，这是一些很不好的习惯。尤其是在餐厅或茶坊，别人正在进餐或饮茶，这种不雅的小动作往往令旁观者感到非常恶心。

7. 当众挠头皮

有些头皮屑多的人，因为头皮发痒往往在公众场合忍不住挠起头来，顿时头皮屑飞扬四散，令旁人大感不快。特别是在那种庄重的场合，这样是很难得到别人谅解的。

8. 在公共场合抖腿

有些人坐着时会有意无意地抖动双腿，或者让跷起的腿像钟摆似地来回晃动，而且自我感觉良好，以为无伤大雅。其实这会令人觉得很不舒服。记住，这不是文明的表现，也不是优雅的行为。

9. 当众打哈欠

在交际场合，打哈欠给对方的感觉是：你对他不感兴趣，表现出很不耐烦了。因此，如果你控制不住要打哈欠，一定要马上用手捂住你的嘴，跟着说："对不起"。

10. 体内发出各种声响

生活经验告诉我们，任何人，对发自别人体内的声响都不欢迎，诸如咳嗽、喷嚏、打嗝、响腹、放屁等。总之，大庭广众之下一定要注意克服。

11. 公共场合吃零食

公共场合吃零食，既不雅观也不卫生，为了维护自身的美好形象，在人来人往的公共场合，最好不要吃零食。

12. 在大庭广众之下行为不稳妥

在大庭广众之下要保持行为举止的稳重大方。例如，不要趴在或坐在桌子上；不要在他人面前躺在沙发里；遇到急事时，要沉住气，不要慌张奔跑，表现出急不择路的样子。这些不稳妥的举止都会影响自身的交际形象。

13. 频频看表

在与人交谈时，如果无其他重要约会，最好少看自己的手表。这样的小动作会使对方认为你还有什么重要的事情，不会使谈话继续下去；同时，你的这种小动作可能引起对方的误会，认为你没有耐心再谈下去。如果你确实有事的话，不妨婉转地告诉对方改日再谈，并表示歉意。

此外，参加正式活动前吃带有刺激性气味的食品、公共场合对别人评头品足等也是必须克服的不良举止。

专业阅读

一、客户的肢体语言分析

肢体言语就是肢体动作表达出来的信息，是人们心理活动的客观反映，比口头语言更能真实地体现人的心理活动。

1. 头部姿势

（1）点头。点头几乎是一种表示认可和同意的通用信号。在和客户谈话时，客户在认真听你说话时会有点头动作。这时他们并不一定认可你的话，而可能只是在倾听，并用点头的方式鼓励你继续说下去。点头是表示对交谈具有普遍兴趣的“晴雨表”。而当客户点头过多，头点得几乎像拨浪鼓一样时，那就表示温顺和服从：“你说得太对了”。

有时不停点头也表示不耐烦。你在讲话时，他人不停点头则表示：“是的，没错儿，我知道，行了，我们可以转到下一个话题了。”有时候，用一根手指压在嘴上，然后开始以更快的速度点头，意思是说：“差不多了吧，该我说了。”

（2）摇头。当客户和你意见不一致时，就会出现这个动作。不过出于礼貌，不会采用这种过于明显的信号，例如，可能会偏一下脑袋或者斜着双眼看你，等等。

要注意有些人可能会无意识地摇头。摇头往往暗示对方有什么迹象露出；当他人对自己说的话并不真心相信时，你会看到他们摇头。出现这种不一致的现象时，通常表示要么在掩饰内心活动，要么在经历内心冲突：他当时或许并不完全相信自己嘴里说出的话。

不要对自己摇头，对自己摇头会不经意间削弱自己的信心。

（3）歪头。歪头主要表示柔弱，是表示可信的一个强烈信号。而朝同伴歪头的人会被视为友好、亲切、诚实。当把头歪向一边，另一面的脖子就会暴露在外，就像动物想显得温顺时所做的那样。这种信号展示出的是公开和接纳的意愿，能增进彼此的信任。

2. 手放在头部

（1）摸嘴巴。用手摸嘴时，可能表示的是惊奇、紧张、羞愧、困窘或期盼，等等。往往还是一种代表欺骗的强烈信号。

有些小孩子为了控制焦虑情绪而吸吮拇指，成年人也会采取某种以手摸嘴的动作来自我安慰。咬指甲或者戳嘴唇可能表示更强烈的焦虑感。不过有些人在聚精会神的时候也喜欢摸嘴唇或揉嘴唇，这种自我安慰的多余动作有助于他们更集中注意力。有些人此时喜欢摸位于上唇和鼻子下方之间的槽，另一些人则会将上下唇捏在一起。另外，如果把手放到嘴部这个位置，遮住了嘴或者嘴的一部分，就很可能是在说谎话。因为人们都不喜欢听到自己在撒谎，所以习惯性地用手捂嘴。

（2）摸鼻子。无论是捏还是揉，用手触摸鼻子都是不讨人喜欢的动作，还是和欺骗相关的动作。人在鼻子发痒时也会轻揉，但在觉得焦躁时则会使劲掐，这些是神经系统的一种反应，而不是撒谎的直接信号。如果看到某人摸或揉自己的鼻子，想判断是不是说慌，还要看看其他信号：对方和你的视觉接触正常吗？说话是否结结巴巴、不太流畅？自己平时尽量不要用这个动作，以免看起来像在撒谎。

（3）摸耳朵。手和耳朵的接触，既可能是拉耳垂，也可能是使劲挖耳垢，这些都是令人不快的动作。另外，摸耳朵还可能传递其他一些信息。如果说话一再离题万里，就会看到有的听众会揉耳朵。他们并非有意去做这个动作，而只是一个无意识的手势，意思是说："我实在听不下去了。"他们同时还会显露出表示关注度下降的其他信号，如转过脸或者眼睛朝下看。

（4）摸下巴。当人在评价、思考和分析时，将一只手放在嘴巴、下巴或脸颊下面是一种自然而然的舒服姿势。不过这个动作也可能表示疲劳和厌倦。

如果用食指向上朝着耳朵，用拇指摸着下巴的底部，可能是在进行某种评价。之后如果食指移动并停在上唇部位，表达的是疑惑的含义，体现了对说话内容的怀疑。

我们听他人说话时，往往会把脑袋轻轻地衬在拳头上以表达兴趣；有时候会把脸放在整只张开的手上，似乎在说："你继续讲：我正坐在这里认真听呢。"尤其是当整个手掌张开、手指并拢、手能为脸颊提供一个安逸的小"窝"时更是如此。但如果交谈稍让人有点烦，这个信号就会立即成为一种表示厌倦和疲乏的动作。如果你看到客户作出这样的动作，就应该将他们漫游的思绪拉回来，以便他们能更加积极地参与交谈。

以拇指撑脸、食指朝上的"摸下巴"动作，旨在向他人表明正全身心投入、对对方所说的话正在苦思冥想。注意不要用食指或中指遮住嘴巴，因为这个动作表示质疑或打算撒谎。

（5）搔头或搔脖子。搔头或搔脖子可能蕴涵许多意思，但多数都表示某种不信任。搔头是表达茫然或疑惑的典型动作："我不知道接下来该怎么办。"现在，搔头都显得像漫画上常见的嘲讽动作那样，似乎在说："哼！你别说了！"

做搔脖子动作以示怀疑时，先是将头偏到一边，手指相应向下搔脖子旁边耳垂所在的地方，显示出不确定和不信任："真的吗？你敢肯定？"不过搔脖子还可能代表欺骗：对方可能有意识地想让你将注意力从他嘴上移开，或者传递着怀疑之情。

3. 躯干信号

躯干作为所有体内器官的所在地，是一个面对攻击感到脆弱的区域。

（1）耸肩。耸肩时，整个身体会向下缩，同时手掌会以一种张开的、表示顺从的手势伸出去。这种信号传递的信息多半表达的是不确定性。耸肩通常和另一个手势伴随出现，比如道歉时抬起肩膀，脖子向下收，同时敞开双手、手掌朝上。这是一种无意识的动作，旨在使自己显得更小、更柔弱，从而提高被原谅的可能性。

如果正在进行非常诚恳的口头表达，无意识地运用这个动作时，表明自己要么在撒谎，要么对自己的话不自信。

（2）后仰。坐在椅子里、身体向后仰时，双肩会向下塌，下巴会向胸部微收，这是一种很舒服的姿势，和很熟悉的人才用这种姿势，否则给人感觉就是失礼的。后仰是告诉他人“我很傲慢、自大”的方式。假设客户和你坐在一起时身体向后仰，甚至可能将双手抱着脑袋。这种“懒仰”动作是在说：“现在讲的事项没有重要到让我必须把身体坐直、认真听的程度”。

后仰也是一种想要躲开和他人谈话的方式。如果你喜欢说话时把身体凑近他人，那么对方可能会借此提醒你侵犯了私人空间。在社交场合，后仰动作出现的唯一时机是关系非常密切、是“老相识”，以至于表现得完全放松也无所谓的时候。

（3）前倾。当你对某个人说话感兴趣或者某个人对你感兴趣时，就会有人试着向前探身。身体前倾不仅表示喜欢倾听，而且也可解读为诚恳和自信。前倾的角度要小，一般不超过10°，如果角度太大就会有一种迫不及待或者人身攻击的感觉。

要让客户感受到你的认真和重视，应该更多地采取身体前倾动作，意思是：“我很想听，再和我说说吧”。

如果身体向前探上片刻，然后突然恢复到原来的坐姿，暗示着他不同意你刚才说的话。反之亦然，如果你刚刚以积极态度触到了他们极有兴趣的话题，他们很可能会向前探一下身子，不自觉地希望靠你更近些，以便听到更多类似的信息。

4. 胳膊和手的信号

很多科学家都认为，正是手势使人成为更具有社会性的动物。研究认为，手势不仅能帮助听众更清楚地理解人们的口头言词，而且也能帮助说话者更严密地表达想法。

（1）抱臂。抱臂对自己来说是一个很惬意的动作，但在他人看来也是一种非常冷漠、阻隔和防卫性的动作（如果不是为了保持体温和取暖的话）。当你企图说服某人，而对方作出这种动作时则表示：“我在防着你！”双臂交叉（即使做得无伤大雅）被认为是一种消极的姿势，客户可能会下意识地认为你对刚说过的话态度不开明，甚至认为你有怀有敌意的嫌疑。注意在工作场合不要有这个动作。

如果客户采取这种姿态，可以适当地多和客户目光接触，以让他知道你在关注他，然后给他递上某件物品（一支笔、一张纸、宣传说明材料等）并说：“您看一下这个资料说明”；或者邀请客户参与你的商品演示。这样就能迫使客户放弃这种消极姿态，从而放弃这种对销售不利的防卫心理。

（2）胳膊放两边。这种中性的动作让人觉得像树干一样硬梆梆的。双脚舒适地分开，胳膊吊在两旁，肘关节微曲，使自己保持一种放松的姿势。当客户觉得非常自信时，很容易看到他做这种动作。当把双臂放在身体两侧时，就透露出容易博得他人信任的稳健和匀称。

实际上并不是每个人都觉得这种动作很惬意。所有人站立时，都有自己钟爱的小动作来增强信心。但胳膊放在两边的姿势是其中最理想的。

在走进拜访目的地之前，可以先晃晃胳膊以便放松肌肉。手上随意拿点小东西，比如，一支笔、一个小瓶、一个笔记本，总之是某种让你的手有事做的道具，这样做是为了使你更容易把胳膊放在身体两侧，以增加自己的信心。

（3）摊手。手掌朝上，指向天花板的动作，通常都表示恳求和直率。达尔文认为，摊手是耸肩动作的一部分。摊手动作告诉他人："我很诚实，我很柔弱，我求求你了"。这是一种完美的方式，能使他人知道你并不保守，恰恰相反，你很开明、豁达，愿意听他们把话讲完。这是一种把自己"推销"给他人的方式。要注意有时候他人可能用它来故意误导你。许多撒谎的人都知道这个姿势非常有用，当他人否认自己撒了谎时，把手一摊说："请你相信我，我真的没有干。"他们可能将摊手与耸肩一起做，为保险起见，还要加上一副满不在乎的眼神。如果想给客户留下强势和威严的印象，就尽量少用这个动作。

（4）手心向下。手心向下是一种威严的支配性动作，表示左右和控制。当某人希望维护自己的权威，或者展示对某种局势有一定控制能力时，往往就用这个动作。想在某个场合证明自己的权威时，比如在推销会上谈论某种商品、发表演说或者需要强调观点以便听众理解时，手心向下的动作往往很管用。握手时也是这样，喜欢用高压手腕的人往往用手心向下的动作来影响他人。

把自己的困扰讲给领导或某个在场的权威人士听时，如果他说"不要慌"或"冷静"，同时辅以手心向下的动作，会让人觉得受到了奇耻大辱，反而大大降低了这种帮助或关心的亲和力。

（5）手心向前。手心向前的动作主要是表示："打住"，是想请听众倾听你说话。面对一群唧唧喳喳的听众抬起一只手，是一个明确的要求安静、有序的手势，听众能很快安静下来。甚至当你对着另一个人说话时，这个动作也管用。

不过此时你的意思是让他们不要插嘴。通常情况下，双掌前推表示"停停，听听我要说的内容。"

这种动作还有阻止的意思。如果他人向你走来，而你的手掌朝他一推，就相当于你设置了一道障碍，清晰地表明不想让他靠近。

（6）大幅度挥手。强调某些观点时，大幅度挥手的动作最有效，但这个动作要和口头语言一致。如果有人做了个大幅度挥手的动作，然后又将双手拉回到胸前，则表示："都是我的事"或者："我会对此负责"。大幅度挥手这个有力而果断的动作，能增强说话人对所提观点的激情水平，还体现了他刚才所讲事情的重要程度。与此相反的手势就是当某人双手一开始挨着身体，然后向前猛地挥开时，往往表示想将责任从自己身上推开。

（7）劈砍。劈砍动作非常具有挑衅性，以至于几乎让人觉得是交谈的"最后通牒"。每个劈砍动作都好像是一个"关键词"，如"我真没有干这种事！"如果用劲地做劈砍动作，则是希望让他人知道：就当前这个话题来说，你比他人懂得多。

做这个动作时要注意用最常用的手，否则会给人强烈的假装感觉。美国前总统比尔·克林顿是个左撇子，一次他通过全美电视网络强调自己的清白和无辜，做的劈砍手势时竟然用右手，实际上在无意中传达出了一个相反的信息。真正说实话的时候，你对某个问题会慷慨激昂，所以做手势时，自然会习惯性地用自己常用的那只手，而不是相反的那只。

还有一种动作能达到同样的强调效果，但威胁性的感觉更小：让两只手的掌心都朝上，将常用的那只手移到另一只手掌的上方，然后将其拍击到一起，但不要像劈砍动作那样频繁使用。只在说到动词时才用这个手势加以强调。

（8）双手叉腰。做双手叉腰动作时，能使自己比本来的样子显得更强大、更占上风。如果某个权威人士做这个动作，那么站着双手叉腰表示他想保持优越感或者威胁他人。许多家长在碰到孩子行为失当时经常会这样做，以显示自己在孩子面前的权威，而孩子通常则会以同样的动作表示分庭抗礼。尽管这个动作在地位卑微的人身上很少看到，但在人极为恼怒和愤慨时，往往也会有这种动作。

当把一只手放在腰上，尤其是还有一只脚伸出来的时候，会被人认为有点讥讽或轻浮，还有些怀疑的意味。但做这个动作的女士通常被认为意志坚定，并且显得有点趾高气扬或信心百倍。

（9）双手放在背后。恐惧时，人往往会像个胎儿似地蜷缩着，这可能是为了保护心脏及其他要害器官免受伤害的本能行为。相比之下，将双手放在背后时是在告诉他人“你没在吓唬我”。这种姿势不仅和信任有关，而且显得自信和优越。双手在背后勾紧时，等于告诉他人：“你对我一点儿不构成威胁，在你面前我可以丝毫不加防备。”这时他不仅愿意暴露自己的脖子、心脏和其他部位，而且也心甘情愿地表达这种意愿，丝毫没有不安的迹象。

双手在背后，一只手轻松地抓着另一只手时，展示的是自信感、支配感、优越感，体现出悠闲的气度和对环境的支配能力，等于在说：“我很有信心，我很轻松”。如果在客户面前站立或者行走时用这样的姿态，给客户的感觉是你是主角，想控制整个局面。

在身后紧抓手腕，显得很像表示自信的手势时，但可能无意识中在传递着“恼羞成怒”的含义，只不过让人看上去在努力克制罢了。

（资料来源：销售礼仪．未来之舟．北京：中国经济出版社，2009。有改动）

二、交际中的界域礼貌

“空间”也叫界域。从生物学的角度看，每一个生命都有自己的领空，人们叫它“生物圈”。一旦异物侵入这个范围，就会使其感到不安并处于防备状态。美国心理学家罗伯特·索默经过观察与实验认为，人人都具有一个把自己圈住的心理上的个体空间，它像生物的“安全圈”一样，是属于个人的空间。一般情况下每个人都不想侵犯他人空间，但也不愿意他人侵犯自己的空间。双方关系越亲密，人际距离就越短。

1. 空间语的构成

美国人类学家和心理学家霍尔将人类的交往空间划分为四种区域，这就是所谓社交中的空间语。它包括以下四个方面。

（1）亲密距离（0cm～45cm），又称亲密空间。其语义为亲切、热烈，只有关系亲密的人才可能进入这一空间。如：夫妻、父母、子女、恋人、亲友等。亲密距离又可分为两个区间，其中（0cm～15cm）亲密状态距离，常用于爱情关系、亲友、父母、子女之间的关系；16cm～45cm为亲密疏远状态，身体虽不相接触，但可以用手相互触摸。

（2）个人距离（46cm～120cm），其语义为“亲切、友好”，其语言特点是语气和语调亲切、温和，谈话内容常为无拘束的、坦诚的。比如个人私事，在社交场合往往适合于简要会晤、促膝谈心或握手。这是个人在远距离接触时所保持的距离，不能直接进行身体接触。个人距离的接近状态为46cm～75cm，可与亲友亲切握手，友好交谈；个人距离的疏远状态为76cm～120cm，在交际场所任何朋友、熟人都可自由进入这一区间。

（3）社交空间（120cm～360cm），其语义为“严肃、庄重”。这个距离已超出了亲友和熟人的范畴，是一种理解性的社交关系距离。社交距离的接近状态为120cm～210cm，其语言特点为声音高低一般、措辞温和，它适合于社交活动和在办公环境中处理业务等；社交距离的疏远状态为210cm～360cm，其语言特点为声音较高、措辞客气。它适用于比较正式、庄重、严肃的社交活动，如谈判、会见客人等。

（4）公共距离（360cm以上），这是人们在较大的公共场所保持的距离，其语义为“自由、开放”。它适用于大型报告会、演讲会、迎接旅客等场合。其语言特点为声音洪亮，措辞规范，讲究风格。

2. 空间礼仪的规范

（1）保持距离。距离产生美感，在与人交谈的时候，要注重远近适当，太远了使人感到傲慢，架子大；太近了，又显得不够重视。在行进中不但要保持距离，而且要适当地变换距离，比如不要以2米左右的距离尾随在陌生人的后面，以免引起误会，骑自行车或开车时，不要与前面的车靠得太近，不要强行超车。看到别人围成一个圈形成封闭式的交谈，就要绕开行走，不要从中穿越。公园的长椅上，如果已经有人坐下，就不要再去挤座位。

（2）移动位置。这是我们向对方表示诚意的界域行为。例如，我国对外国国家元首的迎送仪式中就有这方面的规定：“国宾抵达北京首都机场（车站）时，陪同团团长等赴机场（车站）迎接并陪同来访国宾乘车前往宾馆下榻。国宾离京回国，我方出面接待的领导人到宾馆话别，由陪同团团长前往机场（车站）送行。”对一般的来访者也是如此，“对应邀前来访问的来访者，无论是官方人士、专业代表团、民间团体、知名人士，在他们抵离时，均安排相应身份的人前往机场（车站、码头）迎送。”

美国学者莫里斯把这种移动称为“不便的展示”。他说：“客人前来和主人去接的距离也是一种不便。不便越大，表示诚意越高。国家元首去机场迎接重要客人，兄弟驾车去机场迎接外国来的姊妹。这种移位的举动，是主人所能表现的最大的不便。由于各种不同层次相对缩减，要看主人的距离而定，因此，有的去当地车站，有的候在门前，有的等门铃响了再去。有的干脆就在他自己的房内等候，让仆人或小孩去开门……分别时，不便的展示再度重演。”

移位可以表示尊重，也可以表示妥协或服从。如当你开汽车或骑自行车违章被交通警察拦住时，就应马上下车，赶快主动撤到指定地点。然后在警察接近车子之前走近警察，因为警察离你的岗位越远，不信任和敌意就会越强烈。总之，主动迅速地向警察靠近，表示出对他的服从态度，可以避免相应的处罚。

（3）改变高度。这是变换体位的一种方式。比如降低身高，表示对对方的尊重，能获得好感。朱利叶斯·法斯特介绍说，我认识一个青年，他足有六英尺高，在做买卖时，他极其走运，原因是他感化合伙人的本事。观察了一些他的成功的买卖动作后，我发现，他随时随地只要可能就偏向弯腰。或者半坐下来，以便让合伙人得到统治权，感到优越。

降低身高要看场合，有的时候降低了，反而不尊敬了。比如晚辈在一起聊天，长辈到场，晚辈需站起来，如果仍旧保持低位，或坐、或躺，那么就说明他对来者的蔑视。莫里斯是这样分析原因的："弯身表示服从动作，主要作用是要使行礼的人感到不便和不舒服，让居高位的人舒舒服服地坐着，不会因为降低高度就丧失他的威严。"从历史的发展变化来看，古代的皇位设于高处，君主坐在那里当然要比站在下面的臣子还要高。现在不设高位了，大家在一张桌子旁议事，地位低者站立的习惯却仍旧保留下来，或用于高位者到场的一种礼节性动作。

总之，无论是横向的移动，还是纵向的升降，都应根据不同的交际目的，以及当时的情景，随时变换你的空间行为。一个坐下后就不知起来的人，会给人留下傲慢至少是懒惰的印象，进而影响交际的顺利进行。

（4）尊重他人。这主要是指尊重他人的领域权。

首先，不乱动他人物品。主人不在场时，不要私自动用其领域内的物品。未经许可，一般不要翻动亲友，甚至是子女的抽屉、书包、信件等，因为这种揭人隐私的行为会伤害对方的自尊。

其次，不随意进入他人领域。在进入他人领域之前，一定要征得同意，经过允许，比如到朋友家做客，进门先按铃或敲门，经主人允许后方可进入。不经主人邀请，或没有获得主人同意，不得要求参观主人卧室。即使是较熟悉的朋友，也不要去触动他的个人物品和室内陈设，对家庭成员也应尊重。在公众场合，要尽量避免侵犯他人的空间。有一些人往往不注重自己的界域行为。在无意之中，伤害了他人，也损害了自己的形象。比如在公共汽车上，横着站，两手抓两边的把手，使别人无法通过。坐着时跷起二郎腿，让路过的人给他擦皮鞋。在剧场里，或扒在前面的背椅上，或把腿蹬在前排的座椅上。

目光侵入也属于侵犯空间。孔子说："非礼勿视"。我们现在有的地方却无视这个问题，有这样的旅馆，每个客房门上都开着一个玻璃窗口，窗帘安在外边，管理人员可以随时监控，真让客人们哭笑不得。还有些人喜欢在地铁里面看旁边人的报纸。主人看正面，他看反面，主人翻报纸时，他甚至干涉说先别翻，我还没看完呢。这种界域行为中国人还可以容忍，西方人是不可以接受的。

再次，不污染他人的空间。一是空气污染，比如当众抽烟，冲着人打喷嚏，张着嘴出气，在餐桌上端起碗来用嘴吹等。国家之间比如核电站泄漏事件，都属于污染别人的界域，因为别人的身体虽然没有侵入，但是空气被污染了。二是噪声污染，比如听音乐会时，手机、呼机声此起彼伏，在北京国际音乐节上，把指挥大师都气坏了。停下来，以示抗议。有些人在楼道里大声喧哗，影响邻居们休息。记得侯宝林大师有这样一个段子：有一小伙子，下了夜班，上楼的脚步特别重，吵得楼下的老先生神经衰弱，每天夜里都要等小伙子噔噔噔噔上楼，开门，脱下皮鞋摔出“噔”、“噔”两声之后，才能心跳渐趋正常，再慢慢入睡。有一天，老先生给小伙子提了意见，小伙子满口答应，下班后，他已经忘记了这事，又噔噔噔噔上楼。进门之后，脱了一只鞋往地上一摔，突然想这事，于是第二只鞋就轻轻地放在了地上。第二天，他问老人：“昨天睡得好点吗？”老人说：“我昨天一夜都没有睡！”“怎么了？”，“我等你那第二只鞋呢！心一直悬着！”可见，讲究界域礼貌，不污染他人的界域是非常重要的。

（5）注意差异。在空间距离的处理上还应该注意交往对象生熟、性别、性格等方面的差异。俗话说“熟则远，亲则近”，空间距离与交际对象陌生还是熟悉是有一定区别的。交往的双方，互相认识，又是亲朋好友，可以近些，以至拍肩碰肘、抚摸、拥抱、依偎等都没有什么不好，有时反而能促进关系的密切。相反，交往双方是初次见面，要做上述举动，会引起对方的不快和反感。交往对象的性别不同，交往时空间距离也是有明显区别的。心理学家做实验发现：男子挤在一间小屋子里，容易引起相互的怀疑，甚至发生斗争；女子在这种环境中，更友善，更亲密，更容易找到共鸣。如果给一个女子换一个大些的房间，她会感到不大理想。正由于男女之间的这种心理差别，男子与男子交谈的距离不易太近，近则会有不和谐之感，女子与女子交谈的距离不易太远，远则会有不投机之嫌。在交往中对不同性格的人，在空间距离上应有不同的区别。与内向型的人交往，空间距离可稍远些，因为距离太近，性格内向的人会感到不自在；与性格外向的人交往，距离可近些。若与性格外向的人相聚，可老远打招呼，以表示热情；与内向型的人相遇，倘老远打招呼，不一定会得到回应，往往是用微笑或点头来代替回答。

（资料来源：李杰群．非语言交际概论．北京：北京大学出版社，2003；张岩松．公关交际艺术．中国社会科学出版社，2006）

课后训练

1. 请每天拿出 10 ~ 20 分钟时间练习站、立、行、蹲、鞠躬等姿态。

2. 你对自己的仪态满意吗？请观察一下你周围的人士站姿、坐姿、走姿等方面存在什么问题？提醒自己避免出现这些问题。

3. 你的眼神是否充满了自信和活力？怎样才能使眼神充满自信和活力？

4. 观察一下日常生活中各个微笑的脸，说说“微笑的脸”有哪些特征？

5. 今天你微笑了吗？试着每天清晨起床后，对着镜子整理仪容的同时，把甜美愉快的笑容留在脸上。

6. 请制定一份班级举止文明公约。

7. 案例分析

温总理的人格魅力

2007年夏季达沃斯论坛在美丽的滨城大连举行，参会的企业家大约有50多人，以国外的企业家居多，大都是花旗银行、可口可乐、英特尔等全球顶级企业的董事长、首席执行官等；国内的企业家有十几个人，也都是中远、伊利等国内顶尖企业的一把手。国务院总理温家宝亲自会见了与会的部分国内外重要企业家。

会见时，温总理和世界经济论坛主席施瓦布先生两人并排坐在前面，面对着企业家，企业家们则分成四五排坐在下面。会见由施瓦布先生主持，温总理是唯一的贵宾。我有幸坐在了第一排中间的位置，和温总理几乎是面对面，距离只有2米左右，可以近距离地观察到总理。从会见中的三个细节我深刻感受到了温总理作为一个大国总理的风范。

温总理入场时，参加接见的企业家全体起立，热烈鼓掌欢迎。总理入座前，稍微弯了一下腰，向企业家们行礼后才坐下来。虽然这只是非常细微的一个动作，但让我感到很惊讶，企业家们起立鼓掌欢迎共和国总理是理所当然的事，总理的还礼充分展现了一个大国总理的礼仪风范。

会见中，每一次施瓦布先生发言，温总理都要向左半侧身（施瓦布先生并排坐在温总理的左边），全神贯注、面带微笑地注视着他，他是在用这种方式表示对施瓦布先生的尊重。本来贵为中华人民共和国的总理，他完全可以稳坐不动，但正是这个细节体现了温总理待人非常亲和。

会见结束后，温总理往外走，走到一半时，邻近通道的一个外国企业家突然起身，拦住了温总理，向他提了一个关于中国经济政策的问题。在这种情况下，一般人都会直接走过去，或者客套一下马上离开。但温总理谦和地停了下来，面带微笑地和他交谈了两三分钟之久，丝毫没有介意这个企业家失礼的提问。当这个企业家还要提另外一个问题的时候，温总理才非常礼貌地对他说："实在对不起，我还要参加大会发言，等以后有时间再讨论。"本来这位外国企业家拦住总理提问就有失外交礼节，但温总理却为不能充分回答他的问题而道了声"对不起"。

会见时间虽然很短暂，但这些点滴细节都鲜明地体现了温总理的礼貌、亲和和对他人的尊重，让我领略到了一个大国总理的风范，也更加深了我对温总理的敬重。

（资料来源：王健林．大国总理的风范．http：//bj. house. sina. com. cn/news/2007-09-10/0946212569. html，2007-09-10）

思考与讨论：

（1）从哪些方面你感受到了温总理的人格魅力？

（2）本案例对你有哪些启示？

8. 案例分析

面试的表现

一次，有位老师带着三位毕业生同时去应聘一家酒店总台接待职位，面试前老师怕学生面试时紧张，同人事部经理商量让三位同学一起面试。三位同学进入人事部经理的办公室时，经理上前请三位同学入座。当经理回到办公桌前，抬头一看欲言又止，只见两位同学坐在沙发上，一个架起二郎腿而且两腿不停地抖动，另一个身子松懈地斜靠在沙发一角，两手攥握手指咯咯作响，只有一位同学端坐在椅子上等候面试，人事部经理起身非常客气地对两位坐在沙发上的同学说："对不起，你们的面试已经结束了，请退出。"两位同学四目相对，不知何故，面试怎么还没问，就结束了呢？

（资料来源：http：//wenwen. soso. com/z/q64796231. htm）

思考与讨论：

（1）面试怎么还没问，就结束了呢？请分析其中的原因。

（2）本案例对你有哪些启示？

9. 案例分析：

用微笑沟通心灵

今年28岁的孟昆玉是北京西城区和平门岗的一位普通交警，凡是从这个十字路口经过的人，几乎第一感觉都是他的微笑。他的微笑不仅是他的一张"名片"，而且成为他工作中与司机有效沟通的"秘密武器"。孟昆玉参加工作8年来，每天都把笑容挂在脸上，用微笑化解矛盾，赢得理解，建立了非常和谐的警民关系。工作8年没有一起投诉，他不仅获得了"微笑北京交警之星"、"百姓心中好交警"、"首都五一劳动奖章"等荣誉称号，而且还被广大网友盛赞为"京城最帅交警"。

警察，在人们心目当中，一般都是很严肃的。而孟昆玉，一个年轻的"80"后交警，何以有这样好的心态，能保持8年如一日的微笑呢？孟昆玉说："从参加工作以来，我的口头语就是'您好'。无论是路面上还是在单位见到同志，我觉得一个微笑，一个'您好'，就能够拉近人和人之间的距离，如果你给司机一个微笑，一个敬礼，一个'您好'，就有了沟通的基础。"

是啊，微笑是人类最美的表情，是人们心灵沟通的钥匙。当一个人对你微笑的时候，你能感觉到他心中的暖意，感受到他对你的善意和友好。反之，一个人若总是紧绷着脸，冷若冰霜，就会让人退避三舍，不愿接近。让我们都像孟昆玉一样，用微笑去沟通心灵，让文明成为一种行动，让我们居住的这座城市因你我更加绚烂！

（资料来源：侯爱兵，profile. blog. sina. com. cn/u/1511388290）

思考与讨论：

（1）结合自身感受谈谈微笑的作用。

（2）本案例对你有哪些启示？

营销人员日常交往

项目二

见面礼仪　任务四

拜访礼仪　任务五

接待礼仪　任务六

馈赠礼仪　任务七

求职礼仪　任务八

任务四　见面礼仪

生活里最重要的是礼貌，它比最高的智慧，比一切学识都重要。

——（俄）赫尔岑

教养体现于细节，细节展示素质，素质决定成败。

——金正昆

学习目标

1. 在营销工作中得体地称呼对方；
2. 得体地进行自我介绍和为他人作介绍；
3. 规范运用握手等见面礼节；
4. 规范地使用和管理名片。

案例导入

如此见面

某企业老总李经理为了采购新的生产线，决定前往其中一个供应商处实际考察。李经理在约定的时间到达该公司，拜访营销部王经理。到达办公室后，王经理正在收拾杂物。李经理自报家门后，王经理非常热情地伸出沾满灰尘的手与李经理握手，而后伸出右手食指指着旁边的沙发，说："请坐。"李经理从公文里拿出自己的名片，双手递给王经理，说："王经理，这是我的名片，还请多多关照。"王经理右手接过名片，随手放在自己的办公桌上，而后从裤子口袋拿出自己的名片，单手递给李经理说："这是我的名片。"接着坐在沙发上跷起二郎腿，而且两腿不停地颤抖。20 分钟后会谈结束，李经理告退。并且心里暗下决定，不在这家供应商采购生产线。

（资料来源：何爱华，张学娟. 实用商务礼仪. 北京：人民邮电出版社，2011）

任务设计

在营销工作中，与客户等首次见面时往往人们非常重视“第一印象”，在心理学上也成为“首因效应”。在初次见面的短短几分钟，一个人的衣着打扮，言行举止等会给人留下非常深刻的印象。因此，在营销会见中除了整洁的仪容仪表，优雅的仪态，还应该十分重视见面的礼仪规范，因为这不仅体现出一名营销人员的综合素质，而且还是一家企业的管理水平和员工素质的集中体现。在上面的案例中，握手时，满手灰尘是对客户的不尊重。单手递接名片、名片放在裤兜里、单手指引、架起二郎腿、入座时双腿不停地颤抖等都是无礼的表现。作为一名合格的营销人员必须掌握常见的见面礼节，如称呼、介绍、握手、递接名片等的礼仪。

为完成本项任务的学习，建议在班上进行“见面场景模拟训练”活动，具体操作如下。

见面场景模拟训练

实训目标：熟练、规范地运用见面的各种礼节进行交际。

实训学时：2 学时。

实训地点：实训室。

实训准备：见面场景、名片若干张。

实训方法：3 ~5 人一个小组，每组设计一个见面场景，将称呼、介绍、握手等见面礼、问候、递接名片等交际礼仪，连贯地演示下来，学生对各组的表演进行评价，最后教师总结。表演之前，每组应就设计的场景和成员的角色进行说明。

知识链接

在人际交往中，交际双方见面时，如何称呼对方，这直接关系到双方之间的亲疏、了解程度、尊重与否及个人修养等。一个得体的称呼，会令彼此如沐春风，为以后的交往打下良好的基础。否则，不恰当或错误的称呼，可能会令对方心里不悦，影响到彼此的关系乃至交际的成功。某化工厂营销员到一居民区推销洗洁用品，询问一老者：“老师傅，这里的主要住户是什么职业?”“老师傅人老了，什么也不知道啊!”原来这是一个高校区宿舍，听惯了“老师”、“教授”称呼的人，不习惯被称为“老师傅”。由此可见，营销人员要准确使用称呼，一个得体的称呼真可谓营销人员交际的“敲门砖”啊!

一、称呼

在营销交往中，交际双方见面时，如何称呼对方，这直接关系到双方之间的亲疏、了解程度、尊重与否及个人修养等。一个得体的称谓，会令彼此如沐春风，为以后的交往打下良好的基础，否则，不恰当或错误的称谓，可能会令对方心里不悦，影响到彼此的关系乃至营销的成功。

1. 称呼的原则

（1）礼貌原则。合乎礼节的称呼，是向他人表达尊重的一种方式。在人际交往中，称呼对方要用尊称。现在常用的有：您——您好、您慢走；贵——贵姓、贵公司、贵方、贵校；大——尊姓大名、大作（文章、著作）；老——王老、李老、您老辛苦了；高——高寿、高见等；芳——芳名、芳龄等。

（2）尊重原则。一般来说，汉族人有崇大崇老崇高的习惯，如对同龄人，一般称呼对方为哥、姐；对既可称“叔叔”又可称“伯伯”的长者，以称“伯伯”为宜；对副校长、副处长、副厂长等，也可在姓后直接以正职相称。

（3）恰当原则。有的营销人员往往对人喜欢称“师傅”，虽然亲热有余，但文雅不足，且普适性较差。对理发师、厨师、司机称师傅恰如其分，但对医生、教师、军人、干部、商务工作者称师傅就不合适了，如把小姑娘称为“师傅”则要挨骂了！所以，要视交际对象、场合、双方关系等选择恰当的称呼。

2. 称呼的方式

称呼的方式如表4-1所示。

表4-1　称呼的方式

称呼的方式	举　例
名字称呼	李平、张明、大李、老李、小李、俊杰
职务称呼	张总经理或张总、刘市长、王局长、张主任、孙书记
职称称呼	张教授、赵研究员、周工程师（周工）
学位称呼	孙博士、冯博士
职业称呼	马教练或马指导、王医生或王大夫、孙律师、邹会计、吴护士长、董秘书、服务员
亲属称呼	本人的亲属应采用谦称：家父、家叔；舍弟、舍侄；小儿、小女、小婿 对他人的亲属应采用敬称：尊母、尊兄；贤妹、贤侄；令堂、令爱、令郎 仿亲属称呼：大爷、大娘、叔叔、阿姨、大哥、大姐
涉外称呼	夫人、小姐、先生

3. 称呼的禁忌

（1）使用错误的称呼。常见的错误称呼有两种。一是误读，一般表现为念错被称呼者的姓名。如“郇”、“查”、“盖”这些姓氏就极易弄错。要避免犯此错误，就一定要做好先期准备，必要时不耻下问，虚心请教。二是误会，主要指对被称呼者的年纪、辈分、婚否及与其他人的关系作出了错误判断。比如，将未婚妇女称为“夫人”，就属于误会。

（2）使用不当的行业称呼。学生喜欢互称为“同学”，军人经常互称“战友”，工人可以称为“师傅”，道士、和尚可以称为“出家人”，这并无可厚非。但以此去称呼“界外”人士，并不表示亲近，没准儿对方不领情，反而产生被贬低的感觉。

（3）使用庸俗低级的称呼。在营销交往中，有些称呼切勿使用。例如“兄弟”、“朋友”、“哥们儿”、“姐们儿”、“瓷器”、“死党”、“铁哥们儿”，等等一类的称谓，就显得庸俗低级，档次不高。它们听起来很肉麻，而且带有明显的黑社会的风格。逢人便称“老板”，也显得不伦不类。

（4）使用绰号作为称呼。对于关系一般者，切勿自作主张给对方起绰号，更不能随意以道听途说来的对方的绰号去称呼对方。至于一些对对方具有侮辱性质的绰号，例如，“北佬”、“阿乡”、“鬼子”、“鬼妹”、“拐子”、“秃子”、“罗锅”、“四眼”、“肥肥”、“傻大个”、“柴火妞”、“北极熊”、“麻秆儿”，等等，则更应当免开尊口。另外，还要注意，不要随便拿别人的姓名乱开玩笑。要尊重一个人，必须首先学会去尊重他的姓名。

4. 营销中使用称呼的技巧

（1）初次见面更要注意称呼。初次与客户见面或谈业务时，要称呼姓+职务，要一字一字地说得特别清楚，比如，“王总经理，你说得真对……”。如果对方是个副总经理，可删去那个“副”字；但若对方是总经理，不要为了方便把“总”字去掉，而变为经理。

（2）称呼对方时不要一带而过。在交谈过程中，称呼对方时，要加重语气，称呼完了停顿一会儿，然后再谈要说的事，这样能引起对方的注意，他会认真地听下去。如果你称呼得很轻又很快，有种一带而过的感觉，对方听着不会太顺耳，有时也听不清楚，就引不起听话的兴趣。相比之下，如果太不注意对方的姓名，而过分强调要谈的事情，那就会适得其反，对方不会对你的事情感兴趣了。所以一定要把对方完整的称呼，很认真很清楚很缓慢地讲出来，以显示对对方的尊重。

（3）关系越熟越要注意称呼。与对方十分熟悉之后，千万不要因此而忽略了对对方的称呼，一定要坚持称呼对方的姓+职务（职称），尤其是有其他人在场的情况下。人人都需要被人尊重，越是朋友，越是要彼此尊重，如果熟了就变得随随便便，“老王”、“老李”甚至用一声“唉”、“喂”来称呼了，这样极不礼貌，是令对方难以接受的。

二、介绍

介绍是营销活动中最常见、也是最重要的礼节之一，它是初次见面的陌生的双方开始交往的起点。介绍在人与人之间起桥梁与沟通作用，几句话就可以缩短人与人之间的距离，为进一步交往开个好头。

1. 介绍的基本规则

为他人做介绍时必须遵守“尊者优先了解情况”的规则，在为他人做介绍前，先要确定双方地位的尊卑，然后先介绍位卑者，后介绍尊者。具体如下。

（1）先将男士介绍给女士。例如，介绍王先生与李小姐认识，介绍人应当引导王先生到李小姐面前，然后说："李小姐，我来给你介绍一下，这位是王先生。"注意在介绍的过程中，被介绍者的名字总是后提。

（2）先将年轻者介绍给年长者。把年轻者引见给年长者，以示对前辈、长者的尊敬。如："王教授，让我来介绍一下，这位是我的同学张明。""张阿姨，这是我的表妹王丽。""刘伯伯，我请您认识一下我的表弟李强。"在介绍中应注意有时虽然男士年龄较大，但仍然是将男士介绍给女士。

（3）先将未婚女子介绍给已婚女子。如："张太太，让我来介绍一下，这位是李小姐。"注意，当被介绍者无法辨别其是已婚还是未婚时，则不存在先介绍谁的问题，可随意介绍，如，"张女士，我可以把我的女朋友李小姐介绍给你吗？"

（4）先将职位低的介绍给职位高的。在实业界或公司中，在商务场合要先将职位低的介绍给职位高的。如："王总，这位是××公司的总经理助理刘女士。"注意这里先提到的是王总经理，这是因为把王总经理的职位看作高于刘女士，尽管王总经理是一位男士，仍不先介绍他。

（5）先将家庭成员介绍给对方。在向别人介绍自己的家庭成员时，应谦虚地说出对方的名字。这不仅是出于礼貌，而且对介绍自己的家庭成员也比较方便。如："张先生，我想请你认识一下我的女儿晓芳。""张先生，请允许我介绍一下我的妻子。"

（6）集体介绍时的顺序。在被介绍者双方地位、身份大致相似，或者难以确定时，应当使人数较少的一方礼让人数较多的一方，一个人礼让多数人，先介绍人数较少的一方或个人，后介绍人数较多的一方或多数人。

若被介绍者在地位、身份之间存在明显差异，特别是当这些差异表现为年龄、性别、婚否、师生及职务有别时，则地位、身份为尊的一方即使人数较少，甚至仅为一人，仍然应被置于尊贵的位置，最后加以介绍，而先介绍另一方人员。

若需要介绍的一方人数不止一人，可采取笼统的方法进行介绍，例如可以说："这是我的家人"，"他们都是我的同事"，等等。但最好还是要对其一一进行介绍。进行此种介绍时，可比照他人介绍的位次尊卑顺序进行介绍。

若被介绍双方皆不止一人，则可依照礼规，先介绍位卑的一方，后介绍位尊的一方。在介绍各方人员时，均需由尊到卑，依次进行。

2. 自我介绍

（1）自我介绍的时机。因业务关系需要相互认识，进行接洽时可自我介绍：当遇到一位你知晓或久仰的人士，他不认识你，你可自我介绍："×××（称呼），您好！我是××××（单位）的×××（姓名），久仰大名，很荣幸与您相识"；第一次登门造访，事先打电话约见，在电话里应自我介绍；参加一个较多人的聚会，主人不可能一一介绍，与会者可以与同席或身边的人互相自我介绍。自我介绍前应有一句引言，以使对方或身边的人互相自我介绍。自我介绍前应有一句引言，以使对方不感到突然，如"我们认识一下吧。我叫×

××，在×××公司公关部工作。”在出差、旅行途中，与他人不期而遇，并且有必要与之建立临时接触时，可适当自我介绍；初次前往他人住所、办公室，进行登门拜访时要自我介绍；应聘求职时需首先做自我介绍，等等。

（2）自我介绍的要求。自我介绍时，要及时、清楚地报出自己的姓名和身份。大方自然地进行自我介绍，可以先面带微笑，温和地看着对方说声：“您好！”以引起对方的注意，然后报出自己的姓名身份，并简要表明结识对方的愿望或缘由。进行自我介绍一定要力求简洁，尽可能地节省时间，介绍以半分钟为佳。进行自我介绍时所表述的各项内容，一定要实事求是，真实可信。没有必要过分谦虚，一味贬低自己去讨好别人，但也不可自吹自擂，夸大其辞，在自我介绍时掺水分，会得不偿失。

根据不同场合、环境的需要，自我介绍的方式有应酬式、公务式、礼仪式、社交式和问答式五种。如表 4-2 所示。

表 4-2　自我介绍的方式

类型	适用场合	使用目的	内容	举例
应酬式	适用于公共场合、一般性的社交场合，如：旅途中、商场里	面对泛泛之交而不想深交的人	只包括本人姓名	“你好，我叫/是张明。”
公务式	适用于工作场合，如：业务洽谈、工作联络	与对方建立工作关系	包括本人姓名、单位、部门或从事的具体工作三要素，缺一不可	“你好，我叫张明，是五湖四海医药公司的营销部经理。”
礼仪式	适用于讲座、报告、演说、庆典、仪式等正规场合	向对方表示友好、敬意	包括本人姓名、单位、职务等项内容，还可以适当加一些谦辞、敬语等	“各位来宾，大家好！我叫张明，我是五湖四海贸易公司的营销部经理。我代表本公司热烈欢迎大家的光临……”
社交式	适用于各类社交活动，如：私人交往、联谊会、网络交流等	使对方认识自己、了解自己，建立进一步交往的平台	包括本人姓名、职业、籍贯、爱好、自己跟交往对象双方所共同认识的人等	“你好，我叫张明，我是 08 级营销班的。李军是我的老乡，我们都是北京人……”
问答式	适用于普通性交际应酬场合	应聘求职、应试求学，初次交往等	主要根据提问进行介绍，有问必答	问：“请问您贵姓?”答：“您好！免贵姓张。”

在进行自我介绍时，态度务必自然、友善、亲切、随和。要充满信心和勇气，敢于正视

对方的双眼，显得胸有成竹。介绍时语气要自然、语速要正常、语音要清晰，这对自我介绍的成功十分有好处。进行自我介绍时还要注意：①引发对方做自我介绍时应避免直话相问，缺乏礼貌，如："你叫什么名字"，而应该尽量客气一些，用词更敬重些："请问尊姓大名"、"您贵姓"、"不知怎么称呼您"、"您是……"等；②他人做自我介绍时要仔细聆听，记住对方的姓名、职业等。如果没有听清楚，不妨在个别问题上仔细再问一遍，这比他人作过自我介绍，而你还是不明情况的好。③等一个人作了自我介绍后，另一个人也作相应的回报，作自我介绍，这才是礼貌的。

3. *居间介绍*

（1）居间介绍的时机。居间介绍即营销交往中的第三者介绍。在居间介绍中，为他人做介绍的人一般为营销活动中的东道主、营销交往场合中的长者、家庭中聚会的女主人、公务交往活动中的公关人员（礼宾人员、文秘人员、接待人员）等。居间介绍的时机包括：在家中接待彼此不相识的客人；在办公地点，接待彼此不相识的来访者；与家人外出，路遇家人不相识的同事或朋友；陪同亲友，前去拜会亲友不相识者；本人的接待对象遇见了其不相识的人士，而对方又跟自己打了招呼；陪同上司、长者、来宾时，遇见了其不相识者，而对方又跟自己打了招呼；打算推介某人加入某一交际圈；受到为他人作介绍的邀请。

（2）居间介绍的注意事项。在为他人做介绍时，介绍者对介绍的内容应当字斟句酌，慎之又慎。在交往中，在为他人作介绍时，由于实际需要的不同，介绍时所采取的方式也会有所不同。居间介绍的方式如表4-3所示。

表4-3　居间介绍的方式

类型	适用场合	使用目的	内容	举例
标准式	适用于正式场合，如业务洽谈、宴会	使双方认识，并建立工作、交换等联系	以双方的姓名、单位、职务等为主	"我给两位引见一下，这位是我们公司营销部的李小姐，这位是五湖四海集团公司的总经理张先生。"
礼仪式	适用于正式场合，是一种最为正规的他人介绍	与标准式略同，只是语气、表达、称呼上都更为礼貌、谦恭	包括双方姓名、单位、职务等项内容，还可以适当加一些谦辞、敬语等	"张小姐，您好！请允许我把我们公司的销售部经理张明先生介绍给您。李先生，这位是五湖四海医药公司总经理张明先生。"
推荐式	适用于比较正规的场合	目的是将被介绍人举荐给另一位被介绍人	通常会对主要被介绍者的优点加以重点介绍	"这位是五湖四海医药公司的张明总经理，这位是我们公司的李军总经理。李总经理是管理方面的专业人士，他还是经济学博士呢。张先生，我想您一定愿意结识他吧。"

续表

类型	适用场合	使用目的	内容	举例
强调式	适用于各类社交活动，如：私人交往、联谊会等	使双方认识，并引起对其中一位被介绍者的重视	包括双方的姓名，往往还会刻意强调其中一位与介绍者之间的特殊关系	“这位是张教授的学生，这位是李经理，请李经理多多关照。”
引见式	适用于普通交际应酬场合	将被介绍者双方引到一起即可	不需具体介绍双方，由他们自行认识	“两位认识一下，这位是张经理，请张经理多多关照。”
简介式	适用于一般的社交场合，如：聚会、茶话会、舞会	使双方认识	只提到双方姓名一项，甚至只提到双方姓氏为止	“我来介绍一下，这位是小李，这位是小周，你们认识一下吧。”

在正式场合，内容以双方的姓名、单位、职务等为主。在一般的社交场合，其内容往往只有双方姓名一项，甚至可以只提到双方姓氏为止。接下来，则由被介绍者见机行事。在比较正规的场合，介绍者有备而来，有意将某人举荐给某人，因此在内容方面，通常会对前者的优点加以重点介绍。

在进行居间介绍时，介绍者与被介绍者都要注意自己的表达、态度与反应。介绍者为被介绍者介绍之前，不仅要尽量征求一下被介绍双方的意见，而且在开始介绍时还应再打一下招呼，切勿上去开口即讲，显得突如其来，让被介绍者措手不及。

介绍时要注意实事求是，掌握分寸，不能胡吹乱捧。介绍姓名时，一定要口齿清楚，发音准确。把易混的字咬准，如“王”和“黄”、“刘”和“牛”等；对同音字、近音字必要时要加以解释，如“邹”和“周”。“张”和“章”、“徐”和“许”等。

（3）接受介绍时的礼仪。介绍需要讲究必要的礼节，而接受介绍时采取什么态度和行为来表现自己呢？被介绍者在介绍者询问自己是否有意认识某人时，一般不应加以拒绝或扭扭捏捏，而应欣然表示接受。实在不愿意时，则应说明缘由。当介绍者走上前来，开始为被介绍者进行介绍时，被介绍的双方应起身站立，面含微笑，神态庄重、专注，被介绍人的目光一定要注视着对方的脸部，无论是男是女。不要让其他事情分散你的注意力，不要东张西望，以免给对方留下心不在焉、不重视或不欢迎的印象。当介绍者介绍完毕后，如果双方均为男性，握手绝对必要，这象征着信任和尊敬。握手时问候对方并复述对方姓名。你可以说：“能认识你很高兴，李先生”、“你好，张先生”。此时的常用语还有：“久仰大名”、“认识你非常荣幸”、“幸会，幸会”，等等。必要时还可作进一步的自我介绍。如果把男性介绍给女性认识，女性觉得有握手必要时，可以先伸出手来，表示出热诚。交谈后走时要互相道别。一声“再见”可以给对方留下很好的印象。在接受介绍时，你没有听清对方的名字，该怎么办呢？你可以请他再说一遍，千万不要觉得不好意思。你可以说："对不起，我没听清楚你的名字，可否请你再讲一次。"别人不仅不会生气，甚至会觉得很受用，因为这表示你很在乎他的名字。

三、握手

1. 握手的要求

握手的标准方式，是行礼时行至距握手对象约 1 米处，双腿立正，上身略向前倾，伸出右手，四指并拢，拇指张开与对方相握。握手时应用力适度，上下稍许晃动三四次，随后松开手来，恢复原状。具体应注意以下几点。

（1）讲究次序。根据礼仪规范，握手时双方伸手的先后次序，一般应当遵守"尊者先伸手"的原则，应由尊者首先伸出手来，位卑者只能在此后予以响应，而绝不可贸然抢先伸手，不然就是违反礼仪的举动。其基本规则如下。

①男女之间握手。男女之间握手，男士要等女士先伸出手后才握手。如果女士不伸手或无握手之意，男士向对方点头致意或微微鞠躬致意。男女初次见面，女方可以不和男士握手，只是点头致意即可。男女握手时，男士要脱帽和脱右手手套，如果偶遇匆匆忙忙来不及脱，要道歉。女士除非对长辈，一般可不必脱手套。

②宾客之间握手。宾客之间握手，主人有向客人先伸出手的义务。在宴会、宾馆或机场接待宾客，当客人抵达时，不论对方是男士还是女士，女主人都应该主动先伸出手。男士因是主人，尽管对方是女宾，也可先伸出手，以表示对客人的热情欢迎。而在客人告辞时，则应由客人首先伸出手来与主人相握，在此表示的是"再见"之意。

③长幼之间握手。长幼之间握手，年幼的一般要等年长的先伸手，和长辈及年长的人握手，不论男女，都要起立趋前握手，并要脱下手套，以示尊敬。

④上下级之间握手。上下级之间握手，下级要等上级先伸出手。但涉及主宾关系时，可不考虑上下级关系，做主人的应先伸手。

⑤一个人与多人握手。若是一个人需要与多人握手，则握手时亦应讲究先后次序，由尊而卑，即先年长者后年幼者，先长辈后晚辈，先老师后学生，先女士后男士，先已婚者后未婚者，先上级后下级，先职位身份高者后职位身份低者。

值得注意的是：在公务场合，握手时伸手的先后次序主要取决于职位、身份。而在社交、休闲场合，它则主要取决于年龄、性别、婚否。

（2）神态专注。与人握手时神态应专注、热情、友好、自然。在通常情况下，与人握手时，应面含微笑，目视对方双眼，并且口道问候。在握手时切勿显得自己三心二意，敷衍了事，漫不经心，傲慢冷淡。如果在此时迟迟不握他人早已伸出的手，或是一边握手，一边东张西望，目中无人，甚至忙于跟其他人打招呼，都是极不应该的。

（3）注意力度与时间。握手时用力应适度，不轻不重，恰到好处。如果手指轻轻一碰，刚刚触及就离开，或是懒懒地慢慢地相握，缺少应有的力度，会给人勉强应付、不得已而为之之感。一般来说，手握得紧是表示热情，男人之间可以握得较紧，甚至另一只手也加上，包括对方的手大幅度上下摆动，或者在手相握时，左手又握住对方胳膊肘、小臂甚至肩膀，以表示热烈。但是注意既不能握得太使劲，使人感到疼痛，也不能显得过于柔弱，不像个男子汉。对女性或陌生人，轻握是很不礼貌的，尤其是男性与女性握手应热情、大方、用力适度。通常是握紧后打过招呼即松开。但如亲密朋友意外相遇，敬慕已久而初次见面，至爱亲朋依依惜别，衷心感谢难以表达等场合，握手时间就长一点，甚至紧握不放，话语不休。在公共场合，如列队迎接外宾，握手的时间一般较短。握手的时间应根据与对方的亲密程度而定。

2. 握手的禁忌

在人际交往中，握手虽然司空见惯，看似寻常，但是由于它可被用来传递多种信息，因此在行握手礼时应努力做到合乎规范，注意如下禁忌：不要用左手与他人握手，尤其是在与阿拉伯人、印度人打交道时要牢记这一点，因为在他们看来左手是不洁的；不要在握手时争先恐后，而应当遵守秩序，依次而行。特别要记住，与基督教信徒交往时，要避免两人握手时与另外两人相握的手形成交叉状，这类似十字架，在基督教信徒眼中是很不吉利的；不要戴着手套握手，在社交场合女士的晚礼服手套除外；不要在握手时戴着墨镜，只有患有眼疾或眼部有缺陷者才能例外；不要在握手时将另外一只手插在衣袋里；不要在握手时另外一只手依旧拿着香烟、报刊、公文包、行李等东西而不肯放下；不要在握手时面无表情，不置一词，好似根本无视对方的存在，而纯粹是为了应付；不要在握手时长篇大论，点头哈腰，滥用热情，显得过分客套，让对方不自在，不舒服；不要在握手时把对方的手拉过来、推过去，或者上下左右抖个没完；不要在与人握手之后，立即揩拭自己的手掌，好像与对方握一下手就会使自己受到感染似的。

3. 握手与性格

美国著名盲聋女作家海伦·凯勒曾说："我接触的手，虽然无言，却极有表现力。有的人握手能拒人千里之外，……我握着冷冰冰的手指，就像和凛冽的北风握手一样。而也有些人的手充满阳光，他们伸出来与你相握时，你会感到很温暖"由此可见，握手传递的性格方面的信息是何等丰富。握手方式与性格特点大致可分为七种类型。

（1）控制式。用掌心向下或向左下的姿势握住对方的手。这种人想表达自己的优势、主动、傲慢或支配地位。一般具有说话干净利落、办事果断、高度自信的特点。凡事一经自己决定，就很难改变观点，作风不大民主。

（2）谦恭式。即用掌心向上或向左上的手势与对方握手。这种人往往性格软弱，处于被动、劣势地位，处世比较谦和、平易近人，不固执，对对方比较尊重、敬仰、甚至有几分畏惧。

（3）对等式。即握手时两人伸出的手心都不约而同地向着左方握在一起。这种人比较友好，也可能是很遵守游戏规则的平等的竞争对手。

（4）双握式。即在右手相握的同时，再用左手加握对方的手背、前臂、上臂或肩部。加握部位越高，其热情友好的程度也显得越高。这种人热情真挚、诚实可靠、信赖别人。

（5）捏手指式。即只捏住对方的几个手指或手指尖部。女性与男性握手时，为了表示自己的矜持与稳重，常采取这种方式。如果是同性别的人之间这样握手，就显得有几分冷淡和生疏。若换成显贵人物，则其意在显示自己的“尊贵”。

（6）拉臂式。即将对方的手拉到自己的身边相握。这种人往往过分谦恭，在他人面前唯唯诺诺、轻视自我，缺乏主见与敢作敢为的精神。

（7）死鱼式。即握手时伸出一只无任何力度、质感，不显示任何积极信息的手。这种人的性格不是生性懦弱，就是对人冷漠无情，待人接物消极傲慢。

4. 营销交往中握手的技巧

（1）主动与每个人握手。在商务场合，如谈判开始之前，双方都要互相介绍认识一下。这时候，你最好表现得积极一些，主动一些，表示你很高兴与他们认识。为了表示你这种善意，你可以主动地与他们每一个人握手，因为你主动就说明你对对方尊重，只有在你尊重别人时，才会受到别人的尊重。

（2）有话想让对方出来讲，握手时不要松开。有时你找对方谈一些事，不巧的是里边还有其他人在，你想与对方单独谈，耐心等了很久以后仍没有机会，那你只好想办法让对方出来说了。但你不能明白地告诉对方：“我有点事，咱们到外边说”，这显然是不礼貌的。你得想办法让对方起身相送。在你起身告辞时，对方站起来，你就边与对方交谈，边向外走。如果对方无意起身，你就走近他，很礼貌地与他握手，出于礼貌对方会站起身走出自己的座位，然后你边说边往外走，千万不能断了话。因为当你还有话要说时，对方是很不好意思不送你的。说话时，眼睛也要看着对方，不要只顾走。走到门口对方要与你告辞，你主动伸手与他握手，握手之后不要马上松开，要多握一会儿，并告诉对方，“你看我还有件事……”你说得缓慢些，对方也就意识到了，他也就主动走出来了。

（3）握手时赞扬对方。握手时的寒暄话是非常重要的，在你与对方握手的时候，可以对对方表示一下关心和问候，或赞扬对方两句。握手时双方的距离很近，对方的衣着服饰可以尽收眼底，如果你用心观察，肯定会有某一方面值得你赞扬。而每个人又都有自己特别注重修饰的地方，有人特别爱惜自己的发式，每天修理头发，使自己神采奕奕；有人特别注意领带，不惜高价买一条，或用一枚精制的领带夹子点缀一下，使自己容光焕发；有人穿了一件新西装，质地优良、做工讲究；有人穿一件衬衣，色彩和谐明快，使人显得年轻漂亮。见面握手时不能对这些熟视无睹，要加以赞美。双方会因此而显得亲近，你则显得格外大方、热情、细心，因而会给人留下一个好印象。

5. 常见的其他见面礼

（1）点头礼。点头礼适用于路遇熟人，在会场、剧院、歌厅、舞厅等不宜与人交谈之处，在同一场合碰上已多次见面者，遇上多人又无法一一问候之时。行礼的做法是：头部向下轻轻一点，同时面带笑容，不宜反复点头不止，点头的幅度也不必过大。

（2）举手礼。行举手礼的场合与行点头礼的场合大致相似，它最适合向距离较远的熟人打招呼。其做法是右臂向前方伸直，右手掌心向着对方，其他四指并齐、拇指分开，轻轻向左右摆动一两下。不要将手上下摆动，也不要在手摆动时用手背朝向对方。

（3）脱帽礼。戴着帽子的人，在进入他人居所，路遇熟人，与人交谈、握手或行其他见面礼时，进入娱乐场所，升挂国旗，演奏国歌等一些情况下，应当自觉主动地摘下自己的帽子，并置于适当之处，这就是所谓脱帽礼。女士在社交场合可以不脱帽子。

（4）注目礼。具体做法是：起身立正，抬头挺胸，双手自然下垂或贴放于身体两侧，笑容庄重严肃，双目正视于被行礼对象，或随之缓缓移动。一般在升国旗时、游行检阅、剪彩揭幕、开业挂牌等情况下，使用注目礼。

（5）拱手礼。拱手礼是我国民间传统的会面礼，今天在过年时举行团拜活动，向长辈祝寿，向友人恭喜结婚、生子、晋升、乔迁，向亲朋好友表示无比感谢，以及与海外华人初次见面时表示久仰大名都可行拱手礼。行礼时应起身站立，上身挺直，两臂前伸，双手在胸前高举抱拳，自上而下，或者自内向外，有节奏地晃动两三下。

（6）鞠躬礼。在本书任务三中已经介绍，此处略。

（7）合十礼。在东南亚、南亚信奉佛教的地区以及我国傣族聚居区，合十礼最为普遍。行合十礼时双掌十指在胸前相对合，五个手指并拢向上，掌尖和鼻尖基本持平，手掌向外侧倾斜，双腿立直站立，上身微欠低头，可以口颂祝词或问候对方，亦可面带微笑，但不准手舞足蹈，反复点头。一般而论，行此礼时，合十的双手举得越高，越体现出对对方的尊重，但原则上不可高于额头。

（8）拥抱礼。在西方，特别是在欧美国家，拥抱礼是十分常见的见面礼与道别礼。在人们表示慰问、祝贺、欣喜时，拥抱礼也十分常用。正规的拥抱礼，讲究两人正面面对站立，各自举起右臂，将右手搭在对方左肩后面；左臂下垂，左手扶住对方右腰后侧。首先各向对方左侧拥抱，然后各向对方右侧拥抱，最后再一次各向对方左侧拥抱，一共拥抱 3 次。在普通场合行礼，不必如此讲究，次数也不必要求如此严格。

（9）亲吻礼。亲吻礼，也是西方国家常用的见面礼。有时它会与拥抱礼同时使用。行礼时，通常忌讳发出亲吻的声音，而且不应将唾液弄到对方脸上。在行礼时，双方关系不同，亲吻的部位也有所不同。长辈吻晚辈，应当吻额头；晚辈吻长辈，应当吻下颌或吻面颊；同辈之间，通常应当贴面颊，异性应当吻面颊。接吻，即吻嘴唇，仅限于夫妻与恋人之间，不宜滥用，不宜当众进行。

（10）吻手礼。吻手礼，主要流行于欧美国家。它的做法是，男士行至已婚妇女面前，首先垂手立正致意，然后以右手或双手捧起女士的右手，俯首以自己微闭的嘴唇，去象征性地轻吻一下其手背或是手指。行吻手礼的地点，应以室内为佳。吻手礼的受礼者，只能是妇女，而且应该是已婚妇女。

四、名片

名片是营销人员必不可少的社交工具，必须随身携带。与客户初次见面，先互通姓名。再奉上名片，单位、姓名、职务、电话等历历在目，既回答了一些对方心中想问而有时又不便贸然出口的问题，又使相互之间的距离一下子接近了许多，在营销工作中，熟悉和掌握名片的有关礼仪是十分重要的。

1. 名片的制作

名片一般为10厘米长，6厘米宽的白色卡片。人们经常使用的名片规格略小，长9厘米，宽5.5厘米。值得说明的是：如无特殊需要，不应将名片制作过大，甚至有意搞折叠式，免得给人以标新立异、虚张声势之感。

印制名片，最好选用纸张，并以耐折、耐磨、美观、大方的白卡纸、再生纸、合成纸、布纹纸、麻点纸、香片纸为佳。至于高贵典雅、纸制挺括的钢骨纸、皮纹纸，则可量力而行，酌情选用。必要时，还可覆膜。

印制名片的纸张，宜选庄重朴素的白色、米色、淡蓝色、淡黄色、淡灰色，并且以一张名片一色为好。

很多企业认为名片是宣传组织的一个极好的媒体，若所有工作人员，特别是业务员的名片若设计得风格一致，个性鲜明，将会给人一种统一的视觉印象，而这种个性很大程度表现在名片的内容设计上。

一般地，名片上应该印上工作单位、姓名、身份、地址、邮政编码等。工作单位一般印在名片的上方，社会兼职紧接工作单位排列下来；姓名印在名片中央，右旁印有职务、职称；名片的下方为地址、邮政编码、电话号码、传真、E-mail地址等。名片范例如图4-1所示。

名片的背面，一般都印上相应的英文，作为对外交往时用。但也有些名片在背面印上企业、公司的简介、经营范围、产品及服务范围以方便客户和作为宣传。

很多企业有标准的员工名片格式，有的要加印公司的标识、甚至企业经营理念，并且规定名片统一规格、格式等。

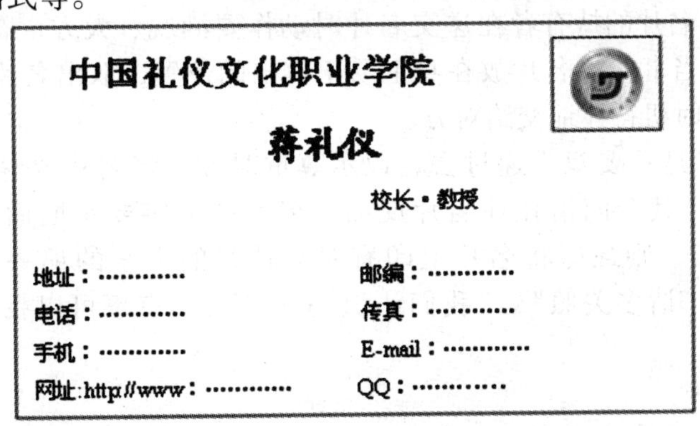

图4-1　名片范例

2. 名片的用途

对现代人来讲，名片是一种物有所值的实用型交际工具，其用途是多方面的。

（1）介绍自身。名片最主要的用途是介绍自身。会客交友，取出一张名片，你的基本情况跃然纸上，让他人一目了然。它在介绍中的好处是简明扼要，介绍方便。在当着一两个人私人口头自我介绍时，总是很简短，几乎就是姓名、单位。有时候职务都不便开口说出，因为介绍自己的一官半职总有自我炫耀之嫌，当身兼数职时更不好一一启齿，但有了名片，一切都写得清清楚楚，不用为难和啰唆，他人就能较多地了解你。

（2）维持联系。名片犹如“袖珍通讯录”，利用它所提供的资料，即可与名片的提供者保持联系。正因为有了名片上所提供的各种联络方式，人们的“常来常往”才变得更加现实和方便。

（3）显示个性。通过名片展示个性，获得他人对自我多方面和多层次的了解。可以在名片上印上代表自己个性的爱好和特点，如“酷爱足球，性喜笔耕，嗜辣如命，钟情绿色，崇尚真诚”，这样的名片很快就让别人读懂了自己，也赢得了友善。也有的人在名片上印上自己的座右铭或喜爱的格言及与对方相识的真诚的话语等，如“一握你的手，永远是朋友”、“不握你的手，照样是朋友”这样的名片很容易给对方留下好感，加深交往。

（4）拜会他人。初次前往他人居所或工作单位进行拜会时，可将本人名片交由对方门卫、秘书或家人，转交给被拜访者，以便对方确认“来系何人”，并决定见与不见。这种做法比较正规，可以避免冒昧造访。

此外，名片在交往中有多种用途，如馈赠附名、代替请柬、喜庆告友、祝贺升迁等。

3. 名片的交换

要使名片在人际交往中正常地发挥作用，还须在交换名片时做得得法。遇到以下几种情况时需与对方交换名片：一是希望认识对方时；二是被介绍给对方时；三是对方提议交换名片时；四是对方向自己索要名片时；五是初次登门拜访对方时；六是通知对方自己的变更情况时；七是打算获得对方的名片时。

（1）递交名片。名片的持有者在递交名片时动作要洒脱、大方，态度从容、自然，表情要亲切、谦恭。应当事先将名片放在身上易于掏出的位置，取出名片便先郑重地握在手里，然后再在适当的时机得体地交给对方。

递交名片的姿势是：要双手递过去，以示尊重对方。将名片放置手掌中，用拇指夹住名片（见图 4-2），其余四指托住名片反面，名片的文字要正面面向对方，以便对方观看。若对方是外宾，则最好将名片上印有对方认得的文字的那一面面向对方，同时讲些“请多联系”、“请多关照”、“我们认识一下吧”、“有事可以找我”之类友好客气的话。

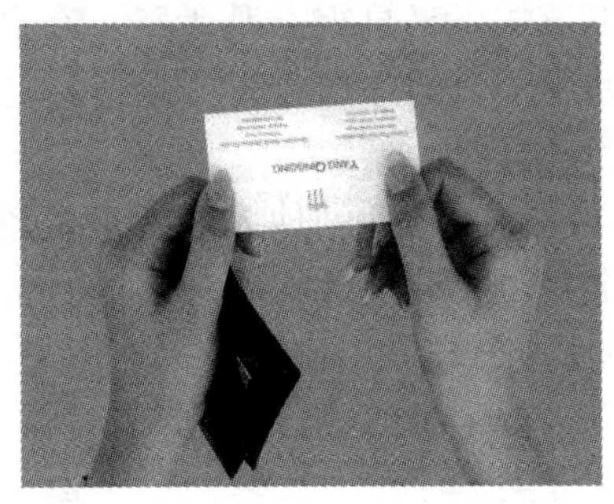

图4-2　递交名片

递交名片的时间，应当根据具体情况而定。如果名片持有者与人事先有约，一般可在告辞时再递上名片。如果双方只是偶然相遇，则可在相互问候，得知对方有与你交往的意向时，再递交名片。

与多人交换名片时，要注意讲究先后次序，或由近而远，或由尊而卑。一定要依次进行，切勿采取“跳跃式”。

（2）接受名片。接受他人名片时，应恭恭敬敬，双手捧接，并道感谢。接受名片者应当首先认真地看看名片上所显示的内容，必要时可以从上到下，从正面到反面重复看一遍，必要时可把名片上的姓名、职务（较重要或较高的职务）读出声来，如“您就是张总啊。”以表示对赠送名片者的尊重，同时也加深了对名片的印象。然后把名片细心地放进名片夹或笔记本、工作证里夹好。

在别人给了名片之后，如有不认识或读不准的字要虚心请教。请教他人的姓名，丝毫不会降低你的身份，反而会使人觉得你是一个对待事情很认真的人，增加对你的信任。

接受名片时应避免马马虎虎地用眼睛瞄一下，然后顺手不经意地塞进衣袋；随意往裤子口袋一塞、往桌上一扔；名片上压东西、滴到了菜汤油渍；离开时把名片忘在桌子上。名片是一个人人格的象征，这些行为是对其人格的不尊重，这样都会使人感到不快。

当然在收到了别人的名片后，也要记住给别人自己的名片，因为只收别人的名片，而不拿出自己的名片，是无礼拒绝的意思。

此外，还要注意索取名片的礼仪：如果没有必要最好不要强索他人名片。若索取他人名片，则不宜直言相告，而应委婉表达此层意思：可向对方提议交换名片、主动递上本人的名片；询问对方：“今后如何向您请教？”（向尊长者索要名片时多用此法）；询问对方：“以后怎么与您联系？”（向平辈或晚辈索要名片时多用此法）。反过来，当他人向自己索取名片时，自己不想给对方时，不宜直截了当，也应以委婉方式表达此意。可以说：“对不起，我忘带名片了”，或“抱歉，我的名片用完了”。

4. 名片的存放

（1）名片的放置。在参加营销交际活动之前，要提前准备好名片，并进行必要的检查。随身所带的名片最好放在专用的名片夹里，也可放在上衣口袋里。不要把名片放在裤袋、裙兜、提包、钱包等里，那样既不正式，又显得杂乱无章。在自己的公文包及办公桌抽屉里，也应经常备有名片，以便随时使用。在交际场合，如感到要用名片，则应将其预备好，不要在使用时再去瞎翻乱找。

参加营销交际活动后，应立即对所收到的他人名片加以整理收藏，以便今后利用方便。不要将它随意夹在书刊、材料里，压在玻璃板底下，或是扔在抽屉里面。存放名片的方法上大体有四种，它们还可以交叉使用。

①按姓名的外文字母或汉语拼音字母顺序分类。

②按姓名的汉字笔画的多少分类。

③按专业或部门分类。

④按国别或地区分类。

若收藏的名片甚多，还可以编一个索引，那么用起来就更方便了。

（2）名片的利用。随着人际交往的不断深入，还可在收藏的他人名片上随手记下可供本人参考的资料，使其充当社交的记事簿。在收藏的他人名片上可记的有利于人际交往的资料如下。

①收到名片时的具体情况，包括收到名片的地点、时间，以及是否与对方亲自交换，等等。在国外有一种做法，即把名片的右上角向下折，然后再使其恢复原状，它表示该名片是对方亲自与自己交换的。

②交换名片者个人的资料。例如性别、年龄、籍贯、学历、专长、嗜好，等等。这既可备忘，也可充作资料。

交换名片者在交换名片后变化的情况，例如单位、部门的变化，职业的变动调任，职务、学衔的升降，联络方式的改变，等等。

5. 使用名片的忌讳

（1）不要把名片当作传单随便散发。有一位来自美国得克萨斯州半导体公司的总裁，去日本参加一个商务会议，尽管她是商务代表团的团长，但其他日本代表团的成员根本不正眼看她，也不和她说话。原来，她递名片的动作就像打扑克牌，把名片随意地扔到桌子对面，落在对方的座位前。

（2）不要随意地将他人给你的名片塞在口袋里；如果暂时放在桌上，切忌在名片上放其他物品，也不要漫不经心地放置一边，更不要忘记带走。

（3）不要随意拨弄他人的名片。美国的《纽约时报》曾有一则生动的报道：“午餐后的商务会议顺利开始了。西服革履的美国公关公司人员坐在谈判桌的一边，有可能成为他们客户的日本人则坐在另一边。会议中，在译员进行冗长的翻译时，美方首席代表思想开小差了。他开始拨弄起日方首席代表的名片，几乎是下意识地把名片拿到嘴边，用名片的尖角上上下下仔细地剔着牙，因为午饭后，他的牙缝中间塞进了饭渣。会谈的结果可想而知，合同泡汤了。

（4）在对方的名片上作一些简单的记录和提示，是帮助你记忆的好办法。但是，不要在他人的名片上乱写一些有关名片主人特征的词，如“小个子”、“戴眼镜”等。靳羽西女士为了记住对方的名字，习惯在对方的名片上注一些词，以便下次交往时记住对方，但有一次却使她很尴尬。她回忆说：“北京有一个有名的记者，她注意到我在每一个人的名片上都写了一些字，忍不住要看看我在她的名片上写了什么——我写了 short（矮）。当时，我真的很不好意思。”

专业阅读

一、与客户寒暄的礼仪

物以类聚，人以情投。当销售人员和客户见面，特别是第一次见面时，往往需要通过和客户的寒暄，达到让客户放松戒备心理的作用，从而形成良好的沟通氛围。

1. 是否需要寒暄

是不是需要和客户寒暄，要看客户是不是很忙。如果客户真的很忙，就一定要言简意赅地表述来意和客户所需要知道的信息，然后和客户道别并留下再次拜访的伏笔。如果客户时间安排得很紧，只留了 20 分钟和你面谈，你却在寒暄上花了 10 分钟，客户不可能对你有好印象。

2. 内容选择

贝尔纳·拉迪埃刚到空中客车公司时，面临的第一项挑战就是向印度销售飞机。这笔交易已由印度政府初审，还没被批准。接待他的是印度航空公司的主席拉尔少将。拉迪埃到印度后，见到他的谈判对手后说的第一句话是：“正因为您，使我有机会在我生日这一天又回到了我的出生地，谢谢您!”这个开场白一下子拉近了拉迪埃和拉尔少将的距离。不用说，拉迪埃的印度之行取得了成功。仅在 1979 年，他就创纪录地销售出 230 架飞机，价值 420 亿法郎。这当中，应该说也少不了他善于寒暄的功劳。

寒暄的内容可以是多方面的，应尽量把客户引到感兴趣的话题上去。最常用的是问客户的家乡是哪里的，有什么风土人情，客户经常是否旅游，这些过程中的见闻，以及客户的爱好等。

（1）客户个人爱好。从客户的个人爱好入手，能有助于迅速产生共鸣的话题，消除彼此间的陌生感，产生亲切感，拉近与客户的距离。如看到阳台上有很多盆景，可以问“您对盆景感兴趣？假日花市正在办兰花展，不知道您去看过没有?”看到的高尔夫球具、溜冰鞋、钓竿、围棋或象棋等，都可以拿来作为话题。

（2）客户所在行业的探讨。关于客户所在行业的探讨非常关键，因为很多时候一名销售员负责一个行业，如果能适时地给出一些你所知道的信息与客户进行探讨，很快就能拉近你与客户的距离，也容易获得客户的反馈。如果你不是真正地了解客户的行业，只是表面的讨论，很容易被客户认为你在不懂装懂。这时候，可以多多以请教的语气与客户讨论。

（3）寒暄社会话题。轰动一时的社会新闻也是闲谈的资料，但不宜讨论桃色、八卦新闻。假使你有一些特有的新闻或特殊的意见和看法，那足可以把一批听众吸引在你的周围。这就要求销售人员不只专注于所销售的商品及所处的领域，而要把眼界放宽。

（4）寒暄令人振奋的消息。与客户相关的令人振奋的消息是特别受欢迎的话题。这些话题往往能立即吸引住客户，提高客户的兴奋度。

（5）寒暄天气。天气对于生活的影响太大了，天气很好，不妨同声赞美；天气太热，也不妨交换一下彼此的苦恼；如果有什么台风、暴雨或是季节性流行病的消息，更值得拿出来谈谈，因为那是人人都关心的话题。

（6）自己的事情。可以聊些自己闹过的有些无伤大雅的笑话。像买东西上当、语言上的误会等。这一类的笑话，多数人都爱听。开开自己的玩笑，除了能够博人一笑之外，还会使人觉得你为人很随和，很容易相处。

3. 寒暄注意事项

寒暄时选择合适的方式、合适的语句是非常必要的，但这合适的方式、语句的表示，还有赖于主动热情、诚实友善的态度。只有把这三者有机地结合起来，寒暄的目的才能达到。试想，当别人用冷冰冰的态度对你说“我很高兴见到你”时，你会有一种什么样的感觉？当别人用不屑一顾的态度夸奖你“我发现你很精明能干”时，你又会作何感想？推己及人，我们寒暄时不能不注意态度。

做任何事情都应有个“度”，寒暄也不例外。恰当适度的寒暄有益于打开谈话的局面，但切忌没完没了，时间过长。有经验的销售人员，总是善于从寒暄中找到契机，因势利导，言归正传。

寒暄过程中涉及客户隐私的话题绝对不能提，除非客户主动告诉你。这些涉及隐私的话题有收入、家庭、婚姻等。

（资料来源：未来之舟．销售礼仪．北京：中国经济出版社，2009）

二、交际活动中的方位次序礼仪

方位次序是指对参加社交活动的个人、团体或国家按照一定的惯例进行排列的先后次序。它是日常接待工作中应遵守的规则，体现了接待方对宾客尊重的心理。方位次序礼仪是日常工作中经常遇到的问题。它看起来简单，但稍不注意出现了差错，就会使参与者处于尴尬的境地，甚至影响工作的顺利开展。因此，在交际活动中千万不可小视方位次序礼仪。

1. 方位次序原则

凡两个人以上在一起行走、站立、坐……都有一个方位次序的问题。谁在左边，谁在右边，谁在前面，谁在后面都有一定的规则。在商务活动中，通常遵循“以右为尊”、“前排为尊”、“中间为尊”的原则。“以右为尊”即当两个人就座、行走时，右边的位置比左边的更尊贵。应当让职位高者、长者、客人、女性处于右侧，以表示对他们的尊重。当几个条件同时存在时，应当视场合而定。在商务场合，应以职位高者为尊者，让其在右侧。在社交场合，应先按年龄，再按性别的顺序进行安排。“前排为尊”即是在会议、合影、行走时，应以前排的位置为尊。“中间为尊”即在会议、合影、行走时，应以中间的位置为尊。

2. 不同场合的位次礼节

（1）主席台的座次。主席台上的座次顺序略有不同，它是按“中间为尊”、“以左为尊”的原则来确定位次的。“中间为尊”就是把职务最高者居中，然后再按“以左为尊”的顺序先左边后右边依次向两边递延，这是我国传统的“以左为尊”观念的体现。主席台上的人数若是双数，只要把最后一个位次暂时先去掉，使人数变成单数，再按照“中间为尊”原则确定第一号人物，再按“以左为尊”原则依次向两边排序，再把最后一个位次依照刚才的排序方法加在最后即可。

（2）会见的位次。会见、会谈、接待、拜访等许多场合都涉及座次问题，应按国际惯例“以右为尊”原则来安排。但由于会客室桌椅摆放各不相同，所以其体现方式也不尽相同。因为会客室大小不一，门所在的位置、方向也不相同，这些都影响了桌椅的摆放方位，上座、下座的确定也不尽相同。一般来说，主要有以下几种摆放方式。

①并列式。并列式是指主、客双方并排面对门而坐，门通常在主、宾的正前方。会见时，第一主人应该请主宾坐在他的右侧（上座），主宾双方的其他人员则各自一方按其身份高低依次排列就座，翻译或记录人员可在其两边或后侧就座。

②相对式。相对式是指主人与客人相对而坐。这要依据门的位置来布置会客室。确定位次的总原则是：离门远、面对门的一侧是上座；离门近、背对门的一侧是下座。应该让客人坐在离门远、面对门的上座。具体还要根据门的方位与桌子的摆放来确定上座和下座：进门后，桌子横摆，那么离门远、面对门的是上座，应该让客人坐。进门后，桌子竖摆，即桌子的窄端面对门的时候，以进门后面对桌子窄端的右手一边为上座。如果在办公室接待来访者，那么离办公桌远、靠窗户近、比较安静的座位是上座。

③自由式。自由式即宾主自由选择座位，不事先安排座次。这种位次方式通常用于宾客比较多，不便于排座次时；或宾主双方关系比较密切，不需排座时。这种座次方式也能营造出一种轻松的谈话氛围。

（3）会谈的座次。会谈是由主客双方或多方就共同关心的问题交换意见和看法，寻求解决办法的一种沟通形式。会谈的氛围一般比较严肃，座次安排要求更加规范。

①相对式。相对式一般使用长形或椭圆形谈判桌，宾、主各自列于桌子两侧，主谈人员居中，其他人员按以右为尊原则，依职位高低由近而远分坐于主谈人员两侧。根据谈判桌的摆放和门的方位，通常有两种座次安排方法：一是谈判桌的窄端面向门，进门后右侧为上，是客方所坐；左侧为下，是主方所坐。二是谈判桌横放，面对正门的一方是上座，为客方所坐；背对门的一侧是下座，为主方所坐。

②主席式。这种形式适合三方或三方以上的多边会谈。在会场里面设一个主席台，发言人轮流到主席台上发表意见、陈述观点。

③自由式。这种形式适合多方（三方或三方以上）会谈，可以不排列顺序，随意而坐。

会场通常是圆桌式的会场布置，表明各方平等的关系。一般东道主坐于背靠门的下座，表明对客方的尊重。

④商务宴请的座次。商务宴请的座次，人们讲究以右为尊，即离主人近为尊，离门远为尊。中餐座次，习惯让男性和女性各坐一边。男主宾坐在男主人右边，女主宾坐在女主人右边，其他来宾按职务高低依次排列。如有翻译，翻译可坐在主宾的右侧。

另外，也可按“之”形排列法或对角线排列法排列座次。人数较多的正规宴请，应该事先在桌上摆放名牌，主人就可示意大家按名牌入席。如果未放置名牌，主人就要邀请客人坐上座。假设主宾身份甚高或主人十分敬重他，就可以请主宾坐在正中，自己向左移一位（按中国传统礼节，主宾此时应该推辞、谦让一番，在主人坚决请求下再入座。不过现代人已经不需要过多的客套，略略谦让一下即可，如果总是推辞，大家都不能入座）。这样的移动会影响到整个座次的安排，但是不论怎样坐，背靠门口的座位一定要让主人一方的人来坐，因为这是个下座。

（4）乘车的座次。在接待工作中，人们常常为来宾安排乘坐轿车等事宜，乘车座次如何安排也是一项体现工作人员工作是否周密、对来宾的尊重程度如何的一个重要方面。由于各国交通规则不同，在不同的国家，轿车座次礼仪也不相同。英、美等国是靠左行驶，我国是靠右行驶。以我国为例，乘坐轿车的位次原则如下：右高左低，后高前低。另外，情况不同，也有不同的安排。人们既要按原则办事，又要尊重他人选择。

①驾驶者是专业司机时。双排五座轿车，除司机外其他人员的尊卑位次是：后排右座，后排左座，后排中座，前排副驾驶座。若非常讲究座次的话，则后排只安排两人。

②驾驶者是主人时。当主人开车时，位次尊卑顺序不同。双排五座轿车，其他人员的尊卑位次是：副驾驶座，后排右座，后排左座，后排中座。主宾应该坐在前排副驾驶的座位，与身份相当的主人并排而坐，也表示了对主人的尊重。若非常讲究坐次的话，则后排只坐两人即可。

3. 不同场合的次序礼节

（1）行走的次序礼节。行走次序是指人们在步行中的位次排列顺序。商务人员经常陪同领导、宾客时，要特别注意这个问题，不可违反，否则有不礼貌之嫌。行走原则一般有如下几条。

①二人行。前后行：前为尊，后为次；左右行：右为上，左为下；沿路行：内侧为上，外侧为下。

②三人并行。中为尊，右为次，左为下。

③男女同行。女在右，男在左；或女在内侧，男在外侧。

④主客同行。主人应让客人走在内侧，主人走在外侧；当路况不好或路灯不明时，主人应走在客人前面，照顾、提醒客人。

（2）乘坐电梯的次序礼节。有电梯工值守时，应让尊者、客人先进或先下。没有电梯工值守时，接待人员应先进电梯，按住按钮，请尊者、客人后进或先下，防止被门夹住。

（3）上下楼梯的次序礼节。上楼梯时，应让上司、客人、年长者、女士走在前面，秘书、随员走在后面。下楼梯时，男性、年轻人、主人应走在前面，上司、年长者、客人、女士走在后面。这种次序礼节是使尊者、需要照顾者总处在上方，万一他们不小心踏空摔倒，走在下面的人能很快将他们扶住。如果接待的是女士，而她又穿着短裙。这时上楼梯，接待人员就要走在前面。这是为防止女士所穿短裙高高在上，有“走光”的危险。

（4）进出门的次序礼节。在接待工作中，商务接待人员经常要引导客人进出房间。如果房间门朝内推，接待人员应走到前面，进门后把房门推开，扶持好，等尊者进门后，再把门关好；如果房间门朝外拉，接待人员也应走上前去把门拉开，扶持好，等尊者进门后，自己再跟进来，并把门关好。

（资料来源：王芬．商务活动中的方位次序礼仪．北京：商场现代化，2008（15））

课后训练

1. 设计几个不同人物身份和营销场景，模拟训练根据交往对象的不同进行称呼及正确的介绍方法。

2. 请分别用一句话、用一分钟时间、用5分钟时间对全班同学做自我介绍。

3. 如何牢固、快速地记住别人的名字?

4. 你带客户参观过程中，正巧碰上总经理迎面走过来，你该如何应对?

5. 在一次商务聚餐活动中，有人向你介绍了一位职位比你低的女士，作为一名男士你认为握手时应该谁先伸出手?

6. 找几个伙伴练习握手的礼仪。

7. 设计出用于商务场合的富有个性的名片，然后相互之间练习名片的递接。选出最具特色的名片，进行一次名片展览。

8. 分析以下为他人介绍的事例存在什么问题。

（1）这位是×××公司的人力资源部张经理，他可是实权派，路子宽，朋友多，需要帮忙可以找他。

（2）我给各位介绍一下：这小子是我的铁哥们儿，开小车的，我们管他叫“黑蛋”。

9. 案例分析

自我介绍不到位

著名礼仪专家金正昆曾谈到这样一件事：有一次去参加春节联欢会，节目开始前我们几个朋友在嘉宾休息室聊天。我们在那儿聊普京和布什这两位总统，讨论到底哪个人口才比较好，哪个人外形比较好，哪个人个人魅力指数比较高，当然这是大家在那儿说笑话了，有的说普京，有的说布什。说着说着来了个小伙子，听清了我们聊的内容就说，我看他们俩都不行，然后自顾自地说了普京的不行，布什的不行。我们大家都误认为他是我们这四五个人中间一个人的熟人，他走之后，我们就问，这个人是谁的朋友？大家说不认识，结果在场的四五个人没有一个人认识他。

思考与讨论：

（1）案例中的小伙子的行为存在哪些礼仪错误？

（2）在交际场合如何避免自我介绍不到位的情况？

（3）应该怎样进行自我介绍？

10. 案例分析

名片

2010 年 4 月，新城举行春季商品交易会，各方厂家云集，企业家们济济一堂，华新公司的徐总经理在交易会上听说衡诚集团的崔董事长也来了，想利用这个机会认识这位素未谋面又久仰大名的商界名人。午餐会上他们终于见面了，徐总彬彬有礼地走上前去，“崔董事长，您好，我是华新公司的总经理，我叫徐刚，这是我的名片。”说着，便从随身带的公文包里拿出名片，递给了对方。崔董事长显然还沉浸在之前与人的谈话中，他顺手接过徐刚的名片，“你好”，草草地看过，便放在了一边的桌子上。徐总在一旁等了一会儿，并未见崔董事长有交换名片的意思，便失望地走开了……

（资料来源：http：//www. bingtuancom. gov. cn/3d3f0305-ffad-4e39-be64-ac6ac0f5264a_ 1. html，2011-02-15）

思考与讨论：

（1）结合名片礼仪知识谈谈这位崔董事长的失礼之处。

（2）本案例对你有哪些启示？

任务五　拜访礼仪

一个人一天的时间就是那么多，谁越会利用时间，谁的成就就越大。要成为优秀的营销人员，一定要学会利用时间把拜访客户列为第一要务。

——（美）马丁·谢飞洛

对销售人员来说，拜访客户是一项重要工作。只有成功的拜访，才有可能赢得客户的信任和好感，从而获得成交的机会。

——未来之舟

学习目标

1. 做好拜访前的各项准备工作；
2. 能够灵活运用预约的方法，预约拜访的时间和地点；
3. 拜访过程符合礼仪规范，给对方留下美好印象。

案例导入

小王的失礼之处

小王和小李是大学同学。大学毕业后，各奔东西。如今，小王在 A 公司当业务员，小李在 B 公司当经理。A 公司正好准备与 B 公司做一笔买卖（第一次），而小王得知此事后，便自告奋勇，一来想去探望一下十多年没见的朋友，二来也想提升一下自己在公司的地位。这天下午，小王便去了 B 公司的经理室，结果在门口被秘书拦下。经过一番解释，秘书告诉他李经理不在，并将公司的电话号给他。

隔了几天，小王打电话给 B 公司，预约成功，定于星期三下午 3：30 见面。结果由于堵车，小王晚去了一个小时。到了以后，经打听，经理还在，就推门进去。老朋友相见，十分欢喜。小王马上冒出一句："小李，这几年过得不错啊！"李经理感到有些尴尬。接着两人寒暄了几句。小王便在沙发上一坐，跷起了二郎腿，掏出一支烟递给小李，李经理不抽，他自己便大口大口地抽起来，整个经理室顿时烟雾笼罩。李经理实在觉得不适，就打开窗户，说："我这几天咽喉发炎，闻不得烟味儿。请原谅。"小王不情愿地掐灭了香烟。

（资料来源：何爱华，张学娟．实用商务礼仪．北京：人民邮电出版社，2011，有改动）

任务设计

拜访是社会活动中一件经常性的工作，是最常见的社交形式，同时也是联络感情、增进友谊的一种有效方法。要使拜访做得更得体、更有效，更好地实现拜访的目的，就要重视和学习拜访的礼仪。

营销活动中总免不了有各种拜访和约见，特别是登门拜访式的商务赴邀，一定要做好各项准备工作，注意自己的言行举止，做到客随主便。特别是在办公场合，哪怕跟对方比较熟悉也应约束一下自己的行为，尽量不给主人添麻烦。案例中小王的种种不符合礼仪规范的行为，都有损一名营销人员的形象。

这里拟通过“拜访场景模拟训练”活动完成本任务的学习，具体操作如下。

拜访场景模拟训练

实训目标：熟练、规范地运用拜访的各种礼节进行交际。

实训学时：1 学时。

实训地点：实训室。

实训准备：拜访场景、名片若干张。

实训方法：3～5 人一个小组，每组设计一个营销拜访场景，将拜访的相关礼仪连贯地演示下来，学生对各组的表演进行评价，最后教师总结。表演之前，每组应就设计的场景和成员的角色进行说明。

知识链接

根据经验显示：能力相同、业务相似的两位业务员，如果其中一位拜访客户的次数是另一位的两倍，那么这位业务员的成绩也一定是另一位的两倍以上。所以，要成为优秀的营销人员，一定要学会利用时间把拜访客户列为第一要务，其次是联系客户约定拜访时间，再次是整理客户的资料。果真能照着这样做，是一定会取得成功的。

一、拜访前的准备

拜访是获得营销成功的重要时机，营销人员必须重视，并认真做好拜访前的准备工作。

1. 了解客户信息

选择客户的标准包括客户的年收入、职业、年龄、生活方式和嗜好。客户来源有三种：一是现有客户提供的新客户资料；二是从报刊上的人物报道中收集的资料；三是从职业分类上寻找客户。

拜访客户之前，必须首先了解客户的需求及公司财务状况，了解客户的渠道很多，包括和客户沟通时他们自己的介绍，第三方的叙述，媒体的报道等，目前最快捷的方法便是通过网络查阅受访公司的相关资讯，可以登录客户方的网站将其资料下载，了解客户公司的组织、经营者的姓名、公司产品及销售网，甚至包括公司的最新发展情况等。最重要的是，要了解客户的商业模式或是赚钱模式，知道客户的原物料上游供应状况及下游的经销体系，甚至主要客户是谁等都必须了若指掌，将来在面对客户时，才能相当完整、清楚地为客户说明，让客户感受到自己的产品对他们的重要性。

在拜访客户前，一定要先掌握客户中对订货有决定权或有影响力的人物的姓名、性格、兴趣、嗜好与经历等信息。

了解客户，还要了解客户公司在行业、领域内的地位。竞争对手的情况掌握，包括：他们的年度或月份销售量、他们的理念、最近新闻及营销策略、和自己同类商品的对外报价，他们与客户之间的关系，等等。

2. 做好行程安排

准备充分之后，行程的安排就很重要。若是从事国内销售业务，一般行程在安排上不成问题；但若是在国外的话，要注意的事项较多，尤其是文化上的不同，行程之安排最好能以他们的习惯来做调整。还有必须确定行程的目的是什么。例如接单、客诉、例行拜访等所需准备的行头就各有不同。拜访客户时准备礼物不需太贵重，否则会被怀疑另有企图；另外，对于受访客户国家的历史、土地、国情最好都能有基本认识，尤其是西方国家或较小国家，这将会让他们有不同的感受。再者，建议用该国语言牢记客户名字。在国外出差时尽量与客户拍照，方便做完整的记录，以便下次其他同事出差时能知道客户称谓和名字，这样会让他们感觉很亲切。

3. 制订拜访客户计划

拜访客户是要有计划的。首先，先把一天当中所要拜访的客户都选定在某一区域之内，这样可以减少来回奔波的时间。利用半小时左右的时间做拜访前的电话联系，即可在某一区域内选定足够的客户供一天拜访之用。利用不去拜访客户的日子，从事联系客户，约定拜访时间的工作，同时，也利用这段时间整理客户的资料。记得要把拜访的对象集中在某一个区域内，以减少中途的往返奔波，达到有效利用时间的目的。

4. 做好充分的预演

对于拜访客户的面谈，要实现明确客户是什么态度，是积极、主动，还是在营销人员运用了约见技巧后勉强为之？这次访谈客户是什么样的意图，也就是客户为什么面谈？是想了解价格还是想知道商品性能、特点，或是仅想先谈谈看？对以上这些事情要事先做好充分的预演，以成竹在胸，提高面谈成功的概率。

5. 准备有关资料

客户拜访，要准备的资料包括商品说明书、宣传材料、报价单、样品（或模型）、有关认证材料、本单位资历证明、媒体的正面报道资料、自己的名片，还有自己基于对客户的了解而做的预案、针对可能出现的情况事先拟订的解决方案或应对方案及一些小礼品等。客户指定需要的其他材料也要准备好。这些文件要事先经过整理，尽量是打印的，看起来干净整齐，并分类装订好。

6. 注意仪容和服饰

仪容、服饰事关拜访者自身的职业形象和所代表的机构形象，也体现对被拜访者的尊重。所以，拜访前对仪容的修饰和服饰的选择与斟酌马虎不得。

二、拜访的预约

拜访前，应事先联络妥当，尽可能事先告知，最好是和对方约定一个时间，以免扑空或打乱对方的日程安排，不告而访，做不速之客是非常失礼的。

1. 约见时间的安排

约见时间的安排，直接关系到销售人员计划的成败。但在约见时间的确定上，销售员一般没有主动权，客户总会根据自己的工作日程，安排适当时间约见销售人员，这样，既可以节约时间，又可以满足销售人员约见的要求。具体约见时间的确定会因约见对象、约见事由、约见方式、会见地点等的不同而不同。这就要求销售人员在约定的会见时间还应注意下列四点①。

（1）根据约见对象的特点来选择最佳拜访时间。只有客户或准客户最空闲的时刻，才是最理想的拜访时间。举例来说，一般的商店大约在上午 7∶00—8∶00，是最理想的拜访时间，因为此种商店的生意一大早最清闲。较晚关门的商店大约在深夜才兴旺，大都在中午以后才开始营业，所以适当的拜访时间是下午两点左右。鱼贩与菜贩是一个较特殊的行业，大清早出门采购，不仅整个上午忙碌不堪，就是下午 16∶00—18∶00 也是生意兴旺，所以最适宜的拜访时间是在下午两点左右。医生是特殊的行业，大概从上午九点开始，病人就络绎不绝，因此上午 7∶00—8∶00 应该是适宜的拜访时间。拜访公司职员，如果去公司的话，应该在上午十一点以前；如果是家里的话，适宜在晚上18∶00—20∶00之间。拜访值班人员大概在晚上 19∶00—21∶00 之间。这里列举的都是第一次拜访的理想时间。由于你第一次拜访时已与准客户建立了亲密的关系，所以第二次拜访，你可以更改时间。原则上你应以选择在下午三点钟左右拜访，这时客户一般较清闲，且通常一个人工作了一天，到了下午三点左右，工作大约告一段落，觉得有点疲倦，心情也较松懈，内心正企盼有个聊天的对象，营销人员在这一时刻出现不会干扰客户的工作，较容易顺利沟通。时间就是金钱，作为营销人员必须用心安排自己的拜访时间，以免因择时不当而浪费时间。

（2）根据约见事由来选择最佳拜访时间。以正式销售为事由的，应选择有利于达成交

① 水中鱼．销售金口才．武汉：华中科技大学出版社，2010.

易的时间进行约见；以市场调查为事由的，应选择市场行情变化较大或客户对商品有特别要求时进行约见；以提供服务为事由的，应选择客户需要服务的时间约见，以期达到“雪中送炭”的效果；以收取货款为事由的，应先对客户的资金周转状况作一番了解，在其账户上有余额资金时进行约见；以签订正式合同为事由的，则应适时把握成交信息及时约见。

（3）根据会见地点来选择最佳拜访时间。一般来说，如果会见地点约定在家中，营销人员就要考虑客户的工作时间表，最好让客户来安排约见时间。而一旦确定了约见地点和约见时间，营销人员就应提前几分钟到达，一方面表示对营销工作的重视；另一方面遵守时间可以给客户带来好感，提高营销人员自身的信誉。

（4）根据约见对象的意愿合理利用拜访时间。在一般情况下，拜访客户的时间不宜太长，当拜访目的基本达到而客户对结束约见又有某些暗示时，营销人员应尽快考虑以圆满的方式结束约见，以免使客户产生反感。如有未尽事宜，可以再行约见。“马拉松”式的会谈，既达不到拜访目的，又可能导致客户不再再行约见，从而导致失去客户。

如果双方有约，应准时赴约，不能轻易失约或迟到。但如果因故不得不迟到或取消访问，一定要设法在事前立即通知对方，并表示歉意。

此外，约见的事由、对象不一样，约见的地点也应有些讲究。一般可以选择在客户的工作单位、家里、社交场所和公共场所等。具体选择在哪里，应视情况而定。有的客户出于某种需要，不便在工作单位或家中接待销售员的来访，就利用公共场所进行约见。

2. 预约客户的方法

在营销工作中，学会预约，才能开启异常成功的商务拜访之旅。然而，许多时候，人们预约客户都会被拒绝，这不一定是因为客户对营销人员的提议没有兴趣，而多半是由于营销人员预约技巧不佳的缘故。常用的预约客户的方法有以下几种。

（1）利益预约法。联系客户时，不要急于预约拜访时间，而是迎合了大多数客户的求利心态，简要说明商品的利益，突出了销售重点和商品优势，引起客户的注意和兴趣，这样有助于很快达到预约客户的目的。

（2）问题预约法。抓住客户的关心点进行提问，引起客户的兴趣，从而使客户集中精力，更好地理解和记忆营销人员发出的信息，为激发购买欲奠定基础并顺利预约。

（3）赞美预约法。每个人都有喜欢别人赞美的天性，营销人员可以利用人们的这种天性来达到预约客户的目的。赞美一定要出自真心，恰如其分，切忌虚情假意、无端夸大。

（4）求教预约法。虚心求教的态度能轻松化解客户一开始的反感。一般来说，人们不会拒绝登门虚心求教的人。营销员在使用此法时应认真策划，把要求教的问题与自己的销售工作有机地结合起来，以期达到约见的目的。

（5）好奇预约法。人们都有好奇心。营销员可以利用动作、语言或其他一些方式引起客户的好奇心，以激发客户的兴趣。

（6）馈赠预约法。营销人员可以在预约拜访之前，先赠送客户一些小礼品或公司的样品，以咨询客户反馈意见的名义，进而实现预约客户的目的。

（7）调查预约法。营销人员可以利用调查的机会预约客户，这种方法隐蔽了直接销售商品这一目的，比较容易被客户接受，也是在实际中很容易操作的方法。

（8）连续预约法。“精诚所至，金石为开”，在一次预约拜访失败后，销售人员千万不要灰心，而要消化客户信息，寻找新的亮点，多次与客户交流，最终顺利达到预约拜访的目的。实践证明，许多营销活动都是在营销人员连续多次预约客户，才引起了客户对其的注意和兴趣，进而为以后的销售成功打下了坚实的基础。

三、拜访过程中的礼仪

1. 准时到达

拜访一定要准时到达，要充分考虑到交通堵塞等情况，出发时有充分的提前量，不要迟到。一般地，以提前 10 ~15 分钟到达为宜，这样可以从容调整自身状况，整体感受所拜访公司的环境，感受公司文化和人员的精神面貌，为顺利拜访奠定基础。

2. 做好与前台的沟通

在进入客户单位之前最好先从头到脚地检查一下自己的着装、仪容是否存在不符合礼仪规范的地方，如果有，一定要及时整理好。如果是重要的拜访对象，要事先关掉手机或调整到静音状态，这样体现了对拜访对象的尊敬，对访问事宜的重视。然后面带微笑、从容不迫地走向前台，礼貌地致意、问好，然后告诉前台自己来自哪个单位，要约见什么人，见面预约的时间，恳请前台予以安排。

一般拜访客户单位身份较高者，当前台没有查到预约记录但又不敢贸然拒绝时，前台会问来访者的来访的目的，如“您找王总有什么具体事吗?”这时，营销人员可以用抽象性的字眼或用一些较深奥的技术专用名词向前台说明来意，让他觉得你的来访很重要。也可以含糊地说：“上次见面的时候和王总聊过合作的事情，王总让我过来再详细沟通一下。”

拜访客户一定要注意和前台处理好关系。第一次来访可以赠送一些小小的礼品，礼品应价格不贵但很精美实用。这样前台对营销人员印象不错，一回生，二回熟，拜访就变得很容易了。

3. 到达约定地点礼仪

到达拜访地点后，如果对方因故不能马上接待，可以在对方前台人员的安排下在会客厅、会议室或前台，安静地等候。如果等待时间过久，可以向有关人员说明，并另定时间，不要显出不耐烦的样子。有抽烟习惯的人，要注意观察该场所是否有禁止吸烟的警示。即使没有，也要问问工作人员是否介意抽烟。如果接待人员没有说“请随便看看”之类的话，就不要随便东张西望，到处窥探，那是非常不礼貌的行为。

到达被访人办公室时，一定要事先轻轻敲门，进屋后等主人安排后坐下。后来的客人到达时，先到的客人应站起来，等待介绍或点头示意。对室内的人，无论认识与否，都应主动打招呼。如果与对方是第一次见面，应主动递上名片，或作自我介绍。对熟人可握手问候。如果你带其他人来，要介绍给主人。进门后，应把随身带来的外套、雨具等物品搁放到对方接待人员指定的地方，不可任意乱放。

注意言谈举止。要以优雅得体的言谈举止体现素质、涵养和职业精神，赢得对方的好感和敬重。在客户没有邀请入座之前不要随便坐下。被邀请入座时应表示感谢。如果客户也是站着的，则不要先于客户就座。

落座后要由营销人员先开口寒暄。谈话时开门见山，不要海阔天空，浪费时间。最好在约定时间内完成访谈，如果客户表现出有其他要事的样子，千万不要再拖延，如为完成工作，可约定下次拜访时间。在交谈过程中，即便与客户的意见相左，也不要争论不休。要注意观察客户的举止神情，当有不耐烦或有为难的表现时，应转换话题或口气，避免出现不愉快或尴尬的场面。

接茶水时，应从座位上欠身，双手捧接，并表示感谢。吸烟者应在主人敬烟或征得主人同意后，方可吸烟。和主人交谈时，应注意掌握时间。

对拜访过程中接待者提供的帮助要及时适当地致以谢意。若是重要约会，拜访之后给对方寄一封谢函或留一条短信，会加深对方的好感。

4. 不能会面情况的处理①

拜访客户时，即使事先已经约好，自己应约而来时仍然会碰到对方不在的情况。这时可以向前台转达自己来访未遇；也可以在自己名片的空白处协商：“×月×日×点应约来访未遇，改天来访”的信息，请前台转交。如果对方在单位但没有出面接待，接待人员可能解释说：“这会儿正忙”、“正在开会”等。遇到这种情况不要死缠烂打，而应该说：“好，那我改日再来。”并说明什么时候再打电话预约下次见面时间。如果再三恳求说：“两分钟也行，务必要见一面。”这种精神虽然可嘉，但并不恰当，很容易引起对方反感，反而得不偿失。过于匆匆地见面不如下次再见面。

有时客户正在与其他客户谈话；甚至在你苦等了很久之后却说：“改天再谈吧！今天没有时间了。”也有的时候眼看比自己晚来的客人，一个接一个地被客户接待却不理睬你；有时好不容易轮到接待自己了，客户却临时有事就走开了。这时候虽然受了委屈，但千万不要气馁，在客户本人或者前台约好下次拜访的时间后，礼貌、大度、精神抖擞地和前台或者其他接待过自己的人告别，让客户方看到你良好的修养和风度。

5. 适时礼貌地告辞

拜访中，即使谈得再投机也有结束的时候。作为拜访者，适时礼貌地告辞不仅是风度，更是智慧。拜访结束时彬彬有礼地告辞，可给对方留下良好的印象，同时也会给下次的拜访创造良好的氛围和机会。所以，及时告辞、礼貌告辞这一环节相当重要。

面谈什么时候结束呢？拜访时间长短应根据拜访目的和客户意愿而定，通常宜短不宜长，适可而止，一般拜访时间应把握在1小时左右为宜，届时双方主要事宜都谈完了，就要及时告辞。此外，谈到快要就餐或休息的时间，也要起身告辞。或者事情谈得差不多了，又

① 未来之舟．销售礼仪．北京：中国经济出版社，2009.

有其他人拜访客户，也应尽快告辞，以免给客户的接待造成不便。

当客户有结束会见的表示时，应立即起身告辞。在客户反应冷淡、交谈话不投机甚至客户不愿意答理营销人员，或者客户不时地看表、有起身的动作等情况下，营销人员都要“知趣”而退。

准备告辞时不要选择在客户说完一段话之后，因为这会使其误以为营销人员听得不耐烦。应该选择在自己说完一段话之后。同时告辞前不要有打哈欠，伸懒腰、看手表等表示疲倦、厌烦的举止。

告辞前营销人员要对客户的热情接待予以肯定和感谢。说完告辞的话就应起身离开座位，不要久说或久坐不走。告辞时要同客户和其他客人一一告别。

如果客户出门相送，应主动伸手与客户相握，以请客户留步，并热情地说声再见。

拜访客户中途因特殊情况不得不离开时，无论主人在场与否，都要主动告别，不能不辞而别。

专业阅读

一、营销人员拜访面谈失败原因及其应对

人们常常以为成功者一定有许多成功的经验。恰恰相反，每个成功者都有许多失败的经验。区别在于，成功者能从失败中汲取教训，百折不挠；而失败者则沉湎于痛苦，不能自拔。

1. 失败原因

总的来说，销售人员面谈失败的主要原因有以下几点。

（1）判断不准确。联系一个客户之前，必须全面分析公司、商品品牌的优势与弱点，包括自己本身的优势与弱点，自己的优势能否打动客户，与竞争对于相比优势能否超越对手。要分析客户方的实力、行业单位、情况，选择你的商品是否“门当户对”；分析一下你自己推销成功的案例，自己的客户绝大多数是什么类型的，自己的优势对哪些客户起作用，对哪些客户没有作用。然后，再分析选择什么类型的客户可以发挥自己的优势。

不同的商品适用的客户群可能会有所不同；而不同的客户感兴趣、购买时的表现也不同；不同的客户，在与之沟通中也应有不同的语言、观察心理、推动成交的技巧。如果销售人员没能有效地察言观色、进行良好沟通、把握时机，可能会使双方的沟通不欢而散。

（2）缺乏自信心。由于行业竞争的激烈，销售人员也需要不断提高自身水平，以适应销售的需要。但往往客户的个性和身份的不确定性，以及销售人员可能对专业知识、市场情况、客户方情况、竞争对手的情况了解得有限，这就容易导致销售人员面对客户时显得不够自信。这种不自信的心理，会从销售人员的眼神、口头语言、肢体语言上表现出来。客户看到这种不自信的状态，从而可能联想到商品质量和价格是不是有欺诈性，使成交的可能性

更小。

（3）交流不对称。销售是靠嘴吃饭的职业。有些销售人员口才很不错，打开话匣子后就能口若悬河、滔滔不绝地说下去，却根本不给客户思考的时间，更没有提问或发表意见的机会。销售中和客户交流的过程不是唱独角戏的过程，客户也不是听众。交谈时要以客户为中心，一切话题都围绕客户关心的问题进行双向的、对称的交流。要弄清楚客户的真实意图，以最精练的语言解释客户的问题，和客户形成良好的互动。

（4）死缠烂打。这是很多销售人员都有的问题。客户没有明确表态做还是不做，销售人员为了尽快“搞定”客户，就“集中火力”，攻势强劲，每天一个电话，隔三岔五地上门“请教”，每次沟通也没有什么新意，都是没话找话，让客户苦不堪言，好像整天都围着你转一样。在这样的情况下，客户必然会产生逆反心理，你和你公司的形象继而大打折扣，在竞争中也就失去了优势。

（5）形象不佳。形象不仅是个人的问题，也是商品形象和企业形象的化身。如果形象不佳，不仅让人感觉销售人员工作不严谨，也降低了企业的可信度和商品的文化品位。

形象不仅指着装打扮、个人妆容，还包括语言规范。如果销售人员话语太粗俗，那企业的诚信、员工的素质必然受到怀疑，销售也难以取得成功。

（6）思路模糊。销售需要思路清晰、思维清醒、策略巧妙、进退自如，紧紧围绕客户关心的关键问题细致地说明，在阐述问题的同时把客户带入设计好的思路中，让客户跟随销售人员的思路朝着有利的方向前进。

销售人员之所以思路模糊，关键是事先没有演练，没有准备好沟通的思路与内容。事前需要打好腹稿，准备好回答各种问题的话语，想好解决问题的方法及应对问题的优化方案等，尤其是关键问题必须优化到最适合、最恰当的语言。

（7）不懂销售。有些人对销售工作一窍不通，为了销售而销售。回答客户提出的问题时，针对性不强，不能紧扣主题，回答时闪烁其词、吞吞吐吐，让客户难以放心。

没有不合格的商品，只有不合格的销售人员，没有做不好的市场，只有做不好市场的人。销售人员至高境界是推销自己，客户只要相信你这个人，推销什么不重要。如果销售人员只跟客户谈商品质量过硬，销售政策优厚、配送赠品多么丰富的话，这不是销售人员而只是一个传话筒。优秀的销售人员善于创造理念、强调概念，发现客户的优点并真诚赞美，善于发现客户的弱点为推销创造良好的条件。

（8）异议处理不当。沟通交流难免会出现不同的观点与看法，双方的角度、利益不同属于正常现象，因为不同才需要沟通交流达成共识、实现共赢。但有些销售人员却听不进不同的观点而与客户形成对立，听不得相反的意见而与客户针锋相对，唇枪舌剑、当仁不让地与客户相争，最后赢了意气却丢了单子。

客户提出不同的意见，销售人员应该首先积极肯定，表示认同，然后再从自己的角度发表看法引导客户的思想，而非与客户争论甚至和客户争吵起来，应谨记销售求和、生意求财的道理。

2. 积极应对

永不放弃是优秀销售人员必须具备的心态。积极行动，坚持到底，就能走出困境。在遭遇失败时，销售人员应该遵循下面的原则。

（1）客户总是对的。销售人员输了订单时应该具有认赌服输的精神，没有必要指责客户是不是公平。销售选择是双向的，竞争是残酷的，客户有权根据自己的需求、需要，从本单位的利益及个人喜好出发作出选择。所以这样的选择对他们来说总是对的。即使销售人员觉得不公平但并不表示这个采购就真的不公平。

可能是商品质量、性能、颜色、体积、包装、价格、售后服务情况，或者是销售人员的形象、个人卫生、谈吐、沟通技巧等，任何一个不起眼的因素，都有可能让客户选择其他产品。

（2）立即拜访客户。“胜败乃兵家常事”，销售也一样，没有从来不输的销售人员。如果销售人员做了很多让客户认可的工作，最终还是丢了订单，这时客户或许会觉得有负于这个销售人员。如果继续努力，销售人员将商品销售给客户的机会反而会因以前的失败而大增，这个时候放弃客户是不明智的。这就像农民开垦出了一片荒地，播种的季节已经过去，农民不会放弃这块耕耘好的土地，当时节来到的时候就可以重新耕种进行收获了。输了订单后，销售人员应立即拜访客户，询问失利的原因，并表示以后还希望有机会向客户提供服务，进行愉快的合作。

为什么立即拜访客户呢？因为客户的人情味。中国人比西方人有人情味，西方人往往考虑的是制度，中国人更看重人与人之间的感情。在国内，几乎每个人采购时都不会只买一家的商品，他们往往选择几家供应商。哪家表现好，就多采购一些。所以只要销售人员对自己的商品有信心，输了也没有关系。从哪里跌倒就从哪里爬起来，最终会得到客户的青睐。

（3）关注下一个客户。在大多数情况下，销售人员在做好失败客户回访的时候，需要重新去联系下一个客户。销售工作失败有一定的概率，成功也有一定的概率，有失败才有成功。所以要放下思想包袱，全力联系下一个客户。

（资料来源：未来之舟．销售礼仪．北京：中国经济出版社，2009，有改动）

二、拜访客户：小天鹅的“12345”服务承诺

“全心服务”是小天鹅人一贯坚持的服务理念，是一切服务活动的宗旨。秉承这种服务理念，小天鹅人根据市场变化及顾客需求，不断变革服务模式，注入新的服务内涵。小天鹅率先提出了公司人员上门为客户服务的“12345”服务承诺。具体内容如下。

一双鞋：上门服务自带专用鞋。

二块布：一块垫机布，一块擦机布。

三句话：进门服务第一句话：我是小天鹅服务员×××，前来为您服务；第二句话：非常感谢您对小天鹅的信任；服务后一句话：今后有问题，随时听候您的召唤。

四不准：不准顶撞用户，不准吃喝用户，不准拿用户礼品，不准乱收费。

五大件：免费保修三年。（含国家规定以外的五大件：存水桶、脱水桶、悬挂系统、排水阀、连接盘）

小天鹅“12345”服务承诺，首次将“拜访客户”规范化、流程化，“服务”这一模糊的人为行动第一次得到量化。

（资料来源：http：//www. chinatt315. org. cn/2006d315/qy_ detail. asp? id =323，2011-12-18）

课后训练

1. 假如你明天要拜访一位重要客户，列出你需要做哪些形象准备和资料准备?

2. 进行拜访礼仪实践。学生 2 ~4 人为一组，利用业余时间，到亲朋好友家进行拜访。拜访的目的可以是社会调查、礼节性拜访或是请教问题等。拜访结束后，每个人写出详细的拜访过程，在教师的指导下，在全班进行拜访总结。

3. 案例分析

麦克拜访客户的秘诀

麦克具有丰富的产品知识，对客户的需求很了解。在拜访客户以前，麦克总是先掌握客户的一些基本资料。麦克常常以打电话的方式先和客户约定拜访的时间。

今天是星期四，下午 4 点刚过，麦克精神抖擞地走进办公室。他今年 35 岁，身高 1.8 米，深蓝色的西装上看不到一丝的皱褶，浑身上下充满朝气。

从上午 7 点开始，麦克便开始了一天的工作。麦克除了吃饭的时间，始终没有闲过。麦克五点半有一个约会。为了利用四点至五点半这段时间，麦克便打电话，向客户约定拜访的时间，以便为下星期的推销拜访做安排。

打完电话，麦克拿出数十张卡片，卡片上记载着客户的姓名、职业、地址、电话号码资料及资料的来源。卡片上的客户都居住在市内东北方的商业区内。

麦克选择客户的标准包括客户的年收入、职业、年龄、生活方式和嗜好。

麦克的客户来源有三种：一是现有的顾客提供的新客户的资料；二是麦克从报刊上的人物报道中收集的资料；三是从职业分类上寻找客户。

在拜访客户以前，麦克一定会先弄清楚客户的姓名。例如，想拜访某公司的执行副总裁，但不知道他的姓名，麦克会打电话到该公司，向总机人员或公关人员请教副总裁的姓名。知道了姓名以后，麦克才进行下一步的推销活动。

麦克拜访客户是有计划的。他把一天当中所要拜访的客户都选定在某一区域之内，这样可以减少来回奔波的时间。根据麦克的经验，利用 45 分钟的时间做拜访前的电话联系，即可在某一区域内选定足够的客户供一天拜访之用。

麦克下一个要拜访的客户是国家制造公司董事长比尔西佛。麦克正准备打电话给比尔先生，约定拜访的时间。

做好拜访前的准备工作使麦克成为一名优秀的业务员。

（资料来源：http：//bbs. qjy168. com/d_ 155194. html，2009-01-05）

思考与讨论：

（1）麦克拜访客户有哪些秘诀？

（2）本案例对你有何启示？

任务六　接待礼仪

不管哪种形式的销售，接待是销售人员和客户一次重要的正面“交锋”。怎样在接待中向客户展现自己的专业、敬业的销售行为，是事关销售成功与否的关键。

——未来之舟

在人与人的交往中，礼仪越周到越保险。

——（英）托·卡莱尔

学习目标

1. 做好接待客户的准备工作；
2. 到交通工具停靠站迎宾符合礼仪规范；
3. 接待客户的过程中，讲究陪车、引导客人、奉茶等礼仪；
4. 陪同客人旅游符合礼仪规范；
5. 送别客户符合礼仪规范。

案例导入

不善接待的小张

一天上午，惠利公司前台接待人员小张匆匆走进办公室，像往常一样进行上班前的准备工作。她先打开窗户，接着，打开饮水机开关，然后，翻看昨天的工作日志。这时，一位事先有约的客人要求会见销售部李经理，小张一看时间，他提前30分钟到达。小张立刻通知销售部李经理，李经理说正在接待一位重要的客人，请对方稍等。小张就如实转告客人说：“李经理正在接待一位重要的客人，请您等一会儿。”话音未落，电话铃响了，小张用手指了指一旁的沙发，没顾上对客人说什么，就赶快接电话去了。客人尴尬地坐下……待小张接完电话后，发现客人已经离开了公司。

（资料来源：http：//www. gdld. org/viewthread. php？tid＝5403，2010-09-12）

任务设计

客户接待工作是营销工作中一项经常性的工作。随着全球经济一体化，各企业形象意识的增强，客户接待工作也更加讲究规范。客户接待已经成为决定营销成败的因素之一。

做好接待工作，要求接待人员有良好的组织能力、协调能力、沟通能力和应变能力，从接待的准备工作，到接待过程中的迎送的礼仪规范，需要每位营销人员认真对待并熟练掌握。严谨、热情、周到、细致的接待工作，会给客人留下深刻的印象，增强客户对公司的了解，从而增强与公司合作的信心，促进双方业务的开展，全面提升公司在客户心目中的形象地位。在上面的案例中接待人员小张说话随意，忽视客人，甚至对其置之不理，使客户不辞而别，失望而去。作为营销人员要汲取其中的教训，做好客户接待工作。

为了完成本项任务的学习，建议在班级举行一次“接待拜访模拟训练”，具体如下。

接待拜访模拟训练

实训目标：熟悉接待、拜访的有关礼节，能够正确运用其礼仪规范。

实训学时：2 学时。

实训地点：实训楼前、电梯间、会议室。

实训准备：办公家具、茶具、茶叶、热水瓶或饮水机、企业宣传资料等。

实训方法：一部分学生扮演来访客户，一部分学生扮演某企业的营销人员接待客户，模拟演示以下情景。

(1) 在门口迎接客人。

(2) 引导客人前往接待室。

(3) 与客人搭乘电梯。

(4) 引见介绍。

(5) 招呼客人。

(6) 为客人奉送热茶。

(7) 送别客人。

演示完毕后，两组人员角色对调，再演示一遍，充分体会接待、拜访的不同礼仪要求。

知识链接

一、做好接待的准备

接待，是给客人以良好第一印象的最重要的工作。在接待工作中，把迎宾工作做好，对来宾表示尊敬、友好与重视，客户就会对东道主产生良好的印象，从而为下一步深入接触打下基础。在迎宾工作中，要注意做好以下前期准备工作。

1. 掌握客户的基本状况

营销人员一定要充分掌握客户的基本状况，主要内容有：来访客户的人数（包括几男几女）、身份、所搭乘的交通工具，甚至还包括饮食习惯、民族和一些宗教信仰。这样就方便安排接待、用餐和住宿。如果来访者中间有身份很高的客户，营销人员要考虑请公司相关领导出面参与接待。如果来宾尤其是主宾曾经来访过，则在接待规格上要注意前后一致，无特殊原因不宜随意升格或降格。客户如报出自己一方的计划，比如来访的目的、来访的行程、来访的要求等，应在力所能及的前提下满足其特殊要求，尽可能对对方给予照顾。

2. 制订具体接待计划

为了避免疏漏，一定要制订详尽的接待计划，以便按部就班地做好接待工作。根据常规，接待计划至少应包括迎送方式、迎送规格、交通工具、膳宿安排、工作日程、文娱活动、游览、会谈、会见、礼品准备、经费开支及接待、陪同人员等基本内容。对于客户来访可能讨论到的问题要有充分准备，客户谈什么、怎么谈，承诺什么、怎么承诺，询问什么、怎么询问等问题，要做到心中有数，提前预演。这样一来，当谈到这些问题的时候，你才能迅速、规范地作出反应，以免被动。

3. 确认客户抵达时间

有时候，客户到访时间或因其健康状况，或因紧急事务缠身，或因天气变化、交通状况等的影响，难免会有较大变动。因此，接待方务必要在对方正式启程前与对方再次确认一下抵达的具体时间，以便安排迎宾事宜。

4. 做好客户住宿安排

如果接待方要替客户安排住宿，就要问清楚客户需要多少房间，住宿的要求标准，对住宿有无特殊要求。接待方承担住宿费用时，要充分考虑交通、环境、饮食、气温、房间朝向、宗教信仰、生活习惯等因素，为客户选择一个适宜的住宿地点。如果是外国客户，因尽量安排在国际连锁酒店，这样无论是语言还是饮食，都符合他们的习惯。安排住宿时，如果是多位客户，订的又是双人标准间，则应该由客户方自己自由组合。

二、交通工具停靠站迎宾礼仪

1. 迎宾人员

一般来说，迎宾人员与来访客户的身份要相当，但如果乙方当事人因临时身体不适或不在当地等原因不能前来迎送也可灵活变通，由职位相当的人士或由副职出面迎送。遇到这种情况，应从礼貌出发向对方作出解释。另外，迎宾人员最好与来访客户专业对口。

2. 迎宾地点

来访客户的地位身份不同，迎宾地点往往有所不同。一般情况下，迎宾的常规地点有：交通工具停靠站（机场、码头、火车站等），来宾临时住所（宾馆），东道主的办公地点门外等。在确定迎宾地点时，还要考虑以下因素：双方的身份、关系及自身的条件。

3. 迎宾时间

到车站、机场去迎接客人，应提前到达，绝不能迟到让客人久等。客人刚下飞机或下车就能瞥见有人等候，一定会感激万分；如果是第一次到这个城市，还能因此获得一种安全感。若迎接来迟，会使客人感到失望和焦虑不安，还会因等待而产生不快，事后无论怎样解释都无法消除这种失职和不守信誉给对方造成的印象。

4. 迎宾标识

如果迎接人员与客人素未谋面，一定要事先了解一下客人的外貌特征，最好举个小牌子去迎接。小牌子上尽量不要用白纸写黑字，这样会给人晦气的感觉；也不要写“××先生到此来”，而应写“××先生，欢迎您!”“热烈欢迎××先生”之类的字样；字迹力求端正、大方、清晰，不要用草书书写。一个好的迎宾标识，既便于找到客人又能给客人留下美好印象——当客人迎面向你走来时会产生自豪感。在单位门口，不要千篇一律地写上“Welcome”一词，而应根据来宾的国籍随时更换语种，这样会给来宾一种亲切感。

5. 问候与介绍

接到客人后，切勿一言不发、漠然视之，而要先与之略作寒暄，比如说一些“一路辛苦了”、“欢迎您来我们这个美丽的城市”、“欢迎您来我们公司”之类的话。然后要向客人介绍自己的姓名和职务，有名片更好；客人知道你的姓名后，如果一时还不知如何称呼你，你可以主动表示：“就叫我小×或××好了。”其他接待人员也要一一向客人作自我介绍，有时可由领导介绍，但更多的时候是由秘书承担这一职责。在作介绍时，态度要热情，要端庄有礼，要正视对方并略带微笑，可以先说“请允许我介绍一下”，然后按职务高低将本单位的人员依次介绍给来宾。对于远道而来、旅途劳顿的来宾，一般不宜多谈。

6. 握手

握手是见面时最常见的礼节，双方相互介绍之后应握手致意。握手时，要注视对方，微笑致意，并使用“欢迎您”等礼貌用语。迎接来宾时，迎宾人员一定要主动与对方握手。

7. 献花

有时迎接重要宾客还要向其献花，一般以献鲜花为宜，并要保持花束的整洁、鲜艳。在社交场合，献什么花、怎么献花，常因民族、地域、风情、习俗、目的的不同而有所区别。一般情况下，应注意从鲜花的颜色、数目和品种三个方面加以考虑。

8. 为客代劳

接到来宾后，在走出迎宾地点时应主动为来宾拎拿行李，但对来宾手上的外套、坤包或是密码箱等则不必“代劳”。客人如有托运的物件，应主动代为办理领取手续。

三、陪车礼仪

来访客户抵达后从交通工具停靠站到住地及访问结束后由住地到交通工具停靠站，有时需要主人陪同乘车。

主人在陪车时，应请客人坐在自己的右侧。有司机的时候，后排右位最佳，应留给客人。上车时，应主动打开车门，以手示意请客人先上车，自己后上。一般最好让客人从右侧门上车，主人从左侧门上车，以免从客人座前穿过。如客人先上车坐到了主人的位置上，则不必请客人挪动位置。

在接待客人时，客人一般会对将要参加的活动的有关背景资料、筹备情况、有关的建议，当地风土人情、气候、物产，富有特色的旅游点，近期本市发生的大事，本市知名人士的情况，当地的物价等感兴趣。所以，接待人员要向客人就上述信息作必要的介绍。

四、宾馆入住与探访

将来访客户送至宾馆，要主动代为办理登记手续，并将其送入房间。进入来宾房间后，应告知来访客户餐厅何时营业，有何娱乐设施，有无洗衣服务等，以便客人心中有数。来访客户一到当地，最关心的就是日程安排，所以应事先制订活动计划。来访客户到宾馆后，应马上将日程表送上，以便其据此安排私人活动。根据活动安排，来访客户将与哪些人会面与会谈，也应向其作简略介绍。为了帮助来访客户尽快熟悉访问地的情况，还可以准备一些有关这方面的出版物给客人阅读，如本地报纸、杂志、旅游指南等。考虑到来访客户旅途劳累，主人不宜久留，应让其早些休息，分手前要说好下一次见面的时间和地点，并留下自己的地址和电话号码，以便来访客户有事时联系。

从客户入住，到来探访的时间不宜太长，太长了会显得不礼貌；也不能太短，太短了，也许客户还没来得及整理行李，有的女士还要换一下服装，洗脸后略施淡妆。一般在客户入住至少一个小时之后来探望比较合适。对于这一点，也应该事先让客户知道，以便让他们有所准备。如果客户身份比自己高，最好请公司相关领导与自己一同探望，以显郑重。

五、引导客人的礼仪

1. 向客户行鞠躬礼

15°的鞠躬行礼是指打招呼，表示略微寒暄；30°的鞠躬行礼是敬礼，表示一般寒暄；45°的鞠躬行礼是最高规格的敬礼，表达深切的敬意。在行礼过程中，不要低头，要弯下腰，但绝不能看到自己的脚尖；要尽量自然，令人舒适；切忌用下巴跟人问好。

2. 引导手势要优雅

男性接待人员在做引导时，应该是当访客进来的时候，先行个礼，鞠个躬，手伸出的时候，眼睛要随着手动，手的位置在哪里，眼睛就跟着看哪里。如果访客问“对不起，请问经理室怎么走”，千万不要口中说着“那里走”，手却指着不同的方向。女性接待人员在做指引时，手要放下来，否则会碰到其他过路的人，等到必须转弯的时候，需要再次打个手势告诉访客“对不起，我们这边要右转”。打手势时切忌五指张开或表现出无力感。

3. 注意“危机”提醒

在引导过程中，要注意对访客进行危机提醒。比如，在引导访客转弯的时候，熟悉地形的接待人员知道在转弯处有一根柱子，就要提前对访客进行危机提醒；如果拐弯处有斜坡，就要提前对访客说“请您注意，拐弯处有个斜坡”。对访客进行危机提醒，让其高高兴兴地进来，平平安安地离开，这是每一位接待人员的职责。

4. 上下楼梯的引导方式

引导客户上楼梯时，假设接待者是女性，应请客人先走，客人从楼梯里侧向上行，引导者走在中央，配合客人的步伐速度引领；而引导客户下楼梯时，引导者应走在客人的前面，客人走在里侧，引导者走在中间，边注意客人动静边下楼梯。

5. 在走廊和电梯上的引导方法

在走廊，接待人员应在客人的左斜前方，距离二三步远，配合步调。若左侧是走廊的内侧，应让客人走在内侧。引导客人乘坐电梯时，接待人员先进入电梯，等客人进入后关闭电梯门，到达时，接待人员按“开”的按钮，让客人先走出电梯。

6. 注意开启会客室大门

会客室的门分为内开和外开，在打开内开的门时不要急着把手放开，这样会令后面的宾客受伤；如果要开外开的门，就更要注意安全，一旦没有控制好门，很容易伤及客户的后脑勺。所以，开外开门时，一定要用身体抵住门板，并做一个请的动作，当客人进去之后再随后将门轻轻扣住，这是在维护客人的安全。

7. 会客室安排和客厅引导方法

正常情况会客室座位的安排：一般会客室离门口最远的地方是主宾的位子。假设某会议室对着门口有一个一字形的座位席，这些位子就是主管们的位子，而与门口成斜角线的位子就是主宾的位子，旁边是主宾的随从或者直属人员的位子，离门口最近的位子安排给年龄辈分比较低的员工。特殊情况时会客室座位的安排：会客室座位的安排除了遵照一般的情况，也要兼顾特殊情况。有些人位居高职，却不喜欢坐在主位，如果他坚持一定要坐在靠近门口的位子，要顺着他的意思，让客人自己去挑选他喜欢的位置，接下来只要做好其他位子的顺应调整就好了。当客人走入客厅，接待人员用手示意，请客人坐下，看到客人坐下后，才能行点头礼再离开。如果客人错坐下座，可提请客人改坐上座，但不要勉强。

六、奉茶的礼仪

在客户接待中，人们容易忽略奉茶中的一些小细节，从而扼杀了合作的良机。注重奉茶的细节和礼仪，才能给客户留下良好的印象，并营造出和客户商谈的融洽氛围，顺利实现企业的营销目标。奉茶要注意以下礼仪。

1. 多准备几种茶叶

对于茶，不同的客户有不同的喜好，有人喜欢绿茶，有人喜欢红茶，有人喜欢花茶……要想让客户满意，不妨绿茶、红茶、花茶、乌龙茶等各类常见茶叶都备上一点，以便因人而异，投其所好地沏茶。

2. 茶具要专业

现在，许多人为了方便，常常用一次性纸杯沏茶。生活中这无可厚非，然而在客户接待中，却显得对客户不太尊重，也让客户自此会轻视你。为客户奉茶，最好备有专业茶具，且茶具不能有破损和污垢，要洗干净、擦亮，这样才能更好地发挥茶的作用，营造商谈的和谐氛围。

3. 奉茶有讲究

奉茶多是在主宾交谈之时，这时为了不打扰客户商谈的情绪，尽量从客户的左后侧奉茶，条件不允许时也可从右后侧奉茶，切不可从其正前方奉茶。

在给客人奉茶时，杯内的茶水倒至八分满即可，不可倒满，免得溢出来溅洒到客人身上。茶水冷热也要控制好，千万别烫着客人。茶水要清淡，除非客户主动提出浓茶要求。端送茶水最好使用托盘，既雅观又卫生；托盘内放一块抹布更好，以便茶水溢出时擦拭。端茶时，有杯柄的茶杯可一手执杯柄一手托在杯底或单手执杯柄；若茶杯没有杯柄，注意不要用手握住茶杯，以减少手指和杯沿部分的接触，更不可把拇指没入杯内。

奉茶时可以按由右往左的顺序逐个奉上，也可按主要宾客或年长者——其他客人、上级领导——其他客人这个顺序敬奉。

4. 上茶不多三杯

中国人待客有“上茶不过三杯”的说法，第一杯叫敬客茶，第二杯叫续水茶，第三杯叫送客茶。如果一再劝人用茶，却又无话可讲，则有提醒来宾“打道回府”的意思。在面对较为守旧的客户时切忌多次劝茶和续水。

七、接待时的注意事项

1. 主动热情接待客户

在来访客户到达本单位时，参与接待的相关领导和工作人员，应该前往门口迎接。进入办公室或会客室时，接待人员一般应起身握手相迎，对上级、长者、客户来访，应起身上前迎候。如果自己有事暂不能接待来访者，应安排秘书或其他人员接待来访客户，不能冷落来访客户。正在接待来访客户时，有电话打来或有新的来访者，应尽量让秘书或他人接待，以避免中断正在进行的接待。

2. 要保持亲切灿烂的笑容

笑是世界的共通语言，笑是接待人员最好的语言工具，访客接待的第一秘诀就是展现亲切笑容。当客户靠近的时候，接待人员绝对不能面无表情地说“请问找谁?”、“有什么事吗?”、“您稍等”……这样的接待会令客人觉得很不自在，相反的，一定要面带微笑地说“您好，请问有什么需要我服务的吗?”。

3. 注意使用温馨合宜的招呼语

当接待来访客户时，最好不要或者尽量减少使用所谓的专业术语，多使用顾客易懂话语。比如医学专业术语、银行专业术语等，许多顾客无法听懂那些专业术语，如果在与其交谈时张口闭口皆术语，就会让顾客感觉很尴尬，也会使交流受到影响。所以，招呼语要通俗易懂，要让顾客切身感受到亲切和友善。同时，应尽量使用简单明了的礼貌用语，比如

"您好"、"大家好"、"谢谢"、"对不起"、"请"等，向顾客展现自己的专业风范。另外，还应该尽量使用生动得体的问候语。比如"有没有需要我服务的？有没有需要我效劳的？"这样的问候语既生动又得体。切忌使用类似"找谁？有事吗？"这样的问候语，会让客人感到不舒服，甚至会把客户吓跑。

4. 妥善处理来访客户的意见或建议

对来访客户的意见和观点不要轻率表态，应思考后再作答复。对一时不能作答的，要约定一个时间再联系。对能够马上答复的或立即可办理的事，应当场答复，迅速办理，不要让来访者无谓地等待或再次来访。对来访客户的无理要求或错误意见，应有礼貌地拒绝，不要使来访者尴尬。

八、陪同旅游

对远道而来的客户，特别是重要客户，如果第一次来这个城市，陪同客户旅游也是常用的公关手段。具体包括如下两个方面①。

1. 事先安排

如果想安排客户在本地旅游，首先要看客户的行程安排是否允许。如果不知道，可以将陪同游玩的设想及日期告诉客户。征得客户的同意后再将旅游线路（含主要景点简介）、所需时间等信息，告诉客户方，以征求其意见和建议。从日期上来说，应该是处理完公务以后。游玩路线安排上，景点不在多，重要在于著名、安全、健康、有特色、有纪念意义等。游玩之前要安排好交通工具，如果随旅游团旅游，就要事先在正规的旅行社办好手续。在游玩当天，还要带上充足的饮料、零食、纸巾等物品。

客户方如果只有两三个人甚至一个人，自己一个人陪同就可以了；客户方有身份较高者时，就应酌情再邀请公司身份和对方差不多的同事一起陪同，当然如果自己和对方很熟，也可以自己陪同。客户方人数较多的话，陪同人员就不宜一人，否则也不方便照顾。

2. 注意事项

既然是旅游，而且是陪同客户旅游，应该本着"舒适、尽兴、安全"的原则，所以无论是交通安排上，还是饮食或者旅游具体项目的选择上，一定要保证质量和档次。在景点买票时，应安排好客户稍事休息，自己去排队；如果有比自己身份低的同事在，可以请同事去买票，自己陪客户聊天，以免冷落客户。

陪同游玩时，应向客户介绍景点，特别是一些有趣的典故更要介绍。自己不清楚的话，就应事先查阅相关资料，做足功课。还有本地的名吃、特色小吃，游玩过程中应该特别安排品尝。

当地特色的旅游纪念品，营销人员应该主动人手一份地替客户买好。如果还有没一起来的、自己也认识的客户单位的其他人，特别是领导人员，应该购买后托来访的客户捎回。即

① 未来之舟．销售礼仪．北京：中国经济出版社，2009.

使客户再如何要求，都不能让客户自己付用餐、交通、旅游项目上的费用。游玩本身就是一件“体力活”，所以旅游期间要安排好餐饮、休息，不能疲劳地连轴转。

九、送别礼仪

俗话说：“出迎三步，身送七步。”送别，是留给客人良好的最后印象的一项重要工作。不管你前面的接待工作做得多么周到，如果最后的送别让来访客户备受冷落，整个接待工作就会功亏一篑。做好送别工作，关键在于一个“情”字。具体而言，送别时应注意以下礼仪：

1. 提出道别

在日常接待活动中，宾主双方由谁提出道别是有讲究的。按照常规，道别应当由来访客户先提出来，假如主人首先与来客道别，难免会给人以厌客、逐客的感觉。

2. 送别用语

宾主道别，彼此都会使用一些礼貌用语表达对对方的惜别之情，最简单、最常用的莫过于一声亲切的“再见!”，除此之外，“您走好!”“有空多联系!”“多多保重!”等也是得体的送别用语。

3. 送别的表现

一般来访客户告辞离去，营销人员只需起身将其送至门口，说声“再见”即可。如果上司要求你代其送客，则应视需要将来访客户送至相应地点：如果对方是常客，通常应将其送至门口、电梯门口或楼梯旁、大楼底下、大院门外；如果是初次来访的贵客，则要陪伴对方走得更远些。如果只将来访客户送至会议室或办公室门口、服务台边，则要说声“对不起，失陪”，目送客人走远；如果将客人送至电梯门口，则宜点头致意，目送来访客户至电梯门关合为止；若将来访客户送至大门口或汽车旁，则应帮来访客户携带行李或稍重物品，并帮客户拉开车门，开车门时右手置于车门顶端，按先主宾后随员、先女宾后男宾的顺序或客户的习惯引导其上车，同时向其挥手道别，祝福旅途愉快，目送客户离去。在送别的过程中，切忌流露出不耐烦、急于脱身的神态，以免给客户匆忙打发他走的感觉。

专业阅读

一、不同性别与年龄客户的接待

依据不同标准，顾客可以划分为许多种类型，如根据顾客的性别可分为男性顾客和女性顾客；根据顾客的年龄可分为少儿顾客、青年顾客、中年顾客和老年顾客。对不同类型的顾客服务要采取不同的接待方法，只有关注顾客的需求和习惯才能更好地促成交易。

1. 男性顾客

男性顾客购买商品通常比较果断。他们独立性比较强，对所购买的商品性能和商品知识了解得较多，一般很少受外界购买行为的影响。购买中，只要商品符合其当时的消费心理和购买要求，挑选商品会很迅速，购买时下决心很快。同时男性顾客在购买行为上自尊心比较强，特别是稍有社会地位的男性顾客自尊心就更强。当他们发现了自己的购买目标时，一般希望迅速选购。

如果营销人员没有迅速接待，或表现出不理睬的态度，他们可能就会放弃购买。而如果营销人员服务态度很好，顾客也会表现得非常大方，富有绅士风度，并且购买后的遗憾较少。另外，一般男性顾客都有一种怕麻烦的心理，他们喜欢方便、快捷的购物方式。特别是在购买低档的生活消费品时，怕麻烦的心理表现得更为突出。

2. 女性顾客

有人说男性的兴趣在赚钱，女性的兴趣在花钱。女性顾客是购买消费品的主体。女性担当母亲、妻子、女儿等多种家庭角色，家庭消费品基本上是由她们决定购买和亲自购买的。

女性顾客比较感性，一般有很强的购物欲望，并且在购物时带有非常强烈的感情色彩。比较关注商品的外观形象与情感、美感等。她们常凭直觉判断商品的优劣。不仅如此，她们很容易受舆论的影响，广告和他人的口碑对女性顾客的购物心理影响很大。而且即时影响也是非常大的，她们常会在外界因素或情感的支配下产生消费冲动，有可能购置无用物品。为购物而购物，是女性特有的特性。但女性顾客也非常注重商品的使用价值，她们挑选起商品来认真、细致，喜欢比较商品、询问商品，但购买时却经常下不了决心，需要他人给予积极的购买支持。女性顾客往往很在意商品的价格。女性顾客购物时具有较强的自尊心和自我意识，认为自己所购买的商品符合社会潮流，渴望得到认可和赞扬，对外界反应敏感，对商品的变化、周围环境、广告语、营销人员的言谈举止和其他顾客的品评态度有较强的敏感性。

由于女性顾客购物时选择性较强，购买品种多，范围广，所购商品多属中低档消费品，购买目标模糊，此外还有一定的反复性，退换货多。所以，在接待女性顾客时，要掌握其购买意图，服务要周到、耐心，介绍商品要求详细、全面，尽可能地满足其挑选要求，尽可能多给其时间考虑。也要针对她们的犹豫和疑虑，作些适当的解释，以帮助她们作出购买决定。

3. 少儿顾客

少儿顾客是非常重要的消费群体。在少儿独自选购自用商品时，营销人员既要注意耐心、详细地介绍商品的性能和价格，并帮助其挑选所需商品；又要使用少儿的语言、礼貌的语言，回答其提问，满足其自尊。

切忌因为少儿不懂事而让他们购买价格高又不合适的商品，不管少儿顾客身后是否有成年人。在成年人为少儿购买商品时，要针对成年人对孩子的关怀与慈爱、情感和希望等进行接待。如果成年人为孩子买玩具首先考虑安全性，其次才是趣味性，那么营销人员要着重说明玩具的安全性。营销人员在接待父母、子女同行的顾客时，首先要倾听父母的购买意向，以父母的购买意向为中心，使孩子的购买意向向父母靠拢，以促成统一，达成交易。但在出售小食品、小玩具、小学习用品时，在商品的选择上，孩子又常常起决定性作用，营销人员应针对少儿的心理，以少儿意向为中心，激发其购买兴趣。

4. 青年顾客

这里所称的青年顾客主要是指年龄为14～35岁的群体。他们是紧跟时代步伐的一类顾客。他们有新时代的性格，是随着新时代的潮流向前的顾客，有赶时代、赶潮流、爱凑热闹的特点。他们大多思想活跃、充满时代气息和激情，他们大都乐观、积极。

青年顾客多有猎奇和追求时尚的心理。他们喜欢新生事物，乐于接受个性、前卫的商品。他们容易冲动，即使手头拮据，但只要看中某个商品，略高的价格也是不在乎的。

接待青年顾客，要在介绍、说明产品特性时激发其购买欲，让其知道该商品走俏，正符合时代潮流。交谈时要亲切，和他们打成一片，同时要对企业的商品有信心。在购买承受力上尽量为他们着想，不增加他们的心理负担。

5. 中年顾客

中年顾客一般都有了家庭、孩子和固定的职业。他们大都有一定的阅历，比青年人沉着、冷静，经验丰富、有主见，但缺乏青年人的生机与活力。

对待中年顾客不要夸夸其谈，不要卖弄自己的专业能力，而要认真、亲切地和他们交谈。要客观地介绍产品的性能，要表现出对他们的尊重。这些顾客通常会乐于倾听，若信任商品质量，很容易达成交易。

6. 老年顾客

老年人大都有孤独感，他们大都喜欢回忆过去，他们希望从年轻人身上找到乐趣，喜欢和年轻人交谈。

接待老年顾客时要有耐心。营销人员应该体谅他们的唠叨，关心他们。关于商品的介绍说明要精练清晰、明确易懂，对他们要亲切、热情、少说、多听。营销人员要尽量说些老年顾客引以为自豪的话题，这样可使顾客兴奋起来，以营造良好的气氛。

（资料来源：未来之舟. 营销礼仪手册. 北京：海军出版社，2005）

二、“一灯”礼仪公司的接待秘诀

以下是大连一灯礼仪公司接待客户和准客户时制定的独到的礼仪规范。

前台接待流程

一、电话用语

“您好，一灯婚庆，××为您服务。”

二、接待客人

前台所有人始终微笑服务，接待时，时常看新人，看新人眉心位置，不允许自顾自低头讲单。不允许只盯着新郎讲或者只盯着新娘讲，话语的最终落脚点在新娘身上。

1. 分组：1组2个人，A主要负责迎宾、接待客人。B主要负责接单。

2. 客人进门后。

（1）问询：A：“您好，欢迎光临一灯，您是咨询婚庆还是有预约?”同时前台其他婚礼顾问（没谈单的顾问）必须在位置上站好，客人目光看到谁，谁要说：“您好”。客人落座后，其他人才可落座。

（2）请客人落座：A说：“请这边坐”，同时伴随着手势（一般情况下伸朝向座位方向的手，手臂微弯）。

（3）饮品：A问客人：“您想喝点什么？我们这里有果汁和咖啡。”如果客人选择其中一种，A再问：“我们这有××果汁/咖啡，您想喝哪种?”如果客人说来点水就可以了，绝不能只给客人倒水，而要说，“建议您来点果汁（清凉润喉）/咖啡（提神醒脑）吧”。

（4）介绍搭档B：A说：“给您介绍一下，这是我们首席高级策划师××，由她为您服务。”介绍完后，A去为客人倒水。

（5）B自我介绍：B说：“您好，我是一灯婚庆的婚礼策划师，我叫××，也可以叫我××。”同时双手把名片递上。在坐下的同时，坐垫要高起来，位置要比客人高。目的是增加心理优势。B在谈单时，不要一开始就讲单，首先要了解客人的自然情况，想办什么样的婚礼。A倒完水，为B拿笔、咨询表等。

（6）A坐在B旁边旁听，辅助B。

（7）送客：讲完单后，客人不起身，接待人员不能起身。要先客人一步到达门口，为客人开门，寒暄之后，应说“感谢您的光临”，送客人要送到楼梯下边，客人走了之后再回来。

（资料来源：大连一灯礼仪公司）

课后训练

1. 小王做销售工作多年，积累了不少经验。近日，领导让他给新来的小张介绍一下接待客户的经验，如果你是小王你应怎样介绍?

2. 在你所在学校的“校园宣传日”里，要接待到校参观的学生家长和当年准备参加高考的考生，如果由你负责这项接待工作，你准备怎样做？请列出接待方案。

3. 案例分析

小张错在哪里?

小张大学毕业后在扬州昌盛玩具厂办公室工作。中秋节前两天办公室陈主任通知他，明天下午三点本公司的合作伙伴上海华强贸易有限公司的刘君副总经理将到本市（昌盛玩具厂的出口订单主要来自华盛贸易公司），这次来的主要目的是了解昌盛玩具厂是否有能力有技术在60天内完成美国的一批圣诞玩具订单，昌盛玩具厂很希望拿到这份利润丰厚的订单，李厂长将亲自到车站接站。由于陈主任第二天将代表李厂长出席另外一个会议，临时安排小张随同李厂长一起去接刘副总经理，小张接到任务后，征得李厂长同意，在一个四星级宾馆预订了房间，安排厂里最好的一辆轿车去接刘副总经理。

第二天上午，小张忙着布置会议室，通知一家花木公司送来了一批绿色植物，准备欢迎条幅，又去购买了水果，一直忙到下午2：30，穿着休闲服的小张急急忙忙随李厂长一起到车站，不料，市内交通拥挤，到车站后发现，刘副总经理已经等候了十多分钟，李厂长不住地打招呼，表示歉意，小张也跟着说，厂子离市区太远，加上堵车才迟到的，小张拉开车前门请刘副总上车说："这里视线好，您可以看看我们的市容市貌。"随后，又拉开右后门请李厂长入座，自己急忙从车前绕到左后门上了车，轿车到达宾馆后，小张推开车门直奔总台，询问预订房间情况，为刘副总办理入住手续，刘副总提行李跟过来。小张将刘副总送到房间后，李厂长与刘副总交流着第二天的安排，小张在房间里转来转去，看看是否有不当之处。片刻后，李厂长告辞，临走前告知刘副总晚上六点接他到扬州一家著名的餐馆吃晚饭。

小张随李厂长出来后，却受到李厂长的批评，说小张经验不够。小张觉得很冤枉，自己这么卖力，又是哪里出错了？

（资料来源：杜明汉．商务礼仪：理论、实务、案例、实训．北京：高等教育出版社，2010）

思考与讨论：

（1）小张的接待准备工作充分吗？

（2）小张在礼仪上有什么不足？

（3）小张接到这份接待工作后，应该怎样做更合适？

4. 案例分析

亲自送客的李嘉诚

很多知名企业家也很注意送人的礼节。一位内地企业家在接受电视采访时谈到了他去李嘉诚办公室拜访李嘉诚的经历。

那天，李嘉诚和儿子一起接见了他。会谈结束之后，李嘉诚起身从办公室陪他出来，送他到电梯口。更让人惊叹的是，李嘉诚不是送到即走，而是一直等到电梯上来，他进去了，才举手告别，等到门合上后才转身离开。

身为亚洲首富的李嘉诚肯定是日理万机，可他依旧注重礼节，亲自送人，没有丝毫的怠慢。这位内地企业家面对着电视机前的亿万观众动情地说："李嘉诚这么大年纪了，对我们晚辈如此尊重，他不成功都难。"

（资料来源：http：//www. ledu365. com/a/redu/766. html，2009-11-28）

思考与讨论：

（1）送客应讲究哪些礼仪？

（2）本案例对你有哪些启示？

任务七　馈赠礼仪

往而不来，非礼也；来而不往，亦非礼也。

——《礼记·曲礼上》

投我以木桃，报之以琼瑶。

——《诗·卫风·木瓜》

学习目标

1. 馈赠礼品选择恰当、得体。
2. 准确把握馈赠礼品的时机和场合。
3. 赠送礼品、接受礼品符合礼仪规范。
4. 赠花符合礼仪要求。

案例导入

独特的礼物

一位富有想象力的企业家，为他的穆斯林商业伙伴设计了一件独特的礼物。他知道虔诚的穆斯林教徒每天要祈祷五次，祈祷时必须面对伊斯兰圣城麦加的方向，而在旅行时很难确定麦加的方向。这位企业家就送给他朋友一个纯银制的指南针，装在一个精美的木匣中。可以想象，他的穆斯林朋友收到这份礼物后将会多么开心！

（资料来源：廖春红．中国式商务应酬细节全攻略．广州：广东人民出版社，2010）

任务设计

在我国这个礼仪之邦，礼尚往来不仅用作日常生活中的人际交往，还在企业营销和商务应酬这样的场合被视为谋求礼仪的一种武器。

馈赠礼物不但向客户表达了感激之情、感谢之意，同时又巩固和加强了公司与客户之间的良好关系。向客户表达心意的同时，使客户感受到营销人员对他的尊重，并产生心理上的亲近感。但要特别说明的是，这里提到的馈赠礼物，不是提倡行贿，而必须是在合法、合理的前提下进行的。

如何让送礼这一武器发挥它的作用，为企业谋求利益呢？这里有许多技巧可言，案例中那位富有想象力的企业家，送给他的穆斯林商业伙伴的礼物实在是匠心独运，必定让那位穆斯林朋友感动不已，每一次使用那个指南针，都能想起那位送礼者。一旦这位企业家对这位穆斯林朋友有事相求，那位穆斯林朋友必定会鼎力相助。可见讲究馈赠礼仪在营销工作中是十分重要的。

这里拟通过“馈赠礼品模拟训练”活动完成本任务的学习，具体操作如下。

馈赠礼品模拟训练

背景介绍：假设A公司和B公司拟进行技术合作，共同开发新型汽车发动机。A公司位于湖北武汉，B公司为辽宁大连的一家公司。双方在大连合作会谈非常顺利。临近本次合作会谈尾声，B公司公共部的王经理特地为远道而来的A公司李总经理一行5人每人准备一袋海产品，作为礼物赠送给对方。

实训学时：1学时。

实训地点：实训室。

实训准备：5份包装精美的礼品。

实训方法：每6名学生为一组，将全班同学分成若干组，然后安排学生分别扮演B公司的王经理和A公司的李总经理等5人，模拟进行礼物馈赠练习。演示馈赠礼品时应注意的口头语言与体态语言。

学生之间互相点评，教师指导纠正。

知识链接

一、馈赠礼品的选择

馈赠礼品是创造与客户交往的契机，拉近和维持与客户之间关系的一种方法和形式。它是对客户的合作和消费的一种感谢，让客户感受到企业和营销人员的关心和尊重，体验到一种意外惊喜和满意。馈赠礼品要达到目的最关键的是选择什么样的礼品赠送给客户，这里要注意以下四个方面。

1. 情感性

馈赠礼品要重视其情感意义。礼品作为友好的象征物，其意义并不在礼品本身，而在于通过礼品所传达的友好情意，这是馈赠礼品的基本思想，所谓“千里送鹅毛，礼轻情义重。”情意是无价的，情意是无法用金钱来衡量的。“烽火连三月，家书抵万金。”同样说明“情”的价值，丝毫也不夸张。因此选择礼品时，千万勿忘一个“情”字，应挑选价廉物美、具有一定纪念意义，或具有某些艺术价值，或为受礼人所喜爱的小艺术品，如纪念品、书籍、画册等。另一方面选择礼品的价值要“得体”。并非是价值越昂贵的礼品所表达的情意越深厚。送礼要与受礼者的经济状况相适合，中国人历来有“礼尚往来”的习俗，若受礼者的经济能力有限，当接到一份过于贵重的礼品时，其心理负担一定会大于受礼时的喜悦，尤其当你有求于对方的时候，昂贵的厚礼会让人有以礼代贿的嫌疑，不但加重了对方接受这份礼品的心理压力，也失去了平衡交流的意义。

2. 独创性

送人礼品，与做其他许多事情一样，是最忌讳“老生常谈”、“千人一面”的。选择礼品，应当精心构思，匠心独运，富于创意，力求使之新、奇、特。这就是礼品的独创性。赠送具有独创性的礼品给人，往往可以令其耳目一新，既兴奋又感动，因为这等于是“特别的爱献给特别的你”。真是这样的话，赠送者在对方心目中往往也会因此“升值”。

3. 适俗性

挑选礼品时，特别是在为交往不深或外地区人士和外国人挑选礼品时，应当有意识地使赠品与对方所在地的风俗习惯一致，在任何情况下，都要坚决避免把对方认为属于伤风败俗的物品作为礼品相赠，这样才表明尊重交往对象。如在我国大部分地区，老年人忌讳发音为“终”的钟，恋人们反感于发音为“散”的伞。阿拉伯地区严禁饮酒。在西方国家药品不宜送人。因此在涉外交往中，要根据不同国家、地区的习惯与个人的爱好做些必要的选择，赠礼问俗是不可忽视的，这也是一个重要标准。1972 年，尼克松总统准备访华，急于寻求能代表国家的礼物。美国保业姆公司闻讯后，趁此良机，向尼克松总统献上公司生产的一尊精致的天鹅群瓷器珍品，因为瓷器的英文 china，也具有“中国”的意思，尼克松一见，大喜过望，于是把这尊具有双重意义而且具有很高艺术价值的瓷器珍品带到了中国。

4. 实用性

将日常生活用品作为礼物，赠送给对方，不失为一个好的选择。因为日常生活用品和人们的生活息息相关，人们每天都在和它打交道，或是做饭，或是品酒，或是饮茶，或是办公。所以，用日常生活用品作为礼物，往往会让客户觉得实用，也能增添亲切感。常见的礼品有：炊具、餐具、茶具、酒具等，如将咖啡壶、咖啡杯送给有喝咖啡习惯的人就很受欢迎。此外还有名片盒（刻上客户的名字更显示出独特性）、金笔、特别的笔筒、桌式玩具、相框、杂志架、各种摆饰、有激励意义的玩偶等大众化的礼品，更能提醒客户时时想起你的关爱。

二、馈赠礼品的场合与时机

把握好适宜的馈赠时机，是达到馈赠效果的又一关键。

1. 馈赠礼品的场合

（1）表示谢意、敬意。当你接受客户的帮助之后应当赠送礼品，以表示感谢。

（2）祝贺庆典活动。当客户的企业适逢庆典纪念之时，如某公司成立二十周年纪念，为表示祝贺，可送贺匾、书画或题词，既高雅别致又具有欣赏保存价值。

（3）公共关系礼品。开展公共关系活动中所送的礼品要与公共关系活动的目标一致，并且送礼的内容与送礼的企业形象是相符的。例如，上海大众汽车公司赠给客人的桑塔纳车模型，上海大中华橡胶厂精心设计研制的轮胎外形的钢卷尺等。

（4）祝贺开张、开业。企业开张、开业之际，都是宣传自身、扩大影响的好机会，一般来讲，都要借机大肆宣传一番。因而适逢有关组织开张、开业之际，应送上一份贺礼，以示助兴和祝愿。一般选送鲜花贺篮为多，在花篮的绸带上写上祝贺之语和赠送单位或个人的名称。

（5）适逢重大节日。春节、元旦等节庆日都是送礼的旺季，营销人员可通过节日联络感情，向客户适时地送上一份小小的礼物，对他们给予企业工作的关心和支持表示感谢，并希望继续得到他们的帮助。这种礼物最好亲自送上门，邮寄是不得已的选择。邮寄时应随礼品附上自己的名片，也可以手写贺词，放在信封里。

（6）探视住院病人。客户生病或其亲友患病住院，均应前去探视，并带上礼品。目前探视病人的礼品也不断地从“讲实惠”过渡到“重情调”。以往送营养品、保健品，如今变为用多种水果包装起来的果篮、一束束鲜花等。

（7）应邀家中做客。如果营销人员应邀到客户家中做客或者出席私人家宴，出于礼节和礼貌，应带些小礼品。如土特产、小艺术品、纪念品、水果及鲜花等。有小孩的可送糖果、玩具之类。

（8）遭受不测事件。世上难有一帆风顺之事，客户最需要帮助的时候，如营销人员及时地送上一份礼物表示关心，更能体现出浓浓情谊，会让客户终生难忘，不仅会获得客户的感情，也会树立自身重情义的良好形象。比如，对方遇上火灾、地震等灾难，马上去函或去电表示慰问，也可送上钱款相助。

2. 馈赠礼品的时机①

一般来说，礼品应当在一见面时就送给对方，如果此时不太方便，也可以在分手道别时再赠送。通常情况下，面对一群人时，只给其中某一个人赠送礼物是不合适的。因为会让这个客户有受贿或受愚弄之感，而其他人则会有受冷落、受轻视的感觉。即使给关系密切的客户馈赠礼品，也不宜在公开场合进行，以免给人留下营销人员与客户关系密切完全是靠物质支撑的感觉。只有礼轻情意重的特殊礼品，表达特殊情感的礼品，才适宜在大庭广众之中赠送。如一份特别的纪念品等，因为这时公众已变成营销人员与客户双方真挚友谊的见证人。

在会见、会谈时向客户馈赠礼品，一般选择在起身告别之际；拜访、赴宴、道喜、道贺时向客户馈赠礼品，通常选择在双方见面之初相赠；出席宴会时向主人赠送礼品，可在起身辞行时进行，也可选择在餐后吃水果之时；为专门的接待人员、工作人员准备的礼品，一般

① 未来之舟．销售礼仪．北京：中国经济出版社，2009.

在抵达当地后尽早赠送给对方；如果向外宾馈赠礼品，可以在客户向自己馈赠礼品后进行回赠，也可以在外宾临行的前一天，在前往其下榻之处进行探访时赠送。

三、馈赠礼品的现场礼仪

1. 赠送礼品的礼仪

（1）精心包装。送给客户礼品，尤其是在正式场合赠送于人的礼品，在相赠之前，一般都应当认真进行包装。可用专门的纸张包裹礼品或把礼品放入特制的盒子、瓶子里等。礼品包装就像穿了一件外衣，这样才能显得正式、高档，而且还会使受赠者感到自己备受重视。

（2）表现大方。现场赠送礼品时，要神态大方自然，表现适当。千万不要像做了“亏心事”，小里小气，手足无措。一般在与客户会面之后，将礼品赠送给对方，届时应起身站立，走近受赠者，双手将礼品递给对方。礼品通常应当递到对方手中，不宜放下后由对方自取。如礼品过大，可由他人帮助递交，但赠送者本人最好还是要参与其事，并援之以手。若同时向多人赠送礼品，最好先长辈后晚辈、先女士后男士、先上级后下级，按照次序，依次有条不紊地进行。

（3）认真说明。当面亲自赠送礼品时要辅以适当的、认真的说明。一是可以说明因何送礼，即为送礼讨个绝妙的说法。这有以下几种方式：①把理由说到对方的孩子身上，如可以说：“东西是给孩子买的，和你没关系。别说是来找你办事，就是没这事，随便来串个门还不该给孩子买点东西吗?”②把理由说到对方的老人身上，如可以说：“你不用客气，这东西是给老爷子买的——老爷子身体最近还行吧……你方便时把东西给老爷子拎过去得了，我就不再过去专门看他了。”③把理由说到对方可能存在的损失上，如可以说：“您给我们这么大的帮助可是让您破费了，这仅仅是表示我们一点心意。”④道喜、道贺的礼物馈赠就直接说明，如若是生日礼物，可以说“祝你生日快乐!”

二是说明自己的态度，送礼时不要自我贬低，说什么“没有准备，临时才买来的”，“没有什么好东西，凑合着用吧”，而应当实事求是地说明自己的态度，比如“这是我为你精心挑选的，相信你一定会喜欢”等。

三是说明礼品的寓意，在送礼时，介绍礼品的寓意，多讲几句吉祥话，是必不可少的。

四是说明礼品的用途，对较为新颖的礼品可以说明礼品的用途、用法。

（4）正确反应。很多人在受礼的时候会再三推辞，所以馈赠时不要对方一谦虚马上就把礼品收回来，这样会让对方变得失望、难堪甚至恼羞成怒。当客户接受你赠送的礼品时，应报之以微笑，说一句：“真高兴您喜欢它。”

2. 接受礼品的礼仪

（1）受礼坦然。一般情况下，对于对方真心赠送的礼物不能拒收，因此没完没了地说“受之有愧”、“我不能收下这样贵重的礼物”这类话是多余的，有时还会使人产生不愉快的感觉。即使礼物不称你心，也不能表露在脸上。接受礼物时要用双手，并说上几句感谢的话语。千万不要虚情假意，推推躲躲，反复推辞，硬逼对方留下自用；或是心口不一，嘴上说“不要，不要”，手却早早伸了过去。

（2）当面拆封。如果条件许可，在接受他人相赠的礼品后，应当尽可能地当着对方的面，将礼品包装当场拆封。这种做法在国际社会是非常普遍的。在启封时，动作要井然有序，舒缓得当，不要乱扯、乱撕。拆封后应不要忘记用适当的动作和语言，显示自己对礼品的欣赏之意，如将他人所送鲜花捧到面前闻闻花香，然后再插入花瓶，并置放在醒目之处。

（3）拒礼有方。有时候，出于种种原因，不能接受他人相赠的礼品。在拒绝时，要讲究方式、方法，处处依礼而行，要给对方留有退路，使其有台阶可下，切忌令人难堪。可以使用委婉的、不失礼貌的语言，向赠送者暗示自己难以接受对方的好意，如当对方向自己赠送一部手机时，可以告之：“我已经有一部了。”可以直截了当地向赠送者说明自己之所以难以接受礼品的原因。在公务交往中，拒绝礼品时此法最为适用，如拒绝他人所赠的大额贵重礼品时，可以说：“依照有关规定，你送我的这件东西，必须登记上缴。”

（4）还礼有理。不一定要还礼给所有送礼给你的人。如果送礼给你的人不在你原定的送礼计划内，最好不要送礼。这种人通常和你没有业务关系，你弄不清他送礼给你的原因，也许是你忘记了你曾帮助过他，他送礼感谢你来了。如果是这样，你还礼给他，反而不近人情，因为你令他无法实现感谢你的心愿。

四、赠花的礼仪

鲜花是美好、吉祥、友谊和幸福的象征。我国早在汉代就有“折柳送别话依依”的诗句，可见在当时已有交际赠花之习俗。当今社交中无论是欢迎、送别、婚寿庆祝，还是节庆、开业、慰问、吊唁及国际交往中，人们经常赠之以鲜花，言志明心。但由于各地风俗习惯不同，花的含义也不同，送花时必须注意得体，要做到以下几点。

1. 了解“花卉语”

当以花为媒来传递友谊时，要注意运用正确的“花卉语”，以免出现尴尬。以下是常见的花卉的寓意：荷花象征纯洁、淡泊和无邪；月季象征幸福、光荣；红玫瑰象征爱情；百合象征圣洁、幸福、百年好合；康乃馨象征健康长寿；梅花象征刚毅、坚贞不屈等。

在不同的国家和地区，同一种花也许会有不同的寓意，如在一些国家，菊花和康乃馨被认为是噩运的象征。垂柳在美国表示“悲哀”，但在法国，柳则是“仁勇”的象征。实际上，同一种类型的花卉，因其不同的颜色，也有不同甚至截然相反的意思。如红色的郁金香是“爱的表示”，蓝色的郁金香象征“诚实”，而黄色的郁金香则象征“无望的恋爱”。因此要恰当运用好“花卉语”。

2. 不同场合花语赠花

向恋人赠玫瑰花的花语是“我真心爱你”，蔷薇花象征“我向你求爱，小天使”，桂花表示“我挚意爱你”，这类花卉赠之恋人，可收心有灵犀一点通之效。若将这类花卉赠之其他对象，则会交际不成，反而引火烧身。婚礼赠花可以送一束美丽鲜艳的由红玫瑰、吉祥草、文竹等组成的花束。红玫瑰象征爱情美好；吉祥草祝朋友吉祥如意、生活美满；文竹绿叶葱葱，祝朋友青春永葆。此外并蒂莲表示“恩爱如初，幸福长存”，百合花象征“百年好合”，它们及红色郁金香等花都是婚礼的理想花卉。慰问病人，送一束黄月季，表示“早日康复”，送一束芝兰，象征“正气清运，贵体早康”，或送一束松、柏、梅花，以鼓励他与病魔做斗争，“胜利属于你”。庆贺生日赠花，年轻人可送其火红的石榴花、鲜红的月季花、美丽的象牙花，祝其前程如火样红烈，青春如红花鲜艳等。对年老者，赠之以万年青、寿星草、龟背竹等，以示祝福老人健康长寿，快乐幸福。

3. 赠花的注意事项

正式场合，如组织开张、纪念、庆典等，大多可送花篮；迎宾、欢送、演出中送给演员，大多送花环、花束；宴请、招待会等送胸花；参加追悼会时送花圈以示哀悼。送花一般不能送单一的白色花，因为会被人认为不吉利；送玫瑰花时应送单数，不要送双数，但12除外，不要将红玫瑰送给未成年的小姑娘，不要将浓香型的鲜花送给病人。送一束花时最好用彩色透明纸将花包装好，再系一根与鲜花颜色相匹配的彩带，这样既便于携带，又会使花显得更漂亮。

专业阅读

一、礼品禁忌

在选择、准备礼品的时候，要自觉、主动地避开对方受礼的禁忌。要注意以下几种禁忌情况。

（1）违法、犯规礼品。比如国家公务员在执行公务时，即使关系再特殊，也不要赠送任何礼品。送外国友人礼品的时候，还要考虑到不违反对方所在国家的现行法律等。

（2）坏俗礼品。挑选礼品的时候，特别是要送给交往不深的对象或外地区人士、外国人的时候，就要有意识地使赠品不和对方所在地的风俗习惯相矛盾、相抵触。在任何情况下，都要坚决避免把对方认为属于伤风败俗的物品作为礼品相赠。

（3）私忌礼品。由于种种原因，人们会忌讳某些物品。比如，高血压患者不能吃含高脂肪、高胆固醇的食品，糖尿病患者不能吃含糖量高的食品。如果送私忌礼品给人，对方反而会认为你没有把他放在心上，不尊重他。

（4）有害礼品。有一些东西，不但会对人们工作、学习、生活及身体健康、家庭幸福无益，反而有害。比如，烈酒、赌具及庸俗低级的书刊、音像制品等。送这些礼物，难免会有存心害人的嫌疑。

（5）广告礼品。不要轻易把带有广告标志或广告语的东西送人。不然，会让对方产生利用廉价劳动力、替你免费宣传的嫌疑。

除此之外，还要注意礼物的价格标签一定要撕下。否则会使得礼物的商业气息太浓，是非常失礼的。

还有就是避免不要把同样的礼物同时送给相识的两个人，那样会让人觉得你在搞“批发”。

二、国外顾客的礼品馈赠

对于国外顾客，馈赠礼品要特别注意以下方面。

不要送药品、现金、有价证券、珠宝、首饰等贵重物品，一般可以送纪念品、鲜花或给对方儿童买件小玩具。但是，国外人士都十分注意礼品的外包装，所以，有必要在礼品的外包装上多下工夫。

在和外国顾客特别是欧美顾客打交道的时候，由于东西方文化背景的不同，送礼的时候说一些自谦的话，比如说“区区薄礼，请笑纳”之类的话，因为外国人大多没有含蓄的习惯，他们会把你的话当真，反而会使他不高兴，认为你过于随意，根本不在意他。

给美国人送礼时，不妨满足他们特殊的猎奇心理，送一些工艺品、葡萄酒或烈性酒也是可以的。一定要在应酬前或应酬结束时，再将礼物拿出来。

给英国人送礼时要送价钱不贵但有意义的礼物，他们认为百合花意味着死亡，所以要避免送百合花作礼物。而且他们有当面打开礼物的习惯。

给德国人送礼时，可以送价格适中而别致、精巧的礼物，外包装也要如此。

给法国人送礼时，只要送几枝没有捆扎的鲜花就行，但他们忌讳初次见面时就送礼。

给日本人送礼时，可以考虑名牌礼物，但不一定是贵重礼品。他们有把送自己的礼品转送他人的习惯，所以，不要在礼物上刻字作画，以方便他们以后转送。

给韩国人送礼时，最好送一份本国、本民族、本地区的土特产。

给阿拉伯人送礼时，要选一些贵重物品、名牌物品或者是多姿多彩的物品。但他们不喜欢纯实用性的礼物，不能送旧物品和酒。而且不习惯初次见面就送礼或受礼。

信仰伊斯兰教的人不能送人形礼物，也不能送酒，他们认为酒是万恶之源。也不要送雕塑和女人的画片等。

给俄罗斯人送鲜花要送单数，他们最忌讳送钱，认为这意味着施舍和侮辱。

（资料来源：未来之舟．营销礼仪手册．北京：海军出版社，2005）

课后训练

1. 怎样选择馈赠的礼品？

2. 哪些交际场合需要向客户馈赠礼品？

3. 向客户馈赠礼品的时机如何确定？

4. 利用课后或者周末时间逛逛花店，面对绚丽多彩的鲜花，进一步熟悉花的花语，并了解赠花的基本礼仪。

5. 模拟训练赠送与受赠礼物的礼节。

6. 案例分析

确实亏大了

一次，国内某自知名企业接待了美国某知名研究所前来进行技术指导的著名工程师。在欢送美国工程师的仪式上，这所大学赠送给美国工程师的礼物是一盒包装精美考究的茶叶，而美国工程师回敬的是一支极其普通的签字笔，笔身上印着该研究所的名字。

事后，面对美国工程师回赠的签字笔，企业的接待方大呼吃亏。一行人在一起七嘴八舌地议论说："我们的那盒茶叶是十七八岁的姑娘采摘的，经过几十道工序加工，包装的盒子也非常考究，成本在2000元人民币左右。由于是企业专门委托某大学的一个茶叶课题组专门加工的官方送礼的礼品茶，十分珍惜。可他回赠的签字笔最多也就值个1～2美元，这也太不划算了，这次我们是亏大了。"

确实是亏大了，茶叶的包装盒上没有一个英文字母，估计过一段时间后美国工程师就可能记不清盒里装的是什么了，也许他没有喝茶的习惯，尽管是价值不菲的茶叶，对他来说还不如一支签字笔实用。可是笔身上印有美国研究所名字的签字笔，一时半会儿用不完，当人们在使用这支笔的时候，都会回忆起当时接受这支笔的情形。

（资料来源：廖春红．中国式商务应酬细节全攻略．广州：广东人民出版社，2010）

思考与讨论：

（1）该企业给美国工程师赠送礼品存在什么问题？

（2）思考一下最好的礼品具有什么特点？

（3）本案例对你有何启示？

7. 案例分析

投其所好

某公司的营销人员一直在和香港某公司的老板洽谈一宗较大的生意，可最后却因为一些小问题总是达不成协议，这位营销人员在与此老板的交谈中发现，他非常喜欢收集石头，对石头有着一种不一般的爱好。营销人员抓住机会说："哦，是吗？收藏可是非常有学问的啊，您真是博学多才啊。我对这个就不行了，不过我倒是有些南京的雨花石，下次我给您带来，您看看好不好……"香港老板当然会说好，但是他也许认为这只是这位营销人员随便说说而已。但是这位营销人员是个有心人，他马上托朋友在南京买了一些精美的雨花石，当下次他真的把雨花石带来的时候，令香港老板大吃一惊，在鉴赏石头的同时，营销人员乘机赞美他，这样让两人的关系一下子突破了商业关系。等香港老板说得尽兴的时候，营销人员顺水推舟地说："看您这么喜欢，反正我也不懂，就送给您吧……"送礼在轻松的环境中顺理成章地完成了，感情得到了升华，交易自然完成。

（资料来源：未来之舟．营销礼仪手册．北京：海军出版社，2005）

思考与讨论：

（1）营销人员给香港老板送礼是怎样完成的？

（2）本案例对你有何启示？

8. 案例分析

特殊的礼物

王鹏和郭海是一对多年的好朋友，大学毕业后，进了两家大型医疗器械生产企业做了销售代表。尽管市场竞争激烈，但这并未影响两人的友情，他们还经常一起讨论应酬客户的技巧。

在争取北京一家大医院的订单时，两人成了竞争对手。医院方面负责购买医疗器械的是李主任，由于前来商谈的几家医疗器械生产商的产品各有千秋，他一时没拿定主意签哪家的单。这让参与竞争的各医疗器械生产厂家的销售代表十分焦急，生怕一不小心落了这笔大单。

恰逢这时李主任的女儿结婚。王鹏托人打听到，因为李主任的女婿所在单位新来了一个紧急项目，将其原来申请的一个月假期改为 10 天，原先定好的欧洲一月旅游作为蜜月旅行的计划落空，还未决定好新的蜜月旅行地。而王鹏的姐姐正好放弃了原来的蜜月旅行计划，正打算取消原先为蜜月定下的国内某著名旅行社新推出的特色游四个人的位置，于是，王鹏在回到北京前去拜访李主任时，他并不提及订单的事情，只道对未能参加婚礼的事情表示遗憾，又装作不经意地说："我姐姐本来定了某旅行社新推出的特色游去度蜜月，加上公公婆婆定了四个位置，眼看日期临近，姐姐、姐夫他们却都抽不开身，看来只能退掉了。令爱蜜月旅行去哪里啊？"在得知未定的情况下，他说："李主任要是不嫌弃的话，我姐姐这 4 张票就送给令爱吧，您和夫人也顺便抽时间前去放松放松吧。"简单推辞之后，李主任收下了这四张票，但坚持给了王鹏相关费用。

半个月之后，北京那家大医院的订单有了结果，正是王鹏所在的企业赢得了这笔大订单。

（资料来源：廖春红．中国式商务应酬细节全攻略．广州：广东人民出版社，2010）

思考与讨论：

（1）结合本案例谈谈王鹏为什么能够赢得这笔大订单？

（2）本案例对你有何启示？

9. 案例分析

送花

王艳和文军在同一个公司工作，两人是好朋友。王艳邀请文军参加自己的婚礼，为了表达心意，文军考虑要送给王艳一份特别的礼物。思来想去，文军觉得送鲜花既时尚又浪漫，最合适，而且要送红玫瑰，以表示对新婚夫妇甜蜜爱情的祝福。这天，文军捧了一大束红玫瑰参加婚礼，可当他将花束送给王艳时，王艳面部表情发生了急剧的变化，迟疑地不肯去接鲜花，王艳的新婚丈夫则脸色难看，令文军十分难堪。这件事引起了王艳丈夫的误解，破坏了他们新婚甜蜜的气氛，王艳做了多番的解释，才消除了丈夫的误会。

（资料来源：http：//www. jysls. com/thread-606922-1-1. html，2009-08-04）

思考与讨论：

（1）请分析王艳夫妇不悦的原因。

（2）本案例对你有何启示?

任务八　求职礼仪

莫愁前路无知己，天下谁人不识君。

——【唐】高适

每一个成功都有一个开始，勇于开始才能找到成功的路。

——佚名

学习目标

1. 做好求职面试的各项准备。
2. 根据自身实际设计出引起用人单位关注的简历。
3. 面试符合礼仪规范，拥有职业化的举止。
4. 在面试中得体地与面试官沟通交流，展现良好的职业形象。

案例导入

面谈的细节

拟应聘某企业营销人员的吴涛好不容易才通过了用人单位的几道招聘程序，几道关下来，还算比较顺利，最后一关是与用人单位领导面谈。面谈中，尽管领导曾当场提示他："不要着急，放松些。"但他急于求成，竟没有注意，常常是领导的话还没有说完，就表示知道了领导要表达的意思，并按照自己的理解作了回答。

谈话终于结束了，吴涛回到学校等这个单位的消息。可是，过了预定的日期，他没有收到任何消息，他这才觉得自己在应聘中出了问题。

（资料来源：http：//blog. china. alibaba. com/blog/oe9oy74k2/article/b0-i26325849. html，2011-09-25）

任务设计

现代社会对每个人提出了种种挑战的同时，也提供了各种各样难得的机遇，如何在竞争激烈的人才市场中，力挫群雄，一举应聘成功，是每个营销人员必须面对的问题。

企业在招聘营销等各类人员的过程中除了重视文凭以外，更加重视对人才综合素质的考察，在求职时，仅靠专业知识和热情是不够的，掌握一些礼仪惯例和技巧十分必要。知书达理之人，总会有更多的机遇，谦谦君子总会给人留下美好的印象，而这些都是获得成功的第一步。所以，作为一个求职者，首先就要在求职过程中注重求职礼仪，注意自己的行为举止，表现出自己良好的专业知识和修养。

上面的案例中吴涛虽然通过用人单位的几道招聘程序，但是在最关键的面谈环节，出现问题而功亏一篑，这充分说明求职中的礼仪礼节往往起着举足轻重的作用，必须引起重视。

为了完成本项任务的学习，建议在班级举行一次"模拟招聘会"，具体如下。

模拟招聘会

实训目标：锻炼学生自我推销能力，积累应聘经验，掌握应聘礼仪，增强自信心，全面认识自我。

实训学时：2 学时。

实训地点：实训室。

实训准备：模拟招聘企业情况、需求岗位、面试问题、面试桌椅等。

实训方法：

（1）选 3 ~4 名学生担任某企业面试考官，其他同学担任求职者。

（2）面试考官先介绍单位及岗位需求情况，然后求职者依次进行 1 分钟自我介绍，面试考官提问，求职者回答问题。

（3）教师总结、点评。

知识链接

一、求职的准备

1. 心理准备

无论是刚从学校毕业的新人，还是等待谋求新职的人，都面临求职面试这一关。每一个求职的人，都希望在面试时留给主考官一个好印象，从而增大录取的可能性。所以，事先了解面试时的一些必要的礼节，是非常重要的。可以说，这是求职者迈向成功的第一步。中国有句古话："知己知彼，百战不殆。"面试就如同一场试探性的战斗，战斗的双方就是面试单位的主考官和参加面试的你。

（1）要研究主考官。应聘者要"研究主考官"，这里所说的"研究"是要试想一下主考官会从哪些方面来考察、评价面试者。综合起来，有以下几个方面：主考官可能会先评价一个应聘者的衣着、外表、仪态和行为举止；主考官会对应聘者的专业知识、口才、谈话技巧做整体的考核；主考官可能会从面谈中来了解应聘者的性格和人际关系，并从谈话过程中了解应聘者的情绪状况及人格成熟的程度；主考官会在面试时，观察应聘者对工作的热情程度和责任心，了解应聘者的人生理想、抱负和上进心。

（2）要研究自己。这包括以下几个方面。①认识自己，了解自己的长处、兴趣、人生目标、就业倾向等。许多学校都会为毕业生就业求职开设一些辅导，帮助毕业生分析个人的专业和志向，作为毕业生的你，可以充分利用这个渠道，为求职预先做好准备。②听取家人和有社会经验的亲友的意见和建议，修正个人的志愿，也是很有必要的。③搜集招聘公司的相关资料，了解该公司目前的经营状况、企业文化、未来的发展等情况，这项工作可以使你更能把握现有情况，增强面试时的信心。④事前的演练可以帮你发现问题，放松紧张的精神。⑤参加面试一定要抱着谨慎的态度，不浪费每一次机会，并把每一次面试当做重要的经验积累起来，千万不要有随便或侥幸的心理。人与人的作用是相互的，你若是郑重其事，对方也自然会重视你。⑥了解并演练一下必要的面试礼仪。在平时，你可能是一个非常自由、无拘无束的人，对任何繁文缛节都不屑一顾，但在面试之前，你多少要了解一些面试的礼仪，它对你争取那个职位有很大帮助。在面试之前演练一下你并不熟悉的礼仪，会让你在面试中表现得轻松自如。⑦准备一套适合面试的服装。对于一名大学毕业生来说，毕业工作意味着社会角色的转变，求职是参加工作的第一步，你的穿着一定要符合你的新社会角色。对男士来讲，拥有一套合身、穿着舒服但不很昂贵的西装是非常必要的；对女士来讲，暂时把时装收起来，身着职业套装会平添几分成熟和风韵。

2. *材料准备*

在双向选择过程中，大部分用人单位安排面试的依据是有关反映毕业生情况的书面材料，通过这些书面材料来判断和评价毕业生的学习成绩、工作潜力。毕业生要成功地向用人单位推销自己，拟订具有说服力和吸引力的求职面试材料是成功的第一步。

面试材料包括毕业生就业推荐表、简历、自荐信、成绩单及各式证书（获奖证书，英语、计算机等各类技能等级证书）、已发表的文章、论文、取得的成果等。

（1）毕业生就业推荐表。毕业生就业推荐表是反映毕业生综合情况并附有学校书面意见的推荐表。其主要内容一般包括：毕业生基本资料、照片、学历、社会工作、获奖情况、科研情况、个人兴趣特长等，一般还应附有教务部门出具的成绩单。其中，该表的综合评定及推荐意见部分是由最了解毕业生全面情况的辅导员填写，并且是以组织负责的形式向用人单位推荐，具有较大的权威性和可靠性。所以，大部分用人单位历来把该表作为接收毕业生的主要依据。毕业生必须用正式的毕业推荐表签订就业协议。

（2）简历。简历主要是针对应聘的工作，将相关经验、业绩、能力、性格等简要地列举出来，以达到推荐自己的目的。由于毕业生就业推荐表栏目和篇幅限制，多数毕业生更希望有一份个性突出、设计精美、能给用人单位留下深刻印象的简历。以下是设计简历应注意的事项。

①简历的设计原则。真实、简明、无错是简历设计的三个原则。真实原则就是指简历从内容上讲必须真实，比如选了什么课，就写什么课；如果没有选，就不要写。兼职工作更是

如此，做了什么，就写什么，不要做了一，却写了三或四。因为在面试时，你的简历就是面试官的靶子，他会就简历上的任何问题提出疑问。如果你学了或做了，你就能答上来，否则你和考官都会很尴尬，你在其眼里的信誉也就没有了，这是很不利的。讲真话，不要言过其实，相信自己的判断力是十分重要的。如果你没有参加任何兼职工作，你可以不写，因为主考官知道你是刚刚毕业的学生，而学生的本职工作就是学习。或许你就是重点地学习了本专业，没有顾上其他；或许你在学习本专业的同时选择了第二专业或辅修专业；或许你虽然没有在校外兼职，但在校内、系里或班里做了大量实践工作。总之，你会有自己的选择，也会珍惜自己的选择，并为自己的选择骄傲。这样你就没有必要为没有兼职工作而苦恼或凭空捏造。请记住，主考官都是从学生过来的，他们会尊重你的选择。

简历，最好简单明了。这就是简明原则。如果简历内容过多，又缺乏层次感，会给人以琐碎的感觉。必要信息如姓名、性别、出生年月、联系电话和地址等一定要写上。相比之下，身高、体重、血型、父母甚至兄弟姐妹做什么工作并不是非常重要的，这些内容纯属辅助信息，可要可不要，至少不应占据重要位置。可以将自己认为重要的信息全部浓缩到第一页上，然后把认为次要的信息，诸如每学期成绩单、获奖证书复印件等信息都当做附件。这样的简历主考官只看一页就清楚大致情况，主次分明，非常有效，主考官如果感兴趣，可以继续看附件里的文件。

无错原则是指简历应该没有错误，尽可能在寄出简历之前，一个字一个字地检查一遍，标点符号也不能落下。否则会被认为是一个粗心的人，在激烈的竞争中就可能被淘汰。

②简历的内容。简历并没有固定格式，对于社会经历较少的大学毕业生，一般包括个人基本资料、学历、社会工作及课外活动、兴趣爱好等，其内容大体包括以下几方面。

- 个人基本材料。主要指姓名、性别、出生年月、家庭住址、政治面貌、身高、视力等，一般写在简历最前面。
- 学历。用人单位主要通过学历情况了解应聘者的智力及专业能力水平，一般应写在前面。习惯上书写学历的顺序是按时间的先后，但实际上用人单位更重视现在的学历，最好从现在开始往回写，写到中学即可。学习成绩优秀，获得奖学金或其他荣誉称号是学习生活中的闪光点，可一一列出，以加重分量。
- 生产实习、科研成果和毕业论文及发表的文章。这些材料能够反映你的工作经验，展示你的专业能力和学术水平，将是简历中一个有力的参考内容。
- 社会工作。近几年来，越来越多的用人单位渴望招聘到具有一定应变能力、能够从事各种不同性质工作的大学毕业生。学生干部和具备一定实际工作能力、管理能力的毕业生颇受青睐。对于大学生来说，积极参加社会实践活动是应聘时相当重要的经历。
- 勤工助学经历。尽管勤工助学的经历与应聘职业无直接关系，但是勤工助学能够显示你的意志，并给人留下能吃苦、勤奋、负责、积极的好印象。
- 特长、兴趣爱好与性格。是指你拥有的技能，特别是指中文写作、外语及计算机能力。兴趣爱好与性格特点能够展示你的品德、修养、社交能力及团队精神，它与工作性质关系密切，所以，用词要贴切。

• 联系方式。联系地址、电话、邮政编码千万不要忘记写，以免用人单位因联系不到你而失去择业机会。

在按要求完成上述简历的基础上，也可给自己的简历设计一个精美、醒目、悦人的封面。

（3）自荐信。自荐信即求职信，它的基本内容应该包括以下几个方面。①写明用人信息的来源及自己所希望从事的工作岗位，否则，用人单位将无法答复。②愿望动机。这是自荐信的核心内容，说明自己要求竞争所期望的职业的理由和今后的目标。③所学专业与特长。将大学所学的重要专业课程写入，但不要面面俱到，以免使主要的专业课程“湮没”在文字之中。对自己熟悉的、有兴趣的，特别是与期望单位所需人才职业关系密切的，可多写一些。④兴趣和特长，要写得具体真实。⑤应提醒用人单位留意你附带的简历，请求给予同意等。

信函求职在毕业生求职过程中，是最常用的、最主要的方式。求职信由开头、正文、结尾和落款四部分组成。在开头，要有正确的称呼和格式，在第一行顶格书写，如“尊敬的人事处负责同志”、“尊敬的张教授”等，加一句问候语“您好”以示尊敬和礼貌。正文部分主要是个人基本情况即个人所具备的条件。求职信的核心部分要从专业知识、社会实践能力、专业技能、性格特长等方面使用人单位确信，他们所需要的正是你所能胜任的。结尾部分可提醒用人单位回复，并且给予用人单位更为肯定的确认：“您给我一个机会，我会带给您无数个惊喜！”结束语后面，要写表示敬意的话，如“此致”、“敬礼”。落款部分署名并附日期。如果有附件，可在信的左下角注明。

求职信的信封、信纸最好选用署有本学校的信封、信纸，忌讳选用带有外单位名字的信封、信纸，字迹要清晰工整。如果写一手漂亮的书法，最好手写，因为更多的人相信“字如其人”。如果字写得不好看，就不如用电脑打出来，篇幅要适中，不宜过长，1000 字左右较为合适。求职信是个人与单位的第一次接触。所以，文笔要流畅，可以有鲜明的个人风格，但不可过高地评价自己，也不可过于谦虚，要给用人单位留下较为深刻的印象。最后，要留下自己的联系方式。

在毕业就业推荐表、简历和自荐信后，还应附有成绩单及各式证书、已发表的文章复印件，论文说明、成果证明等。如果本专业是比较特殊的话，还应附一份本专业介绍。

以下是一个求职信范例，供读者参考。

自荐信

尊敬的经理先生：

您好！几天前，我从贵公司网站中了解到贵公司招聘两名产品推销员的消息，很愿意一试，故冒昧地给您写信。

我所学的专业是市场营销，今年 7 月将从××学院毕业。去年暑假我曾为贵公司做过一个月的商品促销工作。在此期间，贵公司产品的良好质量和优越性给我留下深刻的印象。由于我促销得力，受到有关人士好评。我希望能到贵公司工作，以自己微薄之力为公司扩大销售效劳。

我是专科生，自知自己的学识水平与贵公司的要求相差甚远，但本人相貌端庄，身体健康，能吃苦耐劳，爱好广泛，谦虚好学，乐于助人，有良好的环境适应能力和人际交往能力，这都是一名优秀推销员不可少的基本素质。我家庭出身贫寒，为人朴实、正直，在小学、中学、大学多次获奖，多次被评为优秀团员、三好学生、优秀学生干部。本人学习成绩优良，外语和计算机操作能力较强（附上我在校期间的成绩记录及获奖情况，请参阅）。

以上这些都表达了我真诚希望成为贵公司一员的愿望。如贵公司能给我一次锻炼学习的机会，请拨电话×××××××，或来函预约面谈时间，我自会准时拜见。

此致

敬礼！

自荐人：×××

××××年××月××日

3. 方法准备

求职面试的基本方法主要有电话自荐、考试录用、网上应聘等，在各种方法之中也有很多应试技巧，掌握下面一些方法和技巧，会有助于你求职面试取得成功。

（1）电话自荐。通过电话推荐自己，是常用的一种求职方式，如何充分地利用电话接通后的短暂时间，用最简洁明了的语言清楚地表达自己，能否给对方留下一个深刻清晰的印象，是同学们十分关心的问题。

打电话之前，一定要做好充分的准备工作。在谈话内容上，首先，要了解用人单位的有关情况，尽量做到心中有数；其次，要对自己有一个客观、公正的认识；最后，要根据用人单位的需求情况，结合自己的特长，列出一份简单的提纲，讲究条理并重点突出地介绍自己，力争给受话人留下深刻印象。另外还要调整好自己的心态，做好充分的心理准备，努力控制好说话的语音、语调、语速，在短暂的时间里，展现自己积极向上、有礼有节的个人良好品质。

电话接通后应有礼貌地询问："请问这是某单位人事处吗？"在得到对方单位的肯定答复后，应作简短的自我介绍，并说明来电意图。求职者一定要言简意赅，并着力表现自身特长与所求职位相互吻合。

（2）考试录用。笔试是常用的考核方法，一般限于对专业技术要求很强、对录用人员素质要求很高的单位，如一些涉外部门或技术要求高的专业公司等。

参加笔试前，应了解笔试的大体内容。一般而言，用人单位的笔试包括以下几个方面的内容：一是对于知识面的考核，包括基础知识和专业知识；二是智力测试，主要测试受聘者的记忆力、分析观察力、综合归纳能力、思维反应能力；三是技能检测，主要是对其处理实际问题的速度与质量的测试，检验其对知识和智力运用的程度和能力。参加笔试要按要求准时到场，不能迟到。卷面要整洁、字迹工整，给阅卷老师留下良好的印象。考试过程中，绝对不能作弊或搞小动作，对于这一点，用人单位是尤其看重的。

（3）网上应聘。网上求职，首先要准备一份既简洁又能吸引用人单位的求职信和简历。求职信的内容包括：求职目标——明确你所向往的职位；个人特点的小结——吸引人来阅读你的简历；表决心——简单有力地显示信心。

在准备求职信时还要注意控制篇幅，要让人事经理无须使用屏幕的滚动条就能读完；直接在篇内编辑，排版要工整；要做到既体现个人特点又不过分吹嘘。对于网上求职来讲，简历的准备相对比较简单，在“中华英才网”等人才网站上都提供标准的简历样本。需要注意的是，学历和工作经历要按时间顺序倒着填，也就是把最近的工作经历和学历写在最前面，以便招聘方了解你目前的状况。在填写工作经历时，很多求职者只是简单地列出工作单位和职位，没有详细描述工作的具体内容，而招聘方恰恰就是根据你做过什么来评估你的实际工作能力的。除非应聘美工职位，否则不要使用花哨的装饰或字体。

在网上填简历，要严格按照招聘方的要求填写，要求网上填写的就不要寄打印的简历；要求用中文填写的就不要用英文填写；有固定区域填写的就不要另加附件。发送简历是网上求职关键的一步，如果是自己在网上通过 E-mail 发简历，就应该以“应聘某某职位”作为邮件标题，把求职信作为邮件的正文，再把简历直接复制到邮件正文中，这样既方便对方阅读，又杜绝了附件带电脑病毒的可能性。如果通过人才网站求职，可以直接把填好的简历发送给招聘单位，网站的在线招聘管理系统还能把个人简历以数据库的方式存储起来，根据求职者的要求，供招聘单位检索和筛选。

二、面试礼仪

面试时首先遇到的问题就是究竟应何时到达面谈地点较为恰当。是准时抵达还是提前到达？若是早到又应以几分钟为宜？在等待的时间中应该注意什么？由于目前的交通状况不甚良好，令人无法预计准确的车程时间，所以最好提早出门，比原定时间早 5 ~ 10 分钟到达面谈地点，所谓“赶早不赶晚”。早到可先熟悉应聘公司附近的环境并整理仪容。但如果早到 10 分钟以上，千万别在接待区走来走去，因为这样会打扰公司上班的职员，有损他人对自己的第一印象，对后面的面试一点好处也没有。所以，此时可向别人询问盥洗室在哪儿，在那里可再一次检查自己的服装仪容。轮到自己上场面试时，须掌握以下要点。

1. 学会自我介绍

求职者自我介绍的根本目的，是使面试考官对自己有一个初步的、大概的了解，并且尽可能留下好的印象以便使面试能够深入进行下去，最终赢得面试的成功。求职面试的自我介绍必须讲究技巧，成功的自我介绍往往会给面试考官留下深刻的印象，那样求职就成功了一半。在人的思想意识中，往往存在这样的误区，认为最了解自己的人一定是自己，把介绍自己当成是一件很容易的事。其实不然，说人易，说己难。在求职面试中，介绍自己是最难的部分，要成功地进行自我介绍，要从以下几个方面着手。

（1）礼貌地问候。在进行自我介绍之前，求职者先要跟面试主考官打个招呼、道声谢，这是最起码的礼貌。比如："经理，您好，谢谢您给我这个机会，现在，我向您作个简单的自我介绍……"介绍完毕以后，要注意向面试主考官致谢，并且还要向在场的其他面试人员致谢。

（2）主题要鲜明。求职面试中的自我介绍一般包括以下基本要素：姓名、年龄、籍贯、学历、学业情况、性格、特长、爱好、工作能力和工作经验等。在自我介绍时，不必面面俱到，而要主题鲜明，直截了当，切入正题，不拖泥带水，对于材料的组织要合理，做到详略得当、重点突出。一般来说应按招聘方的要求来组织介绍材料，围绕中心说话。假如招聘单位对应聘人的工作能力和工作经验很重视，那么，求职者就得从自己的工作能力及经验出发作详细的叙述，而且整个介绍都是以这个重点为中心。下面是某家工艺品总公司招聘业务员的一则对话。

面试考官：我公司主要是经营有地方特色或民族特色的工艺品，如北京的景泰蓝、景德镇的陶瓷和湖州的抽纱等。这次招聘的对象主要是能开拓海内外业务的湖州抽纱的业务员。现在，请你介绍一下自己的情况。

求职者：我叫李伟，今年24岁，是湖州市人，今年毕业于湖州市商业学校，读市场营销专业。我一直生活在湖州，小时候就经常帮妈妈和奶奶做抽纱活儿，对于传统的抽纱工艺可以说是比较了解的。在商校学习的两年中，我掌握了营销方面的专业知识，这是我将来搞好业务的资本。我的口才较好，曾参加省属中专学校的求职口才竞赛，获得了二等奖，并且还具备一定的英语口语能力。我的个人的特点是头脑灵活、反应快，平时喜欢看报纸，对国内外的经济发展动态很感兴趣，喜欢从事具有挑战性的工作。

（资料来源：http：//xinfeiku. com/txt/4/4103/938221. shtml）

应聘的求职者一般应从最高学历讲起，只要面试考官不问，完全没有必要谈及小学、中学甚至是大学。谈所学的专业、课程时，不必说明成绩。谈求职的经历，不要漫无边际、东拉西扯，最好在1～3分钟之内完成自我介绍，要简洁、明快、干脆、有力。

（3）让事实说话。在面试时，有的人为了能给面试考官留下深刻的印象，往往喜欢对自己进行过多的夸张，动辄就"我的业务水平是很高的"、"我的成绩是全年级最好的"，其实，这样反倒会给面试考官留下不好的印象。现在的用人单位往往更注重应聘者的真本事。"事实胜于雄辩"，虽然面试的时间很有限，不可能完全展示出求职者的才能，但是，求职者可以通过实际的事例来证明自己的能力，把自己的才华展示给面试考官。例如，某大学中文系学生小刘，毕业后到报社应聘记者，面对上百个新闻专业出身的应聘者，可以说小刘并没有什么优势。但小刘对此早有准备，他对面试考官介绍自己时是这样说的："我叫刘大明，山西人，毕业于××大学中文系。虽然我不是新闻专业的，但我对记者这个行业却十分感兴趣。在大学期间我是学校校报的记者。4 年间，我进行了多次较为重大的校内外采访，积累了一定的采访经验，再加上我的中文功底，我相信我可以胜任贵报的工作。这是我在大学期间发表过的报道稿，请各位编辑领导批评指正。”面试考官们看过小刘的报道材料后，觉得眼光独到、语言深刻，都很满意。结果小刘击败了众多的竞争者，不久就收到了录用通知。

（4）给自己留条退路。面试中的自我介绍既要坦诚，又要有所保留；既要介绍自己的能力，又不能把自己搞成事事皆能，使自己进退两难。在自我介绍中，求职者要尽可能客观地显示自己的实力，但同时应尽可能地避免使用保证式或绝对式的语言，如：“我非常熟悉这项业务，我保证让部门改变面貌！”这些话往往没有具体内容，反倒会引起面试考官的反感，如果遇到较为平和、内敛的面试考官，也许不会为难你，但是如果遇到个性较强的面试考官进行追问时，求职者会因无法回答而张口结舌、尴尬万分。有这样一个例子：小赵去面试一家国际旅行社的导游。他自我介绍说：“我这个人喜欢旅游，熟悉各处的名胜古迹，全国的风景名胜几乎都去过。”面试考官很感兴趣，就问：“那你去过云南大理吗?”因为面试考官就是大理人，对自己的家乡再熟悉不过了。可惜小赵根本就没去过大理，心想若说没去过这么有名的地方，刚才的话不就成了吹牛了吗？于是硬着头皮说：“去过。”面试考官又问：“你住的是哪家宾馆?”小张再也回答不上来，只好说：“那时我是住在一个朋友家的。”面试考官又问：“你的这位朋友在大理的什么地方啊?”小赵这下没词儿了，东拉西扯答非所问，结果自然是可想而知的。

2. 掌握面试中问与答的技巧

在求职面试的过程中，如何与面试考官进行良性的双向沟通，是求职者能否求职成功的重要保证。因此，在面试过程中，要注意以答为基础、以问为辅助的沟通技巧。尽管不同的公司面试的程序和模式有所不同，面试考官的风格各异，但是有些问题是面试考官们比较喜欢问的。应聘者一定要对这些问题有所准备，知己知彼才能百战不殆。那么面试考官喜欢问哪些问题，又有哪些回答的技巧呢？一般来说，招聘方提出的问题可分为两类：一类是规定性提问，也就是招聘方事先准备好的，对每一位招聘者都要发问的问题；另一类是自由性提问，即招聘方随意穿插的问题，这些问题往往是千变万化、涵盖广泛。招聘方可以从应聘者不经意的对答中发现其闪光点或缺点。无论是哪类问题，应聘者在回答时都应当掌握以下基本技巧：①不要遗漏表现自己才能的重要资料；②保持高度敏锐和灵活的思维状态；③回答既要表现自己的个性气质，又要表现出对招聘方的尊重与服从；④认真倾听对方的提问，并注意对方的反应，以便及时调整自己不恰当的回答；⑤避免提到“倒霉”、“晦气”、“不幸”、“疾病”之类可能招致对方忌讳的字眼。

表 8-1 是企业招聘面试问话提纲，供参考。

表 8-1　面试问话提纲

面试项目	评价要点	提问要点
仪表与风度	体格外貌，穿着举止 礼节风度，精神状态	
工作动机与愿望	对目前职位的更换与求职原因，对未来的追求与目标，本公司所提供的岗位或工作条件能否满足其工作的需要和期望	（1）谈谈你现在的工作情况，包括待遇、工作性质、工作满意程度。 （2）你为什么要选择本公司？ （3）你在工作中追求什么？个人有什么打算？ （4）你想怎样实现你的期望和目标？
工作经验	从事所聘职位的工作经验丰富程度，职位的升迁状况和变化情况，从其所述工作经历中判断其工作责任心、组织领导能力、创新意识	（1）毕业后的第一个职业是什么？ （2）在那家企业里，你担任什么职位？ （3）在那家企业你作出了哪些值得你骄傲的成绩？ （4）你在主管部门中，遇到过什么困难？你是如何处理的？ （5）请你谈谈职务的升迁和工资变化情况
经营意识	判断应聘者是否具有商业意识、竞争意识及是否具备基本的商业知识	（1）应聘者是否具有应聘岗位所需要的专业知识和专业技能，或者相关的工作经验。 （2）通过经营小案例来判断其是否有这方面的观念和意识。 （3）询问一些营销术语和有关专业的问题
精力 活力 兴趣 爱好	应聘者是否精力充沛、充满活力，兴趣和爱好是否符合应聘岗位的要求	（1）你喜欢什么样的运动？ （2）你怎样安排你的休息日和节假日？ （3）你经常参加什么样的交际活动？
思维力 分析力 语言表达能力	对主考人员所提问题能否说理透彻、分析全面、条理清晰，是否能合理地说出自己的意见和观点，用流利的言语表达出来	（1）你如何面对成功和失败？ （2）如果让你筹建一个新的部门，你将从何入手？ （3）提出一些小的案例
工作态度	工作态度如何，谈吐是否自然流畅，是否诚实，是否热爱工作、奋发向上	（1）你曾经工作的公司要求严格吗？在工作中看到别人违反制度和规定，你是怎么做的？ （2）你处理各类问题时经常向领导汇报吗？ （3）你在领导与被领导之间喜欢哪种关系？

续表

面试项目	评价要点	提问要点
其他	应聘者是否能发现自己的优缺点，同时在遇到批评、挫折及工作中的压力时，能否克服，理智对待	（1）你认为你的优势在哪里？ （2）你准备如何改正自己的缺点？ （3）为何要到本公司来？ （4）你适合哪些工作？ （5）你与同事相处得如何？ （6）你喜欢和哪些人交往？……

（资料来源：赵云龙．电话营销学．北京：中国经济出版社，2003）

3. 得体的服饰打扮

求职面谈是一种正式场合，求职者的服饰穿戴关系到招聘人员对其的第一印象，因而应当认真对待。一般来说，求职者的服饰要同自己的身材、身份、年龄等相符合，做到大方得体、整洁明快。在着装时，一要关注细节，比如衣服不必太贵，但要烫得平整，色彩要协调，扣子要扣对，皮鞋要擦亮，不要佩戴款式夸张的首饰。二要注意求职者的装扮须与希望的职业身份相协调，比如你面试的职业是教师、会计、工程师等，打扮就不能过分时髦，而应该选择庄重、素雅的着装，以显示出稳重文雅的职业特性。另外，所选的服装不一定要最漂亮的，而是要选能衬托你内在气质的、穿着舒服的，这样就不会因为服饰而产生潜意识的拘束和不自然。头发要梳理整齐、干净，头饰不宜过多。男士的胡须一般都要求刮净，女士可着淡妆。总之，在求职交际中，求职者要力求把内心的美和外表修饰的美都展现出来。

4. 拥有职业化的举止

一家医疗机构为了选拔护士长进行了一次面试。一位应试者在笔试中是佼佼者，但在面试过程中，她不但拍桌子，脚不断地敲打地板，身体还时不时地扭动。她认为自己很有希望，但结果却落选了。她为什么会落选呢？原因就是她缺乏职业化的举止。许多面试者往往只注重衣着和语言，而忽略了胜过有声语言的形体语言。职业化的举止，包括站姿、坐姿、走姿、手势和眼神等方面。

（1）站姿。站姿给人的印象非常重要。可人们往往认为其简单而忽略了它的重要性。站立应当身体挺直、舒展、收腹，眼睛平视前方，手臂自然下垂。这样的站姿给人一种端正、庄重、稳定、朝气蓬勃的感觉。如果站立时歪头、扭腰、斜伸着腿，会给人留下轻浮、没有教养的印象。

（2）坐姿。进入面试房间之后应等主考官示意坐下才可就座。如果有指定座位，则坐在指定的位子；但如果觉得座位不舒适或光线正好直射，可以对主考官说："有较强光线直接照射我的眼睛，令我感觉不舒服，如果主考官不介意，我是否可换个位置？"若无指定位置，可以选择主考官对面的位子坐定，如此方便与主考官面对面交谈。

面试时的坐，不要贪图舒服。许多人养成了瘫坐的习惯，在面试中一下子就表现出来了。正确的坐姿从入座开始，入座的动作要轻而缓，不要随意拖拉椅子，身体不要前后左右晃动，背部要与椅背平行，沉着安静地坐下。落座后，上身要保持直立状态，既不前倾，也不后仰。双手自然下垂，肩部放松，五指并拢。男女的坐姿还有一定的区别：男士可以微分双脚，这样给人以自信、豁达的感觉，双手可以随意放置；女士一般要并拢双膝，或者小腿交叉端坐，这样，给人端庄、矜持的感觉，双手一般要放在膝盖上。

以下这些“坐”法是应该避免的：拖拉椅子，发出很大的声音；一屁股坐在椅子上；坐在椅子上，耷拉着肩膀，含胸驼背，给人委靡不振的感觉；半躺半坐，男的跷着二郎腿，女的双膝分开、叉开腿等，给人放肆和缺乏教养的感觉；坐在椅子上，脚或者腿自觉不自觉地颤动或晃动。

（3）走姿。走姿是在站姿的基础上展示人的动态美的极好方式。对于求职面谈而言，展现走姿主要是指从进入面谈室到入座或站定和面谈结束后离开房间的两个过程。求职者要注意，步入面谈室前应先轻轻敲门，听见“请进”后，再轻轻推开门，并主动向屋内的人打招呼，然后神态自然、步履稳健、面带微笑地走进房间。面谈结束后，不管自己对于面谈的预感是怎样的，步履仍然应该自信从容，到门口时再轻轻把门带一下，切记不可失去常态，慌慌张张地快步走出，也不能漫不经心、一步三晃地下去，这样可能会使招聘人员对你的整个面谈失去好感。

面试时重要的是自信，这种自信也是通过面试者的走姿表现出来的。自信的走姿应该是，身体重心稍微前倾，挺胸收腹，上身保持正直，双手自然前后摆动，脚步要轻而稳，两眼平视前方。步伐要稳健，步履自然，有节奏感。

（4）手势。面试者在运用手势时要注意紧密配合有声语言，做到协调一致“该出手时就出手”，不要“想出不敢出”，反倒给人胆小拘谨之感。手势还要大方自然，幅度适中。手势过大让人觉得性格不稳定，无节制地挥手或无规律地乱摆都会让人觉得说话者轻浮或狂妄；手势过小显得呆板，缺少风度。

一些下意识的举动，如揉眼睛、玩手指、双手交叉在胸前、拉耳掰手、扯衣挠发，甚至腿无意识地抖动，等等，这些都可能反映出求职者内心的不安、慌张、窘迫，会分散人的注意力，给面试考官留下不好的印象。所以，上述情形一定要在面试中加以杜绝。

（5）眼神。在求职面谈中，求职者要敢于和善于同招聘人员进行视线接触，这既是一种礼貌，又能帮助维持一种联系，使谈话在频频的视线接触中持续下去。一般情况下，视线接触的范围是双眼与嘴部之间的三角形区域，这样既保持了接触又避免了因直直地盯着对方而引起对方的不快。正确地运用眼神目视对方，体现了你的礼貌，说明你对话题有兴趣而且不怕挑战。有的求职者总习惯于低着头看地板，几乎不看招聘方，或者左顾右盼，还有的总是窥探招聘人员的桌子、稿纸或笔记本，这些行为会传递出求职者性格不稳定、不诚实、怯懦、缺乏自信心等信息，很不利于面谈。

此外，面试者在面试时还要注意微笑，这显得亲切自然，是充满自信心的又一表现。

总之，“此时无声胜有声”。面试者要用无声的、职业化的举止，向招聘考官表明“我是最适合的人选”。

（6）消除过度紧张的情绪。面试时心态平和，自然放松，不要过度紧张。如果出现过度紧张的情况，以下方法可以帮助消除，不妨一试。①

①面试前可翻阅一本轻松活泼、有趣的杂志书籍。这时阅读书刊可以转移注意力，调整情绪，克服面试时的怯场心理，避免等待时紧张、焦虑情绪的产生。

②面试过程中注意控制谈话节奏。进入试场致礼落座后，若感到紧张先不要急于讲话，而应集中精力听完提问，再从容应答。一般来说人们精神紧张的时候讲话速度会不自觉地加快，讲话速度过快，既不利于对方听清讲话内容，又会给人一种慌张的感觉。讲话速度过快，往往容易出错，甚至张口结舌，进而强化自己的紧张情绪，导致思维混乱。当然，讲话速度过慢，缺乏激情，气氛沉闷，也会使人生厌。为了避免这一点，一般开始谈话时可以有意识地放慢讲话速度，等自己进入状态后再适当增加语气和语速。这样，既可以稳定自己的紧张情绪，又可以扭转面试的沉闷气氛。

③回答问题时，目光可以对准提问者的额头。有的人在回答问题时眼睛不知道往哪儿看。经验证明，魂不守舍、目光不定的人，使人感到不诚实；眼睛下垂的人，给人一种缺乏自信的印象；两眼直盯着提问者，会被误解为向他挑战，给人以桀骜不驯的感觉。如果面试时把目光集中在对方的额头上，既可以给对方以诚恳、自信的印象，也可以鼓起自己的勇气，消除自己的紧张情绪。

专业阅读

一、常见面试问题回答思路

以下是首席大学生就业顾问、著名职业生涯规划专家李震东老师向大家介绍面试问题及回答思路，供参考。

问题一："请你自我介绍一下。"

思路：

1. 这是面试的必考题目。
2. 介绍内容要与个人简历相一致。
3. 表述方式上尽量口语化。
4. 要切中要害，不谈无关、无用的内容。
5. 条理要清晰，层次要分明。
6. 事先最好以文字的形式写好背熟。

问题二："谈谈你的家庭情况。"

思路：

① http://www.sucaitianxia.com/Article/mianshi/200706/156_4.html.

1. 自我介绍对于了解应聘者的性格、观念、心态等有一定的作用，这是招聘单位问该问题的主要原因。

2. 简单地罗列家庭人口。

3. 宜强调温馨和睦的家庭氛围。

4. 宜强调父母对自己教育的重视。

5. 宜强调各位家庭成员的良好状况。

6. 宜强调家庭成员对自己工作的支持。

7. 宜强调自己对家庭的责任感。

问题三：“最能概括你自己的三个词是什么？”

思路：

这里建议经常用的三个词是适应能力强、有责任心和做事有始有终，结合具体例子向主考官解释，使他们觉得你具有发展潜力。

问题四：“你有什么业余爱好？”

思路：

1. 业余爱好能在一定程度上反映应聘者的性格、观念、心态，这是招聘单位问该问题的主要原因。

2. 最好不要说自己没有业余爱好。

3. 不要说自己有哪些庸俗的、令人感觉不好的爱好。

4. 最好不要说自己仅限于读书、听音乐、上网，否则，可能令面试官怀疑应聘者性格孤僻。

5. 最好能有一些户外的业余爱好来“点缀”你的形象。

6. 找一些富于团体合作精神的。这里有一个真实的故事：有人被否决掉，因为他的爱好是深海潜水。主考官说，因为这是一项单人活动，我不敢肯定他能否适应团体工作。

问题五：“你最崇拜谁？”

思路：

1. 最崇拜的人能在一定程度上反映应聘者的性格、观念、心态，这是面试官问该问题的主要原因。

2. 不宜说自己谁都不崇拜。

3. 不宜说崇拜自己。

4. 不宜说崇拜一个虚幻的，或是不知名的人。

5. 不宜说崇拜一个明显具有负面形象的人。

6. 所崇拜的人最好与自己所应聘的工作能“搭”上关系。

7. 最好说出自己所崇拜的人的哪些品质、哪些思想感染着自己、鼓舞着自己。

问题六：“你的座右铭是什么？”

思路：

1. 座右铭能在一定程度上反映应聘者的性格、观念、心态，这是面试官问这个问题的主要原因。

2. 不宜说那些易引起不好联想的座右铭。

3. 不宜说那些太抽象的座右铭。

4. 不宜说太长的座右铭。

5. 座右铭最好能反映出自己某种优秀品质。

6. 参考答案——“只为成功找方法，不为失败找借口。”

问题七：“谈谈你的缺点。”

思路：

1. 不宜说自己没缺点。

2. 不宜把那些明显的优点说成缺点。

3. 不宜说出严重影响所应聘工作的缺点。

4. 不宜说出令人不放心、不舒服的缺点。

5. 可以说出一些对于所应聘工作“无关紧要”的缺点，甚至是一些表面上看是缺点，从工作的角度看却是优点的缺点。绝对不要自作聪明地回答“我最大的缺点是过于追求完美”，有的人以为这样回答会显得自己比较出色，但事实上，他已经岌岌可危了。

问题八：“谈一谈你的一次失败经历。”

思路：

1. 不宜说自己没有失败的经历。

2. 不宜把那些明显的成功说成是失败。

3. 不宜说出严重影响所应聘工作的失败经历。

4. 所谈经历的结果应是失败的。

5. 宜说明失败之前自己曾信心百倍、尽心尽力。

6. 说明仅仅是由于外在客观原因导致失败。

7. 失败后自己很快振作起来，以更加饱满的热情面对以后的工作。

问题九：“你有想过创业吗？”

思路：

这个问题可以显示你的冲劲，但如果你的回答是“有”的话，要千万小心，下一个问题可能就是“那么为什么你不这样做呢？”

问题十：“你参加过义务活动吗？”

思路：

现在就着手做一些义务活动，不仅仅是那些对社会有贡献的，还要是你的雇主会在意的，如果他们还没有一个这样的员工，那么你会成为很好的公关资源。

问题十一：“你为什么选择我们公司？”

思路：

1. 面试官试图从中了解你求职的动机、愿望及对此项工作的态度。

2. 建议从行业、企业和岗位这三个角度来回答。

3. 参考答案——“我十分看好贵公司所在的行业，我认为贵公司十分重视人才，而且这项工作很适合我，相信自己一定能做好。”“我来应聘是因为我相信自己能为公司作出贡献，而且我的适应能力使我确信我能很好地承担起我的工作职责。”

问题十二：“对这项工作，你有哪些可预见的困难?”

思路：

1. 不宜直接说出具体的困难，否则可能令对方怀疑应聘者不行。

2. 可以尝试迂回战术，说出应聘者对困难所持有的态度——“工作中出现一些困难是正常的，也是难免的，但是只要有坚韧不拔的毅力、良好的合作精神及事前周密而充分的准备，任何困难都是可以克服的。”

问题十三：“如果我录用你，你将怎样开展工作?”

思路：

1. 如果应聘者对于应聘的职位缺乏足够的了解，最好不要直接说出自己开展工作的具体办法。

2. 可以尝试采用迂回战术来回答，如“首先听取领导的指示和要求，然后就有关情况进行了解和熟悉，接下来制订一份近期的工作计划并报领导批准，最后根据计划开展工作。”

问题十四：“与上级意见不一致，你将怎么办?”

思路：

1. 一般可以这样回答：“我会给上级以必要的解释和提醒，在这种情况下，我会服从上级的意见。”

2. 如果面试你的是总经理，而你所应聘的职位另有一位经理，且这位经理当时不在场，可以这样回答：“对于非原则性问题，我会服从上级的意见，对于涉及公司利益的重大问题，我希望能向更高层领导反映。”

问题十五：“我们为什么要录用你?”

思路：

1. 应聘者最好站在招聘单位的角度来回答。

2. 招聘单位一般会录用这样的应聘者：基本符合条件、对这份工作感兴趣、有足够的信心。

3. 如“我符合贵公司的招聘条件，凭我目前掌握的技能、高度的责任感和良好的适应能力及学习能力，完全能胜任这份工作。我十分希望能为贵公司服务，如果贵公司给我这个机会，我一定能成为贵公司的栋梁!”

问题十六：“你能为我们做什么?”

思路：

1. 基本原则是“投其所好”。

2. 回答这个问题前应聘者最好能“先发制人”，了解招聘单位期待这个职位所能发挥的作用。

3. 应聘者可以根据自己的了解，结合自己在专业领域的优势来回答这个问题。

问题十七：“你是应届毕业生，缺乏经验，如何能胜任这项工作？”

思路：

1. 如果招聘单位对应届毕业生提出这个问题，说明招聘单位并不真正在乎“经验”，关键看应聘者怎样回答。

2. 对这个问题的回答最好要体现出应聘者的诚恳、机智、果敢及敬业。

3. 如“作为应届毕业生，在工作经验方面的确会有所欠缺，因此在读书期间我一直利用各种机会在这个行业里做兼职。我也发现，实际工作远比书本知识丰富、复杂。但我有较强的责任心、适应能力和学习能力，而且比较勤奋，所以在兼职中均能圆满完成各项工作，从中获取的经验也令我受益匪浅。请贵公司放心，学校所学及兼职的工作经验使我一定能胜任这个职位”。

问题十八：“你希望与什么样的上级共事？”

思路：

1. 通过应聘者对上级的“希望”可以判断出应聘者对自我要求的意识，这既是一个陷阱，又是一次机会。

2. 最好回避对上级具体的希望，多谈对自己的要求。

3. 如“作为刚步入社会的新人，我应该多要求自己尽快熟悉环境、适应环境，而不应该对环境提出什么要求，只要能发挥我的专长就可以了”。

问题十九：“告诉我三件关于本公司的事情。”

思路：

你应该知道十件和公司有关的事情，他问你三件你回答四件，他问你四件你回答五件。说几件你知道的事，其中至少有一件是“销售额为多少多少”之类。

问题二十：“你为什么还没找到合适的职位呢？”

思路：

别怕告诉他们你可能会有的聘请，千万不要说“我上一次面试弄得一塌糊涂……”。指出这是你第一次面试。

（资料来源：http：//jiaren. org/2008/02/28/interview-quetinons-key. html）

二、面试后的礼仪

许多大学生求职者只留意面试时的工作，而忽略了面试后的礼仪。实际上，面试结束并不意味着求职过程的完结，求职者不应该翘首以待聘用通知的到来，还有三件事情要做。

（1）诚心诚意地感谢主考官。面试结束并不意味着求职过程的结束，为了加深招聘人员对你的印象，增加求职成功的可能性，对想抓住每个工作机会的人来说，面试后的两三天内，最好给主考官打个电话或写封信表示感谢。

①打电话。打电话表示感谢可以在面试后的一两天之内进行。电话感谢要简短，最好不要超过3分钟，电话里不要询问面试结果。因为这个电话仅仅是为了表现你的礼貌和让对方加深对你的印象而已。打电话的时候，要考虑在什么时间打电话“合适”。

②写面试感谢信。主考官对面试人的记忆是短暂的，感谢信是你最后的机会，它能使你显得与其他求职者有所不同。面试感谢信包括电子邮件和书面感谢信。

如果平时是通过电子邮件的途径和公司联系的，那么在面试结束后，发一封电子感谢信，是既方便又得体的方式。但大多的情况下还是写书面感谢信，特别是在面试的公司非常传统的情况下，更应如此。书面感谢信最好用白色的A4纸，字的颜色要求是黑色，内容要简洁，最好不要超过一页纸，在书写方式上有手写和打字两种。打印出来的感谢信较为标准化，表示你熟悉商业环境和运作模式，但有时难免给人留下千篇一律的印象。如果想与众不同，或是想对某位给予你特别帮助的主考官表示感谢，手写则是最好的方式，这个前提是你的字写得要比较正规而且好辨认。

感谢信必须是写给某个具体负责人的，你应该知道他的姓名，不可以写什么“负责人”、“部门负责人”等之类的模糊收件人。

感谢信的开头应提及你的姓名及简单情况，以及面试的时间，并对主考官表示感谢；中间部分要重申你对该公司、该职位的兴趣，或增加一些对求职成功有用的新内容，结尾可以表示你对能得到这份工作的迫切心情，以及为公司的发展壮大做贡献的决心。

（2）耐心细致地打电话询问。面试结束之后的两星期左右，如果还没有得到任何回音，就给负责招聘的人打个电话，询问一下面试结果。打电话询问面试结果，有两个礼仪细节必须要注意：什么时候问？怎么问？

①什么时间打电话。从礼仪角度来说，打电话最得体的时间应该是对方方便的时间。那么什么是方便的时间？以下时间之外的时间，都可以认为是方便的时间：工作繁忙时间，休息时间、用餐时间、生理疲倦时间。因为询问面试结果是公事，所以当然是在正常工作日的时间段内打这个电话。

工作繁忙时间，一般是周一上午和周五下午，因为这两个时间段很多单位都有开例会的习惯。即使不开例会，因为周一早上是新的一周的开始，往往还处于适应期，而且还有工作上的事宜需要安排；而周五下午面临着周末，所以从心理上自然会“排斥”给他添麻烦的事情。还有就是每天刚上班的一个小时和下班前的一个小时，因为这个时间段内不是忙着安排一天的工作就是没法再集中精力处理公事。

休息时间，一般是指工作日的中午一小时左右的时间、其他私人时间，特别是节假日时间。

用餐时间，在用餐的时间，给人打电话是不礼貌的，而且往往在这个时间打电话会找不到人，当然影响打电话的效果了。

生理疲倦时间，这个时间段一般都是每天下班前的一小时左右，中午下班前的半小时左右。

②怎么问。电话里同样的一句话，问候方式不同，虽不至于有不同的结果，最起码也会给人不同的印象：或有礼貌，或显唐突。所以在通话的过程中，自始至终都要尊重自己的通话对象，待人以礼，表现得有礼、有节。一定按照标准的接打电话礼仪规范进行。

如果知道自己没被录用，就应请教一下原因，此时你的情绪要非常稳定，可以说“对不起，我想请教一下我没有被录用的原因，我好再努力”。谦虚有可能赢得对方的同情，同时给你下一次的面试机会。需要说明的是，打电话询问面试结果，最多打三次电话询问也就可以了。因为即使再研究，经过前后三个电话询问的周期，再复杂的研究程序也早该最后确定了，而且三次的电话询问，也会对你有足够的印象了，如果想聘用你就会直接告诉你或及时和你联系。再多的电话，反而会适得其反，甚至会给人“骚扰”、“无聊”的感觉。感谢信也是如此。

（3）心平气和地接收录取通知。作为一个求职者，在经过数日的奔波、N 次的面试之后，终于“修成了正果”得到了被录用的消息。这时，你可能会庆幸自己数月的辛苦和努力没有白费，甚至还会欣喜若狂、大筵宾朋、一醉方休。先别急！虽然成功在望，但还有几个问题需要解决。

①聘用你的公司是你的第几选择。确实，把握机会是个极重要的原则，不能三心二意，顾虑太多。不过，这件事不妨再稍加思考：录用你的公司，是你的第几选择？你在求职的过程中，或许投过很多份简历，面试过 N 次。在艰难的求职过程中，往往被你首选的公司屡次拒绝使你十分丧气。于是在亲戚朋友的劝解下，或许使得择业标准一降再降，甚至见到相关的招聘就投简历、面试。但是，这份职业真的适合你吗？符合你的职业规划吗？这是一件非常值得思考的事情。否则，或许你将走更多的弯路，甚至做一辈子你并不喜欢的工作，更不用说你能在工作上有所成就了。

②录取的条件和面试时相符吗？录取的条件中包括很多内容，比如职务、薪资、报到日期等。现在有一些机构在招聘的时候同时招聘很多岗位，在部分岗位已经满额的情况下，会善意地安排他们认为比较不错的求职者从事其他岗位的工作。问题是，或许对方安排的岗位并不是你的专业特长或你并不喜欢，而且，岗位的不同，薪资待遇等方面也会有所不同。

如果录取的条件和面试时的不一样，就要考虑你所追求的究竟是名分上的不同，还是实质上的差异，或是兴趣上的差异。如果与你的追求或期望值有一定差距，就值得考虑了。面试的时候，大部分人会谈到薪酬，比如说不低于多少。通知被录用的时候，如果所提到的薪资和面试的时候谈得差不多，固然最好，但有了差异时，特别是差异较大的时候就要考虑了。

③接收之后全面了解用人单位。收到你所满意的公司的录用通知是一件喜事，值得好好放松一下、庆祝一番。但同时还有一件事情要求你能认真地面对：了解公司、了解工作。在正式报到之前，先对所要服务的公司有所了解，这样在开展工作的时候就会顺畅很多。了解

公司的方法很多，包括在面试时带回的公司简介、刊物，或企业形象方面的资料、企业网站等，有条件或可能的话进行实地全面考察最好。这样会使你对公司的整体情况和营运有所掌握，会对你的新工作、新环境带来很大帮助。

当然，除了以上三点外，还有就是一定要确认好你去报到的具体时间、地点和联系人。在这些细节方面更要特别留意。

（资料来源：周裕新．公关礼仪艺术．上海：同济大学出版社，2004）

课后训练

1. 如果用人单位通知你明天去面试，你需要做哪些准备？

2. 针对两个不同单位的招聘广告，给自己写两份侧重点不同的简历。

3. 关于面试的基本程序你都清楚了吗？找个机会，将面试过程中的这些礼仪悉数演习一遍吧。

4. 案例分析

职场跋涉

1996 年的夏天，我的手心攥着打工 4 年的积累加上从数家亲戚朋友那里东拼西借的 8 万元钱，开了一家小小的快递公司。千万别以为是特快专递，那得有强大得多的资金实力和不一般的邮政背景。我的公司，不过是替人送牛奶、送报纸、送广告、送水、换煤气罐一类而已。

公司的规模很小，总共才十五、六个人，每个人都不同程度地承担了送货的任务，包括我自己在内，每天晚上下班回家和早晨上班，都会顺路送一部分货品。销售商往往把我们的利润压得最低，因为工作简单、可替代性强，这也是没有办法的事。所以，我不得不采用二手单车，不得不拼命压低工人的工资。

即便如此，公司开业半年多，收支也仅仅是勉强持平而已。好在业务总算慢慢增长着，我也打算再招几个人，更年轻力壮些的，可以多做些活，效率也高些。

1997 年春节过后不久，一个叫唐明的中专生前来面试，长得白白净净，还戴着一副眼镜，书生气十足，怎么看也不像个踩单车送货的。

“我们这里最好的工人，每天也只能跑 300 多个客户，一个月工资也才 600 多元钱，而且无论多么恶劣的天气，你都得把定额部分完成。你可要想清楚了，不要硬着头皮上了，到时落下一身病，我可承担不起。”我不无怀疑地看着眼前的这个年轻人，想着赶紧把他打发走。

“我可以不要底薪，全部按件计酬。即使做得不好，您也不会有任何损失。给我一个机会吧，一个月就行！如果一个月下来业绩太差，我马上就走。”唐明态度非常诚恳地说。

也许是他恳请的眼神打动了我，我破例留下了他，就像他说的一样，反正也没什么损失。

第一个月，唐明的业绩比我想象的略好一些，平均一天可以跑200个左右的客户。于是，他被留下了。

第二个月，他的业绩已经是全公司最好的，平均每天可以跑500个客户，当然收入也是全公司最高的。我简直不敢相信。看他细细的胳膊细细的腿，一副手无缚鸡之力的书生样，凭着一辆破旧不堪的单车，又是如何跑下如此骄人的业绩？

“告诉我，你究竟是怎么做的？”我把唐明叫到办公室。

“其实很简单。我把所有属于我的和我的团队的客户按居住地划成好几个片区，然后对路线运用运筹学理论进行规划，就可以大大提高效率。然后，我每天抽出一定的时间拜访客户，他们中的许多人都和我成了朋友，当然也就会向他们的邻居推销我们公司的产品，于是，我的客户一天比一天多，而且越来越集中，当然业绩也就成倍地上升了。”

我再一次看看面前的这个中专生，还是一副书生气十足的样子，但他眼神中的有些东西却是我不熟悉的。

“你是学什么的？”我突然想起了这个问题，因为只是送货，之前我从来没有考虑过工人的学历。

“会计。”

“会计？”我一愣，他是学会计的？那怎么会找一份送货的工作？

大约他也看出了我的疑惑，于是他微笑着解释道：“现在学会计的越来越多，连大专生找一份工作都艰难，更何况我们中专生呢？我找了两个月的工作，也没有哪家公司愿意让一个中专生做会计，还是要感谢你收留了我。其实有一碗饭吃已是幸运，也无所谓专业对口啦！”

后来，唐明成了公司的会计，并且给了我很多有效的建议，公司规模越来越大，渐渐地有了第一家加盟店，然后是第二家、第三家……

在开了第十家加盟店之后，唐明通过自考拿到了本科毕业证书，离开公司去了一家更大的民营企业。我没有阻拦他，因为不想让私人的感情阻碍了他美好的前程。

（资料来源：黄大庆. 尊重一个人的含义. 读者，2002（19））

思考与讨论：

（1）求职的心态是非常重要的，本案例对你有何启示？

（2）在职场中应当怎样拼搏？唐明的成功得益于哪些方面？

5. 案例分析

面试得来的经验

用人单位在招聘人员时，除了对学历、年龄、性别有专门规定外，还对应聘者的工作经验做了相应的要求。我在刚刚毕业时对此很不屑，工作经验不就是工作中获得的实践知识吗？课本上枯燥、烦琐、复杂的理论知识都难不倒我，那些所谓的实践知识又会有多难掌握呢？但一次普通的面试却改变了我的看法。

2000年5月，我前往一家有名的咨询公司应聘，从招聘信息上我得知，该公司的主要业务是为本市和外埠企业联系代理商和经销商，并提供办公场所搜寻、公司注册、办公事务代理和会务组织等服务。这家合资公司面向社会招收业务人员时，对应聘者的实际工作经验没作专门规定。我在大学学的是企业管理，条件与公司的各项要求相符，就顺利通过了初试，对接下来的面试我也很有信心。

按照面试单上的地址，我提前来到了公司所在的富华大厦。大厦门口，两名精干的保安站在这里，立在他们前面的不锈钢牌子上写着醒目的大字："来客请登记"。我问其中的一位保安："1616房间怎么走"？保安抓起了电话，过了一会儿告诉我："对不起，1616房间没人"。不可能吧，我赶忙解释："今天是A咨询公司面试的日子，我这儿有他们的面试通知。"

那位保安看后又拨了几次电话，然后告诉我："对不起，1616房间没人，我不能让你上去，这是大厦内部的规定，""我真的是来面试的，公司面试单上写的就是今天。"

"那我再帮你试试看。"时间一秒一秒地过去，我心里虽然着急，却也只有耐心等待，同时祈祷那该死的电话能够接通。

9点10分，已经超过约定时间10分钟了，保安又一次礼貌地告诉我电话没通。不可能，难道是我记错了？我再次翻开面试单，用磁卡电话拨通了那个印得不起眼的电话号码……电话那头终于传来了久违的声音，对方请我速上16楼1616房，因为内线电话有误，他们还应我的要求告知了保安。

等我忐忑不安地推开经理室，已远远超过了面试的时间。"年轻人，你迟到了15分钟。"

"但我真的很想加入你的公司，我相信我能够胜任相应的工作。"

"很好，我公司就需要有韧劲的业务人员，为达到目的，百折不回。刚才保安接不通电话，实际上就是我们面试的一部分，以考验你的应变能力，你完成得不错。不过面试还没有结束，我公司准备购置一批电脑，请你到大厦旁边的电脑市场了解一下最新的电脑行情。"

一刻钟后，我将从电脑市场要来的几份价目表交给了经理。"这是零售价，如果批发15台，价格是多少呢？"又过了一刻钟，等我把从销售商那里问到的电脑批发价格告诉经理后，他又问我：电脑的UPS电源怎么卖？另外，打印机、电脑桌有没有优惠？

那我再去电脑城了解一下。"看到我疲于应付的样子，经理叫住了我，并让秘书递给我一杯茶。"你在面试的第一阶段做得不错，有闯劲，能够突破常规，遇事多想一步。但从后面完成市场调查的任务来看，还显稚嫩。"

"我们做业务必须有良好的观察和思考能力，想法要多、要深、能够快人一步。业务人员不仅要善于动手，还要善于动脑，如果不能做到这一点，就不可能为客户提供有效的信息与咨询服务，为采购商提供质优、价廉、物美的产品，反而会造成人力、物力、财力的浪费。"求职以失败告终，但我将那次宝贵的经验记在日记本上：工作中要注意锻炼自己领悟力和洞察力，独立思考、多谋善断，凡事比别人多想几步，才能真正取得成功。

在以后的工作中，我及时调整了自己的思维方式，努力提高自己的应变能力和处理问题的水平。我告诫自己：不要一味地苦干蛮干，只埋头拉车而不抬头看路，否则就是原地踏步，明天重复昨天和今天的错误。最近一次同学聚会上，我把同样的话告诉了大家。这时的我，已是一个国际知名品牌的地区代理商了。

（资料来源：雪火．面试得来的经验．公关世界，2004（11））

思考与讨论：

（1）请仔细阅读这一案例，然后谈谈感受。

（2）你认为企业招聘时最看重求职者的什么素质？

6. 案例分析

糟糕的应聘者

以下是某企业人力资源经理对求职者的忠告。

面试从你接到电话通知的那一刻就已经开始了。也许是等待就业的心情比较迫切吧，我在通知有资格参加下一轮面试的面试者时，一般从电话另一头听到的都是一些浮躁的声音，这里摘录一些我们的对话，供大家参考：

“喂！”

“喂，您好，请问是×××先生吗？”

“你是谁啊？”（当时，我的心里已经不高兴了，但是不会表露出来）“我是××公司的，请问您参加了我们公司的招聘吗？”

“哪个公司”（肯定是撒大网了）“我们把您的面试时间安排在了明天的×××，地点在×××。”

“我记一下，你们是什么公司？”（噢，我的天）……

这样我就会把我的看法写在他（她）的简历上，供明天面试的时候参考，影响可想而知！

（资料来源：李扬．http：//tieba. baidu. com/f? kz＝564626502）

思考与讨论：

（1）应该怎样接通你参加面试的电话？

（2）你认为面试是从什么时候开始的？为什么？

7. 案例分析

诚实赢得好职位

某大公司招聘总经理助理，由总经理亲自面试。应聘者小张来到总经理办公室。总经理一见到小张就说：“咱们好像在一次研讨会上见过，我还读过你发表的文章，很赞赏你所提出的关于拓展市场的观点。”小张一愣，知道总经理认错人了。但转念一想，既然总经理对那人那么有好感，不如将错就错，对我肯定有好处。于是就接着总经理的话说：“对，对。

我对那次研讨会也记忆犹新，我提出的观点能对贵公司有帮助，我感到很高兴。”

第二个来应聘的是小高，总经理对他说了同样的话。小高想：真是天助我也，他认错人了。于是说：“我对您也非常敬佩，您在那次研讨会上是最受关注的对象。”

第三个来应聘的是小孙。总经理再次说了同样的话。但小孙一听就站起来说：“总经理先生，对不起，您认错人了。我从来没有参加过那样的研讨会，也没提出过拓展市场的观点。”总经理一听就笑了，说：“小伙子，请坐下。我要招聘的就是你这样的人。你被录用了。”

（资料来源：刘凌霜 . http：//www. ishengsheng. com/qzmsjq/duice/200811/453. html）

思考与讨论：

（1）小孙为什么会应聘成功？

（2）求职时为什么还要遵循做人诚实的基本原则？

营销人员活动开展

客户沟通　任务九

电话营销　任务十

营销宴请　任务十一

营销活动　任务十二

任务九　客户沟通

与你的合作伙伴尽可能多地进行沟通，他们对你了解得越多，就会越重视你。一旦赢得他们的重视，那么与他们之间的合作就不会有什么障碍了。

——（美）萨姆·沃尔顿

假如人际沟通的能力也是同糖或咖啡一样的商品，我愿意付出比天底下任何东西都昂贵的价格来购买这种能力。

——（美）洛克菲勒

学习目标

1. 明确沟通的基本形式、营销沟通原则和语言要求。
2. 运用营销沟通的基本技巧与客户自如地沟通。
3. 能够正确地处理顾客投诉，使其满意。

案例导入

经理室的对话

小王是一家科教设备公司的推销员，他希望通过勤奋的工作来创造良好的业绩。一天他急匆匆地走进一家公司，找到经理室，于是就有了下面一段对话。

小王：您好，李先生。我叫王乾，是科教设备公司的推销员。

经理：哦，对不起，这里没有李先生。

小王：你是这家公司的经理吧？我找的就是你。

经理：我姓于，不姓李。

小王：对不起，我没听清你的秘书说你是姓李还是姓于，我想向你介绍一下我们公司的彩色复印机……

经理：我们现在还用不着彩色复印机。

小王：噢，是这样。不过，我们还有别的型号的复印机，这是产品目录，请过目。（接着，掏出香烟和打火机）你来一支。

经理：我不吸烟，我讨厌烟味，而且，我们公司是无烟区。

小王：……

（资料来源：http：//blog. china. alibaba. com/blog/sistomren/article/b0-i10422139. html，2010-01-19.）

任务设计

沟通在人们生活当中无处不在，从某种意义上讲，沟通已经不再是一种职业技能，而是一种生存方式。沟通是营销人员与客户之间的桥梁，营销人员必须高度重视与客户的沟通。营销人员与客户之间最宝贵的是真诚、信任和尊重。要懂得倾听客户的话语，从客户的话语中可以得知对方是否真正理解了自己说话的意思；懂得如何说，使客户的尊严得到了维护，并且拉近了与客户之间的距离。不要像案例中的小王那样，如此“沟通”只能处处碰壁，得罪客户，营销工作不可能有任何效果。

为了完成本项任务的学习，建议在班级举行一次“手机销售的客户沟通训练”，具体如下。

手机销售的客户沟通训练

实训目的：通过同学间相互售卖手机的游戏，从中体会销售的技巧。

实训学时：2 学时。

实训地点：教室。

实训准备：手机等。

实训方法：

（1）相邻座位的同学两人一组，分别扮演销售员和客户。销售员要将手中的手机成功地销售给客户，在推销过程中，客户提出各种疑问并拒绝，直到被销售员说服其购买。时间 5 分钟。

（2）邀请 2～3 组同学上台演练，请其余的同学仔细观察细节。

（3）表演结束后请参与者谈谈角色感受。

（4）总结销售各环节的技巧。

知识链接

一、沟通的基本形式

1. 有声语言

有声语言是用语音表达或接受思想、感情，以说、听为形式的口头语言。从语言运用看，有声语言在传情达意的过程中最直接、最普遍、最常用。

（1）有声语言的特性。有声语言具有如下特性。①有声性。有声语言是靠语音来表情达意的，其中各个语言单位均有声音。有声语言根据表达的需要对声音的高低、升降、快慢做语调变化。有声性是有声语言的本质属性。②自然性。有声语言通俗、平易、自然。它保留了生活中许多语音、词汇和语法现象，如方言、俚语、俗语、儿话、象声、叠音等词汇及省略、易位现象，表达时生动、自然。③直接性。有声语言的传达和交流以面对面为主要形式，信息传递直接、快捷。有声语言还以丰富的态势语言和类语言来支配使之更完美。④即时性。有声语言突发性、现场性强，现想现说，可舒缓，可急迫，可重复，可更正，可补充。⑤灵活性。有声语言的表达可根据所处的语言环境随时调整、变化。表达者在不同的地点、场合，面对不同的任务对象，对谈论的话题、选择的角度、切入的深度等都可以随机应变。

（2）有声语言的基本要求。有声语言表达的目的是实现人与人之间思想和感情的交流，表达者都希望对方能明白、理解和接受自己的意思。这就要求有声语言要符合口语表达的基本要求。①准确流畅。说出的有声语言如果词不达意、前言不搭后语，很容易被人误解，达不到交际的目的。因此在表达思想感情时，应做到口音标准、吐字清晰，说出的语句应符合规范，避免使用似是而非的语言。应去掉过多的口头语，以免语句割断；语句停顿要准确，思路要清晰，谈话要缓急有度，从而使交流活动畅通无阻。语言准确流畅还表现在让人听懂，因此言谈时尽量不用书面语或专业术语，因为这样的谈吐让人感到太正规，受拘束或是理解困难。古时有一笑话说的是有一书生，突然被蝎子蜇了，便对其妻子喊道："贤妻，速燃银烛，你夫为虫所袭！"他的妻子没有听明白，书生更着急了："身如琵琶，尾似钢锥，叫声贤妻，打个亮来，看看是什么东西！"其妻仍然没有领会他的意思，书生疼痛难熬，不得不大声吼道："快点灯，我被蝎子蜇了！"真乃自作自受。②词汇丰富。要想把话说好说贴切，充分发挥有声语言的表意功能，还要有丰富的词汇储备，只有在这个基础上才能精心选择最确切、最恰当的词汇，正确地反映客观事物，真切地表达自己的思想感情。为此就要努力学习词汇，掌握丰富的词汇及成语、格言、歇后语、惯用语、谚语等，并以其为原料，根据不同场合的需要，精心加以选用，增强说话的艺术效果。试想一说起话来就没词，颠来倒去就是那几句话，没有一点生动活泼的语言，难免让人觉得枯燥无味，形同嚼蜡。③清亮圆润。有声语言音色优美，如黄莺般清凉、朝露般晶莹圆润，善于变化，富有磁性，富有艺术魅力，令人心情舒畅。这是针对有声语言运用提出的进一步要求，是使日常用语艺术化，从而达到最佳的表达效果。为此首先要注意声音的情感变化，说话内容庄重，应用严肃的声音；内容平和，应用舒缓的声音；情感悲切，应用沉郁的声音；情感亢奋，应用高亢的声音；情感急骤，应用短音；情感惬意时，则用长音。其次，要自觉克服大喊大叫、漏气、带有喉音、鼻音太重和发音抖动等毛病，正确使用呼吸器官和共鸣腔，加强对声音的控制能力，使呼吸、声带闭合与咬字二者协调起来，从而达到声音和谐、适度、清亮、圆润的目的。

2. 副语言

副语言，又称类语言，是有声音而没有固定语义的语言。有声是相对于无声而言的。从发声的角度讲，人类的交际活动主要分为有声语言交际和无声语言交际两类。无声类主要包括体态语言，如表情、眼神、动作等。有声类主要包括常规语言和副语言。常规语言是指我们平时交谈时运用的分音节语言。副语言与常规语言的区别在于：其一，常规语言是分音节的语言，而副语言的语音形式诸如重音、语调、笑声、咳嗽等都不是正常的分音节语言；其二，常规语言绝大多数有较为确定的语义，而副语言本身没有固定的语义，只有在具体的语境中才能表达特定的意义。正因为副语言的语义的不确定性，所以，在交际过程中适当地运用副语言能产生特殊的表达效果。

副语言主要包括两类：一是伴随有声语言而出现的声音特性，如停顿、重音、语速、语调等；二是功能性发声，如笑声、哭声、呻吟、叹息、咳嗽等。前者往往与常规语言同时发生，表现为常规语言的表达方式。后者可以单独使用，在具体的语境中有相对独立的语义。相比常规语言，副语言更加依赖语境。脱离语境，副语言只剩下了一些功能性的发声，是纯粹的语音形式而没有确切的语义。副语言在不同语境中的运用使其丰富的语义信息由此产生，副语言的交际功能就是由其丰富的语义信息决定的。概括起来，副语言主要有以下几个方面的交际功能。①强调功能。副语言借助重音、停顿或语速、语调的变化等形式强调所要表达的内容。②替代功能。在交际过程中，副语言有时能直接替代常规语言并产生特别的表达效果。比如，当甲问乙："你家儿子考上大学没有？"乙一声"叹息"，就等于回答了甲："没有考上，别提了。"③暗示功能。副语言的声音里有特定的含义，常充做一种"声音暗示"。例如，咳嗽声可以表示默契、暗中提醒；打哈欠声可以表示厌烦；打喷嚏声可以表示嗤之以鼻；笑声可以表示蔑视，等等。④否定功能。同样的语句因说话者的语调、语气或重音运用的不同，可能会有截然不同的语义。比如，"你来得真早！"既可以是直接肯定对方早来的事实，也可以是对对方迟到的讽刺。这句话的否定意义就是通过加重"真"字的语音并放慢其语速而表达的。

（1）音质。音质也叫音色，是声音的特色，是一个声音与其他声音相互区别的根本标志。每个人都有独一无二的音质，指人们可以根据声音判别其人。比如，隔壁房间有几个熟悉的人在大声说话，你可以根据各人的音质的不同来判断是张三还是李四在说话。或者即使是自己不认识的一群人在隔壁说话，也能大概知道是老人还是小孩，是男的还是女的在说话。作为声音的自然特性，音质虽然没有区分语义的功能，但它在语言交际中却能产生特别的表达效果。试想一下，如果拿起话筒，听到的是一个明亮、清脆、音调谐婉的女性声音，或者是一个带有磁性的浑厚的男中音时，都会感到特别悦耳、动听。相反，如果女的声音宽厚，男的声音尖细，则让人感到不舒服。

正因为音质是一个人的声音特征，是每个人特有的说话方式，所以音质有时能够透露出一个人的性格和个性。有学者研究得出：说话带呼吸声的男性年轻并且富有艺术感；女性则长相漂亮，有女人味，但较为浅薄。声音细弱的男性普普通通，没有什么特殊能力，无足轻重；声音细弱的女性则不够成熟。声音紧张的男性年龄较大，不易屈服；声音紧张的女性大多年龄较轻，容易动感情，智商稍低。声音清晰、有活力的男性身心健康，富有热情，女性则富有朝气，态度随和，人缘好。声调富于变化的男性充满活力，富有同情心和爱美之心；女性声调富有变化则显得充满活力，能体贴人，善于与人沟通，等等。

音质有时会发生“性别错位”和“年龄错位”。成熟的男性如果说话声音尖细，就是“娘娘腔”；女性发音厚重，则被认为没女人味儿，这是“性别错位”。如果年少而声音苍老，或者年长而声音稚嫩，则属于音质的“年龄错位”。音质错位会给交际带来消极影响，因此，要注意自己的音质，并改善自己的发声。虽然音质是由一个人发声器官的生理特征决定的，但如果注意自己的发音方法和习惯，有意改变自己的发音弱点，音质是可以得到一定的改善的。

（2）音调。音调是指语句的语调。语调是指说话者为了表达意思和感情而表现出来的抑扬顿挫的语句调子。在普通话里，最常见的语调有升调和降调两种。升调是句尾升起的调子，一般疑问句用升调。降调是句尾降低的调子。陈述句、祈使句、感叹句一般用降调。同样的句子，因语调不同，其语义大不相同。如“你们能赢”这句话，如果是用来鼓励对方，或相信对方一定能赢，则用降调表达肯定的语气。反过来，对方已经赢了，但说话者对此表示怀疑，说“你们能赢?”用的是升调，则令对方不愉快。

语调的升降同句义的表达有密切的关系，如果把特定的语义和说话者的感情变化包括在内，句子升降的类型实际上并不止两种。比如，你好啊。（平直调，说话者平常地问候对方）；你好啊。（升调，说话者关切地询问对方的身体或其他情况的变化）；你好啊。（高升调，说话者夸赞对方作出了令人惊讶的事情）；你好啊。（曲折调，说话者厌恶或讽刺对方）。同样的语句因语调的不同而有多种不同的语义，这一特点说明，在语言交际中，要重视语调的作用，善于运用不同的语调来表达确切的语义和情感。

（3）语速。语速是指说话的快慢。每个人说话都有一个比较恒定的语速。有人说话语速较快，有人说话语速较慢，这与说话者的个性相关。一般来说，性子比较急的人说话速度偏快，慢性子的人说话速度也慢。语速在交际中的作用在于说话者可以利用语速来调整感情，更好地表情达意。一般来说，人在激动、兴奋、喜悦、愤怒时语速较快，在悲伤、沉郁、忧郁、疑虑时语速较慢。在演讲或说话时，为了强调某些特定信息，讲话者有意放慢语速，并加重语气。对于不太重要的信息，则快速带过。比如，我们常在电影或书本中看到革命者面对敌人的拷问，一字一句地回答：“不—知—道!”或者自豪地说：“我是共—产—党—员!”

同样的句子因不同的语速而表达不同的语言信息。如召唤某人时，他回答：“来啦!”这两个字如果拉长语气即放慢语速说的话，则表示高兴、欢快的情绪；如果是快速的语气，则表示他不情愿、不耐烦的态度。演讲和说话时，讲话者可通过调整语速，调节和控制现场气氛，以达到更好的表达效果。例如，林肯“他会以很快的速度说出几个字，当他希望强调的那个单字或句子时，他会让他的声音拖长，并一字一句，说得很重，然后就像闪电一般，迅速把句子说完……他会把所要强调的单字或句子的时间尽量拖长，几乎和他在说其余五六句不重要句子的时间一样长。”相反，如果讲话者一直以没有变化的语速和平直的语调发言，听者会感到乏味，气氛也会沉闷，那么，这时则可以加快或放慢语速，并结合语调的变化，来引起听者的注意。

（4）停顿。停顿是语流中声音的暂时中断，这是副语言中特殊的一种类型。因为副语言是一种有声的语言，对通过声音传达信息，人们早已认识；停顿虽然没有声音（这里可以理解为停顿是一种音量值为零的语言），但在语言交际中，适当地运用停顿，也可传达信息，并产生较好的表达效果，所谓“此时无声胜有声”。这里所讲的停顿是副语言范畴中的停顿。停顿分为常规停顿和超常规停顿。常规停顿是指语法停顿和逻辑停顿，这种停顿并没有产生特殊的语义；副语言中的停顿是一种违反常规的停顿，停顿能传达特殊的信息，并产生特别的表达效果。进行口语交际时，适当地运用停顿可调节言语的节奏，并能控制语速，这样有利于讲话者迅速地调整思维，对自己的言语进行编码，也便于对方的接受，使谈话达到最佳效果。比如，提出问题以后的停顿，不管是让人回答还是自问自答，都可以给对方提供思考的时间；在句群和段落之间，适当的停顿可提示对方谈话层次的转换。

停顿作为一种辅助性的交际手段，它的作用主要表现为对语言信息的强调。马克·吐温说：“停顿经常产生非凡的效果，这是语言本身难以达到的。”例如，英国政治家赖白斯有一次在伦敦发表一个关于劳工问题的演讲，他讲到中间，突然停顿了 72 秒之久，正当听众不可思议时，赖白斯突然大声说：“诸位适才所感觉到的局促不安的 72 秒的时间，就是普通工人垒起一块砖所用的时间。”赖白斯的停顿使得听众对停顿之后所说的话引起了特别的注意。停顿在演讲时开场白之前运用能“压场”；而演讲即将结束时较长时间的停顿，往往会产生铿锵有力的效果。

（5）重音。重音是指说话和朗读时把句子里的某些词语念得比较重的语言现象。语言学中的重音有语法重音和逻辑重音两种。根据语法结构的特点而把句子的某些部分重读的，叫语法重音。一般短句中的谓语部分及句子中的修饰、限制成分如定语、状语、补语部分常常要重读。例如，春天到了。（“到”是谓语，读重音。）她是个很漂亮的姑娘。（“很漂亮”是定语，读重音。）月亮慢慢地升起来了。（“慢慢”是状语，读重音）。屋里打扫得很干净。（“很干净”是补语，读重音。）根据表情达意的需要，对句子中需要突出和强调的词语重读，叫逻辑重音。例如，我知道你会唱歌（“我”读重音，表示别人不知道你会唱歌。）我知道你会唱歌。（“知道”读重音，表示你不要瞒着我了。）我知道你会唱歌。（“你”读重音，表示别人会不会我不知道。）我知道你会唱歌。（“会”读重音，表示你怎么说不会呢。）我知道你会唱歌。（“唱歌”读重音，表示会不会唱戏我不知道。）重音主要通过增加声音的强度来体现。语法重音是一种常规性的重读，其语音强度并不很强；逻辑重音具有突出强调的作用，其强度比语法重音要强。

此外，在谈话或演讲时，讲话者对所讲的内容充满特殊的感情，用重音来表达。有人称之为感情重音。比如，京剧《智取威虎山》一段，当杨子荣问小常宝的父亲在深山老林里住了多久时，小常宝父亲满腔悲愤，重重地吐出六个字“八年了，别提它。”再如，《生的伟大，死得光荣》一文中刘胡兰面对敌人铡刀的威胁，铁骨铮铮地回答道：“怕死不当共产党员！”这句话用饱含强烈感情的重音，表现了刘胡兰对党的无限忠诚和大无畏的英雄气概。

（6）笑声。笑声是一种功能性发声。因为笑声有声音传出，且声音本身有一定的含义。功能性发声大多都有相应的文字符号，如哈哈大笑，咯咯地笑等。笑声既是一种生理现象，也是一种心理现象，是人们内心情感的外部显示。同时它还是传递信息的手段。人类的笑多种多样，文字中对笑的形容也丰富多彩。诸如开怀大笑、哈哈大笑、放声大笑、捧腹大笑、笑弯了腰、笑出了眼泪、笑得肚子痛、笑得发抖、狂笑、欢笑、嬉笑、傻笑、耻笑、痴笑、憨笑、奸笑、干笑、冷笑、阴笑、苦笑、哭笑、嘲笑、皮笑肉不笑、怪笑、媚笑、浪笑、假笑，等等。每一种笑声里都有特定的信息，可以通过面部表情表现出来，笑容是一种表情，属体态语言。

笑声在交际中的作用是显而易见的。首先，无论是爽朗的笑声还是清脆的笑声都能给人带来愉快的情绪，活跃交际的气氛。其次，人们从各种不同的笑声中能解读出不同的语义，体察笑者真实的情感，比如，面对敌人的威逼利诱，革命者哈哈大笑，那是对敌人极大的蔑视，表明了革命者坚定的信念和开阔的襟怀，同时笑声里传达出革命者讽刺和愤怒的情绪。再次，由于笑声是一种生理和心理复合的现象，即笑声可以是一种条件反射，情不自禁的情绪反应，也可以是一种自觉意识的表现，亦即人们可以故意地发出笑声并通过笑声来传情达意。比如，在听了别人一个并不可笑的笑话故事后，人们用笑声来鼓励和安慰讲故事者。此外，诸如假笑、干笑、冷笑、阴笑及嘲笑等都是有意为之的笑，能传达出特殊的信息。

（7）咳嗽声。咳嗽本来只是一种生理现象，嗓子发痒或因呼吸系统病变就会引起咳嗽。但它有时候也是一种功能性发声，人们有意发出咳嗽声并借此传达特定的信息。如，在发言之前，讲话人习惯咳嗽一两声，一为镇定自己的情绪，二为提示别人安静下来。咳嗽声还可以用来填补语空，如果在说话时出现因一时的思维障碍而可能导致讲话突然中断，说话人习惯用咳嗽声来填补语言间隙，从而使说话显得连贯。

（8）叹息声。叹息首先是一种生理性的反应，当人们伤感、郁闷时，常不由自主地发出叹息，借以排解内心苦闷的情绪。同时又是一种功能性的发声，它可以作为信息传递的一种方式，在具体的语境中，有其较明确的含义。比如，当别人向你诉说令人悲伤的事情时，你适时地叹息一声，这叹息是表示同情予以安慰的意思。当你恰逢生活或工作遇到不如意情况时，别人问及了你，你的一声叹息也等于回答了别人，不愿多说也无须多说。一个经常性地长吁短叹的人，似乎总是在向别人诉苦，时间久了，别人的同情也会转成厌烦。正因为叹息是负面情绪的外化形式，所以，在交际中要注意其使用。当别人高兴之际，你的叹息会引起别人的不快；而当别人悲伤之时，你无动于衷，不作一声，悖于常情，也会令人不满。

（9）嘘声。嘘声表示语义的功能是非常明显的，而且情绪化色彩很强，在公众场合用得较为普遍。嘘声常常表现为观众的一种否定、对抗甚至是反抗的激烈情绪。比如，演员和球员在台上场上不令人满意时，观众常发出一片嘘声，促其下台或下场。在交际过程中，嘘声作为交际主体单方面发出的声音信号，虽然传达了特定的语义和情绪，但对交际客体来说是一种伤害，是交际客体主观上不愿意接受的。这样，嘘声就违背了交际中合作、礼貌和协调的基本原则。从这个意义上来讲，它不应该参与到交际过程中来。严格地说，嘘声表现的是一种不文明的行为。

3. 态势语言

人们说话时，除了运用自然有声语言以外，还需借助面部表情、手势动作、身体姿势等非自然无声语言的手段来帮助和加强表达。人们习惯于将目光、表情、手势、体姿这些辅助表意手段总称为态势语言。态势语言又称为“行为语言”、“人体语言”、“动作语言”，是一种伴随着自然有声语言而实现交际功能的辅助性无声语言。当然，要完成交际任务，应以自然有声语言为主，态势语言只起强调、修饰、渲染的作用，但在某种特殊情况下，态势语言不但可以单独使用，甚至还可表达出有声语言难以表达的思想感情，直接替代自然有声语言。成功的语言交际者就在于能将有声语言和态势语言配合得非常默契，将它们有机地协调起来。反之，如果在日常交际中，忽略了态势语言的选择和运用，不仅会直接影响有声语言的表达效果，而且还会给别人留下不良印象，有损自身和所代表组织的形象。

态势语言在任务三“仪态设计”中已经做了较为详尽的介绍，这里不再赘述。

二、营销沟通原则与语言要求

1. 营销沟通的原则

视客户为朋友、为熟人，想方设法让服务用语做到贴心、自然，令人愉悦，这是营销沟通的基本出发点。

（1）顾客中心原则

设身处地为对方着想，急客户之所需，主动说明顾客购买某种东西所带来的好处，对这些好处做详细、生动、准确的描述，才是引导顾客购买商品的关键。“如果是我，为什么要买这个东西呢？”这样换位思考，就能深入顾客所期望的目标，也就能抓住所要说明的要点。最好用客户的语言和思维顺序来介绍产品，安排说话顺序，不要一股脑地说下去，要注意客户的表情，灵活调整销售语言，并力求通俗易懂。

（2）倾听原则

“三分说，七分听”，这是人际交谈基本原理——倾听原则在营销中的运用。在推销商品时，要“观其色，听其言”。除了观察客户的表情和态度外，还要虚心倾听对方议论，洞察对方的真正意图和打算。要找出双方的共同点，表示理解对方的观点，并要扮演比较恰当、适中的角色，向客户推销商品。

（3）禁忌语原则

在保持积极的态度时，沟通用语也要尽量选择体现正面意思的词，选择积极的用词与方式。要保持商量的口吻，不要用命令或乞求语气，尽量避免使人丧气的说法。举例如下。

"很抱歉让您久等了。"（负面词）→"谢谢您的耐心等待。"（积极的说法）

"问题是那种产品都卖完了。"（负面词）→"由于需求很多，送货暂时没有接上。"（积极的说法）

"我不能给你他的手机号码！"（负面词）→"您是否向他本人询问他的手机号码？"（积极的说法）

"我不想给你错误的建议。"（负面词）→"我想给你正确的建议。"（积极的说法）

"你叫什么名字？"（负面词）→"请问，我可以知道你的名字吗？"（积极的说法）

"如果你需要我们的帮助，你必须……"（负面词）→"我愿意帮助你，但首先我需要……"（积极的说法）

"你没有弄明白，这次听好了。"（负面词）→"也许我说的不够清楚，请允许我再解释一下。"（积极的说法）

（4）"低褒微谢"原则

"低"，就是态度谦恭，谦逊平易。"褒"是褒扬赞美。"谢"是感谢，由衷地感谢顾客的照顾。如"谢谢您，这是我们公司的发票，请收好。""谢谢您，我马上就通知公司。""谢谢您，正好是××元。""微"是微笑。营销人员要常带微笑，给客户带来好的心情。

2. 营销沟通的语言要求

（1）发音清晰、标准。只有发音清晰、标准，对方才能听清推销员说的是什么，不至于只看见"推销员"唾沫横飞，却根本不知道说了些什么。我们提倡说普通话。很大程度上，一口流利的普通话已经成为高素质的象征，因此，一般来说，应该用普通话交流；如果了解对方老家是某地，对方又以家乡为荣，而自己恰巧又会当地的方言，适当地运用方言跟对方交流也不错。

（2）语调低沉、自然、明朗。低沉和抑扬顿挫的语调最吸引人。语调偏高的人，让人感觉唧唧喳喳，听起来不舒服，而且有一种凌驾于客户之上的感觉。因为我们大家有体会，一般而言领导跟下属、长辈跟晚辈之间谈话时，前者语调较高，后者语调较低，所以客户更喜欢稍低沉的语调；语调要自然，谁都不喜欢做作，尤其是女推销员更不要嗲声嗲气地，自然、大方才受大家的欢迎；语调要讲究抑扬顿挫，否则一个调子下来，客户听不出重点，也容易厌烦。

（3）说话的语速要恰如其分。有些推销员说话本身语速快，在客户面前又有些紧张，因此还没等客户有所反应，自顾自地讲了十几分钟，容不得对方插话，一则不尊重对方，二则自己讲得快了，思维跟不上，容易出错；语速也不应太慢，太慢了会让客户着急，不耐烦。一般来说，正常聊天的语速就可以。同时，语速要根据所说的内容而改变，一成不变的语速容易让人产生厌烦情绪，讲到重点的时候可以适当放慢语速，加强语气，以示强调。

（4）懂得停顿的运用。在讲话过程中，恰当的停顿有多个好处：一则可以顾及客户的反应，是喜欢还是厌恶？对哪一部分感兴趣？以便有针对性地调整说话的内容和语速。二则是让自己有思考的时间，选择更合适的语言来表达，不致太紧张甚至出错；停顿的时间不要太短，要根据对方的反应灵活调整。一般来说，停顿会引起对方的好奇，有时不能逼对方早下决定。

（5）音量要注意控制。有的人音量本来就大，很多时候像在喊，这就要控制一下。音量太大，往往容易给对方造成压迫感，使人反感；音量太小，一则对方听不清楚说的内容，容易不耐烦，二则显得自己信心不足，犹犹豫豫。没信心，自己都没有信心，还怎样影响客户？因此说服力不强。

（6）在说话时配合恰当的表情。在说话时配合恰当的表情往往会起到比单纯的语言更明显的作用。比如，说到高兴处，可以微笑，或者配合一定的手势动作；说到伤心处，神情表现得悲伤，让情绪感染客户，让客户进入到所创设的情境中，容易诱导客户。

此外，推销人员还要注意表达逻辑清晰，重点突出。在进行介绍时，要思路清晰，表达流畅，不能前言不搭后语，让听者不知所云。为了突出重点，可以适当地使用一些词语，如“首先，其次，再次，最后”或者“第一，第二，第三”等，以便客户能抓住重点，一般要把最突出的优点放在第一位，吸引住客户，稍弱的优点依次往后。

推销员可以把自己的声音录下来，找好朋友或者家人或者同事从内容、形式等方面提提建议和意见，以便提高说话水平。

（7）避免以“我”为中心，诱导顾客自己把握销售的主题。最能使人信服的是自我醒悟的道理，而非他人的说教，通过提问的方式给顾客一定程度的自尊心理满足，诱导和激发顾客产生购买行为。比如，“我认为……”可改为“您是否认为……”，“您的想法对吗?”可改成“您是怎么想的?”，“我想您肯定会买的”，可改成“您很内行，可不要错过机会”等。这些提问能使顾客顺从诱导，思考推销员没有说出的销售主题。一旦悟出道理，大多数顾客就会陶醉于自己体会出的快乐心情之中，很少会产生是由推销员诱导出来的怀疑的感觉。在公众自己思考出销售的主题以后，推销员还可以用赞美的语气强化诱导的结果。“您讲得很有道理”，“我完全同意您的想法”，“您真会核算，比我们还精通”等赞美词会使顾客油然产生一种兴奋的心情，这种情感体验能够升华为坚定不移的购买信念，导致顺利成交的良好结果。

（8）注意语言的精确性，提高对顾客说理的感染力。在推销中，推销人员的语言是一种极其复杂的心理活动，推销员凭借某种语言来传递自己心理活动的信息，表达自己的思想、情感、愿望和要求，而顾客也是通过同拜访者的语言交流，接受推销员传递的商品信息，引起思想、感情的共鸣，采取积极的购买行为。因此，推销员要加强语言修养，提高语言的精确性，增强语言的感染力，给顾客以身临其境的感觉，强化说理的效果。应注意以下三点。

①多用肯定语言。这里所说的肯定是指对顾客态度的赞美肯定，对商品质量和价格的肯定，对售后服务的肯定，以坚定顾客的购买信念。对顾客态度的肯定。“您现在这样看问题是很自然的事”，“过去我也是这样想的。”对商品质的肯定。比如，对服装可用质地优良、做工考究、色泽华丽、款式新颖、老少皆宜的肯定语言。对水果可用果大、皮薄、肉厚、香

甜、可口等质量可靠的语言。对价格的肯定。“这个价值五十元”，“这个报价是最低价格”，“您不能再削价了”。这里的目的是使顾客消除还价的打算，觉得在价格上别无退路，只能按定价成交。对售后服务的肯定。“本公司推销的商品一律实行三包：包退、包换、包修”，“本厂的产品一律送货上门”。这里的“三包”和“送”都是肯定语言，能使顾客感到称心、方便，解除其后顾之忧，促使顾客下决心实施购买行为。

②用请求式的语句。尊重顾客，尽量避免用命令式的语句同顾客交谈。请求式语句是以协商的态度征求顾客意见，由于推销员态度谦虚，说话和气，所以公众总是乐意接受的。推销员居高临下，用命令式语句，态度生硬，强制性地要求顾客实施购买行为，一般是不受顾客欢迎的。比如，客户问推销员：“××是否有货?”推销员回答：“没有货，到下个月再联系。”这是一种命令式回答客户问题的语句。它不仅要求客户等到下个月，而且命令客户主动来联系。这样就使推销员与客户的关系错位，变成客户求推销员。这种方式除了在商品供应紧张时，能有短期效应外，对多数客户来讲，是不可取的。

③营销中，刺激的语句、过于客套的语句都是不恰当的。这些语句容易引起公众反感。

总之，营销人员在与客户的沟通中正确使用语言，通过语言的魅力，影响、感染、引导公众消费，触发购买行为，这是有效地开展营销所必需的。

三、与客户沟通的技巧

营销中的 FAB 法则是营销人员与客户沟通的基石。所谓 FAB 法则是指推销员运用产品的特征 F（Feature）和优势 A（Advantage）作为支持，把产品的利益 B（Benefit）和潜在顾客的需求联系起来，详细介绍所销售的产品如何满足潜在顾客的需求。特征 F 是产品的固有属性，它描述的是产品的事实或特点；优势 A 解释了特征的作用，表明产品如何使用或帮助潜在顾客；而利益 B 则说明产品能给潜在顾客带来的好处是什么，表明产品如何满足客户表达的明确需求。销售领域流传着这样一个著名的故事——猫和鱼的故事，以此来说明 FAB 法则的运用。一只猫非常饿了，想饱餐一顿（需求）。这时推销员过来说：“猫先生，我给你一沓子钱。”但这只猫丝毫不为所动，仍然在那里懒洋洋地躺着（这沓钱只是一个特征）。躺在地上的猫饿极了，很想饱餐一顿（需求）。这时推销员过来说：“猫先生，我这儿有一沓钱，可以买很多鱼。”猫仍然没有反应（买鱼是这些钱的作用、优势）。猫饿极了，渴望饱餐一顿（需求）。这时推销员过来说：“猫先生请看，我这儿有一沓钱，可以买很多鱼（优势），你可以饱餐一顿了（利益与需求相匹配）。”话音刚落，这只猫就飞快地扑向这沓钱。由此可见，利用 FAB 法则推销产品时，只有将产品的利益与顾客的需求相匹配，强调潜在顾客将如何从购买中受益，才能激发顾客的购买欲望，让其作出购买的决定。

从 FAB 法则出发，营销人员应把握以下与客户的沟通技巧。

1. 引起注意

无数的事实证明：在面对面的推销中，能否真正吸引客户的注意力，第一句话是十分重要的，它的重要性并不亚于宣传广告。客户在听第一句话的时候比听第二句话乃至以下的话要认真得多，当听完第一句话时，很多客户，不论是有心还是无意，都会马上决定是尽快地把你打发走，还是准备继续谈下去，如果第一句话不能有效地引起顾客的兴趣，那么尔后即使谈下去，成果也不会太乐观。

（1）急人所需。抓住对方的急需提出问题是引起注意的常用方法。美国一位食品搅拌器推销员，当一住户的男主人为其开门后，第一句话就发问道："家里有高级搅拌器吗？"男主人被这突如其来的发问给难住了，他转过脸来与夫人商量，太太有点窘迫又有点好奇地说："搅拌器我家里倒有一个，但不是最高级的。"推销员马上说："我这里有一个高级的。"说着，从提袋中拿出搅拌器，一边讲解，一边演示。

假如第一句不是这样说，而是换一种方式，一开口就说："我想来问一下，你们是否愿意购买一个新型的食品搅拌器？"或者"你需要一个高级食品搅拌器吗？"会有什么结果呢？第一种问法，要对方回答的是"有"还是"没有"。当然差不多是明知故问，但这个问题提得好，有两个好处。一是没有使客户立刻觉得你是向他们推销东西的。前面已经说过，人们讨厌别人卖给他们什么，而喜欢自己去买什么，二是你只说你有一台高级搅拌器，并没有问客户买不买，因此客户会发生兴趣：看看高级的与他家里的有什么不同，演示说明就成为顺理成章的事情了。至于最后的购买，不是乞求的结果，也不是高压的结果，而是客户的一种满意的选择。

（2）设身处地。如果一开口，便说出一句替客户设身处地着想的话，同样也能赢得对方的注意。因为人们对与自己有关的事特别注意，而对那些与自己无关或关系不大的事，往往不太关心。有一个推销家庭用品的推销员，总能够成功地运用第一句话来吸引顾客的注意。"我能向您介绍一下怎样才能减轻家务劳动吗？"这句话一下子抓住了对方的心理，为烦琐家务劳动搞得十分伤脑筋，而且又无计可施的家庭成员，这时听说有方法可减轻家务劳动，当然会引起注意了。请想想，如果这位推销朋友一开口就问人家："我能向你们推销一部洗衣机吗？"或者"我能给你们介绍一下我厂的新产品吸尘器吗？"效果就不会有第一种的说法好，因为后面的说法没有把产品对客户的效用一下子明确地提出来，而且没有设身处地地为对方着想，强调的是"我"，而不是"你"。

（3）正话反说。有的时候推销人员为了引起对方的注意，故意正话反说，这也是一种出其不意的妙法。一个高压锅厂的推销员找到一个批发部经理进行访问推销，他一开始就说了这么一句："你愿意卖 1000 只高压锅吗？"推销员在推销的时候，往往不说"卖"而说"买"，这句话一说，经理感到这个人很有意思，便高兴地请他谈下去，推销员抓住机会向经理详细地介绍他们工厂正在准备通过宣传广告大量推销高压锅的计划，并说明这样做的目的是为了给零售商提高销售量，这个经理便愉快地向他订下一批货。说话这件事真奇怪，同样一个意思，不同的说法，效果竟相差甚远，真是值得研究。

（4）形象演示。关于产品的戏剧性形象演示，效果明显，可以极好地引起公众注意。一个纺织品推销员脸朝着太阳的方向，双手举起一块真丝产品，这时，从挂在墙上的玻璃镜中，可以看到这块真丝产品，他对顾客说："你从来没有见过这样有光泽的图案，这样清晰的丝织品吧?”一个推销录音机的推销员，走进一个潜在客户的办公室，客户正在打电话，他马上将录音机打开，把对方的说话录了下来，等他打完电话后，马上放录音，同时对客户说:“你可能还没有听过自己的雄浑而悦耳的男低音吧?”这两个故事中的推销员，都善于因地制宜地利用自己所推销的商品，制造戏剧性的情节，实践表明:人们对于戏剧性的情节会产生很大的注意力和好奇心。假如不是这样，而是直截了当地问对方“你要录音机吗?”、“你要丝织品吗?”效果就肯定差得很远。

(5) 顺水推舟。“在上个月的展销会上，我看到你们生产的橱窗很漂亮，那是你们的产品吗?”这句话马上引起了对方的注意，并使对方十分高兴，然后推销员紧接着对这位客户说:“我想，如果在你们生产的橱窗上再配上我厂的这种新产品，那就是锦上添花了。”顺手递上了自己所要推销的产品，这个推销员顺着他人产品之水，推动自己产品之舟，可谓巧妙，这种借向客户提出新的构想来推销自己的产品的方法，也是一种吸引对方注意的有效途径。

(6) 从众效应法。从众，这是一种有趣的社会心理现象，它指的是，人们往往不自觉地以周围的人的行为动作为自己的行动指导，特别是当自己难以选择的时候，更会以他人的行动作为自己行动的借鉴，例如，如果你的亲朋好友，邻居同事购买“飞鸽牌”自行车，当你打算买车的时候，就很可能也买“飞鸽牌”。这个原理用于推销，就要求推销员在说明产品时，同时举出已购买本产品的公司或知名人士或顾客的熟人。

“这种国产车很受欢迎，深圳、广州、珠海几家旅游公司都各订了10部。”

“李先生，你是否注意到红光印刷厂王经理采用了我们的印刷机后，营业状况大为改善?”

“这种综合电疗器特别受知识分子的欢迎，工学院的老师一买就是几十只，你们师范学院的教师也买了不少，例如，你们都认识的中文系王天教授，数学系刘明教授，都使用这种电疗器，效果不错。喏，这是他们写来的信。”

当然，推销时所碰到场面何止千种，所谓运用之妙，存乎一心。以上的几种方法，仅供借鉴，到底要怎样说，才能最有效地吸引对方的注意，引起对方的兴趣，还要在实践中不断创造。

2. 介绍商品

介绍商品，是营销过程的一个重要环节，营销就是要通过商品的介绍，达到满足客户真正需求和销售商品的双重目的。介绍应注意以下几点。

(1) 突出重点。通常一种商品或服务，本身具有众多的优点和特征，如果不看销售对象，一股脑儿将这些特点和特征加以罗列，一一介绍，不但会白白浪费许多时间，顾客也会由于你的“狂轰滥炸”而弄得头昏眼花，不得要领。在介绍时，应该根据商品或服务的特点，转换成对顾客的益处，依客户之不同而进行重点不同的说明。以电冰箱为例，同样的一台电冰箱，也随时间、地点、人物的不同而具有不同的效用，营销人员介绍的时候，只要抓住这一条，就会事半功倍。

美国的一位推销员曾经向住在北极圈内冰天雪地中的因纽特人推销电冰箱，他是这样来介绍他所推销产品的：“这个电冰箱最大效用是‘保温’，不致使我们食物的结构被冻坏而丧失它的营养价值”。（注：电冰箱里的常温是零下5度，而因纽特人居住的气温终年都零下三四十度）对因纽特人而言，这位聪明的推销员以温度的差距对食物的营养价值的影响作为说明的重点，是非常恰当的。试想，如果对因纽特人说明由于冰箱里的温度低，可使食物保鲜，对方听了可能认为你到这里来是为了开玩笑的。因为这里根本不存在食物腐败的问题。

商品虽然成千上万，不胜枚举，但是说明的重点不外乎以下10个方面：①适合性，指是否适合对方的需要；②通融性，指是否也可用于其他的目的；③耐久性，指是否能长期使用；④安全性，指是否具有某种潜在的危险；⑤舒适性，指是否能给人们带来愉快的感觉；⑥简便性，指是否很快可以掌握它的使用方法，不需要反复钻研说明书；⑦流行性，指是否是新产品，而不是过时货；⑧身价性，指是否能使顾客提高身价，自夸于人；⑨美观性，指外观是否美观；⑩便宜性，指价格是否合理，是否可以为对方所接受；这10个方面因人而异、因物而异、因时而异、要求你在作说明的时候，能对症下药。

（2）因情制宜。因情制宜，就是指介绍商品时应根据商品的特点和推销对象的具体情况加以介绍，做到有的放矢，比如对高档商品要强调其质优物美的一面；对廉价商品则要偏重其价廉的特点；对试销商品要突出其“新颖独特”的一面，着力介绍其新功能、新结构、体现新的审美观和价值观；对畅销商品，因其功能、质量已广为人知，因此对商品本身不需详细介绍，而应着重说明其畅销的行情和原因，使顾客不但感到产品畅销合情合理，而且产生一种“如不从速购买，可能失去机会”的心理，而对滞销商品，则应强调其价格低廉、经济实惠的特点，同时适当地对照说明其滞销的某些原因和可取的优点。比如对老年人介绍说：“这种羽绒服是名牌产品，保暖性强，结实耐穿，式样大方，就是款式不够新颖，没有皮衣那么时髦，所以年轻人不太欣赏。”这正切合了老年人追求经济实用，重内在质量的心理。

从营销对象来看，不同的顾客有不同的心理和需求，介绍商品时更应抓住不同顾客的心理特点，因人施语，获得顾客的认同，如年轻人喜欢新颖奇特，而老年人则注重价格；女士往往偏重款式，男士则更讲究品牌。向女士推销服装，应强调款式的新颖，风格的独特，而对男士，则应着重介绍品牌的知名、质料的考究。又如对老成持重的顾客，介绍时应力求周全，讲话可以慢一点，要留有余地；对自我意识很强的顾客，不妨先听其言，然后因势利导；对性情急躁的顾客，介绍商品时应保持平静，设身处地为之权衡利弊，促其当机立断；而对优柔寡断的顾客，则应察言观色，晓之以利，促发其购买冲动。

（3）充满热情。营销人员在营销过程中要充满信心和热诚，营销人员的热情往往会感染顾客，使顾客产生信任感，达成情感上的共鸣，进而引发顾客的购买欲。如有位妇女给小孩买马蹄衫上用的扣子，营业员见到她的小孩，说：“这是你的小孩吧，真漂亮。”妇女高兴地说：“你不知道，淘气着哪！”营业员说：“小子玩玩是好，女儿玩玩是巧，将来一定有出息！”问：“你想看点啥？”“我想买五颗扣子。”营业员说：“市面上卖的马蹄衫胸前钉的是五颗扣子，衫上还应钉两颗。小孩好动，常掉扣子，加上一颗备用。您买十颗吧。”这位顾客很高兴：“您比我想得还周到，听您的买十颗。”

营销人员以热情待人，可以使本来不想买的买了，本来想少买的多买，而原来打算买的更满意、更高兴。总的来说，情能动人，能感人，产生出好的效果。

（4）实事求是。实事求是即指介绍商品应尊重事实，恰如其分，切忌虚假吹嘘，蒙骗顾客，应当看到，任何商品都有其长处和短处，顾客所关注的是商品的长处在多大程度上大于短处，在于商品的长处和价值要与其价格相称。所以，对商品的成功的介绍并不在于过分渲染和夸大商品的优点，这样做只能引起客户怀疑和反感，而应当实事求是地介绍，以使客户全面了解商品情况。消除疑虑和犹豫心理，增强对商品和企业的信任度，买得放心并且称心，营销人员应当铭记的是：商品介绍中最重要的不在于推销者说了些什么，而在于客户相信什么，不在于告诉客户商品如何完美无缺，而在于客户了解此种商品有什么适应其需求的好处，所以实事求是地介绍商品是颇有说服力的。

3. 诱导购买

一位美国推销员贺伊拉说：“如果您想勾起对方吃牛排的欲望，将牛排放在他的面前，固然有效，但最令人无法抗拒的是，煎牛排的‘吱吱’声，他会想到牛排正躺在黑色铁板上，吱吱作响，浑身冒油，香味四溢，不由得咽下口水。”“吱吱”的响声使人们产生了联想，刺激了欲望。你在推销说明中，就是凭借你的口，针对顾客的欲望，利用商品的某种效用，为顾客描述商品，使之产生联想，甚至产生“梦幻般的感觉”，以达到刺激欲望的目的。

（1）描绘购买后的美景。为了使顾客产生购买的欲望，让顾客看商品或进行演示还是不够的，必须同时加以适当的劝诱，使顾客心理上呈现一副美景。首先要将有魅力的形象在你的脑海中描绘出来，并将形象转换成丰富动人的言词，然后用你的口才当“放像机”在对方脑海屏幕上映现出来，借以打开对方的心结。

一位推销室内空调机的能手，他总滔滔不绝地向顾客介绍空调机的优点如何如何，因为他明白，人并非完全因为东西好才想得到它，而是由于先有想要的需求，才感到东西好，如果不想要的话，东西再好，他也不会买，因此他在说明他的产品时并不说“这般闷热的天气，如果没有冷气，实在令人难受。”之类的刻板的教条。而是把有希望要买的顾客，当成刚从炎热的阳光下回到一间没有空调机屋子里：“您在炎热的阳光下挥汗如雨地劳动后回家来了，你一打开房门，迎接您的是一间更加闷热的蒸笼，您刚刚抹掉脸上汗水，可是马上额头上又渗出了新的汗珠，您打开窗子。但一点风也没有，您打开风扇，却是热风扑面，使您本来疲劳的身体更加烦闷，可是，您想过没有，假如您一进家门，迎面吹来的是阵阵凉风，那是一种多么惬意的享受啊！”

凡是成功的推销员都明白，在进行商品说明的时候，不能仅以商品的各种物理性能为限，因为这样做，还难以使顾客动心。要使顾客产生购买的念头，还必须在此基础上勾画出一副梦幻般的图景，顿时使商品增加了吸引人的魅力。

使用这种描述说明方式时必须注意以下几点。

①不要描述没有事实根据的虚幻形象。你的描述，目的是使商品或服务锦上添花。要做到这点，首先是必须是“锦”，而不是破布，如果你所描述的是没有事实根据的虚幻形象，日后必会招来顾客的怨恨。我国某城市的报纸上曾为该市新建的一座森林公园大做广告，称如何如何壮丽，开张的那天，不少人慕名而来，结果大呼上当，森林公园中根本见不到几棵树木，倒见到不少的建筑工地，顾客纷纷写信去报纸投诉，使该公园声誉扫地。

②以具体的措词描绘。如果你只说“太爷鸡”（这是广州市一家著名的个体户的绝活）。人们的脑海中仅会浮现一只鸡的形象，至于什么颜色，什么香味，软硬如何，人们就不得而知了，很难产生美味的形象。只说“价廉物美”不行，还应具体描述一下，价廉廉到什么程度，物美又美到何种地步。

③以传达感觉的措词来描述。如果你只说“痛”便不大能令人了解到底有多痛，是怎样的痛法，如果说“隐隐作痛”、“针刺般的痛”或“火烧火燎一样的痛”，人们就理解得深刻多了，因为后者的描述中用了传达感觉的措词。

④活用比较和对照的方法来描述。“空调机比电风扇好用得多了。”“电饭锅比烧煤烧柴省事得多了，且没有污染。”这样进行比较，人们的印象就会特别深刻。

⑤活用实例来描述。一位卖相机的小姐对欲购相机的另一位小姐说：“如果您出差、旅游，背上这么一部相机，不但使您更加富于现代青年的特色，而且会给您带来永久的回忆，请您想一想，如果因为没有相机而失去这些宝贵的一刹那，岂不是终生的憾事？”

如果你把合理的说明与描述性的话语结合起来，将起到画龙点睛的作用，使你的说明更加能激发起顾客的欲望。

（2）提供有价值的情报。向顾客提供有价值的情报，也是刺激顾客购买欲望的一种说话的方法，这也是很多不善于谈吐的推销员能得以成功的秘诀。什么是有价值的情报呢？顾客的利益及消费的时尚，顾客的需要及利益都是有价值的情报，这里重点讲述应该如何抓住人们消费价值取向的变化，去引导顾客适应新形势，从而激发他们购买的欲望。由于技术的革新，市面上相继出现了经过新奇包装的商品。消费者的收入水准或教育水平都在提高，生活方式随着改变，买方的欲求也高度化、大型化、多样化、个性化起来，购买态度，东西的买法，顾客的选择，都一直在急速地改变，顾客的价值观，也和以前完全不同，所以，只认为质量过硬或工厂设备精良，就自视商品佳，而自陷于千篇一律到处可见的推销法，注定要失败。

所谓推销，已演变成不单是推销东西了。不是推销商品，而是推销情报。例如，小汽车，销售重点也已从便宜的经济性等因素，移向了外观、乘坐的感觉方面。纺织品，从耐久性方面，转移到色泽、花纹、设计、流行性等方面。住宅也同样，卖的不是孤立的建筑物，而是关心建筑物的周边的环境或有气氛的生活。即便是领带，卖的也不是单纯的领带，而是西装、衬衫、手帕等组合成整体的有个性的自我表现。要当好这个消费顾问，在关键时刻得会说话。既不但推销员本人要明了消费趋势的变化，而且要善于把这些变化传达给那些不知情的顾客。

4. 消除异议

曾有这样一段有趣的对话，两个人正在聊天，其中一个人问道：

“如果比尔·盖茨现在突然要约见你，你准备穿什么衣服去赴约呢？”

另一个人回答：“穿什么都可以，只要不穿西装、打领带、手提公文包就行了。”

“为什么？”

“很简单，如果你穿成那样去的话，大老远一看见你，比尔·盖茨就会认为你是来向他推销保险的，还没等你走到他跟前，他的秘书就会把你赶走……”

不难看出，销售的第一步是与顾客进行沟通，而沟通的第一步则是消除顾客的异议、疑惑、戒备或误解。无论顾客的异议是来自于推销人员、所推销的产品、企业的信誉，或是来自于顾客本身，推销人员都有义务为顾客解决问题，而不应该轻易放弃，更不应该抱怨顾客。

（1）产品异议。这是顾客对产品的质量、样式、设计、款式、规格等提出的异议。这类异议带有一定的主观色彩，其根源在于顾客的认识水平、广告宣传、购买习惯及各种社会成见等因素。这种异议处理的关键是销售员必须首先对产品有充分的认识，然后再根据不同的顾客采用不同的办法去消除其异议。例如：

某家具经销商：“这种衣柜的外形设计非常独特，颜色搭配也非常棒，令人耳目一新，可惜选用的材质不太好……”

某衣柜厂家的推销人员：“您真是好眼力，一般人是很难看出这一点的，这种衣柜选用的木料确实不是最好的，如果选用最好的木料进行加工的话，价格恐怕就要高出两倍以上。现在这类产品更新换代很快，不是吗？这种衣柜已经不错了，尤其是外形设计十分时尚，可以吸引很多年轻人。订购这种价位适中、外形独特的衣柜既可以使您的资金得以迅速流通，又可以节省成本。”

又如：

某图书馆经销商：“现在的学生根本就不认真读书，他们连学校的课本都没兴趣读，怎么可能看课外书呢？”

某出版社发行人员：“是啊，现在的孩子的确没有我们小时候读书用功了，我们这套图书就是为了激发他们的学习兴趣而编写的。图书内容丰富，形式新颖、活泼，对学校教材可以起到很好的辅助作用。”

（2）货源异议。这是指顾客对推销品来源于哪家企业和哪个推销员而产生的异议。如“没听说过你们这家企业”、“很抱歉，这种商品我们和××厂有固定的供应关系”。

货源异议乍看不可克服，令人难堪；但这又说明顾客对产品是需要的，推销机会是存在的。这时推销员可以询问顾客目前用的产品品牌和供应厂商。如所用产品与推销品类似，则可侧重介绍推销品的优点。但这时千万不能说同行的坏话。称赞对方就是表示对自己的产品有信心，说别人的坏话反而会引起顾客的反感；如两种产品不同，则货源异议并不成立，成功的希望更大，推销员可以着重说明两种产品的不同点，详细向顾客分析推销品会给他带来什么新的利益。例如：

顾客："我从来没听说过你们的公司和产品，我们只和知名企业打交道。"

推销员："是啊，但您是否知道，我们公司今年已占了本市市场销售额的40%呢。"

然后，他用简洁的语言向顾客介绍企业生产、引以为豪的成绩、公司的发展前景等，尽量解除顾客的疑惑和不安全感，同时特别强调所推销的产品会给顾客带来的利益。

当推销员向顾客证明了自己所提供的产品比其他企业提供的同类产品更物美价廉时，他就击败了竞争对手，获得了交易成功。

（3）价格异议。顾客关注产品的价格，并且为了降低价格而进行协商，多半表明他需要这样的产品。顾客说"太贵了"，其实是追求物美价廉的心理使然，同时顾客也想听听你的解释。这时你要做的就是要让他们相信你的产品绝对物有所值，甚至是物超所值的。如果能够成功地做到这一点，那么就成交有望了。

因此，顾客提出对价格的异议时，推销人员不用紧张，也不要仅仅围绕着价格问题与顾客展开争论，而是应该看到价格问题背后的价值问题，尽可能地让顾客相信产品的价格完全符合产品的真实价值，最终说服顾客，实现交易。如果顾客咬定价格问题，不肯放松，推销人员也不必受顾客的影响，而应该寻找到顾客认为价格太高的深层次原因，然后再根据这些原因展开有效的销售活动。要记住：不要跟顾客讨论价格，而要跟顾客讨论价值。价格隐含于价值之中，价格本身就不会显得那么突出了。有一种叫"价格三明治"的方法，就是把价格分解为产品的功能，A功能、B功能、C功能加在一起值这么多价钱。所以要学会做价格分析，要告诉顾客价格里面具体包括了什么。

在面对价格争议时，推销人员可以尝试采用价格分解的方式处理顾客的反对意见。在实际销售活动中，对价格进行分解的方式有以下三种。

①差额比较法。当顾客对产品的价格感到不满时，推销人员可以引导顾客说出他们认为比较合理的价格，然后针对产品价格与顾客预期价格的差额对顾客进行有效说服。采用这种方法最大的好处是，一旦确定了价格差额，商谈的焦点问题就不再是庞大的价格总额了，而只是很小的差价。这时，你进一步说明产品的价值，把顾客的注意力吸引到产品的价值上去，顾客可能就不会过于坚持了。例如：

顾客："这个价格实在太高了，远远超出我的预算。"

推销人员："那怎样的价格您才能接受呢？"

顾客："我的最高预算是18000元。"

推销人员："我们的报价是19000元，与您提出的价格只相差1000元，不是吗？"

顾客："是的。"

推销人员："这种机器平均每天可以为您增加效益二百余元，也就是说，只要购买这台机器，不到5天的时间您就可以把这1000元的差价赚回来，难道您打算放弃这台机器为您带来的巨大效益吗？"

②整除分解法。整除分解法的目的是通过化整为零的计算，让顾客知道产品的价值所在，把顾客的注意力从较大的数额转移到容易接受的小数额上，更容易让顾客认同产品的价值，从而有利于达成交易。例如：

顾客："这个房子的整体设计、质量很好，可是价格实在是太高了。"

推销人员："房子其实并不如您想象得那么贵。您看，房子的现价是每平方米7000元，这种房子以后一定会继续升值，其潜在的价值将远远高于它目前的价格。"

顾客："这个房子我是准备自己住的，不太可能出让，升不升值与我没有太大的关系。"

推销人员："即使是这样，您也不希望今天每平方米7000元买到的房子，明年就跌到每平方米5000元吧。这个房子用来自己住最合适了。您算一算，房子的产权期限是70年，而房价总额大概为70万元，那么您一年其实只要花1万元就可以住在如此高品质的建筑之内了；再算一下，即使您每年只在其中住10个月，一个月也只需要花1000元，一天才需要花多少钱呢？"

顾客："大概33元钱吧。"

推销人员："是啊！才33元钱，您每天只要少在外面吃一顿快餐的钱就能够一辈子住在如此高档的住宅当中了，而且您还可以享受到高品质的物业服务。难道您愿意为了每天少花33元钱而放弃这样的人生享受吗？"

这里推销人员运用整除分解法，把顾客一年需要交1万元（大数目），分摊到每天差不多33元（小数目），这样会更容易让顾客动心。

③转移注意力。在解决顾客提出的价格异议时，如果顾客一直抓住价格问题不放，推销人员就需要想办法将顾客的注意力转移到他们感兴趣的其他问题上，比如让顾客把关注的焦点从价格问题转移到产品价值上。在具体的实施过程中，推销人员可以采用积极的询问、引导式的说明方法，配合相应的产品演示等。例如：

顾客："你们公司的这款复印机显然要比××公司的价格高一些，所以我们打算再考虑考虑。"

推销人员："我知道您说的那家公司，您认为他们公司的产品质量和性能与我们公司相比哪个更好呢？"

顾客："产品的质量不太容易比较，不过我觉得他们公司的产品功能好像更多一些，他们公司的复印机还可以……"

推销人员："我们公司的另外一款产品也具有您提到的这种功能，这是针对专业使用者设计的。我觉得贵公司使用复印机的人员比较杂，而且每天需要复印机的东西也很多，所以这款操作简单、复印速度快、寿命长的机器更适合贵公司……"

这里推销人员把难以解决的价格问题转移到了比较容易解决的质量与性能问题上，从而消除了顾客的异议。

（4）服务异议。服务异议是顾客对企业或推销员提供的服务不满意而引起的异议。对待顾客的服务异议，推销员应诚恳接受，并耐心解释，以树立企业良好的形象。例如，一次，一位经营通用机械的跨国公司推销员向农民推销一种先进的农业机械，一个农民说："你们公司在我们国家只有很少几个经销维修点，而且离我们农场很远，今后机械零件损坏怎么办?"推销员回答："本公司不提供机械服务，但我们在进行了严格测试的基础上，为每台机械配足了使用寿命所需的配件，一旦机械出现问题，你们可以自己换零件和维修，这样既省钱又不会误农时。"

5. 学会倾听

倾听，貌似简单，其实不易。"听"的繁体字为"聽"，它由"耳""王""十""目""一""心"六个字组成，代表着"听"首先是用耳朵接受他人的声音，但仅此却远远不够，还需"十目一心"地仔细观察对方说话的神态、用心揣摩对方话中之话。只有这样，才能真正感受到对方所要传递的信息。倾听是一种本能，也是一门技术，更是一门艺术，它源自本能，修自后天。

一般来讲，倾听有五个层次：一是听而不闻。如同耳边风，左耳进右耳出，完全没有听进去；二是敷衍了事。"嗯"…"喔"…"哎"…"好好好"，略有反应其实是心不在焉；三是有选择地听。只听合自己心意的，与自己意思相左的一概自动过滤掉；四是专注地听。有些沟通技巧的训练会强调"主动式"、"回应式"的聆听，以复述对方的话表示确实听到，即使每句话或许都进入大脑，但是否都能听出说话者的本意、真意，仍是值得怀疑；五是同理心的倾听。一般人聆听的目的是为了作出最贴切的反应，根本不是想了解对方。而同理心的倾听的出发点是为了"了解"而非为了"反应"，也就是透过交流去了解别人的观念、感受。

说，是一种天性；而倾听则是一种修养，是获得信息并获取信任的要诀。在营销沟通中应更重视倾听，尽可能做到高层次的倾听，避免低层次的倾听。但事实上并不是所有倾听都能达到理想效果，因为倾听存在着各种各样的障碍，它们会直接或者间接地影响倾听的效果。

（1）倾听的障碍。倾听障碍包括来自环境的倾听障碍和倾听者自身的倾听障碍。

①来自环境的倾听障碍。环境干扰是影响倾听最常见的因素之一，交谈时的环境各种各样，时常转移人的注意力，从而影响人专心倾听。有学者做过试验，一个人同时听到两个信息时，他会选择其中的一个，放弃另一个。这样的话，就很容易忽略另外一个人的信息。具体来说，环境障碍主要从两方面施加对倾听效果的影响。一方面，干扰信息传递过程，消减、歪曲信号。如在嘈杂的课堂上，老师的声音几乎被学生的吵闹声淹没了，坐在后排的同学根本就听不到老师在说什么，这跟一个安静的课室所能达到的效果是迥然不同的。另一方面影响沟通者的心境。也就是说，环境不仅从客观上，而且从主观上影响倾听的效果，这正

是为何人们很注重挑选谈话环境的原因。比如领导在会议厅里向下属征询建议，大家会十分认真地发言，要是换作在餐桌上，下属可能就会更随心所欲地谈谈想法，有些自认为不成熟的念头也在此得以表达。反之亦然，在咖啡厅里上司随口问问你的西装的样式，你会轻松地聊上几句，但若上司特地走到你的办公桌前发问，你多半会惊恐地想这套衣服是否有违公司仪容规范。这是由于不同场合人们的心理压力、氛围和情绪都大有不同的缘故。

②倾听者自身的倾听障碍。倾听者本人在整个交流过程中具有举足轻重的作用，倾听者理解信息的能力和态度都直接影响倾听的效果。但由于每个人都有自己的思想和经验，难免在倾听时加上自己的感情色彩，在无形中树立了障碍，无法准确理解别人传递的信息，从而影响了沟通。来自倾听者自身的障碍表现在以下几个方面。

- 注意力不集中。倾听者受到内部或外部因素的干扰而无法集中注意力，这是最常见的阻碍倾听的因素。当你疲倦时，胡思乱想时，或是对说话者所传递的信息不感兴趣时，都很难集中注意力。

- 打断说话者。倾听者打断说话者也是阻碍倾听的因素之一。在回应说话者之前，应该先让他把话说完。对说话者缺乏耐心甚至粗鲁地打断他们，这是对说话者本人及其信息不尊重的表现。

- 缺乏自信。倾听者缺乏自信也是阻碍倾听的因素之一，这是因为缺乏自信会令倾听者产生紧张的情绪，而这种情绪一旦占据了他的思维，就会使他无从把握说话者所传递的信息。也正是为了掩饰这种紧张情绪，许多倾听者总是在应当倾听时擅自发言，打断说话者。

- 过于关注细节。阻碍倾听的另外一个因素是倾听者过于关注细节。如果倾听者尝试记住所有的人名、事件和时间，那么就会觉得倾听“太辛苦”了。这种紧紧抓住信息中的细节而不抓要点的做法非常不可取，这样做就可能完全不能明白说话者的观点。

- 排斥异议。有些人喜欢听和自己意见一致的人讲话，偏心于和自己观点相同的人。这种拒绝倾听不同意见的人，不仅拒绝了许多通过交流获得信息的机会，而且在倾听的过程中注意力就不可能集中在讲逆耳之言的人身上，也不可能和任何人都交谈得愉快。

- 心存偏见。倾听者心存偏见会在很大程度上阻碍倾听。偏见让倾听者无法对说话者所传递的信息保持开放和接纳的心态。这是因为，偏见使人在倾听之前就已经对说话者或他所传递的信息作出了判断。

- 太注重说话方式与个人外表。人们倾向于根据一个人的长相或讲话的方式来判断一个人，因此听不到他真正说了什么。有些人常被说话者的口音和个人外表及行为习惯扰乱心绪，从而影响了倾听效果。

- 厌倦。由于大脑思考的速度比说话的速度快很多，前者至少是后者的3~5倍（据统计，人们每分钟可说出125个词，理解400~600个词），很容易在听话时感到厌倦。因为人们可以接纳一个人说的话，但同时还有很多空余的“大脑时间”，人们很想中断倾听过程，去思考别的一些事情。“寻找”一些事做，占据大脑空闲的空间，这是一种不良的倾听习惯。

（2）有效倾听的策略。这主要包括：创造良好的倾听环境、良好的心理准备和正确的态势语言三个方面。

①创造良好的倾听环境。首先，选择合适的场所。场所合适与否直接关系到沟通双方的心理感受和外在噪声的干扰。在公众场合下，应避免在噪声比较大的地方交谈，如施工场所、十字路口。应尽量寻找安静、舒适、典雅、有格调的咖啡厅、茶室等，同时力求避免电话、手机和他人的干扰。如果是在家中聚会，有必要将电视音量关小，保证室内空气清新、舒适，假如临近街道，可以将门、窗关紧，同时注意室内家具的摆放、颜色的搭配等细节问题。其次，选择恰当的时间。公众场所都有自己的高峰期，像公园、商场、节假日风景区，人比较多，咖啡厅晚上人流不息，而餐馆则在中午、下午6点以后客人较多。选择场所时还应考虑时间的不同对谈话双方的效果也将不同。再次，保持一定的距离。说话者跟听话者感情好，私下交谈时则相互挨得紧，恋人更是如此。但如果在正式场合，不论亲疏，都应保持一定的距离。过远，则不容易听清；过近，容易使说话者感到紧张。

②良好的心理准备。倾听，要求倾听者要有良好的精神状态，集中精力，随时提醒自己交谈到底要解决什么问题，听话时应保持与谈话者的眼神接触，但在时间的长短上应适当把握好，如果没有语言上的呼应，只是长时间盯着对方，会使双方都感到局促不安。另外，要努力维持大脑的警觉，保持身体警觉则有助于使大脑处于兴奋状态。

倾听时，应该保持开放的心态，这是提升倾听技巧的指导方针之一。这样做不但使你能考虑到事情的各个方面，还能减少你与说话者之间的防御意识，而这种意识会极大阻碍你们之间的良好沟通。回应说话者时，即使你不同意他的观点，也应对其信息保持积极的态度。

③正确的态势语言。人的身体姿势会暗示出他对谈话的态度，自然开放性的姿态，代表着接受、兴趣与信任。根据达尔文的观察，交叉双臂是日常生活中最普遍的姿势之一，一般表现出优雅，富于感染力，让人看上去自信心十足。但这常常自然地转变为防卫姿势，当倾听意见的人采取这种姿势时，大多是持保留的态度。向前倾的姿势是集中注意力、愿意听倾诉的表现。所以说二者是相容的。倾听时交叉双臂，跷起二郎腿也许是很舒服，但往往让人感觉这是一种封闭性的姿势，容易让人误以为不耐烦或高傲。

（3）提升倾听的技巧。这主要包括以下方面。

①对主题或说话者产生兴趣。这样做有助于倾听者以积极的态度进行倾听。倾听时，你的目标应当是从每个说话者那里获取知识，但如果你对他们不感兴趣，就很难集中注意力。因此，应当消除自己对主题或是说话者的偏见，使自己对其产生兴趣。倾听时，应该关注说话者提供的信息，而不是他们的外表、性格或是说话方式，不要因为这些因素而对他们加以定论，应该根据他们提供的论据来判断信息的价值。另外，也不要仅仅因为说话者的出色表达就立即对他们作出肯定的判断。出色的表达并不意味着说话者传递的信息有价值。因此，应该等到说话者完整地传递了信息之后，再作出判断。

②积极关注自己不熟悉的信息。要提升自己的倾听技巧，还应该学会积极关注自己不熟悉的信息。如果在倾听时遇到此类信息，就更需要高度集中注意力。因为如果不这样做，就

有可能抓不住信息中的重点。当对方传递的是自己不熟悉的信息时，可以采取下列方法来改变自己。

· 不要因为信息复杂而气馁。
· 使自己对学习产生兴趣。
· 提问以确认说话者的观点。

③专注于说话者的主要观点。倾听时，一定要专注于说话者的主要观点，为了全面理解说话者的言辞中包含的内容和情感，倾听者要集中精力努力捕捉信息的精髓。这样做能避免强烈情感让你感到混乱和沉闷，并且能集中精神理解讲话者所述观点中的重点。

④不要过早下结论。要提升自己的倾听技巧，倾听者在倾听时就不要过早下结论。当你不同意说话者的看法时，最自然的反应就是立即不再理会他所传递的信息。尽管你不需要同意说话者的所有观点，但是在下结论之前，还是应该听完他的话。只要听完了全部的信息，就可以彻底地检验并公正地评估说话者的观点、论据和论证过程。

⑤复述说话者所传递的信息。通过复述，倾听者可以确定自己是否完全理解了该信息。复述时，倾听者可以用自己的话向说话者概括信息的主要内容，这样能减少对信息的误解和错误的推测。

⑥不到必要时，不打断他人的谈话。善于听别人说话的人不会因为自己想强调一些细枝末节、想修正对方话中一些无关紧要的部分、想突然转变话题，或者想说完一句刚刚没说完的话，就随便打断对方。经常打断别人说话就表示你不善于倾听，个性激进、礼貌不周，很难和人沟通，所以除了在不得不说的情况下，否则是不应打断对方谈话的。每个人都有自己的观点，要鼓励别人说出自己的看法，而不能因为自己的主观意愿，否定自己不同意的观点，如果无法接受说话者的观点，那可能会错过很多学习的机会，而且无法和对方建立起融洽的关系。站在对方的角度去考虑他所说的话，以客观的心态去面对说话者，用心去感受说话者的心情，感受他的喜悦或悲伤，这也是做到最高层次倾听的体现。这样做可以避免因心理定式和偏见等产生的障碍。

⑦倾听者不应该过于拘谨。倾听者在倾听时过于拘谨使倾听变成了一种被动行为，此时，倾听者绝不会表达自己的观点，他们根本不参与交流，常常只是以“很好”和“我明白你的意思”之类的话来回应说话者。倾听者在倾听时过于拘谨可能是因为害羞，也可能仅仅出于不想给说话者带来麻烦，无论是什么原因，他们的行为都会阻碍有效的沟通。要避免在倾听时过于拘谨，应当遵循以下原则。

· 乐于表达自己的想法。
· 通过提问参与对话。
· 回答问题要干脆。
· 与说话者进行眼神交流。

⑧善于运用其他形式沟通。毕竟只是用听的话，所记住的信息有限，这时候就需要借助

一些其他的方式来帮助自己更好地记忆。比如做笔记，这样能更有效地记住对方所说的话。同时通过做笔记也能有选择地记下自己认为更重要的信息，从而避免因为什么都要记下而费时费力。

6. 善于交谈

（1）交谈中使用礼貌用语。使用礼貌用语，是人类文明的标志，也是全世界共同的心声。使用礼貌用语不仅会得到人们的尊重，提高自身的信誉和形象，而且还会对营销人员的事业起到良好的辅助作用。在我国，政府有关部门向市民普及文明礼貌用语，基本内容为十个字："请"、"谢谢"、"你好"、"对不起"、"再见"。在交际中，日常礼貌用语远不止这十个字。归结起来，主要可划分为如下几个大类。如表 9-1 所示。

表 9-1 文明礼貌用语

序号	礼貌用语类型	举 例
1	问候用语	您好！各位好！小姐好！××先生好！××主任好！早上好！中午好！下午好！晚安！各位下午好！××经理早上好
2	欢迎用语	欢迎！欢迎光临！见到您很高兴！恭候光临！××先生，欢迎光临！欢迎再次光临！欢迎您又一次光临本店
3	送别用语	再见！回头见！慢走！走好！欢迎再来！保重！一路平安！旅途顺利
4	请托用语	请稍候！请让一下！劳驾！拜托！打扰！请关照！请您帮我一个忙！劳驾您替我看一下这件东西！拜托您为这位女士让一个座位
5	致谢用语	谢谢！××先生，谢谢！谢谢，××小姐！谢谢您！十分感谢！万分感谢！多谢！有劳您了！让您替我们费心了！上次给您添了不少麻烦
6	征询用语	您需要帮助吗？我能为您做点什么？您需要点什么？您需要哪一种？您觉得这件工艺品怎么样？您不来一杯咖啡吗？您是不是很喜欢这种方式啊？你是不是先来试一试？您不介意帮助您吧？您打算预订雅座，还是散座？这里有三种颜色，您喜欢哪一种
7	应答用语	是的。好。很高兴能为你服务。好的，我明白您的意思。请不必客气。这是我们应该做的。请多多指教。过奖了。不要紧。没关系。不必，不必。我不会介意
8	赞赏用语	太好了！真不错！对极了！相当棒！非常出色！您真有眼光！还是您懂行！您的观点非常正确，看来您一定是一位内行。哪里，哪里，我做得还很不够。承蒙夸奖，真是不敢当。得到您的肯定，的确让我们很开心
9	祝贺用语	祝您成功！一帆风顺！心想事成！身体健康！生意兴隆！全家平安！节日快乐！活动顺利！新年好！春节快乐！生日快乐！旗开得胜，马到成功

续表

序号	礼貌用语类型	举　例
10	推脱用语	您可以到对面的商场去看一看。我可以为您向其他专卖店询问一下。下班后我们酒店还有其他安排，很抱歉不能接受您的邀请
11	道歉用语	抱歉。对不起。请原谅。失礼了。失言了。失陪了。失敬了。失迎了。不好意思，多多包涵。很惭愧。真的过意不去

（资料来源：杜明汉. 营销礼仪. 北京：电子工业出版社，2007.）

（2）讲究提问技巧。交谈的基本形式是提问和回答，善于提问往往能更顺利地与对方接近、相识，加深了解，能解除疑点，获得信息，能启发对方思维，控制交谈言路的方向，打破交谈的僵局，使交谈活动得以顺畅地进行，因此提问在交谈中占主导地位，它往往是交际的起点。在交谈中要讲究提问技巧，问得其所，问到所需。

①看清对象。在交谈提问时一定要看清对象，“上什么山唱什么歌”，见什么人发什么问。提问要因人而异，从对方的年龄、身份、职业、性格、知识水平及不同的民族文化背景出发，选择不同的提问方式。如对几岁的小孩，用文言词语发问，无异于“对牛弹琴”；反之，对高龄老人，就不宜问：“你几岁了？”而应问：“您高寿？”“您高龄？”为商务人员熟知的“对男士不问薪水，对女士不问年龄”的提问禁忌都是这一原则的具体体现。

②瞄准时机。在交谈中，要善于掌握对方的心理脉搏，瞄准发问的时机。有些问题时机掌握得好，发问效果才佳。例如，美国推销员帕特为了推销一套空调设备，与某公司已周旋了几个月，但对方仍迟迟不作决定，当时正值春夏之交，在董事会上，帕特面对着对他的推销毫无兴趣的董事们心急如焚，全身冒汗。谁知他“热”中生智，向在场的董事们发出了一个祈使问句：“今天天气很热，请允许我脱去外衣好吗？”说罢，他边脱衣边用手帕不停地擦汗。这一言行神奇般地产生了“感应效应”——董事们一个个顿觉闷热难忍，纷纷脱去外衣，并一个接一个地掏出了手帕，自然而然地都认真考虑起购置空调机的问题来。帕特在此抓住时令与环境的特点巧妙设问，趁对方心理无防，击其要害，一“问”中的，终于化被动为主动，做成了一笔交易。一般来说，当对方很忙或正处理急事时，不宜提琐碎无聊的问题；当对方伤心或失意时，不宜提太复杂、太生硬，会引起对方不愉快的问题；当对方遇到困难或麻烦，需要单独冷静思考时，最好不要提任何问题。

③抓住关键。那些大而泛的问题，往往叫对方摸不着头脑，觉得回答起来无从下手，自然也就不可能回答好。相反，抓住关键，问题提得具体，反而可以引导对方的思路。如意大利著名女记者法拉奇采访邓小平时，提的第一个问题就是：“天安门上保留下来的毛主席像，是否要永远保留下去？”这个问题很具体，然而包含着丰富的内容，这不单单是毛主席照片是否保留在天安门上的问题，而是涉及我们党和全国人民对毛泽东和毛泽东思想的评价问题，具有相当的分量。只有抓住关键进行提问，才能问得明白。

④精选类型。不是任何人一开始就愿意如实回答你所提出的问题，他往往借“无可奉告”、“我也不太清楚”等话来推托你的问题。所以，应准备多种提问方式，一种提问方式不行，要试着换另一种方式提问。提问大体可以分以下几种类型：a. 正面直问。开门见山，直接提出你想了解的问题。这是以求知和解疑为目的的。b. 两面提问。既问主要的，也问次要的；既问好的，也问坏的。这种提问是了解人的全貌和事物发展的全过程所必需的，可以帮助你克服思想方法的主观片面性。商务人员在调查研究、寻求事件发生的原因时多用这种提问。c. 迂回侧问。若正面或反面都不好问，就从侧面或另一角度入手，迂回迭进，再回到正面主题上来。d. 假言设问。站在对方的立场上，提出一些假设，启发对方思考，诱使对方回答。e. 步步追问。随着对方的谈话，步步深入，打破沙锅问到底。

当然，想使对方愿意回答自己提出的问题，还要注意自身形象的塑造，着装得体，大方自然，称呼得当，给人以真诚感和可信任的印象，这样在“问者谦谦，言者谆谆”的心理氛围中极易沟通信息，创造和谐的关系。

7. 学会赞美

美国管理学家玛丽·凯说：“赞美是一种有效而且不可思议的力量。”的确如此，在社会交往中，绝大多数人都期望别人欣赏，赞美自己，希望自身的价值得到社会的肯定。商务人员恰当地运用赞美的方式，会激发人们的积极性，产生巨大的精神力量。一般来说，赞美是一种能引起对方好感的交往方式。赞同你的人与不赞同你的人相比，你更喜爱前者，这符合人际交往的酬赏理论。但令人遗憾的是：不少人把赞美当做取悦他人的简单公式，不分时间、地点、条件对他人一味的加以赞美，实际上，这一做法是很不足取的。因为人借助语言进行交往，语言具有影响对方的心理反应，进而影响双方人际关系的效能，任何一种语言材料、语言风格、交往方式对人际关系产生何种影响，常因人、因时、因地而异，赞美这一交往方式也不例外，它的效能也具有相对性和条件性。

美国心理学家阿伦森曾举例说，假设工程师南希出色地设计了一套图纸，上司说：“南希，干得好！”毋庸置疑，听了这话，南希一定会增加对上司的好感。但如果南希草率地设计了一套图纸（她自己也知道图纸没设计好），这时，上司走过来用同样的声调说出同一句话，这句话还能使她产生好感吗？南希可能得出上司挖苦人、戏弄人、不诚实、不懂得好坏等结论，其中任何一项都使南希对上司的喜爱有所减少。因此，赞美的效果要受各种条件制约。能引起好感的赞美要借助以下条件。

（1）热情真诚的赞美。每个人都珍视真心诚意，它是人际交往中最重要的尺度。能引起好感的赞美首先必须是发自内心，热情洋溢的，否则那就是恭维。赞美和恭维到底有什么区别呢？说白了其实很简单，一个是真诚的，而另一个是虚伪的；一个是出自内心的，而另一个只不过是口头上的；一个没有丝毫自私目的，而另一个是出于个人私利。

音乐家勃拉姆斯是个农民的儿子，生于汉堡的贫民窟，享受不到受教育的机会，更无从系统地学习音乐，所以，对自己未来能否在音乐事业上取得成功缺乏信心。然而，在他第一次敲开舒曼家大门的时候，根本没有想到他的一生的命运在这一刻决定了。当他取出他最早创作的一首C大调钢琴奏鸣曲草稿，手指无比灵巧地在琴键上滑动，弹完一曲站起来时，舒曼热情地张开双臂拥抱了他，兴奋地喊着："天才啊！年轻人，天才……"正是这发自内心的由衷赞美，使勃拉姆斯的自卑消失得无影无踪，也赋予了他从事音乐艺术生涯的坚定信心。在那以后，他便如同换了一个人，不断地把心里的才智和激情流泻到五线谱上，成为了音乐史上的一位卓越的艺术家。正是这一句真诚的赞美，创造了一位音乐大师。

（2）令人愉悦的赞美。赞美的言语应该是对方喜欢听的言语，能达到使人愉悦的目的，称它为愉悦性原则。在交际活动中，遵守愉悦性原则，就是要多说对方喜欢听的话语，不说对方讨厌的言辞。这样，往往能收到较好的表达效果。

（3）具体明确的赞美。空泛、含混的赞美因为没有明确的评价原因，常使人觉得不可接受，并怀疑你的辨别力和鉴赏力，甚至怀疑你的动机、意图，所以具体明确的赞美才能引起人们的好感。对他人总以"你工作得很好"、"你是一个出色的领导"来赞美，只能引起人家反感。

（4）符合实际的赞美。在赞美别人时，应尽量符合实际，虽然有时可以略微夸张一些，但是应注意不可太过分。如某个人对某领域或某个方面提出了一些很好的意见，或者有了一点成果，可以说"你在这方面可真有研究"，甚至可以说"你是这方面的专家"，可如果你说"你真不愧是个著名的专家"、"你真是这方面的泰斗"等，对方如果是个正派人就会感到不舒服，旁观者就会觉得你是在阿谀奉承，另有企图。

（5）让听者无意的赞美。赞美者不是有意说给被赞美者听的赞美叫无意的赞美，这种赞美会被人认为是出自内心，不带私人动机的。

（6）不断增加的赞美。阿伦森研究表明：人们喜欢那些对自己的赞美不断增加的人，并且对自始至终都赞美自己的人与最初贬低逐渐发展到赞美的人，人们会尤其喜欢后者。因为相对来说，前者容易使人产生他可能是个对谁都说好的"和事佬"的感觉；但人们对开始持否定态度的后者会留下这样一种印象：说我不好，一定是经过考虑、分析的，可能有他一定的道理，从而认为对方可能更有判断力，进而更喜欢他。

（7）出人意料的赞美。若赞美的内容出乎对方意料，易引起好感。卡耐基在《人性的优点》中讲过他曾经历的一件事：一天，他去邮局寄挂号信，从事着年复一年的单调工作的邮局办事员显得很不耐烦，服务质量很差。当他给卡耐基的信件称重时，卡耐基对他称赞道："真希望我也有你这样的头发。"闻听此言，办事员惊讶地看着卡耐基，接着脸上泛出微笑，热情周到地为卡耐基服务，显然这是因为他接受了出乎意料的赞美的缘故。

总之，赞美是人的一种心理需要，是对他人尊重的表现，是一剂理想的黏合剂，给人以舒适感，使你拥有更多的朋友。但"赞美引起好感"并不是绝对的，无条件的，要受赞美动机、事实根据、交往环境诸因素的制约和影响，因此营销人员在与公众相处时，必须记住"一味地赞美不足取"。

四、促成交易的技巧

对营销工作来说，“成交”是核心环节，而把“成交”作为坚定不移的信念才是关键。当你百分之百地相信自己的商品和服务能给顾客带来最大利益的时候，有着“一定要成交”的信念的时候，顾客本人也会感受到这种坚定的信念，并会受你所影响。因为顾客是最终受益者，坚定不移地帮助顾客获得他们想要的，一心一意地尽最大努力帮助顾客，是你成交的信念，也是你获得成功的保证。

1. 成交的前提

成交是一种信念。但光有信念是不能成交的，还要学会作好成交前的准备。了解成交的可能、前提是促成成交的捷径。它不但有助于营销人员选择顾客，同时也能有效地帮助营销人员认识成交。成交的前提主要有以下几点。

（1）商品是顾客所渴望的。这就是说顾客有需求。如果营销人员都已经确信顾客可能真的不需要这种商品，那还怎么去营销呢？同时也反映出在营销的时候要抓住顾客的需求这个关键，只要顾客对商品有需求，营销就变得容易了。

（2）顾客的信任度。取得顾客的认同和信任，这是营销人员继续和顾客打交道的基础。

（3）顾客必须懂得怎样使用商品。厉害的营销人员会让顾客在不懂得如何使用商品的时候就去购买，但这绝不是一个优秀的营销人员的作为。因为最终会由于欺骗而永远失去这些顾客。真正优秀的营销人员能用通俗的语言及示范给顾客详细介绍商品的特点和如何使用，让顾客确切地明白自己购买的产品有什么作用及如何使用。

（4）顾客一定要能担负得起。了解顾客的消费水平是营销人员通过观察得知的。因为即使顾客再喜欢，如果经济条件不允许也是不能成交的。所以，作为营销人员，在营销过程中要真诚地为顾客着想，帮助顾客选择其喜欢并能接受的商品，这样才能顺利地达成交易。

（5）营销人员的素质。营销人员营销的不仅仅是商品，更重要的是自己。塑造完美的个人形象，扩大专业知识面，保持个人积极、严谨的态度，这些都会有助于促成交易。

（6）不放弃的精神。营销人员要有不放弃的精神，即使碰壁了也不要气馁。天下没有十全十美的事情，不可能每笔交易都能成交，要能在失败后继续保持饱满的精神，怀持下次肯定成交的心态，去迎接下一位顾客。

2. 成交的时机

营销人员所做的一切工作都是为成交准备的。如果说成交是一个机会的话，那么营销人员能否成功地把握这个机会就是成功的关键了。

（1）顾客最直接也最明了地表示愿意购买是成交的最佳时机。这样的时机，营销人员都可以把握，但还是要注意不要因为顾客同意购买而突然得意忘形，变得飘飘然了。特别是一些涉及金额较大的商品，如首饰、汽车、房子等，和顾客成交的时候，有些营销人员往往向其他同事挤眉弄眼，向其他同事展示 OK 的手势等，以示庆贺。这种过分喜悦，反而会引起顾客的不满和怀疑，会让其怀疑自己的决策是否正确。这种想法可能会让顾客突然终止购买。这种低级的失误是最需要营销人员自我反省的。

（2）有的时候顾客基本上已经决定购买了，但是他们却常用含蓄的说法来表示。比如顾客问："这个东西多少钱啊？""可以用信用卡吗？""如果我要购买该怎么办啊？"当听到类似的问题时，应立刻停止介绍商品，可以用这样的问题来回复："您需要多少？""您付现金吗？""您需要的就是刚才您看的那一款，是吗？"通常这些问题可以帮助营销人员尽快地促成交易。而如果营销人员依旧继续介绍，就有可能失掉这个机会。

（3）当顾客询问更多细节问题的时候。这表明顾客对商品感兴趣了。这时候营销人员要做的是把商品介绍的重点放在顾客感兴趣的特点上，并介绍它的效果如何，并且适当地给予顾客肯定的赞美，就很容易达成交易。比如说："哎呀。您真有眼光，您刚才提的问题正是这款商品的最大特点，您真的很在行。那我就给您包装起来吧。"

（4）对有些商品，当顾客询问付款方式、交货时间和地点的时候，同时就是顾客决定购买的时候。这个时候营销人员要迅速转变话题，把重点从介绍商品开始转移到成交事宜上。如果这时候怠慢顾客，反而会招致顾客的不满。

（5）在顾客询问附加服务的时候。营销商品，其实是在营销服务，顾客关心的是能不能因此获得相应的服务保障，特别是大宗高档消费品，比如汽车、房子。这时候顾客如果能够获得满意的答复，成交的概率就会很大。

（6）购买信息还体现在肢体语言上。通常顾客呈现出"茶壶姿态"，即身体往前倾，一手放在腰上，另一只手放在膝上，这时候顾客多是在积极地思考与成交相关的问题。还有一种姿态是深思的姿势，其表现是揉下巴。在做商品介绍的时候，顾客突然停下来，用手支着下巴，或低下头似乎陷入沉思。顾客出现这两个姿势，营销人员要做的就是摆出和顾客同样的姿势，并要微笑地把顾客引导到成交的问题上来。在顾客思考的时候，应该停止说话，静静地坐着，微笑地看着顾客，直到顾客把手放下来为止。而当顾客的手放下来，抬起头来看着营销人员的时候，表示已经作了决定，而答案通常是肯定的。

（7）当顾客开始计算数字的时候。这个时候营销人员要抓住机会，适时地根据顾客的具体情况给予相应的数字信息来帮助顾客思考。比如购买这个商品要花多少钱？多少价钱才合算？使用这款商品或这项服务能够增加多少收益，或降低多少成本？当顾客自己计算数字的时候，营销人员则要保持沉默，千万不要干扰顾客。当他完成计算并抬头时，营销人员可以说："您喜欢哪一个？""这是非常适合您的，您决定要几个？"通过这些问题来完成交易。

（8）有时候顾客突然变得非常友好、和善。营销人员很容易能从顾客的话语和行为中看到其心情愉快。有时候顾客会提出一些和营销无关的友好问题，比如："你还没参观过我们公司吧，我带你随便看看……"、"来杯茶怎么样？我这可是新茶呀！"或者是抱着友善、关心的态度开始询问营销人员的个人情况："你做这行多久了？"这些问题和态度的转变都说明了顾客已经下了购买的决心，只是没有表达出来，所以他才会变得轻松和愉快。

这时候，营销人员不要因为顾客的态度变化而变得"受宠若惊"，在回答顾客无关问题的时候，不要大谈特谈一些不相干的事情，不要因为顾客的友好态度而一下子不好意思提出成交意向，否则会错过最佳的成交机会。这时候的营销人员要保持冷静，然后微笑地提出一个关于成交的问题，从而确认顾客的确切想法。如果顾客已表达出购买的意思，就要适时地进行成交，或者让顾客作出承诺以便完成最后的成交步骤。

五、顾客投诉的处理

所谓顾客投诉，是指顾客对企业产品质量或服务上的不满意，而提出的书面或口头上的异议、抗议、索赔和要求解决问题等行为。

顾客投诉是每一个企业都会遇到的问题，它是顾客对企业管理和服务不满的表达方式，也是企业有价值的信息来源，它为企业创造了许多机会。因此，如何利用处理顾客投诉的时机而赢得顾客的信任，把顾客的不满转化为顾客满意，锁定他们对企业和产品的忠诚，获得竞争优势，已成为企业营销实践的重要内容之一。

1. 顾客投诉处理的原则与技巧

（1）处理顾客投诉的原则。在处理顾客投诉的过程中，服务行业从业人员应遵循以下原则。

①实事求是原则。这是服务行业从业人员处理顾客投诉的基本态度。要实事求是地听取顾客的意见和反映，绝不要文过饰非，自以为是。主观武断，偏听偏信，是处理顾客投诉时最要不得的态度。

②超然事外原则。在处理顾客投诉时，如果一味地站在本组织立场说话，只会激化矛盾。采取超然事外的态度，能缓和顾客对立情绪，创造良好的谅解气氛。超然事外，才能提出公正的解决方案，为解决异议奠定基础。

③多听少说原则。在听取意见阶段，事实不清，如果贸然发言或轻易反驳，往往起反作用。在交流意见阶段，主要是陈述事实，以事实说话。发言过多，于事无补，尤其是当服务行业从业人员被顾客看作组织方面代表时，更应多听少说，让顾客倾吐不满，宣泄郁闷，这样会起“降温”作用。服务行业从业人员作为第三方调解纠纷时，应让冲突双方多发言，有时，在充分倾吐意见的过程中，就会产生解决冲突的方法。

④积极行动原则。顾客投诉后，服务行业从业人员要积极行动，及时赶到现场，查明事实。接待顾客时，要尽其所能，给予帮助，态度要热情。

⑤取得谅解原则。组织要有解决问题的诚意。对顾客歉意，自身要做一些检讨。要持高姿态，有严于责己的精神，作些妥协和让步，使顾客意见得到缓解，矛盾逐步消除。出于至诚，就能“精诚所至，金石为开”。

（2）处理顾客投诉的技巧。处理顾客的投诉要注意把握以下技巧。

①听取意见。顾客对组织产生异议后，顾客会通过各种渠道向组织提出严厉批评。对于服务行业从业人员来说，不管批评采取什么方式，措辞如何尖锐，是否存在偏见，服务行业从业人员都要代表组织，认真听取，而不能采取引诱、威胁的方法来消除这种批评。

②查清事实。顾客投诉的产生总是由于某种原因引起的，查清事实是妥善解决顾客投诉

的关键。顾客产生的对立情绪，往往很难接受组织方面的调查，这时，最好委托第三方进行调查行动。

③交换意见。在查清事实的基础上，与顾客充分交流意见，求同存异，达成谅解。这种交流可以通过新闻媒介进行，也可以请顾客代表到场，面对面进行。进行面谈时，要做好充分的准备工作，包括拟出可供选择的解决方案，印好发给代表的调查报告，并做好代表的接待工作。双方冲突比较尖锐时可以请第三方主持会议。

④了解反映。在妥善解决分歧，双方彼此达成谅解后服务行业从业人员有必要通过民意测验，或公共关系调查等方式，了解顾客对引起纠纷问题的看法，了解顾客对组织的意见和反映，总结工作中发现的问题，以便进一步做好公共关系工作。

⑤合理处理。组织与顾客充分交换意见，交流信息，对真相和后果在求同存异的基础上，逐渐统一认识，作出必要的赔偿和道歉，争取顾客谅解。同时要制定改进措施，防止类似事件再次发生。

2. 处理顾客来电投诉

顾客来电投诉，一般是发现问题、反映疾苦或进行举报，所以组织的电话应有专人接听，不能只听铃声响，未见接话人。

（1）学会使用文明礼貌语言。顾客用电话投诉时，由于利益受到侵犯，容易情绪激动，所用语言和口气都是很不客气的，甚至是粗暴的，有时会把公共关系接待人员作为“出气筒”。这时，公共关系接待人员一定要体谅投诉顾客的心情，意识到自己是代表组织接待，顾客的电话斥责不是冲着自己个人的，所以接电话时，一定要耐着性子听完意见，并代表组织表示诚恳的道歉，说明一定会及时把有关意见转给有关部门，一有结果，立即告知。同时，公共关系接待人员使用的语言和证据要有礼貌，诚恳、友善、亲切，使顾客能够体会到接待人员对他需求的关注，从而使自己的情绪能尽快平静下来。

（2）接听电话要认真负责。凡是能当场说清的问题，要现场回答解决。不能解决的问题要做好详细记录，同时告诉投诉的顾客，今后可采用何种方式进行联系，以便告知解决问题的结果。

（3）听完电话，要对顾客进行安慰，鼓励，并要代表组织表示感谢。

（4）接完电话，公共关系接待人员要及时反映，协助有关职能部门处理顾客存在的问题。

（5）要及时告知投诉顾客对问题处理的意见结果。对一时不能解决的问题也应有所交代，不能查无结果，大事化小，小事化了，而应认真对待，有所说法。

（6）顾客投诉的问题要注意保密，这是职业道德的要求，一定不能扩散，更不能极不严肃地当成谈笑资料。

（7）监督电话要“取信于民”，广泛进行宣传，使顾客了解监督电话号码，便于有针对性地反映问题。

3. 处理顾客来信投诉

在接待工作中，顾客往往通过来信反映自身的疾苦或各种问题。处理好顾客来信，是社会组织坚持为顾客服务的一条重要纽带。处理来信的一般礼仪，主要有以下几点。

（1）及时处理顾客来信。对顾客来信要登记造册，来信人的姓名，地址，职业，以及所反映的问题和意见，都要一一记录在案，便于保存和查找。

（2）做好调查核实工作。对来信中所反映的问题和意见。根据权限规定，或送有关职能部门来处理，或自己进行调查核实，不论采取哪一种形式，都得把调查和处理的结果告知来信反映的顾客。

（3）对顾客反映的意见，要迅速回信。复信的文字不宜过长，要简洁、明确，针对顾客投诉的主要问题，提出处理的具体意见和建议。不要过分详尽地解释事情的前因后果，这容易给投诉顾客留下企图开脱责任的错觉，要让顾客感到公共关系接待人员是在代表组织真诚地道歉。

（4）对顾客的来信投诉不要拖而不办。如有必要，可先复函告知顾客，说明来信已收到，请耐心等待回音。有的顾客如若来信中流露出一些不正常情绪，应与有关部门研究稳定情绪的对策，以防发生不测。

（5）严守组织纪律，注意为来信顾客保密。特别是来信揭发问题时，来信人的姓名绝对不能随意公开，更不能让被揭发的当事人知道，否则便是严重的失密行为，可能会造成打击报复等后果。

4. 接待顾客来访

接待来访，虚心听取顾客的意见和建议，帮助顾客解决问题和困难，对密切组织与顾客的关系具有重大的意义。对来访的顾客，公共关系接待人员必须待之以礼。

（1）设置来访接待室。来访接待室一般应设置在本部门或本单位内使顾客易于找到的地方。应为来访顾客提供整洁、安静的环境，而且在墙上可张贴有关规章制度，保持严肃认真的气氛。但是，接待室一般不宜设置在太显眼，人员来往频繁的地方，这会增加来访顾客的顾虑，也不宜深入交换意见、听取问题的反映。

（2）要有礼貌地接待来访顾客。要态度热情，主动招呼来访顾客入座，问清姓名、地址、职业、证件等，然后，再询问其反映的问题。接待来访顾客，不论熟悉、不熟悉及顾客身份的高低，都要热情接待，不能采取冷落的态度。

（3）要耐心地听取情况。在听取顾客反映的情况时，顺耳的意见要听，逆耳的意见也要听。不要当场与顾客发生争论，也不能漠然置之，流露出似听非听的神情，这会给来访顾客以一种受到冷淡的感觉，不利于问题的解决。

（4）要审慎地回答问题，不要武断地轻易下结论。该问的问题要问清，对于来访投诉，可以说一些安慰的话，告诉来访顾客要相信社会组织，相信事实真相总会大白，能弄清楚的。但情况不明不要信口开河，随意回答问题，更不能武断地作事实判断和评价。

（5）给顾客满意的答复。一般在接待来访顾客时，应尽量满足顾客的要求，为其解决问题满意而去。即使一时不能解决问题，也应告诉顾客何时能听取回复，以解除其顾虑，免得他因问题无明确答复，一而再，再而三地到处向人诉说不是，造成对组织不好的印象。

（6）劝说应讲究方式。对态度蛮横的来访顾客，公共关系接待人员要有宽广的胸怀，切勿针锋相对，火上浇油，引起顾客的情绪激动，不利于解决问题，而是应当用委婉的语言尽力“降温”，采用商量态度消除对方的对立情绪，造成利于解决问题的人际氛围。

（7）设置来访机构，配备必要的专职人员。在接待中，为了更好地处理顾客的投诉问题，应在组织内部设置由专人负责的专门机构。这样，能使顾客的投诉得到迅速的处理，而不至于因工作忙而被搁浅。如果在投诉中，顾客坚持要领导出面，就应及时请领导接待，不能擅自主张替领导作主。当然，如果遇到领导不便接待时，公共关系接待人员应以婉转的口气进行解释和劝说，不要把事情闹僵。

在接待工作中，服务行业从业人员若能妥善地处理顾客的投诉问题，不仅可以缓和组织与顾客的对立情绪，而且能够把顾客的投诉变成提高组织声誉的良好机会。

专业阅读

一、营销人员第一次见顾客怎么说

营销人员与准顾客交谈之前，需要适当的开场白。开场白的好坏，几乎可以决定这一次访问的成败，换言之，好的开场白，就是推销员成功的一半。

1. 用金钱来敲门

几乎所有的人都对钱感兴趣，省钱和赚钱的方法很容易引起客户的兴趣。“王经理，我是来告诉你贵公司节省一半电费的方法。”“李厂长，我们的机器比你目前的机器速度快、耗电少、更精确，能降低你的生产成本。”“陈总，你愿意每年在毛巾生产上节约5万元吗？”

2. 发自内心真诚的赞美

每个人都喜欢听到好听的话，客户也不例外。因此，赞美就成为接近顾客的好方法。赞美准顾客必须要找出别人可能忽略的特点，而让准顾客知道你的话是真诚的。赞美的话若不真诚，就会成为拍马屁，这样效果当然不会好。赞美比拍马屁难，它要先经过思索，不但要有诚意，而且要选择既定的目标。“王总，您的房子真漂亮。”这句话听起来像拍马屁。“王总，您这房子的大厅设计得真别致。”这就是赞美了。

下面是两个赞美客户的开场白实例。

“徐经理，我听××公司的张总说，跟您做生意最痛快不过了。他夸赞您是一位热心爽快的人。”

“恭喜您啊，杨总，我刚在报纸上看到您的特别报道，祝贺您当选十大杰出企业家。”

3. 利用好奇心

现代心理学表明，好奇是人类行为的基本动机之一。美国杰克逊州立大学刘安彦教授说"探索与好奇，似乎是一般人的天性，神秘奥妙的事物，往往是大家所关心的注目对象。"那些顾客不熟悉、不了解、不知道或与众不同的东西，往往会引起人们的注意。推销员可以利用人人皆有的好奇心来引起顾客的注意。

一位推销员对顾客说："老陈，您知道世界上最懒的东西是什么吗?"顾客感到迷惑，但也很好奇。这位推销员继续说，"就是您藏起来不用的钱。它们本来可以购买我们的空调，让您度过一个凉爽的夏天。"某地毯推销员对顾客说："每天只花一毛六分钱就可以使您的卧室铺上地毯。"顾客对此感到惊奇，推销员接着讲道："您卧室 12 平方米，我厂地毯价格每平方米为 24. 8 元，这样需 297. 6 元。我厂地毯可铺用 5 年，每年 365 天，这样平均每天的花费只有一毛六分钱。"推销员制造神秘气氛，引起对方的好奇，然后，在解答疑问时，很技巧地把产品介绍给顾客。

4. 借第三人来引起注意

告诉顾客，是第三者（顾客的亲友）要你来找他的。这是一种迂回战术，因为每个人都有"不看僧面看佛面"的心理，所以，大多数人对亲友介绍来的推销员都很客气。"马先生，您的好友×××先生要我来找您，他认为您可能对我们的印刷机械感兴趣，因为，这些产品为他的公司带来很多好处与方便。"打着别人的旗号来推介自己的方法，虽然很管用，但要注意，一定要确有其人其事，绝不可能自己杜撰，要不然，顾客一旦查对起来，就要露出马脚了。为了取信顾客，若能出示引荐人的名片或介绍信，效果更佳。

5. 举著名的公司或人为例

人们的购买行为常常受到其他人的影响，推销员若能把握顾客这层心理，好好地利用，一定会收到很好的效果。"李厂长，××公司的张总采纳我们的建议后，公司的营业状况大有起色。"以著名的公司或人为例，可以壮自己的声势，特别是，如果你所举的例子，正好是顾客所景仰或性质相同的企业时，效果就更会显著。

6. 不断的提出问题

推销员直接向顾客提出问题，利用所提的问题来引起顾客的注意和兴趣。"王厂长，您认为影响贵厂产品质量的主要因素是什么?"产品质量自然是厂长最关心的问题之一，推销员这么一问，无疑将引导对方逐步进入面谈。在运用这一技巧时应注意，推销员所提问题，应是对方最关心的问题，提问必须明确具体，不可言语不清楚、模棱两可，否则，很难引起顾客的注意。

7. 向客户提供有价值的信息

营销人员向客户提供一些对客户有帮助的信息，如市场行情、新技术、新产品知识等，会引起客户的注意。这就要求营销员能站到客户的立场上，为客户着想，尽量阅读报刊，掌握市场动态，充实自己的知识，把自己训练成为自己这一行业的专家。客户或许对营销员应付了事，可是对专家则是非常尊重的。如果你对客户说："我在某某刊物上看到一项新的技术发明，觉得对贵厂很有用。”营销员为客户提供了信息，关心客户的利益，也获得了客户的尊敬与好感。

8. 适时地进行产品展示

营销员利用各种戏剧性的动作来展示产品的特点，最能引起顾客的注意。一位消防用品营销员见到顾客后，并不急于开口说话，而是从提包里拿出一件防火衣，将其装入一个大纸袋，旋即用火点燃纸袋，等纸袋烧完后，里面的衣服仍完好无损。这一戏剧性的表演，使客户产生了极大的兴趣。卖高级领带的售货员，只说：“这是××牌高级领带”，这没什么效果，但是，如果把领带揉成一团，再轻易地拉平，说“这是××牌高级领带”，就能给人留下深刻的印象。

9. 利用产品引发兴趣

营销员利用产品来引起客户的注意和兴趣。这种方法的最大特点就是让产品作自我介绍。用产品的魅力来吸引顾客。一乡镇企业厂长把该厂生产的设计新颖、做工考究的皮鞋放到王经理办公桌上时，王经理不禁眼睛一亮，问：“哪产的？多少钱一双？”广州表壳厂的营销员到上海手表三厂去推销，他们准备了一个产品箱，里面放上制作精美、琳琅满目的新产品，进门后不说太多的话，把箱子打开，一下子就吸引住了客户。

10. 虚心向客户请教

营销员利用向客户请教问题的方法来引起客户注意。有些人好为人师，总喜欢指导、教育别人，或显示自己。营销员有意找一些不懂的问题，或懂装不懂地向客户请教。一般客户是不会拒绝虚心讨教的人的。“程总，在计算机方面您可是专家。这是我公司研制的新型电脑，请您指导，在设计方面还存在什么问题？”受到这番抬举，对方就会接过电脑资料信手翻翻，一旦被电脑先进的技术性能所吸引，推销便大功告成。

11. 赠送小礼品

每个人都有贪小便宜的心理，赠品就是利用人类的这种心理进行营销。很少人会拒绝免费的东西，用赠品作敲门砖，既新鲜，又实用。当代世界最富权威的推销专家戈德曼博士强调，在面对面的推销中，说好第一句话是十分重要的。客户听第一句话要比听以后的话认真得多。听完第一句话，许多客户就自觉不自觉地决定是尽快打发营销员走还是继续谈下去。因此，营销员要尽快抓住客户的注意力，才能保证营销回访的顺利进行。

（资料来源：马斐. 营销人员第一次见面怎么说. 中国畜牧兽医文摘. 2008（06）.）

二、不同性格客户的沟通技巧

人的思维模式不同造就了不同性格的人，不同性格的人在做事时会有不同的行为发生，表现在语言行为、肢体动作、语气语调语速、做事风格、观察力等方面，所以，不同顾客，因为不同的性格特点，不同的需求，不同的审美观、价值观、生活观……，产生了不同的购买行为。

业务员（导购）人员在现场若能够通过顾客的行为表现，很快把握其性格，就会比较容易地了解到他在做购买决定时的思考过程及步骤，把握营销的要领。

1. 理智型

特征：比较理智，他知道自己要的产品，知道能够承受的价格，只要今天你能够符合他的需求，能够有合适的价格，他就会购买。

优点：购买过程直接、干脆，不很在意他与你之间亲和力的建立。

缺点：比较固执，一旦作出决定，不容易改变、说服他，不喜欢被强迫推销。

判断技巧：在你与顾客接触的过程中，要注意观察这种类型的顾客说话比较干脆，并且有些傲气，他会主动问你一些问题，比较关注技术性问题，一般男士较多。

销售要领：以理来做诉求，耐心倾听，以商量的方式、站在客观的立场向他介绍产品或服务，以及所具有的优点。一般这种顾客喜欢别人称赞他有主见、有眼光和判断力。

2. 感性型

特征：作决定时犹豫不决，缺乏主见，容易受别人的影响。

优点：如果能够“同流”，进入一个频道，方法得当，很容易说服他。

缺点：非常敏感，比较在意人与人相处的感觉，非常在乎你的服务态度，如果他看你不顺眼，就不会购买你的产品。

判断技巧：这种类型的顾客容易在几个品牌之间犹豫不定，无从选择，并且一般都伙同朋友或同事前来选购，让别人给他拿主意，比较关注促销活动，一般女士较多。

销售要领：需要提供给他许许多多客户的见证、媒体的报道、某些专家的意见。对此类型的顾客要更多地介绍产品的利益和优点及带给她的好处。并且拿售货记录给她看，告诉她别人或与他相关的人买了产品以后的使用感觉。

3. 实惠型

特征：非常在意购买的东西是否非常便宜，他把杀价当成一种乐趣。

判断技巧：这种类型的顾客非常关心价格，在你给他介绍产品时他会迫不及待地询问价格，并且关注是否还有优惠活动、有什么礼品赠送，在购买时会不断地压价、要求加送赠品。

销售要领：一般此类型顾客的经济实力一般。所以在推荐时，更多地推荐特价款，并且要强调物美价廉，实用，有赠品，限量销售等。

4. 品质型

特征：比较在意产品的品质，在他的头脑中始终相信便宜没好货。用价格来判定品质。

判断技巧：这种类型的顾客你给他介绍一般家具时，他会不屑地说“还有没有更好的”。

销售要领：一般此类型顾客的经济实力较强，很注重生活品质，产品介绍的重点需要不断强调产品品牌、质量、服务等。

5. 恋旧型

特征：在看事情的时候比较倾向于看相同点，他喜欢同他所熟悉的事物相类似或相关联的事情，不喜欢差异性。

判断技巧：你可以问他以前用的是什么样的产品？

销售要领：在说服他的时候，你要强调你的产品与他所熟悉的产品或事物之间相类似的地方。

6. 求新型

特征：比较有个性，喜欢跟潮流，喜欢差异性大的产品。

判断技巧：你可以问他以前用的是什么样的产品，求新型的顾客会说以前所用的产品有许多缺点。并且对新型款式的产品很感兴趣。

销售要领：介绍现在的产品与他以前所使用的产品之间的差异、优势，并强调现在的产品的工艺、技术、质量。

7. 谨慎型

特征：与一般型顾客刚好相反，其主要注意力都放在所有细节问题上，一小步一小步提问，他的观察力比较敏锐，常常会看到别人看不到的细节。

缺点：在作决定的时候比较小心谨慎，甚至比较挑剔，他可能会问你连自己都没有办法回答的问题。

判断技巧：这种类型的顾客说话较慢，并且问得非常详细，在你给他介绍的过程中，他会不断地仔细观察产品，甚至会问你螺丝钉、铆钉是什么材料的。

销售要领：你所给他提供的关于产品的信息越详细，越能够让他放心。有时你要给他一些参考数字或数据，这样对他说服力会更大。

8. 粗放型

特征：专注于掌握大方向、大原则、大的结构，一般不注重细节。

判断技巧：这种类型的顾客说话比较快，在你给他详细介绍产品时没等你说完这一点，他就会迫不及待地问下一个问题。

销售要领：你在向他介绍产品时，切记不要太啰唆，不要讲得太详细，只要知道他在意哪些东西，你只要很清楚、很有条理、很分明地把大结构、大主体抓住，然后不断强调他的购买利益或购买用意就可以了。

（资料来源：http：//wenku. baidu. com/view/32f9bbc7bb4cf7ec4afed0cb. html，2011-08-04.）

课后训练

1. 参加一家企业的营业推广或公共关系促销活动，观察和体验促销礼仪在这些活动中的作用，并写出实训小结。

2. 你正在和一家百货商场的经理谈“星海”牌加湿器，他说：“我的库房里已经有很多加湿器了。”对于这点“否定”，你怎样应对？

3. 请总结一下你倾听时存在哪些不良习惯？为什么沟通过程中倾听占有十分重要的位

置？请谈谈你的体会。

4. 一位顾客冲进某企业公共关系部，怒气冲天，因为她上个月刚买的电视机坏了，维修部的工作人员答应前去修理，但迟迟未见人。如果你是公司公共关系部的接待人员，对这一顾客投诉事件你准备怎样处理？

5. 一位顾客硬是说他在商场买的香烟是假的，而商场从进货渠道看根本不可能出现这样的情况。模拟演示商场接待人员接待投诉者的情景。

6. 你是一家房地产公司的秘书，这天有 20 多位住户认为你公司开发的房产有质量问题，集体闯到你的办公室，请演示接待的情景。

7. 以下是顾客投诉表，请在日常营销工作中加以分析和检讨，妥善处理顾客的投诉。

顾客投诉表

序号	投诉原因	自我分析	检讨（克服/不能克服）
1	你或你的同事对客户作了某种承诺而没有兑现		
2	客户心情不好，正巧又遇上了不好的服务，正想找个倒霉蛋出出气		
3	客户觉得，除非大声嚷嚷，否则就无人理睬		
4	客户觉得如果他嚷嚷就能迫使你满足他的要求		
5	客户总是与人过不去，处处看人不顺眼		
6	客户的期望未得到满足		
7	你或你的同事对客户冷漠、粗鲁或不礼貌		
8	多名销售人员对客户一人指东指西		
9	客户按照销售人员的指令行事，可结果是错的		
10	客户觉得他的话没人理睬，不被重视		
11	客户也许不喜欢你的发型、穿着、打扮等		
12	客户不信任你的公司，认为你的公司或你不诚实		
13	客户得到了不客气的答复		
14	客户在电话中受到了盘查和不停地询问		
15	当客户事情做得不正确时遭到嘲弄		
16	客户的信誉或诚实受到了质疑		
17	你或你的同事和客户发生了争辩		
18	没能迅速准确地处理客户的问题		

（资料来源：未来之舟．销售礼仪．北京：中国经济出版社，2009.）

8. 案例分析

善于倾听的乔·吉拉德

有一次，一个客人到乔·吉拉德那里去买车，乔·吉拉德向他推荐了一款新型车，一切都进行得非常顺利，眼看就要成交了，突然间这个顾客说："我不要了。"明明这个顾客很注意这部车，为何突然间变卦？乔·吉拉德对此一直懊恼不已，百思不得其解。

当天晚上11点，他实在忍不住拨通了这位顾客的电话。

"您好，今天我向您推销的那一款车，眼看就要签字了，不晓得您为什么突然间走了？很抱歉，我知道现在已经11点了，但我检讨了一整天，实在想不出错在哪里，因此我特地打电话来向您请教。"

"真的吗？"

"真的。"

"是肺腑之言吗？"

"是肺腑之言。"

"很好，你用心在听我说话吗？"

乔·吉拉德回答："是的，我用心在听您说话。"

于是这个顾客说："可是今天下午你并没有用心在听我说话呀，就在签字之前我提到我的儿子即将进某个大学就读，我还提到我儿子的运动成绩及他将来的抱负，我以他为荣，但是我发现你没有任何的反应。"

乔·吉拉德记得这个顾客的确是曾说过这件事，但当时他根本就没有注意听，也没有在乎。

"你根本就不在乎我说什么，我看得出来，你正在听另外一个推销员讲笑话，这就是你失败的原因。"

从此，乔·吉拉德明白了销售人员永远要学会倾听，去倾听对方的谈话内容，尊重对方的心绪，这样就成功了一半。他最终成为世界级推销大师。

（资料来源：吕玉梅. 管理沟通技能. 大连：东北财经大学出版社，2008.）

思考与讨论：

（1）请分析乔·吉拉德推销失败的原因？

（2）本案例对你有哪些启示？

9. 案例分析

失败的推销

一年夏天，推销员小刘浓妆艳抹，衣着时髦地来到顾客家上门推销产品。她敲开门后立即作自我介绍："我是来推销××消毒液的。"当主人正在犹豫时，她已进入室内，拿出商品，说："我厂的产品质量好，是×元一瓶。"顾客说："我从来不用消毒液，请你介绍一下消毒液有何用途?”小刘随即往沙发上一坐，对顾客说：“天这么热，你先打开空调我再告诉你。”顾客不悦：“那算了，你走吧，我不要了。”小刘临走时说：“你真傻，这么好的东西都不要，你会后悔的!”

（资料来源：张岩松. 新型现代交际礼仪实用教程. 北京：清华大学出版社，2008.）

思考与讨论：

（1）为什么顾客没有接受推销的商品？小刘在推销商品时有哪些不足之处？

（2）如果是你，你将会如何进行推销？

10. 案例分析

口才拔高了“推销之神”

在日本有个叫原一平的人，身高只有145厘米，是个标准的“矮冬瓜”。他的工作业绩却是相当的惊人，曾连续几年占据日本全国寿险销售业绩之冠，被人誉为“推销之神”。

原来，原一平的身材虽然低人一等，但他的口才却高人一筹。在推销寿险产品时他经常以独特的矮身材，配上刻意制造的表情和诙谐幽默的言辞逗得客户哈哈大笑。他面见客户时通常是这样开始的：

“您好我是明治保险的原一平”。

“噢！是明治保险公司。你们公司的推销员昨天才来过的，我最讨厌保险了，所以被我拒绝啦!”

“是吗？不过我比昨天那位同事英俊潇洒吧?”原一平一脸正经地说。

“什么？昨天那个仁兄啊！长得瘦瘦高高的，哈哈，比你好看多了”。

“可是矮个儿没坏人啊。再说辣椒是愈小愈辣哟！俗话不也说‘人愈矮俏姑娘愈爱吗?’这句话可不是我发明的啊!”

“可也有人说‘十个矮子九个怪’哩！矮子太狡猾。”

“我更愿意把它看成是一句表扬我们聪明机灵的话。因为我们的脑袋离大地近，营养充分嘛。”

“哈哈，你这个人真有意思。”

凭着出色的口才，原一平就是这样与客户坦诚面谈，在轻松愉快的气氛中不知不觉拉近了自己与客户之间的距离，很快一笔业务就搞定了。

看来，一个人身材矮小用不着怨天尤人，只要他能用后天的努力来弥补先天的不足甚至缺陷，吃苦耐劳，时刻进取，有所作为，在别人的眼里形象照样很高大。

（资料来源：彭真平. 口才拔高了“推销之神”. 职业时空，2005（17).）

思考与讨论：

（1）原一平的推销有什么特色？他为什么能够拉近自己与客户之间的距离？

（2）从本案例中你还得到了哪些启发？

11. 案例分析

只顾生意，不解人意

吉勒斯是美国著名的汽车推销员。一天，一位客人西装笔挺、神采飞扬地走进店里，吉勒斯心里明白，这位客人今天一定会买下车子。于是他热情地接待了这位客人，并为他介绍了不同品牌的车子，说明不同车子的性能、特点。客人频频点头微笑，然后跟随吉勒斯一起从展示场走向办公室，准备办手续。客人一边走，一边激动地说："你知道吗，我儿子考上医学院了，我们全家都非常高兴……"吉勒斯不顾顾客的兴致，抢过话题继续介绍汽车的优良性能。没等他介绍完，客人就又说道："我要买辆最好的车，作为礼物送给儿子……"吉勒斯接着客人的话说："我们的汽车无论是款式还是性能都是一流的……"客人有些不高兴，他看了吉勒斯一眼，没等他说完，抢着说道："我的儿子很可爱……"吉勒斯又说："是啊，我们的车子也确实是最好的……"客人的脸色越来越难看了："你这人怎么这样？""我……我们的汽车确实是……""你就知道汽车！"客人发火了，最好竟然拂袖而去。

（资料来源：解"说"：浅谈对推销中"说"的认识．洪艳梅．商业文化：下半月，2011（03）．）

思考与讨论：

（1）吉勒斯营销失败的原因是什么？

（2）本案例对你有何启示？

12. 案例分析

倾　　听

小孙是天然食品销售员。一天她在给一位老太太上门销售时，对方反应冷淡，看起来销售工作实在没法开展。临走前，小孙忽然看到窗台上有一盆漂亮的盆花，上面种着红色植物。小孙故作惊讶地对老太太说："好漂亮的盆花！平常很少见到。""当然，这是兰花！"老太太的话马上多了起来，并且有些情绪激动。小孙马上接着问："真是好美！应该很贵吧？"老太太说："很贵。这盆花要两千块钱呢！"小孙又问："每天都要浇水吗？"老太太说："是的，每天都要细心养育。"小孙说："那么，这盆花也算是家里的一分子喽？"这句话果然发挥了作用，立刻让对方觉得小孙是个有心人，于是开始倾情传授关于兰花的知识，而小孙则是一直在聚精会神地听。中途告一段落，小孙就把刚才心里所想的事情提出来："大妈，今天就当买一盆兰花把天然食品买下来吧！"结果老太太竟爽快地答应下来，并说："即使是我女儿、我丈夫，也不愿听我讲这么多……改天再来聊聊兰花好吗？"

（资料来源：未来之舟．销售礼仪．北京：中国经济出版社，2009．）

思考与讨论：

（1）小孙营销成功的原因是什么？

（2）本案例对你有何启示？

13. 案例分析

感谢并道歉

乳品厂接待了一位在酸奶中喝到碎玻璃的消费者。消费者火药味十足："你们难道就只顾挣钱，把消费者的健康、安全置之度外？这块碎玻璃足以让人丧命！我要告诉媒体！"接待人员连忙关切地询问："碎玻璃有没有伤着您哪里？要不要我陪您去医院检查一下？"当得知消费者并未受伤，接待人员又说："那真是不幸中的万幸。如果是老人，特别是孩子喝到这瓶酸奶，那可就糟糕了。"听到这里，消费者的怒气渐消。接待人员又真诚地说："今天您来反映我们酸奶的质量问题，真是对我们的关心，我代表公司谢谢您了！"一个深深的鞠躬之后，接待人员与消费者交换了联系方式。承诺该事故若造成伤害，乳品公司负全责。同时真诚地邀请这位消费者到生产车间去看看，请他多提宝贵意见，并保证今后不再出现类似的事故。

（资料来源：未来之舟．销售礼仪．北京：中国经济出版社，2009.）

思考与讨论：

（1）本案例中乳品厂的接待人员是怎样平息顾客的怒气的？

（2）本案例对你有何启示？

任务十　电话营销

礼貌使有礼貌的人喜悦，也使那些受人以礼貌相待的人们喜悦。

——（法）孟德斯鸠

良好的礼貌是由微小的牺牲组成的。

——（美）爱默生

学习目标

1. 能够礼貌地使用电话与客户进行沟通。
2. 礼貌地使用手机与客户进行沟通。
3. 运用短信沟通，符合礼仪要求。

案例导入

接电话

维嘉是一家贸易公司的秘书，有一天，恰好在她忙得不可开交时，接到一个客户打来的电话。维嘉在听了客户一番长长的提问后，只作了简单的回答就挂了电话。客户有些到嘴边的话还没有说完，就听见电话那端传来“嘟嘟……”的声音。客户没有想到维嘉会在她之前挂断电话，心中十分不快。

后来这个客户与维嘉的上司一起聊天时，说到了维嘉挂电话这件事，她的上司回来就把维嘉训了一顿。

（资料来源：廖春红．中国式商务应酬细节全攻略．广州：广东人民出版社，2010.）

任务设计

电话是人们开展社交活动不可缺少的工具，在日常生活和工作交往中，都要利用电话与别人取得联系和交谈。据美国《电话综述》（*Telephone Review*）说，一个人一生平均有 8760

小时在打电话。在录像电话还没普及之前，人们通过电话给人的印象完全靠声音和使用电话时的习惯，营销人员要想有“带着微笑的声音”或者通过电话赢得客户的信任，就必须掌握使用电话的礼节与技巧。

从本任务“案例导入”可以看出，从某种意义上来说，运用电话这一行为本身，对于营销人员而言也是一种重要的营销手段。在具体运用电话时，尤其是与客户直接进行通话时，营销人员的所作所为是否得当，直接关系到营销的成败。因此，作为营销人员掌握电话交流的技巧是十分必要的，这是营销人员必须引起高度重视的方面。

为了完成本项任务的学习，建议在班级举行一次“客户电话沟通训练”，具体如下。

客户电话沟通训练

实训目标：掌握营销交际中运用电话与客户进行沟通的技巧，赢得客户的信任和好感，展现出营销人员良好的职业形象。

实训学时：1 学时。

实训地点：实训室。模拟一个办公室的环境，要有两张办公桌，办公桌可以相隔一定距离。

实训准备：场景设计方案。

（1）假如你是某公司业务员，突然接到一个投诉电话，客户要求赔偿由于迟交货物所造成的全部损失。

（2）假如你正在电话里和一位客户谈生意，另一部电话突然响起。

（3）你接听了一个电话，所找的人为你的同事，而你的同事恰好不在。

（4）你与客户第一次进行业务接触。

也可以发挥想象，设计其他情形。

实训方法：学生 6 人为一组，每组自由结合，模拟在上述四个情境下的电话接听礼仪技巧及交谈内容，现场如果没有电话可用手机代替。

最后由授课老师进行总结评价，全班同学评选出“最佳表现组”。

知识链接

一、电话的语言要求

目前大部分电话能传输的信号是声音，但这一信号载体却包含着许多信息。说话人想做什么，要做什么，是高兴还是悲伤，还有对另一方的信任感，尊重感，彼此都可以清晰地得知。这些都取决于电话的语言与声调。因此，电话沟通中的语言要求礼貌、简洁和明了，以准确地传递信息。

1. 态度礼貌友善

当营销人员使用电话与客户交谈时，不能简单地将对方视做一个“声音”，而应看做是面对一个正在交谈的人，是企业的一名重要公众，如果这是初次交往，那么，这样一次电话接触便是给客户的第一次“亮相”，应十分慎重。因此，在使用电话时，多用肯定语，少用否定语，酌情使用模糊用语；多用些致歉语和请托语，少用些傲慢语、生硬语。礼貌的语言、柔和的声音，往往会给对方留下亲切之感。正如日本一位研究传播的权威所说：“不管是在公司还是在家庭里，凭这个人在电话里的讲话方式，就可以基本判断出其‘教养’的水准。”

2. 传递信息简洁

电话用语要言简意赅，将自己所要讲的事用最简洁、明了的语言表达出来。因为通话的一方尽管有诸如紧张、失望而表情异常的体态语言，但通话的另一方不知道，他所能得到的判断只能是来自他听到的声音。在通话时最忌讳发话人吞吞吐吐，含糊不清，东拉西扯，正确的做法是：向对方问候完毕，即开宗明义，直言主题，少讲空话，不说废话。

3. 控制语速语调

通话时语调温和，语气柔和、语速适中，这种有魅力的声音容易使对方产生愉悦感。如果说话过程语速太快，则对方会听不清楚，显得应付了事；太慢，则对方会不耐烦，显得懒散拖沓；语调太高，则对方听得刺耳，感到刚而不柔；太低，则对方会听不清楚，感到有气无力。一般说话的语速、语调和平常的一样就行了，即使是长途电话，也无须大喊大叫，把受话器放在离嘴两三寸的地方，正对着它讲就行了。另外通电话时，周围有种种异样的声音，会使对方觉得自己未受尊重而变得恼怒，这时应向对方解释，以保证双方心情舒畅地传递信息。

二、接电话

1. 迅速、礼貌地接听电话

接电话首先应做到迅速接听，力争在铃响三次之前就拿起话筒，这是避免让打电话的人产生不良印象的一种礼貌。电话铃响过三遍后才作出反应，会使对方焦急不安或不愉快。正如日本著名社会心理学家铃木健二所说：“打电话本身就是一种业务。这种业务的最大特点是无时无刻不在体现每个人的特性。”“在现代化大生产的公司里，职员的使命之一，是一听到电话铃声就立即去接。”接电话时，也应首先自报单位、姓名，然后确认对方，如：“您好！这是××公司营销部。”如果对方没有马上进入正题，可以主动请教：“请问您找哪位通话？”

2. 仔细聆听并积极反馈

作为受话人，通话过程中，要仔细聆听对方的讲话，并及时作答，给对方以积极的反馈。通话内容总听不清楚或意思不明白时，要马上告诉对方。在电话中接到对方邀请或会议通知时，应热情致谢。

3. 规范地代转电话

如果客户请营销人员代转电话，应弄明白对方是谁，要找什么人，以便与接电话人联系。此时，请告知对方“稍等片刻”，并迅速找人。如果不放下话筒喊距离较远的人，可用手轻捂话筒或按保留按钮，然后再呼喊接话人。如果营销人员因别的原因决定将电话转到别的部门，应客气地告之对方，将电话转到处理此事的部门或适当的职员。如：“真对不起，这件事是由财务部处理，如果您愿意，我帮您转过去好吗?”

4. 认真做好电话记录

如果电话要找的人不在，应为其做好电话记录，记录完毕，最好向对方复述一遍，以免遗漏或记错。可利用电话记录卡片做好电话记录。电话记录卡片如图 10-1 所示。

给 ________________

日期 ________________　时间 ______________

你不在办公室时　　先生

________________ 公司的________________ 女士

小姐

电话________________

○电话　　○请打电话回去

○要求来访　　○还会打电话来

○是否紧急　　○回你的电话

留言 __________________

____

____

接话人 ____________

图 10-1　电话记录卡片

5. 特殊情况的处理

（1）电话铃响时，如果自己正在与客人交谈，应先向客人打招呼，然后再去接电话。如果发觉打来的电话不宜为外人所知，可以告诉对方：“我身边有客人，一会儿我再给您回电话。”不要抛下客人，在电话中谈个没完。这样身边的客人有被轻视的感觉。

（2）不要在听电话时与旁人打招呼、说话或小声议论某些问题。如果通电话时，有人有急事来找你，应先对电话那端的人说声：“对不起。”如果为回答通话对方的提问，需向同事请教时，可说声“请让我核实一下。”

（3）如果使用录音电话，应事先把录音程序整理好，把一些细节考虑周到。不要先放一长段音乐，也不要把程序搞得太复杂，让对方莫名其妙、不知所措。

（4）如果对方打错了电话，应当及时告之，不要讽刺挖苦，更不要表示出恼怒之意。如果来电人需要把电话打到别的部门，你可以说："您要找的人在××部门，电话号码是××"。

接电话的注意事项如表10-1所示。

表10-1　接听电话的顺序、用语及注意事项

顺序	基本用语	注意事项
1. 拿起电话听筒并告知自己的姓名	·"您好，平安保险××部××"（直线），"您好，××部×××热线"（内线） ·（上午10点以前）"早上好" ·（电话铃响3声以上才接时）"让您久等了，我是××部×××"	·电话铃响3声之内接起； ·在电话机旁准备好记录用的纸笔； ·接电话时，不使用"喂"回答； ·音量适度，不要过高； ·告知对方自己的姓名
2. 确认对方	·"×先生，您好！" ·"感谢您的关照"等	·必须对对方进行确认； ·如是客户来电，要对其表达感谢之意
3. 听取对方来电用意	"是"、"好的"、"清楚"、"明白"	·必要时应进行记录； ·谈话时不要离题
4. 进行确认	"请您再重复一遍"，"那么明天在×××见，9点钟"，等	·确认时间、地点、对象和事由 ·如是留言，必须记录下电话时间和留言人
5. 结束语	"清楚了"、"请放心"、"我一定转达"、"谢谢"、"再见"等	
6. 放回电话听筒		轻轻放下电话

三、打电话

1. 选择适宜的通话时间

打电话的时间应尽量避开上午7时前、晚上10时以后的时间，还应避开晚饭时间。有午休习惯的人，也请不要用电话打扰他。电话交谈所持续的时间也不宜过长，事情说清楚了就可以了，一般以3~5分钟为宜。因为在办公室打电话，要照顾到其他电话的进、出，不可过久占线，更不可将办公室的电话或公用电话做聊天的工具，这是惹人讨厌的行为。著名相声表演艺术家马季曾说过一段相声，名叫《打电话》就是讽刺这种人的。

2. 通话之前做好准备

通话之前应该核对对方公司或单位的电话号码、公司或单位的名称及接话人姓名。写出通话要点及询问要点，准备好在应答中使用的备忘纸和笔，以及必要的资料和文件。估计一下对方情况，决定通话时间。

3. 注意通话的礼节

接通电话后，应主动友好，自报一下家门和证实一下对方的身份。应先说明自己是谁，除非通话的对方与你很熟悉，否则就该同时报出你的公司及部门名称，然后再提一下对方的名称。打电话要坚持用“您好”开头、“请”字在中，“谢谢”收尾，态度温文尔雅。若你找的人不在，可以请接电话的人转告，如：“对不起，麻烦您转告×××……”，然后将你所要转告的话告诉对方。最后别忘了向对方道一声谢，并且问清对方的姓名。切不可“咔嚓”一声就把电话挂了，这样做是不礼貌的，即使你不要求对方转告，你也应该说一声：“谢谢，打扰了。”打电话结束时，要道谢和说声再见，这是通话结束的信号，也是对对方的尊重。注意声音要愉快，听筒要轻放。一般地，应是打电话的人先放下电话，接电话的人再放下电话。但是，假如是与上级、长辈、客户等通话，无论你是通话人还是发话人，都最好让对方先挂断。

4. 特殊情况的处理

（1）通话中如果有人无意闯入，可以示意请此人坐下等候，或此人自觉退出等候。否则，你可向电话那端的人说声“对不起”后，简短和来人说两句话后（如可以说：“等我打完这个电话后再和你谈”）继续通电话。如果办公室有来客时电话铃响了，可以暂时不接。除非你一直在等这个电话。如果属于这种情况，则应向来客说明情况。

（2）如果需要留言请对方回电，就要请对方记下你的电话号码。这样对方回电就不必再去查电话号码簿，即使对方是熟人，双方经常通电话，也要告诉对方回电的号码，同时别忘了告诉对方回电的合适时间。如果对方在外地，则最好说明自己将于何时再打电话，请其等候，不可以让对方花钱打长途电话找你。

（3）如果要找的人不在，则应对代接你电话的人说：“谢谢，我过会儿再打”或“如果方便，麻烦您转告××”或“请告诉他回来后给我来个电话，我的电话号码是××”。切不可“咔嚓”一下就挂断电话。

（4）如果出现线路中断，打电话的一方应负责重拨，接电话的一方应稍候片刻。重拨越早越好，接通后应先表示歉意，尽管这并非你自己的过错，可以说：“对不起，刚才线路出了问题。”即使通话即将结束时出现线路中断，也要重拨，继续把话讲完。要是在一定时间内打电话的一方仍然未重拨，接电话的一方也可以拨过去，然后询问“刚才电话断了，不知您是否还有没讲完的事。”

打电话的注意事项如表10-2所示。

表10-2　拨打电话的顺序、用语及注意事项

顺序	基本用语	注意事项
1. 准备		·确认拨打电话对方的姓名、电话号码； ·准备好要讲的内容、说话的顺序和所需要的资料、文件等； ·明确通话所要达到的目的

续表

顺序	基本用语	注意事项
2. 问候、告知自己的姓名	“您好！我是五湖四海公司××部的×××。”	·一定要报出自己的姓名； ·讲话时要有礼貌
3. 确认电话对象	·“请问××部的×××先生在吗?” ·“麻烦您，我要找×××先生。”	·必须确认接电话的人是否为你要找的人； ·确认是你要找的人接的电话后，应重新问候
4. 电话内容	“今天打电话是想向您咨询一下关于××的事……”	·应先将想要说的结果告诉对方； ·如果是比较复杂的事情，应提醒对方做记录； ·对时间、地点、数字等进行准确的传达； ·说完后可总结所说内容的要点
5. 结束语	“谢谢”，“麻烦您了”，“那就拜托您了”，等等	语气诚恳、态度和蔼
6. 放回电话听筒		等对方放下电话后再轻轻挂掉电话

四、手机礼仪

无论是在社交场所还是工作场合，放肆地使用手机，已经成为礼仪的最大威胁之一，手机礼仪也越来越受到关注。在国外，如澳大利亚电讯各营业厅采取了向顾客提供“手机礼节”宣传册的方式宣传手机礼仪。在使用手机的时候应该注意以下礼仪。

1. 注意手机使用的场合

在会议中、和别人洽谈的时候，最好的方式还是把手机关掉，起码也要调到震动状态。这样既显示出对别人的尊重，又不会打断发言者的思路。而那种在会场上铃声不断，像是业务很忙，使大家的目光都转向他，实际上给人的印象只能是缺少教养。

注意手机使用礼仪的人，不会在公共场合或座机电话接听中、剧场里、图书馆和医院里接打手机，就是在公交车上大声地接打电话也是有失礼仪的。

公共场合特别是楼梯、电梯、路口、人行道等地方，不可以旁若无人地使用手机，应该把自己的声音尽可能地压低一下，而绝不能大声说话，同时不要妨碍他人通行。

在一些场合，比如在看电影时或在剧院打手机是极其不合适的，如果非得回话，或许采用静音的方式发送手机短信是比较合适的。

2. 考虑对方是否方便接听

给对方打手机时，尤其当知道对方是身居要职的忙人时，首先想到的是，这个时间他

(她）方便接听吗？并且要有对方不方便接听的准备。在给对方打手机时，注意从听筒里听到的回音来鉴别对方所处的环境。如果很静，应想到对方在会议上，有时大的会场能感到一种空阔的回声，当听到噪声时对方就很可能在室外，开车时的隆隆声也是可以听出来的。有了初步的鉴别，对能否顺利通话就有了准备。但不论在什么情况下，是否通话还是由对方来定为好，所以“现在通话方便吗?”通常是拨打手机的第一句问话。其实，在没有事先约定和不熟悉对方的前提下，很难知道对方什么时候方便接听电话。所以，在有其他联络方式时，还是尽量不打对方手机好些。

在餐桌上，关掉手机或是把手机调到震动状态还是必要的。避免正吃到兴头上的时候，被一阵烦人的铃声打断。

不要在别人能注视到你的时候查看短信。一边和别人说话，一边查看手机短信，是对别人的不尊重。

当与朋友面对面聊天时，不要正对着朋友拨打手机，避免发射时高频大电流对他产生辐射，让对方心中不愉快。

要讲究公德，不要用手机偷拍。在用手机拍照或摄像时应征得对方同意。

3. 注意安全使用手机

使用手机时必须牢记“安全至上”，否则不但害人，还会害己。要注意不要在驾驶汽车时，使用手机电话，或是查看寻呼机内容，以防止发生车祸；不要在病房、油库等地方使用手机，免得他们所发出的信号有碍治疗，或引发火灾、爆炸；不要在飞机飞行期间使用手机，否则极可能使飞机“迷失方向”，造成严重后果。

出于自我保护和防止他人盗机、盗取密码等多方面考虑，通常不宜随意将本人的手机借予他人使用，或是前往不正规的维修点对其进行检修。考虑到相同的原因，随意借用别人的手机也是不恰当的。

4. 正确使用手机铃声①

（1）个性化铃声应注意使用场合。时下个性化的铃声正迅速走俏。这些个性化铃声为生活增添了色彩，人们选择它无可非议。但是过于个性化的铃声应注意使用场合。这就像穿衣打扮一样，分家里和家外两种。过于暴露的衣服可以在家里随便穿，但在办公室、在拜会客人时就不能穿，手机铃声也是。现在很多二十出头的小伙子、小姑娘都喜欢选用“爸爸，来电话了!”，“妈妈，来电话了!”还有狗叫声，在办公室和一些严肃的场合，这种铃声不断响起的话，对周围人是一种干扰。如果确实喜欢用，就应当适时将铃声调到振动上。

（2）铃声不能有不文明的内容。从铃声内容来说，不能有不文明的内容。比如像“有话快说，有屁快放”，终究显得不雅，让拨打者尴尬。还有一种铃声是“鬼子进村了”。当年侵华日军对中国犯下了不可饶恕的罪行，用这种音乐作为手机铃声，实际上是对军国主义气焰的宣扬。

---

① 2008-5-24，揭阳新闻网。

（3）铃声不能给公众传导错误信息。在海口市，曾经发生这样一件令人啼笑皆非的事。一位巡警在经过一辆豪华旅游车时，突然听到一阵急迫的呼救声：“抓贼呀，抓贼呀，抓偷手机的贼!”巡逻经过此地的边防官兵听到后，急忙将这辆旅游车拦住，可官兵们上车一看，根本没有偷手机的贼，乘客们全都在呼呼大睡。忽然，“抓贼呀……”的“喊声”再次响起。官兵们循声找去，原来这“呼救”是从一名熟睡的乘客手机里传出的。可想而知，如果这样的铃声到处都是的话，公众秩序一定大乱。

（4）铃声要和身份相匹配。相对来说，过于个性化的铃声与年轻人的身份比较匹配，一些长者或者有一定身份的人如果选择与自己身份不太匹配的铃声，会损害自己的形象。一位女士参加一个级别很高的宴会。席间，一位部长出去处理问题，手机就放在餐桌上。一会儿，手机响了，里面的音乐是《月亮代表我的心》。偏偏部长半天不回来，打电话者又很执着，《月亮代表我的心》就一遍遍唱着。为了打破这尴尬局面，大家只好拿全桌这位唯一的女士开玩笑：“你看，部长特意出去，就是为了让你听这段音乐。”让这位女士心里很不舒服。

（5）铃声音量不能太大。无论是座机还是手机铃声，都不能调得过大，以离开座位两米可以听见为宜。有些人的铃声像是“凶铃”，在大家埋头干活时突然刺耳地响起，让人心跳都会加快。还有在医院、幼儿园等场所，过大的铃声会成为一种公害。

5. 讲究手机置放文明

在一切公共场合，手机在没有使用时，都要放在合乎礼仪的常规位置。不要在并没使用的时候放在手里或是挂在上衣口袋外。放手机的常规位置有：一是随身携带的公文包里，这种位置最正规；二是上衣的内袋里；有时候，可以将手机暂放腰带上，也可以放在不起眼的地方，如手边、背包、手袋里，但不要放在桌子上，特别是不要对着对面正在聊天的客户。

五、短信礼仪

手机短信已成为人们从事社交活动和待人处事的一种重要方式。其礼仪主要包括以下方面。

1. 书写发送手机短信礼仪

（1）内容要简单明了。大多数人在看短信时，都不太有耐心，而且也没有太多的时间，所以要表达的内容，尽量要简单扼要、条理分明、避免长篇大论。有的手机因为内容容量大，一条短信可以写很长的内容，分段发出，但是电信运营商是根据规定的字数按条数收费的，你的字数多，就相当于几条短信。

（2）语意要清楚。有的短信使用标点符号，有的不使用标点符号，但短信要语意清楚连贯，字句段落尽可能分明，以免对方产生误解或摸不着头绪。

（3）检查文法和错别字。在短信发出前，最好自己从头到尾先检查一遍，看有没有文法错误、语意不通之处或是错别字。尤其是写给上司和重要客户的短信，更要特别注意。

（4）记得署名。在短信最后或前面要署名，要让对方知道是谁发的短信，否则就会出现既不是垃圾短信，又不知道是谁发的无名短信。

（5）健康文明。在短信的内容选择和编辑上，应该和通话文明一样重视。因为发什么样的短信，至少意味着发短信的人不否认短信的内容，也同时反映了其品位和水准。所以不要编辑或转发不健康的、格调不高的短信，特别是一些带有讽刺伟人、名人甚至是革命烈士的短信，更不应该转发。

2. 接收手机短信礼仪

（1）接收短信及时回复。接到短信，如果有必要回复的，要及时回复短信，短信说不清楚的，可以回电询问。有些时候电话打不通，就发个短信简单告知一下。

（2）及时删除不用短信。由于手机内存大小不同，短信容量不一，有的可以储存 50 条短信，有的可以存 100 条短信，但都是有限的，往往不够用，不删除旧的短信，新的短信就无法接收进来，因此要及时删除不用的短信，保持手机短信容量有一定空余量，以免影响新短信的接收，甚至耽误大事。在春节、元旦等节日期间由于短信较多，尤其要注意。

（3）重要短信及时移至收藏夹。手机短信收藏夹有储存重要短信功能，不易被误删，因此重要短信要及时移至收藏夹，妥善保存起来。如果收藏夹短信过多，也要及时清理，因为短信的接收容量是收信箱和收藏夹之和，收藏夹也在短信接收容量之中。

（4）注意垃圾短信处理。手机短信多，牟利的人也随之钻空子，因此垃圾短信也就产生了。经常有手机短信通知中奖的，最好别上当，天上不会掉馅饼。行骗的、推销的、做广告的经常不期而至，防不胜防，这样的短信要及时删除。一些定制的短信，其实大多也是垃圾短信，既收你的钱，又浪费你的精力，有时甚至破坏你的情绪，要及时取消不需要的定制业务。

表 10-3 是一个电话营销员所要具备的电话营销基本用语表，也可以说是一个电话营销基本用语集。

表 10-3 电话营销基本用语表

报上姓名	（由我方先报出姓名的情况）我是 × × 公司 × ×，您是 × × 公司或单位的 × 先生吗？（对方先说出姓名的情况）我是 × × 公司的 × × ×
简单的招呼用语	× × ×（姓名加职称）承蒙您关照，真是感谢
不知道对方负责人的姓名时	真对不起，请帮我接 × × 部门的负责人
打听负责人的名讳时	我是 × × 公司的 × × ×，我们公司一向以 × ×（产品或设备）受到很高的评价，此次电话打扰，是想向您公司的 × × 部门的负责人提出一些有助于他工作开展的方案，请您告诉负责人的大名可以吗？
直接请负责人接听电话时	真是冒昧，请帮我接 × × 部门的负责人 × 经理
（和负责人）已经有所接触时	请问陈经理在吗？我是同创贸易的杨明，前些日子承蒙您允许我们寄商品目录过去，真是感谢

续表

请对方立刻告知（负责人）大名	·我确信这是一个能令贵公司负责人高兴的提案，能不能给我一点时间，务必请他接听电话？（能否请您告诉贵公司负责人的姓名?） ·我们从报道中得知，贵公司负责人对降低成本不遗余力，而我们所提供的资讯一定对降低成本上有所助益，请您帮我转接××部门的负责人
向负责人打招呼并自我介绍	·您好，我是××公司的××× ·请您前来接听电话，我是××公司的××× ·您是×经理吗？我是××公司的×××
简而有力地叙述要点	今天我要与以前的商品作比较，针对能够降低成本30%的××财务软件作介绍，务请阁下加以讨论因而致电打扰
寒暄、道谢	·您好。谢谢多次关照 ·我是××公司的×××，请多指教 ·谢谢您抽出宝贵的时间 ·久仰贵公司在××方面的卓越表现 ·前次承蒙订购××产品，真是感谢 ·谢谢您这么快就给予我们××机会
导入商谈	今日打电话打扰，是为了向您介绍××（产品），可不可以请您抽出10分钟的时间。前次寄送关于××方面的目录，不知您是否过目了。不知您对于目录上介绍的新产品，有何想法?
说明商品时	本商品具有A、B、C三项优点，我认为最适合解决贵公司的××问题。关于A优点详细的说明，就是指导××特点，和其他公司的Y商品作比较，具有两点长处，非常的××，本公司自认在××方面和其他公司相比，绝不逊色
恳托时、挂电话时	务请加以讨论，关于价格方面，标准价格是在××元左右，您是说要我们在×月×日前交××的商品，今后还请多加指教，今日实在十分冒昧，谢谢您给我这么久的宝贵时间

续表

奉送商品目录时	·如果单靠通电话可能会听不清楚，我想为您寄送商品目录过去，在希望您能过目的页数上我会夹上书签，请您务必参考。 ·如果您能阅读商品目录，一定能了解本公司产品的优点，能否请您允许我寄送商品目录过去。 ·同业的××公司也正在使用本公司的产品，我希望也能尽快地推荐给陈经理。 ·很失礼地直接问您，您说不需要本公司的商品目录（不需要前去拜访），不知是基于何种因素？ ·您说对于A公司的产品已经很满意了，但是只请您作个比较应该没什么损失，请您务必参考本公司的商品目录

（资料来源：赵云龙. 电话营销学. 北京：中国经济出版社，2003.）

专业阅读

一、电话销售中如何应对拒绝

有销售就有拒绝，电话销售更是如此。电话销售中，客户拒绝的理由多种多样。不管怎样，都要尽可能在电话沟通后将客户的拒绝变成赢得见面的机会。

1. 请寄资料给我

这是电话销售中拒绝理由最常见的一种。通过电话找到了客户，他告诉你先寄一些书面资料。大多数销售人员会用一种积极的态度回答他这一拒绝，并相信自己已经在销售进程中向前迈了一大步。事实上，几天后，当这个客户收到资料时，可能会想起来有过这么一回事，但或许根本就已经忘记了。这一拒绝理由根本不需要做太多的解释就可以把销售人员拒之门外。

一个客户要求在约见前寄书面资料给他，这对销售人员而言其实是“正中下怀”。如：

我曾给您寄过一些资料，可能在邮寄过程中遗失了。下周四下午正好要到你们公司附近办点事，我很想在那天下午拜访您，给您送上资料。不知道您几点有空？……太好了！我已经记下来了，到时候我会提前一天再打电话跟您确认一下。

销售人员询问客户是否有空，并非仅仅送上材料而已。事实上，这种约见方式，和客户他们自己安排的约见效果是一样的。

2. 我们自己能供应

这是一个非常有说服力的拒绝理由，销售人员往往因此无功而返。但要克服这一拒绝理由并不比其他的理由困难。和其他方法一样，关键在于准备工作。如果这家单位并不是由自己来解决这种需求，可能竞争对手已经占领了这一市场。所以，这类拒绝理由和客户告诉你，满意于你某一竞争对手的商品很相似，而要应对这两种拒绝的策略也是非常相似的。

内部自己能供应的拒绝理由可以由两种方式来解决，选择要看对方在公司里所处的角色如何？是中层管理者还是高层决策者？

（1）中层管理者。中层管理者往往关心效率。他们所做的一切都已经很好，你应该做的是帮他们做得更好。面对他们时可以说：

“太好了！这也正是我和您联系的原因。我们已经和许多像贵单位这样的单位建立了业务关系，并且发现我们能对贵单位内部供应的服务提供有效的补充。8 月 5 日我正好要到贵单位附近办事，我想来拜访您并告诉您是怎样做到的。您下午几点有空？3 点可以吗？”

（2）高级管理者。高层管理者关心的是投资、同报、收益及其他许多大范围的财务执行指标。所以，对高层管理者作出的拒绝就应该表明你能为他们公司增加盈利。面对他们时可以说：

“太好了！这正是我打电话给您的原因。我们已经和许多像贵单位这样的单位建立了业务关系，我们发现采用外部资源能以较低的总成本解决他们的需求。8 月 5 日我正好要到贵单位附近办点事，我希望能来拜访您并解释一下为什么我们能做这一点。您下午几点有空呢？3 点可以吗？”

3. 我们已经有了供应商

如果客户已和你的竞争对手建立了业务关系，这种拒绝理由跟前一个理由没区别。在这种情况下，你的目标应该是确认对方的潜在需求，或未满足的需求。面对他们时可以说：

“太好了！这也是我打电话给您的原因。我们已和许多像贵公司这样的大公司建立了业务关系，发现我们能对你们主要供应商所提供的服务作出有力的补充。8 月 5 日我正好要到贵公司附近办点事，我想来拜访您，并想解释一下为什么我们能做到这一点。您下午几点有空呢？3 点可以吗？”

一般情况下，一个已经和你的竞争对手建立业务关系的客户，比根本就不用你们行业商品的客户要好得多。一个公司使用了你们行业商品，至少说明他们认识到了这类商品或服务的价值。竞争对手已经为你做了许多你要做的工作。你现在要做的就是要发现潜在业务，争取前进的机会，以在销售过程中不断取得新业绩。

4. 我不是这项工作的负责人

在设法寻找购买你所推销商品的负责人时，常常会碰到那些并不是想要找的人。这种情况下你用一份没有联系人的销售清单最容易出现。这时候，不仅要通过销售电话得到约见的机会，而且要找到那些实际真正决策者的姓名，这确实是一项艰难的任务。

如何找到真正的决策者？当你使用一份没有客户姓名的销售清单时，你的成功期望值并不高，因为你是从有限的信息开始的。这时可以抛开一切，尽全力孤注一掷。找到真正决策者的电话沟通：

“您好！我是 × ×公司的小王。我想您是否能帮一个忙？我想找你们公司采购部的负责人。在您帮我转接之前，非常希望您能告诉我他的姓名和电话。以便万一他不在时我还能联系上。非常感谢您的帮助。”

然而遇到的往往会是不合作的电话接待人员。第一个办法通常是自己直接拨打电话号码给一个职员，绕开他，第二个技巧是告诉不合作的接待人员一个编造的名字。

电话接待人员：……请问您找哪一位？

销售人员：请转王经理。

电话接待人员：对不起，我们公司里没有姓王的经理。

销售人员：是吗？哦，我前段时间和贵公司采购部的一位经理合作过，他让我联系他一下，我可能是记错了，实在抱歉。您可以帮我转到采购部的那位经理吗？

电话接待人员：是李经理吧？我帮您转到采购部李经理那儿吧。

销售人员：真是太谢谢您了。

5. 我们没有这方面预算

销售是一个过程，而不是一个偶然事件。销售人员不可能指望每一位老客户和客户能立刻给你回报。但是，因为你所努力的对象在目标市场内，因此每一个客户都是“高质量”的客户。假如客户在你的商品方面没有相应的财务预算，那或许这正是建立业务关系的最佳时间。

“张女士，我们已经与许多和你们情况相同的公司建立了业务关系。事实上，他们在花时间和我们接触之前，也和您现在的感觉一样。6 月 25 日我正好要到你们公司附近办点事，我想来拜访您。您下午 3 点有空吗？”

6. 你们价格太高了

这种拒绝理由经常会出现在电话销售中。要明白，价格是相对而言的，并非是绝对性概念。所以销售人员的任务是要表明你的商品和你的报价等值。当对方问及一项商品价格时，销售人员应尽力同意客户的意见。承认企业不是市场中最低价格的供应商，但另一方面，所报价格并不是最高的。

销售人员的任务是要证明它的价值，而不是商讨价格。事实上，客户要的是最低总成本的方案，而不是商品的最低价。

就像汽车一样，奥拓和别克，价格不一样，汽车的质量和乘坐的舒适度当然也不同。

如：王先生，价格对我们来说都很重要，但我们和许多您这样的大公司建立了业务关系，他们相信与我们合作能得到合理的投资回报……

销售人员的回答要告诉客户两件事情：一是像他们这样的其他公司感觉到你们所提供的服务与报价等值；二是为什么这种报价是等值的。回答这些问题时没必要在电话里做长时间讨论，你的目标是尽可能快地、有效地对付每一个拒绝理由，以争取到见面机会。在面对面的情况下，就有充足的时间来介绍商品了。

7. 用过你们商品，但不满意

每个销售人员都希望，这种拒绝最好不要经常碰到。遇到这种情况时往往会感觉很被动，好像没法再继续电话沟通下去。事实上，大部分客户评价公司和销售人员时，更看重他们在不良情境下的反应，而不是一帆风顺时的表现。

戴尔·卡耐基处理这种抱怨的原则是“让对方畅快淋漓地宣泄出来”。这一指导非常具有实用性，因为让客户多讲是“顾问型”销售方式的一种理念。可以这样沟通：

“陈小姐，我理解您所讲的问题，同时我想尽可能对此予以弥补。事实上，如果我是您，我也会和您有一样的感觉。下周四（5 月 20 日）我正好到您单位附近办点事，您下午几点有空？4 点可以吧？”

通常，销售人员可以打两次相同的电话来处理客户的拒绝和争取得到约见的机会。被拒绝两次之后如果再打，谈话就会变得不太自然了。

（资料来源：未来之舟. 销售礼仪. 北京：中国经济出版社，2009.）

二、环环相扣的电话跟踪

电话跟踪是最有效也是最常用的一种方法，一般情况下，通过一次电话就能与客户建立良好关系的情况比较少见。所以，电话销售人员一定要有耐心，多给对方一些时间，多打一次电话，在多次接触过程中，让对方充分认识自己，从而建立相互信任的关系。有一个比较流行的比喻，就是电话销售人员和客户打交道的过程就像在和对方谈恋爱。每一个人在选择自己的终身配偶时都会非常认真，同样，客户在决定是否和电话销售人员合作之前，也会对电话销售人员进行仔细考察。所以电话销售人员要通过多次的电话接触与客户建立关系。那么每一次的电话该如何打呢？下面，来看一个真实的成功案例：电话销售人员已经通过客户的网站了解到该公司经营的产品类型及总经理的姓名和电话等基本信息。前后共打了三次电话，基本上确定了合作关系，以下是三次通话的具体过程。

1. 第一次电话联系

电话销售人员：戴总，您好！我叫舒冰冰，××公司的，我们公司是专门从事电话方面研究工作的，今天打电话给您是想向您请教几个问题。我想请教一下戴总，贵公司销售产品是否都采用电话销售？

客户：是呀！

电话销售人员：那您觉得销售人员电话沟通水平的高低是否对业绩有影响呢？

客户：那当然。

电话销售人员：请问贵公司电话销售人员有多少人呢？

客户：十几个吧！你们对呼叫中心这一块有研究吗？

电话销售人员：当然，我们的培训大部分都是针对呼叫中心的，戴总听您说话，应该是对呼叫中心很了解，是吗？

客户：听过这方面的课程。

电话销售人员：这样说，戴总对呼叫中心还是挺有研究啦？

客户：一般，这样吧，你先把资料发过来我看看吧！

电话销售人员：没问题，戴总，我马上发资料给到您，另外，告诉您一个好消息，这段时间，我们公司针对网络客户有一个送书活动，您可以得到我们公司免费赠送的关于电话销售技巧方面的电子书一本。我马上发邮件送给您，请您参考！

客户：谢谢你！

电话销售人员：别客气！祝您工作顺利！

2. 第二次电话联系

电话销售人员：戴总，您好！我是昨天给您打电话的舒冰冰。请问您收到资料了吗？

客户：收到了。

电话销售人员：觉得怎么样呢？

客户：挺不错的。

电话销售人员：谢谢您的认可，您看有什么需要我帮忙的吗？

客户：你们这个培训是怎么做的？

电话销售人员：戴总，是这样的，我们的培训方式有两种，内训和公开课，内训是我们培训师直接到贵公司去上课。公开课是贵公司派员工到广州参加我公司组织的课程，从效果和成本出发，我觉得内训会比较适合贵公司。

客户：内训是怎么收费的呢？

电话销售人员：内训是15 000 元/天。

客户：太贵了，我们的员工比较少，不划算。

电话销售人员：是的。戴总，我觉得您说得很有道理，不过我觉得如果这个培训能够让您公司的业绩提高1～2倍，您一定会认为花这个钱是值得的，是吗？

客户：你们能够保证培训之后业绩提升1～2倍吗？

电话销售人员：我不能保证每个企业都能做到，但从过去我们培训的经验来有看，50%的公司能做到这一点。

客户：那我考虑一下吧！另外，你们公司卖电话录音系统吗？

电话销售人员：不好意思。戴总，我们公司没有卖这个产品。但我可以帮您找一找，找到了之后我会尽快与您联系的，好吗？

客户：好的。

3. 第三次电话联系

电话销售人员：您好，戴总！我是冰冰。今天上午我特意帮您找了5家卖电话录音系统的公司，由于考虑到售后服务，我特意帮您找的这些公司都是上海的。（因为客户是浙江余姚的，上海过去安装是免费的）

客户：谢谢你。

电话销售人员：别客气，这五家公司的情况分别是：有一家公司价格非常低，但公司实力比较小，刚开业的，报价是4000 元/套，我砍价之后的价格是2000 元/套；另外，有一家公司在行业当中最专业，很有知名度，价格是……

客户：小舒，真是很感谢你告诉我这些信息，真的很谢谢！另外关于培训这方面的事，我交代给另一个经理和你联系，好吗？

电话销售人员：好的，谢谢戴总，请问那位经理贵姓？

客户：他姓毛。

电话销售人员：戴总，您方便告诉我他的手机号码吗？

客户：是139……

电话销售人员：谢谢戴总，我会把跟毛经理谈的结果随时向您汇报的，再次感谢！祝您工作顺利！

由以上案例可以看出，前后三个电话是环环相扣的，最后，笔者不仅和该公司签订了合作协议，也和这位戴总成了很好的朋友。很多电话销售人员都会遇到这样一种情况：打第一次电话时倒还觉得轻松，可是打第二次、第三次电话时却不知道说什么好。其实，只要掌握一个小诀窍，这个问题就迎刃而解了，那就是在上一次的通话中为下一次通话事先做好铺垫，从而在下一次打电话时很容易找到切入点。

（资料来源：李向阳，舒冰冰．一点就通：电话销售业绩倍增指南．北京：人民邮电出版社，2006.）

课后训练

1. 欣赏相声表演艺术家马季的相声《打电话》，讨论打电话应该注意的礼节。
2. 指出以下接电话过程中错误的礼仪行为。

电话铃声响起，响了五六声。

女：喂！五湖四海公司，你找谁？

客：我的手机好像出了问题，请问要找谁处理呢？

女：你等一下。

转接声音很久……

男：喂！找谁？

客：我的手机出问题了，有一位小姐帮我转到这里的。

男：我们这是业务部，不管手机修理的问题（不耐烦）。

客：我应该找谁呢？可以帮我转一下吗？

男：好啦！你等一下。

转接声又响了好久……

女：喂！

客：我的手机出了问题，请问如何……（被打断）

女：电话转错了吧！

客：那我到底要怎么办？

女：我再帮你转转看。

电话又响了很久……没人接听

客：怎么搞的（骂声）！

“嗒！”客户把电话挂掉了。

3. 李经理正在与一位客户进行电话交谈，这时另一位重要客户来到办公室拜访。如果你是李经理，正确的做法应该是什么？

4. 张女士在国家大剧院音乐厅听一场由著名大师指挥的交响乐。音乐演奏到高潮时，全场鸦雀无声，凝神谛听，突然手机铃声响起，在宁静的大厅中显得格外刺耳。演奏者、观众的情绪都被打断。大家纷纷回头用眼神责备这位不知礼者。

请问使用手机应注意哪些规范？

5. 每两人一组，模拟各种情形进行手机短信的发送和回复，然后相互评论对方发送短信的做法有无不符合礼仪之处。

6. 告诉大家你最喜欢（或者讨厌）哪一类手机短信，并说一说原因（或理由）。

7. 案例分析

星星公司的客户电话解答脚本

星星公司是网络应用服务提供商。一天，星星公司的一位客户打进电话，抱怨说最初通过网络申请的密码丢失，密码提示问题也已经忘记。星星公司目前的解决方案只能通过密码提示问题找回丢失的密码，没有其他办法。打进星星公司电话的客户情绪激动，脾气暴躁，急于找回密码。打进电话时语气急速，生硬，不友好；在问题解释过程中，客户没有耐心。以下是完整电话解答脚本。

场景：在一个忙碌的客户服务中心，电话声此起彼伏。一位坐席人员接起一个电话，客户服务就从这个时候开始讲起。

坐席：这里是星星公司客户服务中心，请问您有什么问题？

客户：我的网上密码忘记了（或被盗了），找了很多次都没成功。

坐席：这位先生，请问您贵姓？（在开始语中，注意不要急于询问客户的问题及提供解决方案，问清客户的姓氏，在以后的谈话中注意使用。体现对客户的尊重。）

客户：我姓张。

坐席：张先生，请问您找回密码是通过我们网站提交密码提问进行找回的吗？（通过封闭性问题，逐步锁定客户问题产生的根源点。注意：使用封闭性问题避免连续多次使用，一般连续不超过3次。问题的询问要目的明确，适时引导客户，避免漫无目的；避免在客户激动的时候询问不恰当的问题，激化矛盾。）

客户：是的。我是一年前注册的，现在谁还能记住密码提示问题？

坐席：密码找回是通过密码提示问题找回的。（重申问题的解决方案。注意：语气要委婉。）

客户：你的意思就是我就找不回密码了。（注：此设计为一难缠客户。正常情况下很好解决，在这里不作假设情况设计。）

坐席：张先生，我很理解您此时的心情，如果我遇到您这种情况，我也会像您一样着急。我们这么做的目的也是为了保护客户的利益。（与客户情绪同步，理解他目前所遇到的困境，注意说话的语气，要真诚、充满感情。注意：一定要很好地把握说话时的语气和态度，要从内心由衷地发出。在很多客户服务中心，坐席人员经常会说，我也对客户表达了歉意与理解，可是没有效果。体会一下，使用不同的语气表达同样的内容感染力的区别。）

客户：保护我的利益就要帮我找回呀！我都使用一年多了，好不容易才修炼到现在这样的级别。我就这样认了吗？

坐席：张先生，和您的谈话中，可以看出您一定是×××方面的高手。在网上经常发生密码被偷、信息被盗的现象，就像现实生活中小偷偷走了我们的钱包一样，要找回一定需要相应的线索。而密码找回也是通过提供密码提示问题这一线索找回的。希望您能理解。（运用赞美和移情平息客户。注意：语言交流中保持一定的幽默与风趣。对待客户就像对待你的朋友，和客户建立良好的关系，最后让客户理解您的难处。）

坐席：（保持沉默20秒）适时沉默，倾听客户的声音。其作用相当于一个封闭性的问题。

客户：那好吧！（结束电话）客户可能说：那我就没有办法了。

坐席：您可以好好地再想一想，多去尝试几回。在网络提交过程中，有什么不清楚的地方，我们随时欢迎您再次拨打我们的电话。

客户：好吧！（结束电话）客户可能会说：还有没有其他的办法？（注意：在准备结束电话时，多使用封闭的回答或问题，并且在回答后保持沉默适当时间，让客户回答，若客户没有反应，可以询问：还有其他问题吗？）

坐席：我很希望能够给您更多的帮助。目前密码的找回只能够通过密码提示问题。如果公司有其他的方案，会第一时间通知您。请您多多包涵。（回答的原则：避免正面的直接否定，这容易造成客户的不满情绪升级。）

客户：谢谢！（结束电话）

（资料来源：http：//www.ccwchinese.com/news_ detail.php？news_ id＝18798，2011-01-18.）

思考与讨论：

（1）在本案例中，公司客服人员与客户的沟通有哪些值得学习的地方？

（2）本案例对你有哪些启示？

8. 案例分析

对方会看到你打电话的表情

日本有一个特别有名的销售员，有人结合他的经历写了一本书，叫《史上最伟大的推销员》。这个推销员的伟大之处在哪儿呢？他的工作中又有哪些有趣的故事？

有一天晚上，他回到家后，比较累了，决定先睡一觉。但他定了一个闹钟，同时告诉他老婆，晚上十点的时候，一定要把他叫起来，因为他跟一个很重要的客户约好在十点半的时候打电话。

到十点的时候，不等他老婆催他，他听到闹钟就醒了，然后去洗手间洗漱，接着又是刮胡子，又是穿衬衫、打领带的，还穿上了西装和皮鞋。最后拿了个本子，在电话机旁正襟危坐，一到十点半就准时给对方打电话。

业务倒是谈得很顺利，十几分钟就搞定了。但是他这番举动让他老婆感到很奇怪：不就一个电话吗？有必要搞得跟个神经病似的吗？大半夜的还要起来精心打扮一通，好像现在不是晚上，而是星期一一大早。

你猜他是怎么解释的？他跟他老婆说，如果我很邋遢、很懒散的话，对方虽然看不到我的样子，但是我自己的精神面貌不好，而这会通过我的语气变化传达到对方那里。经过这么一番打扮，我看起来正式多了，人也精神多了。虽然看不见对方，我也要尊重对方，我相信，对方一定能感受得到！

一个人的成功与伟大，从来都不是无缘无故的。他凭借着这样的好心态赢得了众多的客户，很多客户觉得，不管什么时候和这个推销员打电话，都会感觉他精神百倍，好像全心全意地在做这件事。客户要是感觉到你是全心全意的，哪怕只是对待一次通话，他也会觉得受到了极大的尊重。

（资料来源：陈乾文. 别说你懂职场礼仪. 北京：龙门书局，2010.）

思考与讨论：

（1）与客户进行电话沟通时，怎样让客户觉得你是尊重他（她）的？

（2）本案例对你有什么启示？

9. 案例分析

搞笑的手机铃声

有个朋友平时喜欢玩，手机铃声也隔三差五换一次。有一次他陪一个客户聊天，手机忘记关机了，突然手机响了，铃声是悦耳的童声："爷爷，您孙子给您来电话了！"，一接听电话，原来是另一位客户。虽说这只是一种好玩的表现，但是其他客户见了，难免会作出相关联想：他该不会把我的来电也设置成"孙子"铃声吧？

无独有偶。有一位大学毕业生，毕业后在某高中担任教师，有一天开会时也是忘了关手机，结果校长正在讲话的时候，他的手机响了："我的志愿是做一个校长。每天，收集了学生的学费之后就去吃火锅。今天吃麻辣火锅，明天吃生菜鱼火锅，后天吃猪骨头火锅……"结果，同事们哄堂大笑，校长也是一脸尴尬。

（资料来源：陈乾文. 别说你懂职场礼仪. 北京：龙门书局，2010.）

思考与讨论：

（1）使用手机时，什么时候要注意关闭手机或将手机调到震动状态？

（2）手机铃声的设置应该注意什么？

10. 案例分析

一毛钱的作用

几个刚毕业的大学生到一家公司参加面试。这家公司很特别，把面试的地点放在了远离公司的地方。

到了面试的时间，工作人员提出了一个奇怪的要求："现在你们都用手机发一条署名的短信给经理，向经理询问公司的地址，经理会告诉你们是否被录取。"

尽管大家都觉得很奇怪，但还是照做了。他们都用毕恭毕敬的语气给经理发了短信，没过多久大家就收到了经理的回复，上面显示的正是那家公司的地址。有人举起手机问那个工作人员："就是这样吗？"

工作人员微笑着说："就是这样，请你们再等会儿，十分钟后经理就会宣布录取结果。"

十分钟以后，工作人员收到了一条手机短信，她抬头念出了一个名字，告诉他录取了。剩下的几个人感到很奇怪，纷纷询问自己到底哪里做得不好。工作人员告诉他们："如果你们收到回复后，能像他一样，肯多花一毛钱，再给经理发一条感谢的短信，或许你们就会被录取。"

有时，微不足道的一毛钱，正代表了你对他人的态度。

（资料来源：吴欣琪. 一毛钱的作用. 故事会：下，2009（2）.）

思考与讨论：

（1）使用短信有哪些礼仪规范？

（2）本案例对你有哪些启示？

任务十一　营销宴请

在宴席上最让人开胃的就是主人的礼节。

——（英）莎士比亚

世界上最廉价，而且能得到最大收益的一项物质，就是礼节。

——（美）拿破仑·希尔

学习目标

1. 能够根据宴会的种类和形式的不同，选择合适的赴宴方式。
2. 熟悉宴请的程序和规范，遵守中、西餐宴会礼仪规范。
3. 遵守自助餐、酒会、喝咖啡、喝茶的礼仪规范。
4. 与客户进餐符合礼仪要求。

案例导入

郁闷的韩风

经过两个多月的努力，韩风终于约到了余处长，请余处长在当地一家高等特色酒店“小坐一会儿”。余处长是这次价值近三百万元的空调采购计划的关键人物。

韩风事先打听到了余处长对饮食文化有研究，爱品葡萄酒，韩风特意点了两瓶高档葡萄酒。韩风端起斟得快要溢出的酒杯“先干为敬”，在连续干了几杯葡萄酒后，余处长明显有点不痛快了。酒过三巡，菜过五味，韩风眉飞色舞地聊起了街头巷尾热议的某名人绯闻，还抖除了不少“独家猛料”。余处长在韩风营造的热烈“氛围”中，话反而越来越少，宴会还没有结束，就借故提前离开了。

令韩风郁闷的是，事后他再也联系不上余处长，更不要说拿下这宗大单了。

（资料来源：未来之舟. 销售礼仪. 北京：中国经济出版社，2009.）

任务设计

我国是一个注重“民以食为天”的国度，餐饮礼仪历来备受重视。在餐桌上，得体的礼仪可以无限拉近交往双方的距离，使陌生人变成熟人，使熟人变成朋友。

餐饮礼仪因为宴会的性质、目的、地区、国度的不同而有较大的差异，如果不加了解，就会阻碍正常的交际应酬，甚至像本任务“案例导入”中的营销员韩风那样给客户留下不好的印象，使营销活动归于失败，不但影响个人形象，甚至影响到公司的效益和形象。因此，在营销工作中必须高度重视餐饮礼仪。

这里拟通过组织“组织营销宴请活动”来完成本“任务”的学习，具体如下。

组织营销宴请活动

实训目标：通过营销宴会的组织，掌握宴请活动的组织方法和相关细节，桌次和座次的安排，赴宴的礼节和席间交流等礼仪规范，展示良好的形象和素质，赢得客户的满意。

实训学时：1 学时。

实训地点：实训室。

实训背景：A 公司和 B 公司是合作伙伴。B 公司李董事长，销售部吴部长，东北地区销售处刘处长，秘书小刘、小吴一行到 A 公司进行商务洽谈，A 公司张总经理，财务总监马先生，技术总监刘先生，总经理秘书小苗、小孙负责接待。

实训准备：设置一个宴会的环境。要有一张圆桌或数张圆桌。桌椅摆放要符合营销宴请位次安排的礼仪。

实训方法：将学生每 10 人分为一组，分别扮演 A、B 公司的人员。每组演示宴会的整个过程，内容可以自由发挥，但要注意交际技巧和语言禁忌，服饰和行为举止。

一般地，宴会应体现以下基本内容。

（1）根据情景内容，模拟演示桌次和座次的安排。

（2）根据情景在演示宴会厅门口迎接客人、引导客人入场就座的过程。

（3）演示李董事长、张总经理分别致辞、敬酒的场面。

（4）演示席间谈话交流的情景。

（5）演示秘书小刘不小心打翻酒水，正确处理的过程。

（6）演示送客的过程。

有条件的话可以用数码摄像机记录整个过程，然后投影回放，学生自我评价，找出不合规范之处。

授课教师总结点评学生存在的个性问题和共性问题。

最后，全班评选出“最佳表现组”。

（资料来源：严军．商务礼仪与职业形象．北京：对外经济贸易大学出版社，2009.）

知识链接

一、营销宴请概述

1. 营销宴请的特点

营销宴请作为一种带有浓重商务色彩、营销色彩的社交活动，它比一般家宴和朋友聚餐多了些郑重、隆重的意味。营销宴请主要有以下特点。

（1）谈为主，吃为辅。在营销宴请中，“吃”只是个手段，而“吃”背后的交际才是营销宴请的真正目的。举办者及与宴者为谋求商业性目的，以宴请活动为媒介，为进行商务洽谈、合作计划商讨和合同签订等而举行。

（2）讲礼仪，塑形象。餐桌礼仪是商务社交技巧的一部分，是商界里一项超越同行、保持领先的重要战略。如果不懂礼仪，将一位贵宾安排在不重要的座位，营销人员将受到众人的谴责，甚至使事业受到重创；如果不懂礼仪，在参加宴会时，喧宾夺主的发言会让营销人员不再受欢迎。相反，如果营销人员知道餐桌礼仪中该做和不该做的事，将会发现一桩在会议桌上很难敲定的大生意，在餐桌上却变得很容易。所以，无论是作为宴请的主人还是客人，都必须遵循宴请的礼仪规范，才能展示个人的良好修养，表达对交往对象的敬重、友好和诚意。

（3）守规范，显诚意。营销宴请的礼仪和程序也都有着严格的规定，不遵守或没想到相应的礼节就会冒犯对方，这些都体现了商业领域有自己的约定俗成的规范，不能视之为儿戏，更不能随便想当然。比如，一位在某公司任职的金小姐，在日本参加客商举办的宴会时，买了一束白色的百合花想送给客商。没想到她一走进举行宴会的大厅时，所有的宾客都向她投来惊奇而生气的眼光。原来，在日本百合花只有在丧事时才使用。

2. 营销宴请的形式

参加营销宴请，首先要弄清宴请的种类和形式，因为不同种类和形式的宴请，有不同的特点，适合于不同的宴请主题和场合。宴请的种类复杂、形式多样，一般按照进餐的礼仪形式可分为宴会、招待会和工作进餐等。其中，宴会又可分为正式宴会和非正式宴会两种类型，正式宴会还分为中餐宴会和西餐宴会，非正式宴会，也称便宴，分为午宴、晚餐和家宴等；招待会又可分为冷餐会、鸡尾酒会、自助餐宴会、茶话会等。

3. 营销宴请的基本原则

（1）“5M”原则。5M 原则是在世界各国广泛受到重视的一条立意原则。5M 是 5 个以“M”为字头的单词：约会（Meeting）、菜单（Menu）、举止（Manner）、环境（Media）和费用（Money）。指在安排宴请或者自己参加餐饮活动时，必须优先对约会（约会的具体时间和对象）、菜单（宴请菜品）、举止、环境、费用等五个方面的问题加以高度重视，并应力求使自己在这些方面的所作所为符合律己、敬人的行为规范。

（2）“餐饮适量”原则。在餐饮活动中，不论是活动的规模、参与的人数、用餐的档次，还是餐饮的具体数量，都要量力而行。务必要从实际需要和实际能力出发，进行力所能及的安排。切忌虚荣好强，炫耀攀比，铺张浪费。

（3）照顾他人。不论是以主人的身份款待客人，还是陪同他人一道赴宴，都应在两厢情愿的前提下，悉心照料在场的其他人士。学会照顾他人应当是一条极为重要的礼仪规则。同时，也是一个人修养、层次和品位的体现。

（4）客不责主。身为客人，对主人为之安排的餐饮只宜接受，不宜随意评论、非议，尤其是不允许寻衅滋事，借题发挥。

（5）突出特色。负责为他人安排餐饮时，在条件允许的前提下，应努力突出国家特色、地方特色、民族特色，使对方通过享用饮食来“品尝”文化。

二、营销宴请的组织

营销宴请对宾客而言是一种礼遇，必须按规定、按有关礼仪礼节要求来组织。

1. 制订计划

（1）确定宴请的目的。宴请的目的多种多样，可以是表示欢迎、欢送、答谢，也可以是庆贺、纪念等。目的清楚了，就可以根据需要确定宴请的对象、范围和形式了。

（2）确定宴请的对象和范围。请什么人，请多少人参加；要根据主宾的身份、国籍、习俗、爱好等确定宴会的规格、主陪人、餐式等。

（3）敲定宴会的形式。根据规格、对象、目的来确定是举办中式宴会、西式宴会，还是冷餐会、酒会等。一般正规的、规格高的、人数少的，以宴会形式为宜。人数较多的，则以冷餐会或酒会的形式更为合适。

2. 订餐

订餐，也称订位，是营销宴请的一个重要环节。如果你准备请客，特别是到那些高级豪华餐厅，最好是预约餐位。这样做，主要是为了避免在客户来到饭店、茶楼后，因没有位子败兴而归。同时，订餐还可以达到花同样的钱，获得更高雅、更舒适的用餐空间的目的，能保证自己有个理想的桌位。订餐要考虑宴请的具体时间、地点、对象和事由等因素。

（1）确定宴请时间。确定正式宴请的具体时间，主要是遵从民俗惯例，而且要从自己的客观能力出发、讲究主随客便，并对具体长度进行必要的控制。

宴请日期的确定，有的可按主人需要安排，如企业开张、友人聚会等；有的随客人因素决定，如接风送行等；有的考虑主客人的共同方便时间，如商业聚会等。应以多数宾客能来参加宴会为确定宴会时间的准则，尤其要考虑主要宾客最合适的时间。由于世界经济一体化和中国加入 WTO，对外贸易蓬勃发展，许多公司需与外商接触，而邀请外国人更要了解他们的饮食习惯与禁忌。要尽量避开宾主双方不方便的时间。例如，重要的活动日、纪念日、节假日，某一方面不方便的日子或忌日，等等。

在营销宴请活动中，午餐通常是工作餐，晚餐通常是放松心情联络感情用的，晚宴则是要等到工作目的实现的时候庆祝用的。通常只有重要人物的重要约会才会安排在早餐时间。比如，名列财富500强的跨国大公司总裁，通常把重要的商业约会安排在早餐时间。早餐不显铺张浪费，人也都精神，谈起事来简单明快。在决定社交聚餐的具体时间时，主人不仅要从自己的客观能力出发，更要讲究主随客便，即要优先考虑被邀请者，尤其是主宾的实际可能，切勿对此不闻不问、勉强从事。如果有可能，应先期与主宾协商一下，力求两相方便，达成一致。至少，也要尽可能地为之多提供几种时间上的选择，以显示自己的诚意。

在安排宴请时，主人要对用餐时间的具体长度进行必要的控制，既不能匆匆忙忙走过场，也不能拖拖拉拉耗时间。一般认为，正式宴会的用餐时间应为1.5～2个小时，非正式宴会与家宴的用餐时间应为1个小时左右。而便餐的用餐时间大抵为半个小时。一个谈判周期，宴请一般安排3～4次为宜，即接风、告别各一次，中间视谈判周期而定1～2次。

（2）选择宴请地点。“宴请”前加了“营销”两个字，吃饭就不止是吃饭，一曰“沟通”，二曰“办事”。因此找个合适的地方请客，是沟通和办事的前提。在聚餐时，用餐地点的选择是非常重要的。比如，饭店的远近，方便程度，服务态度，可供挑选食物的质量、品种、卫生和价格；饭店的设施、装饰、服务项目、营业时间、交通情况，甚至饮食者自己的空闲时间等条件，都会对宴请活动产生不同的影响。具体要注意以下几个方面。

一是客随主便。选择宴请的地点，要根据主人意愿、邀请的对象、活动性质、规模大小及形式、商谈的内容等因素来确定。一场宴会，少则十几人，多则上千人，要想让一种宴会环境满足所有宴者的心理要求是很难的。这就要求在尽量满足大多数与宴者的客观要求的同时，侧重迎合其中少数特殊人物的心理要求。当主宾的地位、身份、影响高于主人时，以主宾为主。当主宾的身份、地位低于主人时，则要以主人为主，一些部门和单位领导宴请时，即如此。平民百姓、普通顾客宴请时，宴会设计要以“买单”者为主。会议宴请，要以会务组人员及大会主席为主，宴会成功与否，往往由这少数人说了算。为了表示主人对客人的敬重，宴请可选在传统名店或星级饭店，甚至专选四星级、五星级饭店进行；为了显示主人的热情和主客之间亲密无间的情谊，有的宴请要安排在主人家里；为了尊重少数民族客人的民族习惯，有的宴请在清真饭店中摆席。邀请世界财富500强的跨国大公司的总裁吃早餐，当然不能安排到街边的早点铺，甚至普通的酒店，甚至五星级酒店的大堂餐厅也不行。一般五星级酒店都有行政楼层，行政楼层都会有单独的餐厅、酒廊或会议室，安排在行政楼层的这些地方，既隐蔽又安静，不受干扰，服务也远比在大餐厅里好。比如，Monika是一家跨国公司的总裁秘书，听说老板要与一位重要客户在第二天早晨会谈，她特地挑选了一家酒店顶层的行政楼层作为会谈场所。会谈结束后，老板请Monika吃了顿午饭，对她说：“那里的咖啡不仅好喝，更重要的是折射在玻璃幕墙上的那一缕清晨的阳光。”

二是交通便利。要注意用餐地点的地理位置，交通状况如何是必须考虑的。一般情况下，附近如有令人满意的餐厅，那么首先要考虑就近的这家。但如果某家餐厅很有名、大家垂涎已久，不顾路途遥远欣然前往也无可非议，但这番长途跋涉必须值得。若驱车前往，所去之处的停车位情况怎样，是不能忽视的。

三是环境优雅。对现代人来讲，宴请不仅仅是为了“吃东西”，而且也讲究“重环境”、“吃文化”。如果用餐地点档次过低、环境不佳，即使菜肴再有特色，也会令宴请大打折扣。因此，在可能的情况下，一定要争取选择清静、优雅的用餐地点。①宴会自然环境（如湖边、闹市、船上等）。宴会在餐厅里举行，而每一个餐厅或酒店又都是融于特定的自然环境之中的。不同的自然环境对宴会主题、进餐者心理、宴会举办的效果等都会带来一定的影响。良好的环境气氛，可以增强人在宴饮时的愉悦感受，使宴饮效果锦上添花。②餐厅建筑风格（如酒店建筑风格、餐厅装修特点等）。我国餐厅根据其风格的不同，主要有宫殿式、园林式、民族式、现代式（或称西洋式）、综合式五种形式。其中，园林式餐厅又可分为园林中的餐厅、餐厅中的园林、园林式餐厅三种类型。此外，还有一种移动式餐厅，如飞机、火车、轮船、高楼旋转餐厅等。一般来说，一个酒店的餐厅风格在一定时期内基本上是定型了的。宴会要根据其主题和宴会者的审美心理，选择合适风格的餐厅与之相匹配。③宴会场地环境。这将对与宴者产生最直接影响，主要由场地大小和虚实、室内陈设和装饰、餐厅灯光和色彩、场地清洁卫生、室内空气质量与温度及餐厅家具陈设等因素组成。

此外，选择用餐地点不要忽视客户口味。要询问你的客户是否有任何饮食方面的偏好，比如是否属于素食主义者，是否不吃多加调料的食物或者是否爱好吃鱼等。事先确保你选择的饭店符合客户的口味。不同饭店之间口味迥异，而很多人喜欢尝试那些新鲜时髦的菜肴。如果你对客户、同行了解不多，也没机会和他们聊饮食嗜好这方面的问题，建议不要冒险，应该选择一家传统的享有盛名的饭店。

（3）订餐的方式。通常电话订餐是一种很普遍、很实用的订餐方式。你可拨通酒店订餐电话，敬语问候，说明单位名称、人数、标准、宴请时间，留下联系人的姓氏和电话号码。在电话中，你必须讲清到达时间。如有其他特殊要求和问题，也一并提出，例如，有的客户可能带有孩子，是否能事先准备好小孩专用的高椅子等。电话订餐是订餐的主要方式，主要用于小型宴会预订。面谈订餐也是常见的一种宴请预订方式，住店旅客、小区居民多用这种方式预订。订餐者通过与酒店预订员或宴会销售员进行面对面的交谈，可以充分了解酒店举办宴会的各种基本条件和优势，洽谈举办宴会的一些细节问题，解决宾客提出的一些特殊要求。面谈可以增进彼此间的信任和了解，有利于达成一致意见。在进行面谈预订时，要注意以下几方面：礼貌问题，预订员或宴会销售员，说明自己的姓名、单位名称、电话号码、预订内容、特殊要求等。对酒店提供的标准菜单，要认真挑选并确认，菜单中的个别菜肴可视情况适当予以调整。有特殊要求的，要让店方确认。遇重大活动和宴会，应根据与酒店达成的协议，草拟合同，对于未定事宜和需改动事宜，应注明最后确认时间。最后要向店方表示感谢，礼貌告辞。

3. 邀约

在营销宴请中，因为各种各样的实际需要，必须对宴请对象提出预约，邀请对方出席某项宴请活动。这类性质的活动，称之为宴请的邀约。请出客户是营销宴请的重点和难点，对它绝不可掉以轻心。

（1）邀约的原则。邀约要注意三个原则。①充满诚意。所谓诚意，是一种坚持、耐心、毅力，是一种百折不挠的混合物。简单地说，这个客户很难请出来，就不停地邀请。每次出差到了该地，都第一个电话打给他：“赵总，今天我又来出差了。上次您正好有事，今天方便吗？大家一起聚聚？”如果遭到婉拒，你再着手安排别的事情。一年里你出了十趟差，有多少人忍心和有勇气拒绝十次貌似善举的邀请？如果邀请单独的客户，建议让他带上家人，来不来是他的事，但是至少你的诚意到了。此外，要避免把有矛盾的客户请到同一桌上，如果实在有必要，宁愿分两次请。可能的话，尽量多提前一点时间，不要让人感觉他是凑数的。②理由适当。宴请的理由，更为重要的是一种说法。大家知道，往往同一件事情有不同的说法，请客吃饭也不例外。比如，若邀请“王总经理”吃饭，就有多种“奇妙”的说法：“王总，昨天朋友从国外旅行回来，送我一瓶洋酒和一些外国名产。我想请您来，品尝看看……”；“王总，上次听说您到我们这儿出差，时间忙也来不及上我们公司看看，这次我无论如何得请您，补一补地主之谊……”；“王总，今天实在感谢您对我们公司产品的指教，晚上我来做东……”；“王总，听说这儿新开的一家海鲜店不错，我自己去吃公司当然不能报销，您就牺牲一次，让我沾回光吧……”；“王总，我刚预订了王朝酒店的一个海鲜浓汤，按规定要煲三天。您三天后有时间吗？无论如何给个面子……”③名义合适。邀约的名义，主要依据主客的身份确定。大型宴请一般以单位名义邀请，也可以个人名义发邀请。小型宴请可视具体情况以个人或夫妇名义邀请，工作进餐可以单位名义邀请。确定邀请者与被邀请者的主要依据，是主宾双方的身份应当对等。身份低会使对方感到冷淡、不礼貌。

（2）邀约的方式。一般情况下，邀约有正式与非正式之分。正式的邀约，既讲究礼仪，又要设法使被邀请者备忘，故此它多采用书面的形式。非正式的邀约，通常是以口头形式来表现的，相对而言，它要显得随便一些。邀约的方式主要有当面邀约、电话邀约和请柬邀约。

①当面邀约和电话邀约是日常宴请邀约最常用的方式，邀请时要真心实意、热情真挚，并掌握一些技巧。例如，“张经理！今天足球彩票公布了，我中奖了！一等奖（虽然全国人民这期都中，奖金可能就 20 元）！走吧！我们到东方海鲜楼去庆祝庆祝！”（借花献佛式）；“张主任，这份文献不错吧？昨天我在一家专业网站上还看到了一份更加权威的文献！只是昨晚太晚了，没来得及下载……这样吧，我现在就回家下载那份文献，晚上我们一起吃饭，然后我再把那文献交给您？”（投其所好式）；“张主任，您的观点对极了，我真的是对您佩服得五体投地！看这时间，也不早了，这样吧，我们找个地方，一起吃饭，然后您再把这个观点继续给我往透里说一下。对面的‘绿蔷薇西餐馆’环境棒极了，极其适合聊天！走吧！我们现在就过去？”（声东击西）。

②请柬邀约。在正式邀约的诸形式之中，档次最高，也最为政界、商界人士所常用的当属请柬邀约。凡精心安排、精心组织的大型宴会等，只有采用请柬邀请嘉宾，才会被人视为与其档次相称。请柬又称请帖，它一般由正文与封套两部分组成。不管是上街购买印刷好的成品，还是自行制作，在格式与行文上，都应当遵守成规。请柬正文的用纸，多用厚纸对折

而成。对折后的左面外侧多为封面，右面内侧则为正文的行文之处。封面通常讲究采用红色，并标有“请柬”二字。请柬内侧，可以同为红色，或采用其他颜色。但民间忌讳的黄色与黑色，通常不可采用。在请柬上亲笔书写正文时，应采用钢笔或毛笔，并选择黑色、蓝色的墨水或墨汁。红色、紫色、绿色、黄色及其他鲜艳的墨水，则不宜采用。在商务宴请中所采用的请柬，基本上都是横式请柬。它的行文，是自左而右、自上而下地横写的。竖式请柬是中国传统文化的一种形式，多用于民间的传统宴请。它的行文，则是自上而下、自右而左地竖写的。在请柬的行文中，通常必须包括宴请形式、宴请时间、宴请地点、宴请要求、联络方式及邀请人等项内容。在请柬的封套上，被邀请者的姓名要写清楚，写端正。这是为了向对方示敬，也是为了确保它被准时送达。

（3）应邀的礼仪。在接到邀约后，应当作出积极的反应，要尽快答复邀请者自己能否接受其邀请。鉴于同时受到邀请的往往不止于一方，为了使邀请者做到对他所组织的宴会胸有成竹、避免失败，任何被邀请者在接到书面邀请之后，不论邀请者对于答复者有无规定，出于礼貌，都应尽早将自己的决定通知对方。当收到别人正式寄来的邀请函时，若没有特殊重大典型临时突发事故，你应该尽可能参加。因为信函邀请要比电话邀约正式得多，在考虑是否出席方面，前者应优先考虑。即使临时有其他人以电话约你，你也要先出席此宴会，再和其他人约定时间。若因事不能参加，必须事先向主人做礼貌性的说明。拒绝邀约的理由应当充分，比如，自己有病在身或家人得了重病，必须予以照顾；亲人最近过世，自己仍在守哀期间；在同一天的同一个时段，已经有了其他的正式约会，不能分身参加此约会；在宴会当天或前几天，自己正好有事要出国；正好有重要的商务要谈；等等。在回绝邀约时，勿忘记向邀约者表示谢意，或预祝其组织的活动圆满成功。

4. 点菜

点菜是摆在食客们面前一道严峻的选择题。“点菜”之“点”，不亚于战斗前之点兵之“点”。点菜是一个人饮食文化修养的集中表现，是一项复杂的工作。

（1）点菜的礼貌。一般来说，入席后，主人往往会请客人点菜，以示礼貌与尊重。如果有女士在座，则先请女士点菜，但其余的客人也要一一让到。不过客人往往不好意思点名贵的菜肴。于是，客人点完之后，全靠主人布局了。但在参加大型宴会时，菜肴是由主人事先安排好的。在点菜时，怎么向客人询问大有讲究。如问“您吃点什么呀?”“您来点什么?”“您爱吃点什么?”这叫开放式问题，要是客人狂点，你可就傻了。以下介绍两种问法。一种是封闭式问题。如“张主任，来条草鱼还是鲤鱼?”言下之意等于给对方下一个套，告诉客人不要点东星斑鱼、神仙鱼、多宝鱼等名贵的鱼。“喝茶还是喝咖啡?”就是告诉对方，你不要喝人头马。还有一种就是有所不为的问题。如“张主任，您不能吃什么?”了解他不吃什么，但一定注意不要犯宗教禁忌或民族禁忌。

当着客人的面，如果不方便讲要花多少钱，可以通过特定的词汇表达，如“来点儿家常菜”、“来点儿清淡爽口的”是暗示服务员不想高消费，而“有什么山珍海味”、“来点儿海鲜”则暗示点单员请的是贵宾，并不在乎花费。

作为客人，遇到主人让客点菜时，在尊重主人的前提下，客人多半会交由主人代为决定。但有时候也不必客气，如果客人能够至少点一样菜，主人会很高兴的。因此，在点菜时多少有些主张，才合乎礼节。作为被请者，在主人点菜时，可以告诉主人，自己没有特殊要求，请对方随便点，这实际上正是对方欢迎的做法。或者是认真点上一个不太贵的而又不是大家忌口的菜，再请其他人点。别人点的菜，无论如何都不要挑三拣四。另外，当对方问你要点什么的时候，必须先将自己的决定告诉对方，而不是服务员，否则对方会觉得不被尊重。

（2）点菜的方法。点菜前一定询问客户对哪些忌口，对于重要的客户，建议先侧面了解一下他的口味。选菜不应以主人的爱好为准，应主要考虑主宾的喜好与禁忌。餐厅无法提供实物展示的话，认真阅读菜单就显得十分重要了。菜单是点菜的向导，它所代表的含义绝非只是一张价目表而已。一份完整的菜单，其内容包括食物名称、种类、价格、烹调方法、图片展示及相关知识的陈述等。菜单的形式很多，有的菜单会依据菜的性质种类来分类，有的则不会。如有的餐厅会很体贴地将提供的菜式分成牛肉类、猪肉类、羊肉类、海鲜类、素食类、饭类、面类、汤类、甜点等。有的餐厅的菜单则没有这种方便详细的归类，所以点菜时要根据菜肴的名称来判断。很多餐厅都推出每日、每周或每月特色菜，在开始翻阅那厚厚的菜单之前，可以先看看当日有什么特色菜。特色菜又叫招牌菜，一般是餐厅用来吸引客人的拿手菜，味道不错，价钱也不会太贵。每到一个不熟悉的餐馆，不妨先问问有什么特色菜，这样就可对该餐馆的素质心中有数。

中餐宴席点菜时，首先注意一定要先点几个凉菜，以免桌上空空荡荡。通常是 4 ~ 8 个凉菜，也可点十多个。其次，要根据客人重要程度和要花钱的数额，先点上几个关键菜（主菜。主菜又称为大件、大菜），以此来表达客人的宴请级别，然后将各菜品（鱼、肉、蔬菜、凉菜等）搭配起来。如果人多，可以多点几个肉类，不够则以普通菜等补充。热菜道数通常是 4、6、8 等偶数。因为，中国人认为偶数是吉利的。在豪华的餐宴上，主菜有时多达 16 或 32 道，但普通菜是 6 ~ 12 道。注意宴请宾客除了要用贵菜来显示尊重外，一些本店的特色菜可能会给每个级别的客人带来兴趣，也多了酒宴中的话题。主菜结束所供应的点心是馅饼、蛋糕、包子、杏仁豆腐等，最后则是水果。

当然，餐厅服务员的建议有时也是值得听取的，但是千万要记住，服务员建议的菜单，不要由你一个人核定，即使你是主人，也要征求在座客人的意见，大家都同意时才算决定。如果有一位客人没有一样菜能吃，将会是很尴尬的。

点菜时，不仅要考虑吃饱、吃好，而且必须量力而行，心中有数。如果为了讲排场、装门面，而在点菜时大点、特点，甚至乱点一通，不仅对自己没好处，而且还会招人笑话。点菜时事先一定有个大致的心理预算，包括酒水、不要买单的时候过于意外。力求做到不超支、不乱花、不铺张浪费。可以点套餐或包桌，这样费用固定，菜肴的档次和数量相对固定、省事。也可以根据“个人预算”，在用餐时现场临时点菜。这样不但自由度较大，而且可以兼顾个人的财力和口味。

（3）点酒水。在餐前，中国人一般是饮茶或软饮料，以饮茶者居多。至于软饮料，主要是可口可乐、百事可乐、雪碧之类的碳酸饮料。当然，也会碰到客人点用果汁、蒸馏水或矿泉水的情形。大多数客人在选定一种软饮料之后，在整个用餐过程中一般不再更换。在餐中一般选用度数较高的白酒和酒度较低的红葡萄酒或啤酒。每一类酒一般有1～2种供客人选择。当然很熟的客人也会自己点自己所喜爱的酒品。但在许多情况下，客人一般都会听从主人安排，多桌时每桌所选用的酒品要一样。因为这样做，宾客之间敬酒、劝酒与斗酒时会显得更为和谐、一致与公平。中餐习惯在餐后饮用茶水。因为民间传说茶水具有止渴、解酒和帮助消化的功效。根据中国许多地方传统的饮食文化与饮食习惯，宴席上所斟的酒大多必须在最后一道菜（甜汤与甜点）之前"门前清"（即席上的宾客要各自喝完自己杯中的酒），它同时也宣告饮酒活动已告一个段落，此后一般就不再喝酒精类的饮料了，故中餐宴席较少喝餐后酒。但如果朋友相聚酒兴未尽，则另当别论。

（4）选择主食。大凡宴会，往往只饮酒吃菜，不进主食。即使进主食，也是象征性的。因为，多数赴宴者酒足菜饱之后，就难以问津主食，这对健康是不利的。主食是宴席内容的一个重要方面，合理地配备主食，才能使整个宴席和谐，达到完善的境界。

不同的国家、不同的民族，对主食点心有不同的喜好。所以，在点主食时，要通过调查研究，了解宾客的国籍、民族、宗教、职业、年龄、性别、体质和嗜好忌讳，并依此确定品种，做到重点保证主宾，同时兼顾其他。如回族人喜欢吃牛、羊肉馅的面点，北方人喜欢吃味浓厚的面食，南方人喜欢吃清淡爽口的细点心等。此外，在因人而配的过程中，要考虑到客人的身体状况。主食与我国民风食俗也有很大关系，如果宴请的日期与我国某个民间节日临近，主食也要有相应安排。如春节，可配食年糕、春卷等；元宵节，可配食汤圆、元宵；清明节，可配食青团（又名翡翠团子）、酒酿饼；端午节，可配食各种粽子制品；中秋节，配备月饼等。

宴席的级别有高档、中档、普通三级，对于主食的级别来说，可从用料的高低、馅心粗精、成形的繁简几方面来选择。主食要适应宴席的价格和级别，才能使席面上菜肴质量与主食质量相匹配，达到整体协调一致。

5. 席位安排

宴会一般要事先安排好桌次和座位，以便使参加宴会的人各就各位，入席井然有序。座位的安排体现了对客人的尊重。一般而言，中国习惯于按职位高低排列，以面对庭院，背向墙壁为上座；西方按男女参差排列，以背向壁炉，正中间的座位为女主人，女主人面对的正中座位为男主人，离入口最近的地方为末席。

三、与客户进餐的礼仪

在今天这个时代，客户有很多选择。无论满意不满意，他们都没有必要对任何企业公司保持忠诚，所以客户是很容易流失的，而忠诚的客户是最能带来利润的，也是最值得关注的。客户是"上帝"。要跟客户搞好关系，请客吃饭是免不了的。

1. 确定目标客户，抓住关键人物

成功的商务人员会记住用户的生日、用户家庭成员的生日及他们的住址电话等。应像建立客户资料一样，对重点单位关键人物的各方面资料做统计、研究，分析其喜好。

2. 真诚对待客户

真诚才能将业务关系维持得长久。同客户交往，一定要树立良好形象，“以诚待人”，这是中华民族几千年来的古训。业务的洽谈、制作、售后服务等也都应从客户利益出发，以客户满意为目标调整工作，广泛征求客户意见，考虑其经济利益，处理客户运作中的疑点和难点，取得客户的信任，从而产生更深层次的合作。

邀请客户进餐，尽量不要带上你的爱人，因为他或她不是所有人都认识，你会整晚都夹在他们之间。如果你跟你的爱人并非从事同一个职业，还是不要带他或她去了。

如果你先到，那就应该让客户感到宾至如归，把他们引荐给重要人物。进入酒店，随员和上司一样应尽地主之谊，以目光和手势示意客户，请他走在前面，同时可以配合语言提示：“刘经理，您先请!”

面对大门的位子为主位，就是主人（上司）的位子，客户要坐在主人右手的第一个位子，随员要坐在主人左手的位子。随员要等上司和客户先落座后再坐下，至于是否需要给客户拉椅子，则不一定，因为随员如果是年轻女性，客户反而会很不自在。

如果上司和客户的杯子里需要添茶了，随员要义不容辞地去做。你可以示意服务生来添茶，或让服务生把茶壶留在餐桌上，由你自己亲自添则更好，这是不知道该说什么的时候最好的掩饰办法。当然，添茶的时候要先给上司和客户添茶，最后再给自己添。

结账的任务也是随员的，此时，不要让客户知道用餐的费用，否则也是失礼的。因为无论贵贱，都是主人的心意，特别是工作餐，只是为了沟通感情而已。

3. 照顾客户

客人一般不了解当地酒店的特色，往往不点菜，那么，上司就有可能示意随员点菜。此时，随员要同时照顾上司和客户的喜好，也可以请服务生介绍本店特色，但切不可耽搁时间太久，过分讲究点菜反而让客户觉得你做事拖泥带水。点菜后，可以请示“我点了菜，不知道是否合二位的口味”，“要不要再来点其他的什么”等等。如果事前能打过电话与酒店联络，提前拟定菜单，那就很周到了。

为了表示对客人的尊敬和活跃餐桌上的气氛，作为主人应主动劝客人吃菜。当一道菜端上桌时，主人可简单介绍一下这道菜的色、香、味等特色，当客人对这道菜表示出特别的兴趣时，还可以简单介绍其烹调方法，与此同时应热情招呼客人动筷。如餐桌上的客人有主次、长幼之别时，每道菜上来，主人应先请主客或长者品尝。当客人出现相互谦让、不肯下箸的情况时，主人可站起来，用公筷、公匙为客人分菜。分菜应先分给主宾、长者，然后依就座秩序分给他人；分菜要注意适量和客人的口味，如客人婉谢就不必强人所难。有些菜用筷子分不开，可借助刀叉，或请在座的客人协助，千万不要用手撕拉。

4. 与异性客户进餐

男性在女性来到餐桌边时要站立，即使在混杂的餐厅，也要稍稍提起上身，直到女士入席或者邀请她坐下为止。在女性离开桌子时，男性也要站起来。与异性客户进餐还要注意：不要拿女人的事当话题，也不要在他人面前表示怀疑她的道德；应避免不必要地接触女性的身体；不要谈让女性尴尬的话题；要用比平常稍大的音量和女士说话，不要亲昵得近乎猥亵地说话，也不要越过大厅，大声呼叫女士的名字；在洽谈业务的场合中，可由女性付款；而邀请女性参加社交餐会时，全部费用应由男性负担。

5. 注意付账的礼仪

在餐厅用餐完毕，如何大大方方地结账，留给你的客户、同伴和服务人员一个好印象，也是重要的餐饮礼节之一。通常说来，用餐完毕准备离去时，要利用服务人员经过你身边的机会，轻声唤住他，很有礼貌的地告诉他："请帮我们结账。"如果一时没有服务人员走近，不妨耐心地多等一、二分钟。有些人却不耐烦，往往四周没有服务人员，便提高嗓门大叫买单，或者手握钞票，举得高高的挥来挥去。之所以有这样的反应，是因为自认为自己是消费者，理所当然可以这样做。但是，坐在你餐桌四周其他桌客人也是消费者，如果你大声吼叫，就影响其他人用餐的情趣与安宁。除非餐厅有特别的规定，否则一般来说，买单应该坐在自己位子上买。因为跑到柜台前面掏出钱来结账，既不雅观，也不合乎餐厅礼节的规定。

账单算好交来时，主人要迅速拿起来看数目，不要让客人知道数目。你有权用足够的时间复核一下账单数目，但不要一项项地念出来，并加加减减一番，使客人觉得你有些吝啬、不爽快。最好的办法是：预先估计一下吃了多少东西，心中有了一个大概的数目，当账单交来时，看看差不多就迅速付款好了。这样一则可避免账单有误时吃亏，二则看起来大方。

付完账，不必急着离开，可以逗留一会儿，再聊聊天，吸支香烟或喝杯茶。但如果当时餐厅很忙，或者时间已经很晚，而你又是最后一批客人，那还是早走为妙。离开餐厅前，如果席中有男女主人的话，应由女主人用征求意见的方式对客人说："我们现在走好吗？"如果席中只有男主人的话，男主人一旦站起来了，这就意味着可以走了。如果一对男女去餐厅，离开时服务员不在，男士应协助女士穿上外套，并在前面开路。出门时要让女士先行，除非外面太黑或正在下雨，男士要先到外面撑开雨伞。如果有服务员招待的，男士要走在女士后面，不管在餐厅内外，都把开路和撑伞的责任交给服务员。

四、赴宴的礼仪

宾客参加宴会，无论是作为组织的代表，还是以私人身份出席，从入宴到告辞都应注重礼节规范。这既是个人素质与修养的表现，又是对主人的尊重。

1. 认真准备

接到邀请，能否出席应尽早答复对方，以便主人作出安排。安排邀请后不要随意改动，万一遇到特殊情况不能出席，尤其是作为主宾，要尽早向主人解释、道歉，甚至亲自登门表示歉意。应邀出席一项活动之前，要核实宴请的主人，活动举办的时间、地点，是否邀请配偶及主人对服饰的要求。

出席宴会前，一般应梳洗打扮。女士要化妆，男士应梳理头发并剃须。衣着要求整洁、大方、美观。这将给宴会增添隆重热烈的气氛。

若参加家庭宴会，可给女主人准备一定的礼品，在宴会开始前送给主人。礼品价值不一定很高，但要有意义。

2. 按时抵达

按时出席宴会是最基本的礼貌。出席宴请活动，抵达时间的迟早、逗留时间的长短，在一定程度上反映对主人的尊重，应根据活动的性质和当地习俗掌握。迟到、早退、逗留时间过短被视为失礼或有意冷落。身份高者可略晚些到达，一般客人宜略早些到达。出席宴会要根据各地习惯，正点或晚一二分钟抵达；在我国则是正点或提前一二分钟抵达。出席酒会可以在请柬注明的时间内到达。抵达宴会活动地点，先到衣帽间脱下大衣和帽子，然后前往迎宾处，主动向主人问候。如果是庆祝活动，应表示祝贺。对在场的其他人，均应点头示意，互致问候。

3. 礼貌入座

应邀出席宴会活动，应听从主人安排。若是宴会，进入宴会厅之前，先掌握自己的桌次和座位。入座时注意桌上座位卡是否写有自己的名字，不可随意入座。如果邻座是长者或女士，应主动协助帮助他们先坐下。入座后坐姿要端正，不可用手托腮或将双臂肘放在桌上。坐时应把双脚踏在本人座位下，不可随意伸出，影响他人。不可玩弄桌上的酒杯、盘碗、刀叉、筷子等餐具，不要用餐巾或口纸擦餐具，以免使人认为餐具不洁。

在社交场合，无论天气如何炎热，不可当众解开纽扣，脱下衣服。小型便宴时，若主人请宾客宽衣，男宾可脱下外衣搭在椅背上。

4. 注意交谈

坐定后，如已有茶，可轻轻饮用。无论作为主人、陪客或宾客都应与同桌的人交谈，特别是左邻右座，不可只与几位熟人或一、两人交谈。若不相识，可自我介绍。谈话要掌握时机，要视交谈对象而定。不可只顾自己一人夸夸其谈，或谈些荒诞离奇的事而引人不悦。交谈时宜选择轻松、愉快的话题并遵守交谈礼仪，不要高声大笑或窃窃私语，不谈论隐私及过于严肃的话题。交谈时务必用餐巾拭嘴，以免食物残留唇边，影响雅观。营销宴请中一些安全的话题及应避开的话题见表 11-1。

表 11-1 营销宴请中安全的话题及应避开的话题

安全的话题	应避开的话题
天气	自己的健康状况
交通	他人的健康状况
体育	物品的价格、收入

续表

安全的话题	应避开的话题
无争议的新闻、如奥斯卡奖	个人的不幸
旅游	有争议的兴趣爱好
环境问题	低级笑话
对会址或城市的赞美	小道消息
共同的经历	宗教
书籍	争议性很大的问题如堕胎或焚烧国旗
文学、艺术	有关私生活的细节

5. 文雅进餐

出席宴会，并不是一件轻松的事情。在觥筹交错之际，你的“吃相”向人们昭示着你的修养与品格。古往今来，餐桌都是社会交际的重要场所，因而餐桌礼仪历来为人们所重视。在餐桌上最要紧的要检点自己的“吃相”。有人总结了如下口诀：取菜文雅，注意礼让；文明用筷，举箸得当；闭嘴细嚼，不发声响；嚼食不语，唇不留痕；骨与秽物，切莫乱扔；禁烟少酒，用餐文明；使用公筷，讲究卫生；席间交谈，增进感情。

宴会开始时，一般是主人先致祝酒词。此时应停止谈话，不可吃东西，注意倾听。致辞完毕，主人招呼后，即可开始进餐。

用餐前应先将餐巾打开铺在腿上。用餐完毕叠好放在盘子右侧，不可放在椅子上，亦不可叠得方方正正而被误认为未使用过。餐巾只能擦嘴，用时一手捏住一面的上端，另一手相助。餐巾不能用于擦面、擦汗。服务员送来的香巾是用来擦面的，擦完后要放回原盛器内。

古语说：“主不请，客不尝”。上菜后，待主人说“请”，再动手夹菜。取菜要适量，不要显得过于贪婪。如主人向客人敬酒，应起立回应，喝过酒后再开始吃菜。吃东西时应小口小口地吃，咀嚼要闭嘴，不要发出声来，吧唧嘴会令人讨厌，也不要一边咽食一边说话。喝汤时，汤匙应由身边向外舀出，喝汤不要吸，也不要左手拿匙、右手拿筷“双管齐下”。进餐过程中，嘴里的骨头和鱼刺应用筷子夹放在垫盘上，吃剩的菜、用过的勺，也应放在垫盘内，就餐的整个过程中，都要注意礼让、注意关照邻座的宾客，不要见到自己喜欢吃的，就“埋头苦干”，不理别人。男士不要戴着帽子进餐。为了避免酒后失礼，饮酒应留有余地。也不要边吃边饮边抽烟。

若遇本人不能吃或不爱吃的菜品，当服务员或主人夹菜时，不可打手势，不可拒绝，可取少量放入盘中，并表示“谢谢，够了”。对不合口味的菜，勿显出难堪的表情。我方作为主人宴请时，席上不必说过分谦虚的话。对来华时间过长的人，不必说这是中国的名酒名菜。在给宾客让菜时，要用公用餐具主动让，切不可用自己的餐具让菜。

冷餐酒会，服务员上菜时，不可抢着去取，待送至本人面前时再取。周围的人未取到第一份时，自己不可急于去取第二份。勿围在菜台旁，取完即离开，以便让别人取食。

吃东西要讲究文雅，要微闭着嘴咀嚼，不可发出声响。要将食物送进口中，不可伸口去迎食物。食物过热时，可稍凉后再吃，切勿用嘴吹。鱼刺、骨头、菜渣等不可直接外吐，要用餐巾掩嘴，用筷子取出，或轻吐在叉匙上，放在碟中。嘴里有食物时不可谈话。尽量不要剔牙，更不可边走动边剔牙。吃剩的菜，用过的餐具等应放在碟中，勿放置桌上。

6. 学会敬酒

敬酒也叫祝酒，是现代营销宴会必不可少的程序，是向对方表达敬意的良好方式。如果时间把握合适，祝酒词恰到好处的话，敬酒可以给整个聚餐带来一种良好的气氛。

（1）斟酒。敬酒之前需要斟酒。按照规范来说，除主人和服务人员外，其他宾客一般不要自行给别人斟酒，如果主人亲自斟酒，应该用本次宴会上最好的酒斟，宾客要端起酒杯致谢，必要的时候起身站立。大型的商务用餐，都应该是服务人员来斟酒。斟酒一般要从位高者开始。如果你不想喝了，可把手挡在酒杯上，说声“谢谢，不用了”。中餐里，别人斟酒的时候，也可以回敬以“叩指礼”。特别是自己的身份比主人高的时候。即以右手拇指、食指、中指捏在一起，指尖向下，轻叩几下桌面表示对斟酒的感谢。酒倒多少才合适呢？白酒和啤酒可以斟满，而其他洋酒就不用斟满。

（2）敬酒的时机。敬酒应该在特定的时间进行，并以不影响来宾用餐为首要考虑。敬酒分为正式敬酒和普通敬酒。正式的敬酒，一般是在宾主入席后、用餐前就可以开始敬。而普通敬酒，只要注意是对方不咀嚼食物的时候，认为对方可能愿意接受你的敬酒就可以敬。而且，如果向同一个人敬酒，应该等身份比自己高的人敬过之后再敬。

（3）敬酒的顺序。敬酒按什么顺序呢？一般情况下应按年龄大小、职位高低、宾主身份为序，敬酒前一定要充分考虑好敬酒的顺序，分明主次，避免出现尴尬的情况。即使你分不清或职位、身份高低不明确，也要按统一的顺序敬酒，比如先从自己身边按顺时针方向开始敬酒，或是从左到右、从右到左进行敬酒等。

（4）敬酒的举止。无论是主人还是来宾，当主人向集体敬酒、说祝酒词的时候，所有人应该一律停止用餐或喝酒。主人提议干杯的时候，所有人都要端起酒杯站起来，互相碰一碰。按国际通行的做法，敬酒不一定要喝干。但即使平时滴酒不沾的人，也要拿起酒抿上一口，以示对主人的尊重。除了主人向集体敬酒，来宾也可以向集体敬酒。如果是在自己的座位上向集体敬酒，要求站起身来，面含微笑，手拿酒杯，面朝大家。来宾的祝酒词可以说得更简短，甚至一两句话都可以。比如，“各位，为了以后我们的合作愉快，干杯！”平时涉及礼仪规范内容更多的还是普通敬酒。普通敬酒就是在主人正式敬酒之后，各个来宾和主人之间或者来宾之间可以互相敬酒，同时说一两句简单的祝酒词或劝酒词。别人向你敬酒的时候，要手举酒杯到双眼高度，在对方说祝酒词或“干杯”之后再喝，喝完后，手拿酒杯和对方对视一下，这一过程才结束。

对我国来说，敬酒的时候还要特别注意。敬酒无论是敬的一方还是接受的一方，都要注意因地制宜、入乡随俗。我国大部分地区特别是东北、内蒙古等北方地区，敬酒的时候往往讲究“端起即干”。在他们看来，这种方式才能表达诚意、敬意。所以，在具体的应对上就应注意，自己酒量欠佳应该事先诚恳说明，不要看似豪爽地端着酒去敬对方，而对方一口干了，你却只是“意思意思”，往往会引起对方的不快。另外，对于敬酒的来说，如果对方确实酒量不济，没有必要去强求。喝酒的最高境界，应该是“喝好”而不是“喝倒”。

在中餐里，还有一个讲究。即主人亲自向你敬酒干杯后，要回敬主人，和他再干一杯。回敬的时候，要右手拿着杯子，左手托底，和对方同时喝。干杯的时候，可以象征性地与对方轻碰一下酒杯。不要用力过猛，非听到响声不可。出于敬重，可以使自己的酒杯较低，低于对方酒杯。如果和对方相距较远可以以酒杯杯底轻碰桌面表示碰杯。

和中餐不同的是，西餐用来敬酒、干杯的酒，一般是香槟。而且，只是敬酒不劝酒，只敬酒而不真正碰杯。还不可以越过自己身边的人和相距较远者祝酒干杯，尤其是交叉干杯。

(5) 拒酒的礼仪。宴会上，特别是在中式宴会上，要适当拒酒，这不仅是自我保护的需要，还是为营造良好、健康气氛的需要，可以有效避免过量喝酒引起的失态甚至彼此间的不愉快。无论你是生活习惯、健康或是工作需要等原因而不能喝酒，不能直接拒绝对方，这样会让敬酒者陷于尴尬的境地，这就需要礼貌、大方的拒酒技巧。一是客观、诚恳地申明不能喝酒的原因。二是主动以其他饮料代酒。三是委托同事、部下代喝酒。千万不要在别人给自己斟酒的时候，躲躲藏藏，显得特别小气。乱推酒瓶，敲击杯口，倒扣酒杯，偷偷倒掉，或者把自己的酒倒去别人的杯中，尤其是，自己喝了一点的酒倒进别人杯中，都是不礼貌的表现。

(6) 敬酒的误区。主要包括以下几条。①不要强人所难，给人灌酒。平时嗜酒如命，必须有所收敛。不胜酒力的，不一定要喝酒，喝水、喝饮料也行，关键有这个想法就可以了。②西餐里，如果你是重要的客人或是主宾，要回敬主人一杯。你可以在主人敬酒时立即回敬。一般情况下，别人给你敬酒的时候，不要同时给对方敬酒。③没必要非得碰杯，尤其是使用玻璃器皿的时候。④主人应该是第一个敬酒的人，不要越俎代庖。⑤不要敲杯子以吸引大家的注意。

7. 告辞致谢

正式宴会一般吃水果后宴会即结束，此时，一般先由主人向主宾示意，请其做好离席的准备，然后从座位上站起，这是请全体起立的信号。一般以女主人的行动为准，女主人先邀请女主宾离席退出宴会厅。告辞时应礼貌地向主人道谢。通常是男宾先向男主人告辞，女宾先向女主人告辞，然后交叉，再与其他人告辞。

席间一般不应提前退席。若确实有事需要提前退席，应向主人打招呼后轻轻离去，也可事前打招呼到时离去。退席时要有礼貌。退席理由应当尽量不使主人难堪和心中不悦。从宴会结束到告辞前不可有任何不耐烦的表示。

对主人的致谢，除了在宴会结束告辞时表达谢意之外，若正式宴会，还可在二至三天内以印有“致谢”或“P. R”字样的名片或便函表示感谢。有时私人宴请也需致谢。名片可寄送或亲自送达。首先致谢女主人，但不必说过谦的话。

五、中餐宴会礼仪

中餐宴会礼仪，是中华饮食文化的重要组成部分，无论是在国内交往还是涉外交往中，举办中餐宴会都是经常的。学习中餐宴会礼仪，主要须掌握席位排列，上菜顺序和用餐方式、餐具使用、用餐要求等方面的规则和技巧。

1. 中餐宴会组织安排

（1）中餐宴会的席位排列。这是关系到来宾的身份和主人给予对方的礼遇，所以是一项重要的内容。可以分为桌次和位次排列两方面。

①桌次排列。在中餐宴请活动中，往往采用圆桌布置菜肴、酒水。排列圆桌的尊卑次序，有以下两种情况。

第一种情况，是由两桌组成的小型宴请。这种情况，又可以分为两桌横排和两桌竖排的形式。两桌横排，桌次以右为尊，以左为卑。这里说的左和右，是由面对正门的位置来确定的。两桌竖排，座次讲究以远为上，以近为下。这里说的远近，是以距离正门的远近而言。

第二种情况，是有三桌或三桌以上的桌数所组成的宴请。在安排多桌以上的桌次时，除了要注意“面门定位”“以右为尊”“以远为上”等规则外，还应兼顾其他各桌离主桌的远近。通常，距离主桌越近，桌次越高；距离主桌越远，桌次越低。中餐宴会三桌、六桌、八桌桌次排列分别如图 11-1 至图 11-3 所示。

在安排桌次时，所用的餐桌的大小、形状要基本一致。除主桌可以略大外，其他餐桌都不要过大或过小。

为了确保在宴请中使赴宴者及时、准确地找到自己所在的桌次，可以在请柬上注明对方所在的桌次、在宴会厅入口悬挂宴会桌次排列示意图、安排引位员引导来宾来桌就座，或者在每张餐桌上排放桌次牌（用阿拉伯数字书写）。

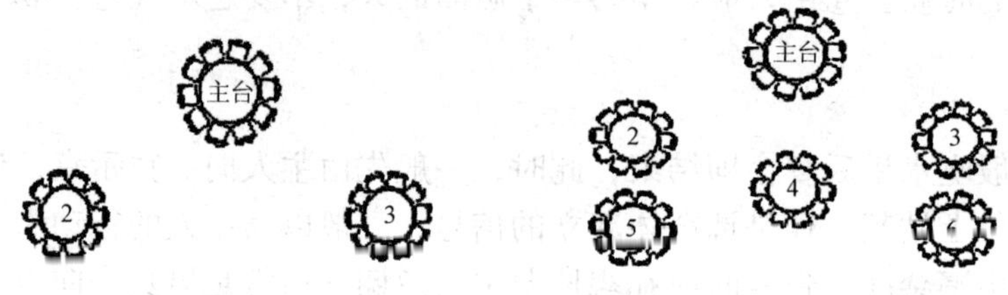

图 11-1　三桌桌次排列　　　　图 11-2　六桌桌次排列

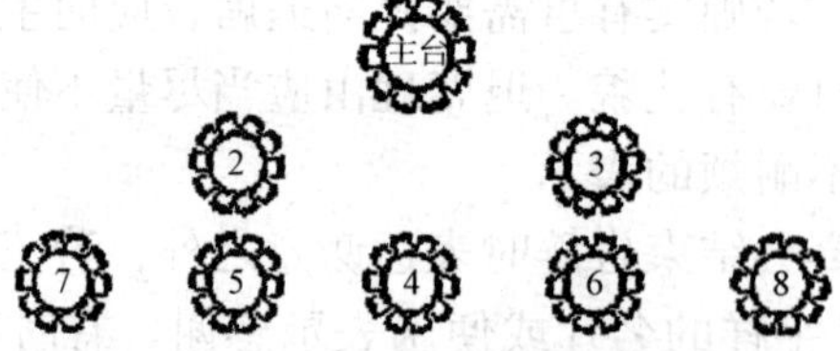

图 11-3　中餐宴会八桌桌次排列

②位次排列。举办中餐宴会一般用圆桌。宴请时，每张餐桌上的具体位次也有主次尊卑的分别。排列位次的基本方法有四条，它们往往会同时发挥作用。

方法一，主人应面对正门而坐，并在主桌就座。

方法二，举行多桌宴请时，每桌都要有一位主桌主人的代表在座。位置一般和主桌主人同向，有时也可以面向主桌主人。

方法三，各桌位次的尊卑，应根据距离该桌主人的远近而定，以近为上，以远为下。

方法四，各桌距离该桌主人相同的位次，讲究以右为尊，即以该桌主人面向为准，右为尊，左为卑。

另外，每张餐桌上所安排的用餐人数应限在 10 人以内，最好是双数。比如，六人、八人、十人。人数如果过多，不仅不容易照顾，而且还可能坐不下。

根据上面四个位次的排列方法，圆桌位次的具体排列可以分为两种具体情况。它们都是和主位有关。

第一种情况是在每张桌上一个主位的排列方法。每张餐桌上只有一个主人，主宾在其右首就座，形成一个谈话中心 （见图 11-4）。

第二种情况是每张桌上有两个主位的排列方法。如主人夫妇就座于同一桌，以男主人为第一主人，女主人为第二主人，主宾和主宾夫人分别就座在男女主人右侧，桌上形成了两个谈话中心。(见图 11-5)

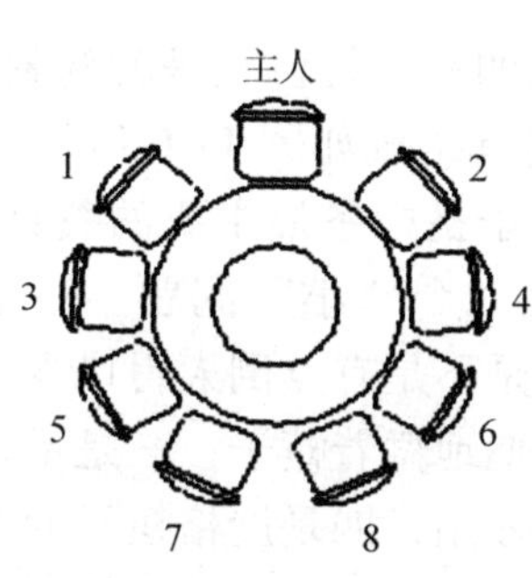

图 11-4　中餐宴会位次排列

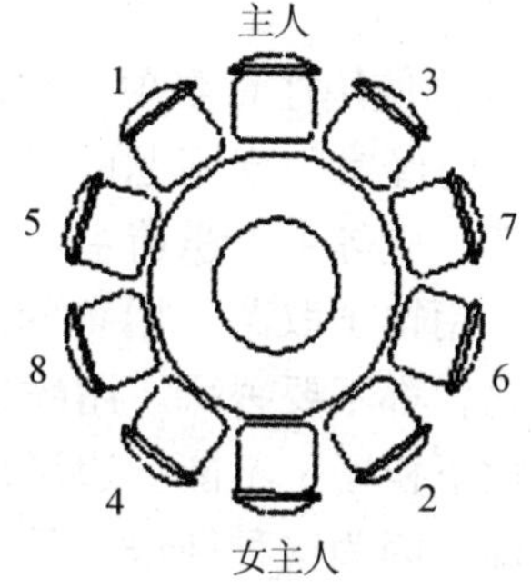

图 11-5　中餐宴会位次排列

如遇主宾的身份高于主人，为表示对他的尊重，可安排主宾在主人位次上就座，而主人则坐在主宾位次上，第二主人坐在主宾的左侧。

如果是本单位出席人员中有身份高于主人者，可请其在主位就座，主人坐在身份高者的左侧。以上两种情况，也可以不作变动，按常规予以安排。

为便于宾客及时准确地找到自己的位次，除安排服务人员引导外，还要在桌子上事先放置座位卡。举办涉外宴会时，座位卡应以中外文两种文字书写，中文写在上面，外文写在下面，必要时，座位卡的正反面均应书写就餐者姓名。

（2）排列便餐的席位时，位次的排列遵循四个原则。一是右高左低原则。两人一同并排就座，通常以右为上座，以左为下座。这是因为中餐上菜时多以顺时针方向为上菜方向，居右座的因此要比居左座的优先受到照顾；二是中座为尊原则。三人一同就座用餐，坐在中间的人在位次上高于两侧的人；三是面门为上原则。用餐的时候，按照礼仪惯例，面对正门者是上座，背对正门者是下座；四是特殊原则。高档餐厅里，室内外往往有优美的景致或高雅的演出，供用餐者欣赏。这时候，观赏角度最好的座位是上座。在某些中低档餐馆用餐时，通常以靠墙的位置为上座，靠过道的位置为下座。

（3）宴请的程序。在席位和位次均安排好的情况下，迎接宾客（主人一般站在门口）——引宾入座（按先女宾后男宾，先主宾后一般来宾的顺序，从椅子左边进入）——上菜服务——致辞祝酒——散席送客。

2. 中餐上菜顺序与用餐方式

（1）上菜顺序。标准的中餐，不论是何种风味，其上菜顺序大体相同。通常是：冷盘——热炒——主菜——点心和汤——水果拼盘。当冷盘吃剩 1/3 时，开始上第一道热菜，一般每桌要安排 10 个热菜。宴会上无论桌数有多少，各桌上菜也要同时上。

上菜时，如果由服务员给每个人上菜，要按照先主宾后主人，先女士后男士或按顺时针方向依次进行。如果由个人取材，每道热菜应放在主宾面前，由主宾开始按顺时针方向依次取食，切不可迫不及待地越位取菜。

（2）用餐方式。中餐方式可以分为多种。具体有分餐式、布菜式和公筷式等。

3. 中餐注意事项

（1）中餐餐具使用注意事项。和西餐相比较，中餐的一大特色就是就餐餐具有所不同。主要介绍一下平时经常出现问题的餐具的使用。中餐餐具摆放如图 11-6 所示。①筷子。上菜后不要先拿筷，应等主人邀请主宾动筷时再拿筷。筷子是中餐最主要的餐具。使用筷子，必须成双使用。用筷子取菜、用餐的时候，要注意下面几个“小”问题：一是不论筷子上是否残留着食物，都不要去舔。用舔过的筷子去夹菜，是不是有点倒人胃口呢？二是和人交谈时，要暂时放下筷子，不能一边说话，一边像指挥棒似地舞着筷子；三是不要把筷子竖起插放在食物上面。因为这种插法，只在祭奠死者的时候才用；四是严格筷子的职能。筷子只是用来夹取食物的。用来剔牙、挠痒或是用来夹取食物之外的东西都是失礼的。②勺子。尽量不要单用勺子去取菜。用勺子取食物时，不要过满，免得溢出来弄脏餐桌或自己的衣服。在舀取食物后，可以在原处“暂停”片刻，汤汁不会再往下流时，再移回来享用。暂时不用勺子时，应放在自己的碟子上，不要把它直接放在餐桌上，或是让它在食物中“立正”。用勺子取食物后，要立即食用或放在自己碟子里，不要再把它倒回原处。而如果取用的食物太烫，不可用勺子舀来舀去，也不要用嘴对着吹，可以先放到自己的碗里等凉了再吃。不要把勺子塞到嘴里，或者反复吮吸、舔食。③盘子。盘子在餐桌上一般要保持原位，而且不要堆放在一起。需要着重强调的，是一种用途比较特殊的被称为食碟的盘子。食碟的主要作用，是用来暂放从公用的菜盘里取来享用的菜肴。用食碟时，一次不要取放过多的菜肴，看起来既繁乱不堪，又像是饿鬼投胎。不要把多种菜肴堆放在一起，弄不好它们会相互“串味”，不好看，也不好吃。不吃的残渣、骨、刺不要吐在地上、桌上，而应轻轻取放在食碟前端，放的时候不能直接从嘴里吐在食碟上，要用筷子夹放到碟子旁边。如果食碟放满了，可以让服务员换。④水杯。主要用来盛放清水、汽水、果汁、可乐等软饮料时使用。不要用它来盛酒，也不要倒扣水杯。另外，喝进嘴里的东西不能再吐回水杯。⑤湿毛巾。中餐用餐前，比较讲究的话，会为每位用餐者上一块湿毛巾。它只能用来擦手。擦手后，应该放回盘子里，由服务员拿走。有时候，在正式宴会结束前，会再上一块湿毛巾。和前者不同的是，它只能用来擦嘴，不能用来擦脸、抹汗。⑥牙签。尽量不要当众剔牙，非剔牙不可时，应以一只手掩住口部。剔出的东西切勿当众观赏或再次入口，也不要随手乱弹、随口乱吐。剔牙之后，不要长时间用嘴叼着牙签，更不要用来扎取食物。

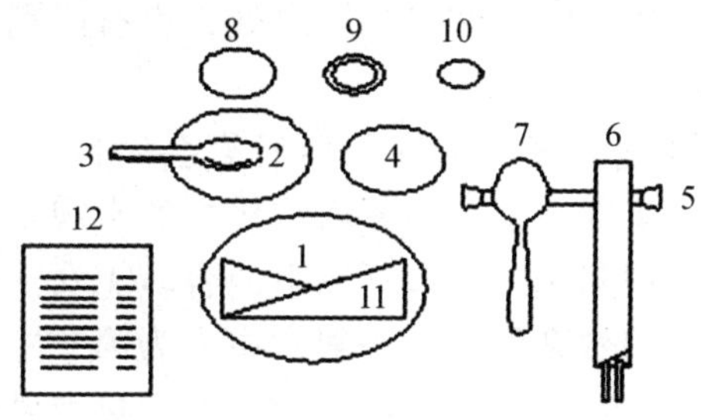

图 11-6　中餐餐具的摆放

（2）中餐过程注意事项。这主要包括以下内容。①入席时按主人的安排就座，若旁边有女宾或长者，先帮助他（她）就座，然后自己坐下。②任何国家的餐饮，都有自己的传统习惯和寓意，中餐也不例外。比方说，过年少不了鱼，表示“年年有余”；和渔家、海员吃鱼的时候，忌讳把鱼翻身，因为那有“翻船”的意思。需要翻转时，两人合作，共同用筷子“滑过来”。③主人祝酒、致辞时不要吃东西，也不要取食物，应停止交谈，注意倾听。④为了表示友好、热情，彼此之间可以让菜，劝对方品尝，但不要为他人布菜，不要擅自做主，不论对方是否喜欢，主动为其夹菜、添饭，让人为难。⑤正式宴会由侍者布菜，不要拒绝送来的菜，实在不爱吃的菜尝一两口后可将其留在盘中；最好各样菜都取一点，让主人高兴；主人送上的菜，即使不喜欢，也不要拒绝。不要挑菜，不要在公用的菜盘里挑挑拣拣，拨来翻去。取菜时，要看准后夹住立即取走。不能夹起来又放下，或取回来后又放回去。⑥用餐时坐姿要端正，肘部不要放在桌沿；餐巾可用来擦嘴但不能用来擦汗或鼻涕。⑦用餐时不要摇头晃脑、宽衣解带、声响大作。这样不但失态欠雅，而且还会破坏别人的食欲。⑧席间碰翻酒水、打碎或掉落餐具时，不要手忙脚乱，也不要自己处理，而应让服务员收拾，调换餐具，但要对邻座说声“对不起”。⑨用餐期间，不要敲敲打打，比比划划。还要自觉做到不吸烟。用餐时，如果需要有清嗓子、擤鼻涕、吐痰等举动，尽早去洗手间解决。⑩用餐的时候，不要当众修饰。比如，不要梳理头发，化妆补妆。如必要可以去化妆间或洗手间。用餐的时候不要离开座位，四处走动。如果有事要离开，也要先和旁边的人打个招呼，可以说声“失陪了”、“我有事先行一步”等。

六、西餐宴会礼仪

随着对外交往越来越频繁，西餐也离人们越来越近。不论是否喜欢，很多人都经常遇到吃西餐的机会。西方用餐，人们一是讲究吃饱，二是享受用餐的情趣和氛围。只有掌握一些西餐礼仪，在必要的场合，才不至于“出意外”。

西餐，是西式饭菜的一种约定俗成的统称，大致可分为欧美式和俄式两种。西餐菜肴主料突出、营养丰富、讲究色彩、味道鲜香。其烹饪和食用同中餐都有很大的不同，体现了一种西方文化。学习、了解西餐知识十分必要。

1. 西餐宴会的席位和排列

同中餐相比，西餐的席位排列既有许多相同之处，也有区别。由于人们对席位的排列十分关注，排列时多加注意。

（1）席位排列的规则。在绝大多数情况下西餐宴会席位排列主要是位次的问题。除了极其盛大的宴会，一般不涉及桌次。了解西餐席位排列的常规及同中餐席位排列的差别，就能够较好地处理具体的席位排列问题。这包括以下内容。①女士优先。在西餐礼仪里，也往往体现女士优先的原则。排定用餐席位时，一般女主人为第一主人，在主位就座。而男主人为第二主人，坐在第二主人的位置上。②距离定位。西餐桌上席位的尊卑，是根据其距离主位的远近决定的。居主位近的位置要高于居主位远的位置。③以右为尊。排定席位时，以右为尊是基本原则。就某一具体位置而言，按礼仪规范右侧要高于左侧之位。在西餐排席时，男主宾要排在女主人的右侧，女主宾排在男主人的右侧，按此原则依次排列。④面向门为上。在餐厅内，以餐厅门作为参照物时，按礼仪的要求，面对餐厅门正门的座位要高于背对餐厅门的座位。⑤交叉排列。西餐排列席位时，讲究交叉排列的原则，即男女应当交叉排列，熟人和生人也应当交叉排列。一个就餐者的对面和两侧往往是异性或不熟悉的人，这样可以广交朋友。

（2）席位的排列。这主要有以下几种情况。①男女主人在长桌的中央相对而坐，餐桌的两端可以坐人，也可以不坐人。如图 11-7 所示。②男女主人分别坐在长桌的两端。如图 11-8所示。③用餐人数较多时，可以把长桌拼成其他图案，以使大家能一道用餐。要注意的是，长桌两端尽可能安排举办方的男子就座。如图 11-9 所示

2. 西餐餐具的摆放和使用

（1）西餐餐具的摆放。西餐的餐具主要有刀、叉、匙、盘、碟、杯等，讲究吃不同的菜肴用不同的刀叉，饮不同的酒要用不同的酒杯。其摆法为：正面放着汤盘，左手位放叉，右手位放刀，汤盘前方放着匙，右前方放着酒杯。餐巾放在汤盘上或插在水杯里，面包、奶油盘摆放在左前方。如图 11-10 所示。

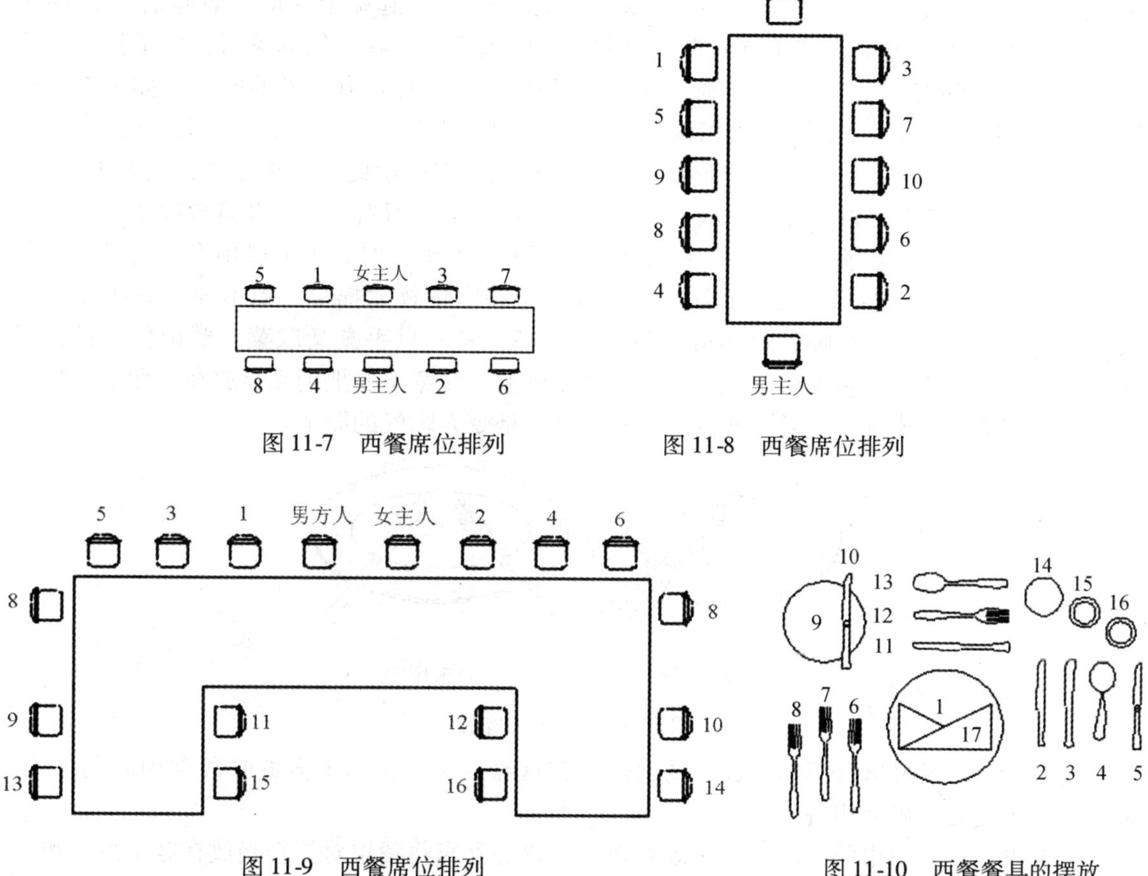

图 11-7　西餐席位排列

图 11-8　西餐席位排列

图 11-9　西餐席位排列

图 11-10　西餐餐具的摆放

（2）西餐餐具的使用。这包括以下方面。

①刀叉。用刀、叉进餐是西餐的重要特征之一。除此之外，西餐的主要餐具还有餐匙和餐巾，用法也有特殊之处。正确使用刀叉要做到以下几点。a. 正确识别刀叉。在正规的西餐宴会上，讲究吃一道菜换一副刀叉。吃每道菜，都要使用专门的刀叉，既不能乱用，也不能从头到尾只使用一副刀叉。吃正餐的时候，摆在每位就餐者面前的刀叉，有吃黄油的刀叉，吃鱼的刀叉，吃肉的刀叉，吃甜点、水果的刀叉，要注意识别。b. 正确使用刀叉。刀叉的使用方法有两种：一种是英国式的，要求在进餐时，始终是右手持刀，左手持叉，一边切割，一边用叉食用，叉背朝着嘴的方向进餐。这种方式比较文雅。另一种是美国式的，先右手刀左手叉，把餐盘的食物全部切割好，然后把右手的餐刀斜放在餐盘的前方，将左手的餐叉换到右手，再品尝。这种方式比较省事。c. 正确用手取食。西餐桌上的食物一般都是用刀叉进食，但小萝卜、青果、水果、点心、炸土豆片、田鸡腿及面包等可用手取食。吃有骨头的肉时，可以用手拿着吃。若想吃得更优雅，还是用刀较好。用叉子将整片肉固定

（可将叉子朝上，用叉子背部压住肉），再用刀沿骨头插入，把肉切开。最好是边切边吃。必须用手吃时，会附上洗手水。当洗手水和带骨头的肉一起端上来时，意味着“请用手吃”。用手指拿东西吃后，将手指放在装洗手水的碗里洗净。吃一般的菜时，如果把手指弄脏，也可请侍者端洗手水来，注意洗手时要轻轻地洗。d. 要知道刀叉的暗示。如果就餐过程中，需要暂时离开一下，或与人攀谈，应放下手中的刀叉，刀右、叉左，刀口向内、叉齿向下，刀刃朝向自身，呈“八”字形摆放在餐盘之上。它表示此菜尚未用毕，还要继续吃。如果吃完了，或者不想再吃了，可以刀口向内，叉齿向上，刀右、叉左并排放在餐盘上。它表示不再吃了，可以连盘一起收走。如图 11-11 所示。不用刀时，也可以用右手持叉，但若需要做手势时，就应放下刀叉，千万不可手执刀叉在空中挥舞摇晃，也不要一只手拿刀或叉，而另一只手拿餐巾擦嘴，也不可一只手拿酒杯，另一只手拿叉取菜。要记住，任何时候，都不可将刀叉的一端放在盘上，另一端放在桌上。注意不要把到叉盘放在桌面上，尤其是不要将刀叉交叉放成十字形。这在西方人看来，是令人晦气的图案。

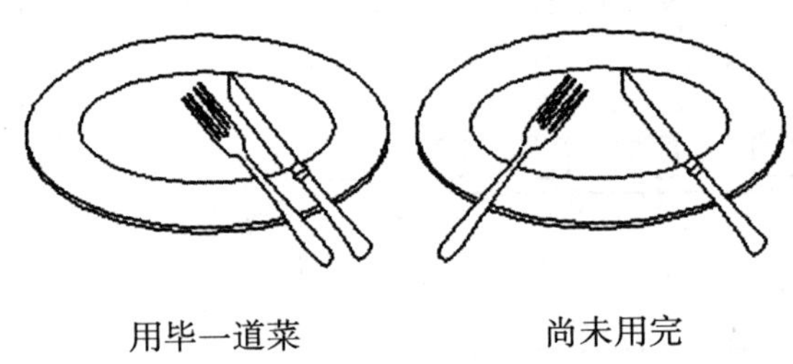

图 11-11　刀叉的暗示

②餐匙。一是要区分不同餐匙。汤匙也放在食盘右边。食盘上方放吃甜食用的匙和叉、咖啡匙。二是要正确使用餐匙。

③餐巾。一是餐巾的铺放。在正规的晚餐，要等女宾将餐巾对折轻轻放在膝上后，男士再放餐巾。最好用双手打开餐巾，切忌来回抖动地打开餐巾。不要将餐巾别在领口上、皮带上或夹在衬衣的领口。二是餐巾的用途。在西餐宴会中，餐巾是一个重要的道具，有很多信号的作用。在正式宴会上，女主人把餐巾铺在腿上是宴会开始的标志。这就是餐巾的第一个作用，它可以暗示宴会的开始和结束。西方讲女士优先，西餐宴会上女主人是第一顺序，女主人不坐，别人是不能坐的，女主人把餐巾铺在腿上就说明人家可以开动。倒过来说，女主人要把餐巾放在桌子上了，是宴会结束的标志。此外一定要注意，餐巾只能铺在腿上，你不能放在别地儿。餐巾要铺在腿上，一般是把它叠成长条形或者叠成三角形铺在腿上，避免吃饭时菜肴、汤汁把裙子或裤子搞脏了。高档的餐厅餐巾往往叠得很漂亮，有的还系上小缎带。注意，别拿餐巾擦鼻子或擦脸。弄脏嘴巴时，一定要用餐巾擦拭，避免用自己的手帕。用餐巾内侧擦拭，而不弄脏其正面，是应有的礼貌。手指洗过后也是用餐巾擦的。若餐巾脏得厉害，请侍者重新更换一条。三是餐巾有暗示作用。就餐期间，如果暂时离开座位，可以把餐巾放在椅子上。千万不要把餐巾放在桌上，否则就意味着你不想再吃，让服务员不再给你上菜。万不得已要中途离席时，最好在上菜的空当，向同桌的人打声招呼，把餐巾放在椅

子上再走，别打乱了整个吃饭的程序和气氛。吃完饭后，将餐巾随意放在餐桌上即可，不必特意叠整齐。中途离开餐巾应当放椅面上。例如，王先生吃西餐，吃着吃着的时候突然有一个电话打进来了，这号码挺重要，不能不接，但是在餐桌上一边吃一边接电话也不太合适。王先生要出去打电话，餐巾放哪儿？记住了，一般而论，进餐一半回来还要接着吃，有一个最标准的做法，把餐巾放在你座椅的椅面上，此举表示一个含义，占地儿。此外，餐巾可以擦嘴，但是不能擦刀叉，也不能擦汗。

3. 西餐上菜顺序

吃西餐在很大程度上讲是在吃情调：大理石的壁炉、熠熠闪光的水晶灯、银色的烛台、缤纷的美酒，再加上人们优雅迷人的举止，这本身就是一幅动人的油画。为了在吃西餐时举止更加娴熟，熟悉一下进餐礼仪，还是非常必要的。

例如，正式的西餐宴会，一般有九至十道菜点，按上菜的顺序，吃什么菜用什么餐具，喝什么酒用什么酒杯，否则就是“外行”。

第一道面包、黄油。面包撕成小块，抹黄油，吃一块抹一块。

第二道冷小吃。用中刀叉。

第三道汤。饮舍利酒，用舍利杯。

第四道鱼。饮白葡萄酒，用白酒杯。

第五道副菜（小盘）。用中刀叉。

第六道主菜（大菜）。整只熏烤动物，如烤火鸡。用大刀叉，饮红葡萄酒，用红酒杯。

第七道甜点。用点心勺和中叉，饮香槟酒，用香槟杯。

第八道水果。用水果刀。

第九道咖啡。如加牛奶，用咖啡勺搅拌后饮用。

第十道立口酒（蜜酒）。用立口杯。但在一般西餐中，餐具比较简单，菜点也比较简单。

4. 西餐用餐的具体方法

在吃西餐就座时，身体要端正，手肘不要放在桌面上，不可跷足，与餐桌的距离以便于使用餐具为佳。餐台上已摆好的餐具不要随意摆弄。将餐巾对折轻轻放在膝上。

（1）开胃菜。一般有冷盘和热盘之分，既可以是沙拉，也可以有海鲜、蔬菜组成的拼盘。也有常见的鱼子酱、鹅肝酱、熏鲑鱼、奶油鸡酥盒、焗蜗牛等。

（2）面包。面包一般放在自己的左前方，在吃第一道菜时开始食用。正确的做法是：用左手撕下一块大小合适的面包，用黄油刀涂上黄油或果酱，送入口中。不要拿着整块面包，全部涂上黄油，双手托着吃；不能用叉子叉着面包吃，不能用刀叉切开吃。盘内剩余少量菜肴时，不要用叉子刮盘底，更不要用手指相助食用，应以小块面包或叉子相助食用。如果是烤面包就不要撕开。甜食上来后，最好就不要再吃面包了。吃面包可蘸调味汁，吃到连调味汁都不剩，是对厨师的礼貌。注意不要把面包盘子“舔”得很干净，用叉子叉住已撕成小片的面包，再蘸一点儿调味汁来吃，是雅观的做法。

（3）汤。大致可分为清汤、奶油汤、蔬菜汤和冷汤等四类。喝汤时不要啜，要用右手拇指和食指持汤匙，将汤盘靠近自己的一侧伸入汤中，向外侧将汤舀起。喝汤时不要端起盘子来喝；不要用嘴唇或咂嘴发出声音，吃东西时要闭嘴咀嚼；如汤菜过热，可待稍凉后再吃，不要用嘴吹，或用匙搅拌降温。汤盘中的汤快喝完时，用左手将汤盘的外侧稍稍翘起，用汤勺舀净即可。吃完汤菜时，将汤匙留在汤盘（碗）中，匙把指向自己。

（4）主菜。西餐的主菜花样品种繁多。肉、禽类菜肴是主菜。其中最有代表性的是牛肉或牛排；切肉时左手拿叉按住食物，右手执刀将其锯切成小块，然后用叉子送入口中。吃鱼、肉等带刺或骨的菜肴时，不要直接外吐，可用餐巾捂嘴轻轻吐在叉上放入盘内。吃鸡时，欧美人多以鸡胸脯肉为贵。吃鸡腿时应先用力将骨去掉，不要用手拿着吃。吃鱼时不要将鱼翻身，要吃完上层后用刀叉将鱼骨剔掉后再吃下层。吃肉时，要切一块吃一块，绝不能切得过大，或一次将肉都切成块。用餐时打嗝是最大的禁忌，万一发生此种情况，应立即向周围的人道歉。取食时不要站立起来，坐着拿不到的食物应请别人传递。就餐时不可狼吞虎咽。对自己不愿吃的食物也应要一点放在盘中，以示礼貌。每次送入口中的食物不宜过多，在咀嚼时不要说话，更不可主动与人谈话。有时主人劝客人添菜，如有胃口，添菜不算失礼，相反主人也许会引以为荣。肉类菜肴配用的调味汁主要有西班牙汁、浓烧汁精、蘑菇汁、白尼丝汁等。禽类菜肴的原料取自鸡、鸭、鹅；主要的调味汁有咖喱汁、奶油汁等。其中，蔬菜类菜肴，可以安排在肉类菜肴之后，也可以与肉类菜肴同时上桌，蔬菜类菜肴在西餐中称为沙拉。

（5）点心甜品。西餐的甜品是主菜后食用的，它包括所有主菜后的食物，如布丁、冰淇淋、奶酪、水果等。吃水果，不要拿着水果整个去咬，应先用水果刀切成四或五瓣再用刀去掉皮、核，用叉子叉着吃。

（6）热饮。招待客人时不要把热水放在玻璃杯里，这样既不科学，又不安全，因为玻璃杯容易烫手。所以，热水、热茶等，应该放在瓷杯里，玻璃杯是用来装冰块或是冷水的。西方喝茶的方式和中国也不一样。中国的喝茶方法一般是把茶叶直接放在茶杯里用开水冲着喝，茶叶仍在杯子里。西方是用袋泡茶或把茶叶先放在茶壶里泡，然后把茶水倒出来喝，茶杯里不留茶叶。饮咖啡一般要加糖和淡奶油。咖啡杯的正确拿法，应该是用拇指和食指拈住杯把而将杯子端起。给咖啡加糖时，如果是砂糖，应该用汤匙舀取，直接加入杯内；如果是方糖，则应先用糖夹子把方糖夹在咖啡碟的近身一侧，再用汤匙把方糖加在杯子里。如果直接用糖夹子或手把方糖放入杯内，有时可能会使咖啡溅出，从而弄脏衣服或台布。添加后要用小勺搅拌均匀，然后，应把汤匙放在碟子外边或左边。喝时应右手拿杯把，直接用嘴喝，不能让汤匙留在杯子里就端起杯子喝，也切不可用小勺一勺一勺地舀着喝。一般来说，喝咖啡时仅仅只需端起杯子。将碟子一起端起来或用手托住杯底喝咖啡的做法是失礼的。但参加鸡尾酒会，或在宾馆、饭店的大厅里，如果没有餐桌可以依托，则可以用左手端碟子，右手持咖啡杯耳慢慢品尝，如果坐在沙发上，也可照此办理。

5. 西餐就餐时的注意事项

（1）不可在进餐时中途退席。如果有事确需离开，应向左右的客人小声打招呼。饮酒干杯时，即使不喝，也应该将杯口在唇上碰一碰，以示敬意。当别人为你斟酒时，如果不要，可简单地说一声“不，谢谢!”或以手稍盖酒杯，表示谢绝。

(2) 进餐时应与左右客人交谈，但应避免高声谈笑。不要只同几个熟人交谈。左右客人如果不认识，可先自我介绍。别人讲话不可搭嘴插话。

(3) 进餐过程中，不要解开纽扣或当众脱衣。如果主人请客人宽衣，男客人可将外衣脱下搭在椅背上，不要将外衣或随身携带的物品放在餐台上。

(4) 凡事由侍者代劳。在一流餐厅里，客人除了吃以外，诸如倒酒、整理餐具、捡起掉在地上的刀叉等事，都应让侍者去做。在国外，进餐时侍者会来问：“How is everything?”如果没有问题，可用“Good”来表达满意。侍者会经常注意客人的需要。若需要服务，可用眼神向他示意或微微把手抬高，侍者会马上过来。如果对服务满意，想付小费，可用签账卡支付，即在账单上写下含小费在内的总额再签名。最后别忘记口头致谢。

(5) 聊天切忌大声喧哗。在餐厅吃饭时就要享受美食和社交的乐趣，沉默地各吃各的会很奇怪。但旁若无人地大声喧哗，也是极失礼的行为。音量要小到保持对方能听见的程度，别影响到邻桌。

(6) 任意选择乳酪。高级餐厅上甜点之前，会送上一个大托盘，摆着数种乳酪、饼干和水果，挑多少种都可以，但以吃得下的范围为准。

(7) 叉子和汤匙吃甜点。上甜点时大都会附上汤匙和叉子。冰淇淋之类的甜点容易滑动，可用叉子固定并集中，再放到汤匙里吃。大块的水果可以切成一口的大小，再用叉子叉来吃。

(8) 当晚餐准备就绪，在没有助手的时候，第一道菜（如果不是热菜）应当提前摆在桌上，这样女主人就可以和客人一起入座。如果人不多，女主人可以高声宣布开始用餐，人比较多的时候，可以让来宾相互通告入座。

(9) 安排客人入座是很有学问的，男主人应引着最尊贵的女士走进餐厅，并让她坐在他的右侧。次重要的女客人应该被安排在男主人的左侧。女主人通常坐在桌尾，重要的男客人应该坐在她的左侧。必须注意的是男女客人要交叉坐，并且尽量让夫妇分开坐。

(10) 左撇子的客人，应安排在角落里，这样，当他和旁边的人一起举筷的时候，不会碰到对方的手臂。

七、自助餐礼仪

自助餐在严格意义上并非正式宴会，故此它大多作为公司重大活动（诸如庆典、仪式、会议、参观等）中的一个附属环节，而很少独立出来。也就是说，商界的自助餐安排于各种正式活动之后，作为招待来宾的项目之一，而不宜以此作为一种正规的商务活动的形式。但在一些大公司里，以自助餐作为日常待客的工作餐或内部员工的就餐方式，当前也时有所见。自助餐之所以称为自助餐，主要是因为可以在用餐时调动用餐者的主观能动性，而由其自己动手，自己帮助自己，自己在既定的范围之内安排选用菜肴。自助餐无固定席位，适合于多方、多人就餐，节省费用，且方便灵活，便于交际。

1. 自助餐的礼仪

安排自助餐的礼仪，指的是自助餐的主办者在筹办自助餐时的规范性做法。一般而言，它又包括就餐的时间、就餐的地点、食物的准备、客人的招待等方面问题。

（1）确定时间。因为自助餐多在正式的商务活动之后举行，故而其举行的具体时间受到正式的商务活动的限制。不过，它很少被安排在晚间举行，而且每次用餐的时间不宜长于一个小时。在商务交往中，自助餐大都不会像正式宴会一样，对用餐的具体时间作出正式的通知。按照惯例，自助餐并无正式的起止时间，在整个用餐期间，用餐者可以随到随吃，大可不必非要在主人宣布用餐开始之前到场恭候。在用自助餐时，也不像正式的宴会那样，必须统一退场，不允许“半途而废”。用餐者只要自己觉得吃好了，在与主人打过招呼之后，随时都可以离去。通常，自助餐是无人出面正式宣告其结束的。一般来讲，主办单位假如预备以自助餐招待来宾，最好事先以适当的方式进行通报。同时，必须注意一视同仁，即不要安排一部分来宾用自助餐，而安排另外一部分来宾去参加正式的宴请。

（2）选择地点。选择自助餐的就餐地点时，不必像举办正式宴会一样反复推敲。一般而言，本公司内部餐厅、单位的内部花园、宾馆的内设餐厅或是营业性自助餐餐厅，都是很好的选择。在选择、布置自助餐的就餐地点时，要注意为用餐者提供一定的活动空间。除了摆放菜肴的区域之外，在自助餐的就餐地点还应划出一块明显的用餐区域。这一区域，不要显得过于狭小。考虑到实际就餐的人数往往具有一定的弹性，实际就餐的人数难以确定，所以用餐区域的面积宁肯划得大一些。尽管真正的自助餐所提倡的，是就餐者自由走动，立而不坐。但实际上，有不少的就餐者，尤其是其中的年老体弱者，还是期望在就餐期间，能有一个暂时歇脚之处。因此，在就餐地点应当预先摆放好一定数量的桌椅，供就餐者自由使用。在室外就餐时，提供适量的遮阳伞往往也是必要的。在选定就餐地点时，要注意使就餐者感觉到就餐地点环境宜人，不要只注意面积、费用问题，还须兼顾安全、卫生、温度、湿度、通风状况诸问题。如果用餐期间就餐者感到异味扑鼻、过冷过热、空气不畅，或者过于拥挤，显然都会影响到就餐者对此次自助餐的整体评价。

（3）准备食物。一般自助餐上所供应的菜肴大致应当包括冷菜、汤、热菜、点心、甜品、水果及酒水等几大类型。为了便于就餐，以提供主食为主；为了满足就餐者的不同口味，应当尽可能地使食物在品种上丰富多彩；为了方便就餐者进行选择，同一类型的食物应被集中在一处摆放。在不同的时间或是款待不同的客人时，食物可在具体品种上有所侧重。比如，有时以冷菜为主，有时以甜品为主；有时以茶点为主，有时以酒水为主。除此之外，还可酌情安排一些时令菜肴或特色菜肴。总的原则是：安全卫生，体现特色，中西兼顾，品种多多，考虑时令，分类摆放，保证供应，对热菜、热饮要注意保温。

（4）善待客人。善待宾客，招待好客人，是自助餐主办者的责任和义务。要做到这一点，必须特别注意下列环节。一是要照顾好主宾。在自助餐上，主人对主宾所提供的照顾，主要表现在陪同其就餐，与其进行适当的交谈，为其引见其他客人，等等。只是要注意给主宾留下一点供其自由活动的时间，不要始终伴随其左右。二是要充当引见者。作为一种社交活动的具体形式，自助餐自然要求其参加者主动进行适度的交际。在自助餐进行期间，主人一定要尽可能地为彼此互不相识的客人多创造一些相识的机会，并且积极为其牵线搭桥，充当引见者，即介绍人。应当注意的是，介绍他人相识，必须了解彼此双方是否有此心愿，而切勿一相情愿。三是要安排服务者。小型的自助餐，往往可以一身兼二任，同时充当服务者。但是，在大规模的自助餐上，显然是不能缺少卖家服务的。在自助餐上，直接与就餐者进行接触的，主要是服务员。按照常规，自助餐上的服务员须由健康而敏捷的男性担任，他的主要职责是：为了不使来宾因频频取食而妨碍了同他人所进行的交谈，而主动向其提供一些辅助性的服务。比如，推着装有各类食物的餐车，或是托着装有多种酒水的托盘，在来宾之间巡回走动，使宾客能各取所需。再者，他还可以负责补充供不应求的食物、饮料、餐具等。

2. 自助餐的礼仪

享用自助餐也有具体遵循的礼仪规范。一般来讲，在自助餐礼仪之中，享用自助餐的礼仪对绝大多数人而言，往往显得更为重要。

（1）讲究取菜顺序和原则。自助餐在取菜时要注意两点，一是注意顺序，排队取菜。由于用餐者往往成群结队而来的缘故，大家都应该自觉地维护公共秩序，讲究先来后到，排队选用食物。不要乱挤、乱抢、乱加塞。一般而言，排队时应与前后之人保持一定间隔，最好与其他人同向行进。行进的标准方向应为顺时针方向，切忌逆行。取菜时不应瞻前顾后、挑三拣四，取菜应当从速，取菜之后即应迅速离去。

二是要多次少取，厉行节约，这是自助餐取菜的基本原则。参加自助餐活动时，遇上自己喜欢吃的东西，只要不会撑坏自己，完全可以放开肚量，尽管去吃。不限数量，保证供应，这正是自助餐大受欢迎的地方。因此，商务人员在参加自助餐时，大可不必担心别人笑话自己，爱吃什么，只管去取就是了。但是，在取食物时，必须量力而行，切勿为了吃得过瘾，而将食物狂取一通，结果是自己“眼大肚子小”，浪费食物。严格地说，在享用自助餐时，多吃是允许的，而浪费食物则绝对不允许。这一条，被世人称为自助餐就餐时的“少取”原则。每次取的量不要多，餐盘空出1/4的位置，以便放置酒杯。自助餐取菜要求“少取”，但不反对“多次”。也就是说，在自助餐选取某菜肴时，取多少次都无所谓，一添再添都是允许的。相反，如果为了省事而一次取用过量，装得太多，则是失礼之举。“多次”与“少取”其实是同一个问题的两个不同侧面。“多次”是为了量力而行，“少取”也是为了避免造成浪费。所以，二者往往也被合称为“多次少取”原则。当然，自己取用的食物，以吃完为宜，万一有少许食物剩了下来，也不要私下里乱丢、乱倒、乱藏，而应将其放在适当之处。

（2）注意餐具使用的礼仪。在自助餐上强调自助，不但要求就餐者取用菜肴时以自助为主，而且还要求其善始善终，在用餐结束之后，自觉地将餐具送至指定之处。在庭院、花园里享用自助餐时，尤其应当这么做。不允许将餐具随手乱丢，甚至任意毁损餐具。在餐厅里就座用餐，有时可以在离去时将餐具留在餐桌之上，而由服务员负责收拾。虽然如此，亦应在离去前对其稍加整理为好。不要弄得自己的餐桌上杯盘狼藉、不堪入目。所有的自助餐，不管是由主人亲自操办的，还是对外营业的正式餐馆里所经营的，都有一条不成文的规定，即自助餐只许可就餐者在用餐现场里自行享用，而绝对不许可在用餐完毕之后携带回家。商界人士在参加自助餐时，千万不要偷偷往自己的口袋、皮包里装一些自己的“心爱之物”，更不要要求服务员替自己“打包”。那样的表现，必定会使自己见笑于人。

（3）积极与人沟通与交流。商界人士在参加自助餐时，除了对自己用餐时的举止表现要严加约束之外，还须与他人和睦相处，多加照顾。对于自己的同伴，特别需要加以关心，若对方不熟悉自助餐，不妨向其扼要介绍。在对方乐意的前提下，还可向其具体提出一些有关选取菜肴的建议。对于在自助餐上碰见的熟人，亦应如此加以体谅。不过，不可以自作主张地为对方直接代取食物，更不允许将自己不喜欢或吃不了的食物“处理”给对方吃。一般来说，参加自助餐时，商务人员必须明确，吃东西往往属于次要之事，而与其他人进行适当的交际活动才是自己最重要的任务。在参加由商界单位所主办的自助餐时，情况更是如此。所以，不应当以不善交际为由，只顾自己躲在僻静之处一心一意地埋头大吃，或者来了就吃，吃了就走，而不同其他在场者进行任何形式的正面接触。在参加自助餐时，一定要主动寻找机会，积极地进行交际活动。首先，应当找机会与主人攀谈一番。其次，应当与老朋友好好叙一叙。最后，还应当争取多结识几位新朋友。

八、酒会礼仪

酒会是一种形式比较简单，略备酒水、点心款待来宾的招待会。正餐之前的酒会也叫鸡尾酒会，正餐之后的酒会还可以包括舞会在内，有时甚至还会安排夜餐。它也可以是一种相当正式的活动。无论哪种类型的酒会，都需要组织者进行精心的设计与筹备。

1. 酒会的筹备

（1）选定话题。酒会举办前应先选定一个话题，重点是借着这个品酒会，大家可以体验与比较各种各样的酿酒风格、风土文化与产区背景，同时更可以增进彼此的了解和情谊，有助于今后更好地合作与沟通。

（2）现场安排。无论是哪种酒会，嘈杂和通风不足的环境都是导致各种酒会失败的最大缘由。选取的场地一定要依据酒会参加人员的特点、身份、数量、年龄而定。场地大小既不可以显得拥挤局促，也不可以让人感到松散、没人气。酒会的场地中央可放置一张足够大的自助餐桌，铺上白色的桌布，摆上够用的各式酒杯。别忘了为大家准备一些餐巾纸擦嘴。

（3）发出邀请。可以用印制精美的请柬或电话邀请。专门印制的请柬表明聚会是较为正式的，或是大型正式宴会。举办小型的如十几位客人的酒会，直接用电话通知即可。值得注意的是“鸡尾酒会”一词在口头邀请时不能使用。除了规模非常小的酒会之外，邀请应至少提前一周发出。当然，被邀请客人也应及时答复，表示对对方的尊重。

（4）备好酒水。在酒会上，各种合适的酒水饮料，不管选用哪种，最重要的是数量充足。订购之数最好要超过你所认为所需之数。在计算酒的数量时。应该知道：一瓶雪利酒大约可斟12杯；一瓶“威士忌”，20杯；一瓶标准容量的葡萄酒，6杯；一升瓶的葡萄酒，9杯。为方便人们取酒，可设一个酒吧，这种酒吧只需用一张普通的桌子，铺上毡垫或厚亚麻布即可。如果是规模很大的酒会，则要有多个酒吧，而且还要雇用侍者传送各种饮料。一个好的酒会必须供应若干不含酒精的饮料，如可以用来调酒的果汁和矿泉水等，因此供应应充裕。同样，冰块的供应也要充裕。此外，还应该为那些喜欢在饮料中兑水的人准备好纯净水。为避免客人一开始因为空腹喝酒而出现不适，鸡尾酒酒会要备各色小吃，如各种果仁、鸡尾软饼、长面包、三明治（切成四块）、奶酪条、热香肠及洋葱、小黄瓜和橄榄等鸡尾小菜等都是不错的选择。所有这些都可以用手拿着或用牙签挑着吃。果仁、软饼之类食品应盛入碗内，置于房内各处。食品可以装在盘子里端上来，或放在自助餐具中，由本人自取。

2. 参加酒会的礼仪

（1）遵守“五不可”。这包括以下内容。①不可肆意强取。取食物和酒时要遵守秩序，依次而行，不可出现加塞、哄抢、强取等不良行为。②不可贪多浪费。取食品时应一次只取够吃的量，切不可一味贪多，过量选取，而造成浪费。选取的东西最好全部吃光，在酒会上的浪费行为会被他人和主办方唾弃。③不可只顾自己吃喝。出席酒会的目的不只是为了品酒、娱乐，更重要的是与其他商界人士进行交流和沟通，建立和谐的人际关系，为更好地开展业务打下良好的合作基础。切不可来了就吃，吃了就走，不与其他人员进行交流，这是极不礼貌的行为。④不可带走食品。酒会上提供给客人们的小食品和各色酒类，只可以在酒会现场任意取食，绝不可“顺手牵羊”，私自带回家去。⑤不可自作主张领其他人参加酒会。事先未经过主办方的允许就自带一个或几个朋友参加酒会，是非常不礼貌的行为，即使是在非常大型和非正式的聚会中也是如此。自作主张领其他人参加酒会对主办方是极大的不尊重，会破坏你在主办方心目中的良好印象，甚至难以继续友好、深层次地交往。

（2）学会告辞。出席鸡尾酒会，客人应该按着请柬上注明的结束时间起身告辞。如果接到的是口头邀请，很有可能没有说明结束时间，则应该认为酒会将进行两个小时。商务人员参与此类活动要有很好的“眼力”，善于察言观色，以便适时告辞。正餐之后的酒会的告辞时间按常识而定，如果酒会不是在周末举行，那就意味着告辞时间应该在晚上十一时至午夜之间。若是周末，则可更晚一些。在所有类型的酒会上，离开时都应该向女主人当面致谢，这是礼貌。如果你因故不得不早一些告辞，则致谢不能引人注目，以免使其他客人认为他们也该走了。

九、喝咖啡的礼仪

咖啡可以自己磨好咖啡豆以后用咖啡壶煮制，也可以用开水冲饮速溶的。人们一般认为自制的咖啡档次比较高，而速溶的咖啡不过是为了节省时间。

喝咖啡最好在用早餐及午餐后，因为这样可以促进肠胃的蠕动，帮助消化，可以分解吃下去的高热量、高脂食物，也不会像空腹喝咖啡那样，对肠胃造成刺激。最好不要在晚餐后喝咖啡，以免会对睡眠造成影响。若是想靠喝咖啡熬通宵，可能会在不知不觉中喝过量，对身体不好。喝咖啡最常见的地点主要有客厅、写字间、餐厅、花园和咖啡厅等。在客厅里喝咖啡，主要适用于招待客人，在写字间里喝咖啡，主要是在工作间歇自己享用，起到提神的作用。在正式的西餐宴会，咖啡往往是“压轴戏”。在自家花园喝咖啡，适合和家人休闲，也适合招待客人，西方还有一种专供女士社交的咖啡会，就是在主人家的花园或庭院中举行。它不排位次，时间不长，重在交际沟通。

饮用咖啡可以加入牛奶和糖，称为牛奶咖啡。也可以不加牛奶和糖，称为清咖啡或黑咖啡。饮用咖啡是大有讲究的，应注意以下几个方面。

1. 杯的持握

供饮用的咖啡，一般都是用袖珍型的杯子盛出。这种杯子的杯耳较小，手指无法穿过去。即使用较大的杯子，也不要用手指穿过杯子耳端。正确的拿法应该是用右手的拇指和食指握住杯耳，轻轻地端起杯子，慢慢品尝。不能双手握杯，也不能用手端起碟子去吸食杯子里的咖啡。用手握住杯身、杯口，托住杯底，也都是不正确的方法。

2. 杯碟的使用

盛放咖啡的杯碟都是特制的。它们应当放在饮用者的正面或右侧，杯耳应指向右方。咖啡都是盛入杯中，放在碟子上一起端上桌子的。碟子用来放置咖啡匙，并接收溢出杯子的咖啡。喝咖啡时，可以用右手拿着咖啡的杯耳，左手轻轻托着咖啡碟，慢慢地移向嘴边轻啜。不要满把握杯大口吞咽，也不要俯首去喝咖啡。如果坐在远离桌子的沙发上，不便用双手端着咖啡饮用，此时可以做一些变通。可用左手将咖啡碟置于齐胸的位置，用右手端着咖啡饮用，饮毕应立即将咖啡杯置于咖啡碟中，不要让二者分家；如果离桌子近，只需端起杯子，不要端起碟子。添加咖啡时，不要把咖啡杯从咖啡碟中拿起来。

3. 匙的使用

咖啡匙是专门用来搅咖啡的，如果咖啡太热，也可用匙轻轻搅动，使其变凉。饮用咖啡时应当把咖啡匙取出来，不要用咖啡匙舀着咖啡喝，也不要用咖啡匙来捣碎杯中的方糖。不用匙时，应将其平放在咖啡碟中。

4. 咖啡的饮用

饮用咖啡时，不能大口吞咽，更不可以一饮而尽，而应该一小口一小口细细品尝，切记不要发出声响，这样才能显示出品位和高雅。如果咖啡太热，可以用咖啡匙在杯中轻轻搅拌使之冷却，或者等自然冷却后再饮用。用嘴试图去把咖啡吹凉，是很不文雅的动作。

5. 怎样给咖啡加糖

给咖啡加糖时，砂糖可用咖啡匙舀取，直接加入杯内；也可先用糖夹子把方糖夹在咖啡碟的近身一侧，再用咖啡匙把方糖加入杯子里。如果直接用糖夹子或手把方糖放入杯内，有时可能会使咖啡溅出，从而弄脏衣服或台布。

6. 用甜点的要求

有时喝咖啡可以吃一些点心，但不要一手端着咖啡杯，一手拿着点心，吃一口、喝一口地交替进行，这样的行为是非常不雅观的。饮咖啡时应当放下点心，吃点心时则放下咖啡杯。

在咖啡屋里，举止要文明，不要盯视他人。交谈的声音越轻越好，千万不要不顾场合，高谈阔论，破坏气氛。

十、喝茶的礼仪

茶有健身、治疾之药物疗效，又富欣赏情趣，可陶冶情操。品茶待客是中国人高雅的娱乐和社交活动，坐茶馆、举行茶话会则是中国人社会性的群体茶艺活动。中国茶艺在世界上享有盛誉，在唐代就传入日本，形成日本茶道。

茶是中国人最喜欢的饮料，同时也为外宾乐于接受。在社会交往中，经常有专门举行茶会招待来宾的。茶水虽然物美价廉，但饮茶却是一种文化。

1. 茶的种类

中国是茶的故乡，制茶、饮茶已有几千年的历史，我国茶叶品种繁多，名品荟萃，大体上可归纳为以下几大类。

（1）绿茶，较为著名的绿茶有：龙井茶、碧螺春茶、六安瓜片茶、蒙顶茶、君山针叶茶、黄山毛峰茶、庐山云雾茶等。

（2）红茶，驰名中外的有安徽的“祁红”、云南的“滇红”和广东的“英红”。

（3）乌龙茶，又称清茶，较为著名的有福建的“武夷岩茶”、“黄金贵茶”、安徽的“铁观音茶”，广东的“凤凰单丛茶”。

（4）花茶，是以鲜花窨制茶叶而成的再加工茶，这是我国的特产，其主要种类有茉莉花茶、珠兰花茶、玉兰花茶、玫瑰花茶等。

（5）黑茶，较为著名的有普洱茶、六堡茶等。

2. 茶的礼仪

为客人沏茶之前，首先要清洗双手，并洗净茶杯或茶碗。要特别注意茶杯或茶碗有无破损或裂缝，残破的茶杯或茶碗是不能用来招待客人的。还要注意茶杯或茶碗里面有无茶迹，有的话一定要清洗掉。茶具以陶瓷制品为佳。不能用旧茶或剩茶待客，必须沏新茶。在为客人沏茶前可以先征求其意见。就接待外国客人而言，美国人喜欢喝袋泡茶，欧洲人喜欢喝红茶，日本人喜欢喝乌龙茶。

茶水不要沏得太浓或太淡，每一杯茶斟得七成满就可以了。主人在陪伴客人饮茶时，要注意客人杯、壶中的茶水残留量，一般用茶杯泡茶，如果已喝去一半，就要添加开水，随喝随添，使茶水浓度基本保持前后一致，水温适宜。正规的饮茶讲究把茶杯放在茶托上，一同敬给客人。茶杯把要放在左边。如果饮用红茶，可准备好方糖，请客人自取。喝茶时，不允许用茶匙舀着喝。

上茶时，可由主人向客人献茶，或由招待员给客人上茶。主人给客人献茶时，应起立，并用双手把茶杯递给客人，然后说：“请”。客人也应起立，以双手接过茶杯，说：“谢谢”。

添茶水时，也应如此。

由接待员上茶时要先给客人上茶，而不允许先给主人上茶。如果客人较多，应先给主宾上茶。上茶的具体步骤是：先把茶盘放在茶几上，从客人的右侧递过茶杯，右手拿着茶托，左手扶在茶托旁边。如果茶托无处可放，应以左手拿着茶盘，用右手递茶。注意不要把手指搭在茶杯边上，也不要让茶杯撞击在客人的手上，或撒在客人身上。妨碍了客人的工作或交谈的话，要说一声："对不起"。客人对接待员的服务应表示感谢。在往茶杯里倒水、续水时，如果不便或没有把握一并将杯子和杯盖拿在左手上，可把杯盖倒放在桌子或茶几上，只是端起茶杯来倒水。服务员在倒、续完水后要把杯盖盖上。注意，切不可把杯盖扣放在桌面或茶几上，这样既不卫生，也不礼貌。如果发现宾客将杯盖扣放在桌面或茶几上，服务员要立即更换，将杯盖盖好。

如果用茶水和点心待客人，应先上点心，点心应给每个人上一小盘，或几个人上一大盘。点心盘应用右手从客人的右侧送上。待其用毕，即从右侧撤下。

在喝茶时，不应大口吞咽茶水，或喝得咕咚咕咚作响，应当慢慢地一小口一小口地仔细品尝。遇到漂浮在水面上的茶叶，可用杯盖拂去，或轻轻吹开，切不可用手从杯里捞出来扔在地上，也不要吃茶叶。我国旧时有以再三请茶作为提醒客人应当告辞的做法，因此，在招待老年人或海外华人时要注意，不要一而再，再而三地劝其饮茶。西方常以茶会作为招待宾客的一种形式，茶会通常在下午 4 时左右开始，设在客厅之内，准备好座位和茶几就行了，不必安排座次。茶会上除饮茶之外，还可以上一些点心或风味小吃。

专业阅读

一、中西宴会礼仪上的差异

中国和西方都讲究宴会的礼仪，由于文化差异产生了各自不同的宴会礼仪。重视宴会礼仪的差异，有助于更好地进行跨文化交际。

1. 餐具的差异："筷子"与"刀叉"

中西宴会上最为明显的差异是餐具的使用。中国人用筷子夹食物，西方人用刀叉切割食物。不同的食用方式显然不是偶然现象，而是在不同文化引导下形成的。

中国人自古以来大部分以农耕为主；所谓"面朝黄土背朝天"，正是这一文化现象的真实写照。在这种文化环境中，通常以谷类为主食，倾向于安居乐业、和平与安定，强调以"和"为贵，反对侵略和攻击。而西方很多国家其祖先为狩猎民族，饮食以肉类为主，为了能在残酷恶劣的环境下生存，必须善于捕猎，富于进攻性，形成了争强好胜和乐于冒险的性格特征。这两种近乎相反的文化倾向反映到饮食中就很自然地体现在餐具的选择及食用方式上。中国人使用筷子时温文尔雅，很少出现戳、扎等不雅动作，在餐桌上对待食物的态度是亲和的、温柔的。相反，西方人使用刀叉时又切又割，让人感到一种残酷和暴虐，是毫不掩饰地蹂躏食物。尽管中国人和西方人一样性喜吃肉，但表现得非常含蓄、婉转，丝毫感觉不到那种血淋淋的“厮杀”和“搏斗”。法国著名的文学思想家、批评家罗兰·巴尔特（Roland Barthes）在谈到筷子时认为，筷子不像刀叉那样用于切、扎、戳，因而“食物不再成为人们暴力之下的猎物，而是成为和谐地被传送的物质”。

2. 出席时间的差异：“迟到”与“准时”

“准时”似乎是一个普遍适用的概念，然而在不同的国家和不同的文化中对这一概念的理解也不尽相同，且这一概念也因活动内容的不同而有所变化。

跨文化交际学的奠基人之一，美国著名的人类学家爱德华·霍尔提出人类时间观念有两种文化模式，即“时间的单一性”（Monochronic-time 或 M-time）和“时间的多样化”（Polychronic-time 或 P-time）。单一性时间要求做任何事都要严格遵守日程安排，该干什么的时候就干什么；持多样化时间观念的人却没有安排日程的习惯，该干什么的时候没有按时去干。前者注意严格遵守约会时间，不能失约；而后者不注意遵守时间，不重视预约。霍尔还认为单一性时间是欧美等西方国家的时间模式，多样化时间是亚非拉地区的模式。在他们看来，时间犹如商品，可以买卖、节省、花费、浪费、丢失、弥补和测算。因此，在参加宴请时，由于身处不同的文化模式，中西方的差异显得较为突出。在中国，一般来说，时间的多样化模式使人更倾向于“迟到”，在规定的时间半小时之后，甚至更晚才“姗姗来迟”。对此，主人似乎也早有思想准备，往往会在这段“等待”时间里安排一些其他节目，如打打牌、喝喝茶、聊聊天等，让一些“先到”的客人们消磨时间。对于这种“迟到”现象，主客双方都习以为常，并不将之视为对主人邀请的一种轻视或是一种不礼貌的行为。有时主人甚至故意将宴会时间定得“早”一些，以便为客人们的“迟到”提供更加充裕的时间。而西方国家中，正式的宴会要求准时到达，一般不超过 10 分钟；否则将被视为不合礼仪，是对主人及其他客人的不尊重。

3. 座位安排的差异

（1）“南北”与“左右”。座位的安排是利用空间位置表示各人地位和人际关系的一种重要形式。人们对空间的观念是经过后天种种因素的影响而习得的，其中文化的因素尤为突出。因此，文化不同，人们对空间的需求、与空间有关的交际规则及有关空间的价值观念也有所不同。霍尔用“Space speaks”来形容空间的作用。

在中国，宴会中座位通常是以面向南为上，以面向北为下，形成了“南尊”、“北卑”的传统观念。这与中国传统文化是密不可分的。中国古代社会历史悠久，朝代众多，但不论哪一朝、哪一代，皇帝登基、议政一律都是面南而坐，故有“面南称孤”、“南州冠冕”一说；而臣子拜见君王则面向北，故也有“北面称臣”一说。由此可见，“南”在中国人心目中已逐渐演变成一种至高无上的象征，代表了权力、地位和身份；与此相对的“北”的地位就自然低了许多。这一现象在汉语的成语中也有很好的体现。若成语中同时出现“南”、“北”两字，往往“南”字在前而“北”字在后，如“南腔北调”、“南辕北辙”、“南征北战”、“南来北往”等。因此，在宴会上当然是以朝南的座位为上座，而朝北的座位为下座。

在古代西方社会，最尊贵的客人的座位是在主人的左边，这是因为人们习惯于用右手握匕首，刺杀坐在右边的人。如果将最尊贵的客人安排在主人的左手位置上，不仅他刺杀不方便，主人还有制服他的优势地位。随着社会的进步，在宴会上刺杀这一古老现象近乎绝迹。今天，西方人在安排座位时已不再着眼于安全保护，而是出于心理保护的需求，将主宾席放在主人的右侧，形成了餐桌座位以右为上、左为下的规矩。

（2）“男尊女卑”与“女士优先、男女平等”。中西方在男女宾客位置的安排上也有较大的差异。在中国，尤其是在古代，正式的宴席上根本看不到女性的身影，从而也就无须考虑女性位置的安排，这与中国传统文化的“男尊女卑”的思想是一致的。林语堂在《中国人》一书中甚至说：“始自原始时代，中国人的血液中，妇女就没有占据过应有的地位。”随着后来儒家思想的“一统天下”，女性一直被束缚在封建礼教中，处于从属地位。今天，中国女性地位得到了显著提高，早已摆脱了以往的从属地位，女性的身影出现在宴请中也早为中国人所接受，但女性却往往坐在一起。当“尊老”和“女士优先”原则发生矛盾时，中国人选择的是“尊老”而不是“女士优先”。

在西方“女士优先”是他们的传统文化观念，是社交活动中的重要礼仪规范。这是因为基督教是西方国家普遍信奉的宗教，该宗教尊崇玛利亚为圣母，以仰慕女性为高尚的情操。另外，12、13 世纪，随着十字军的东征，形成了“骑士团”这一独特的阶层。由于“骑士团”的巨大影响和显赫地位，逐渐形成了他们自己的一套礼仪规范并流传到民间，其中一个最具有特色的便是尊重女士、后来被称为女士优礼的“骑士风度”，一时间便成了贵族乃至平民阶层的文明准则，并沿袭至今。因此，在西方的宴席中，女性很早就占据了重要的位置，且男女宾客必须交叉而坐，这也从另一个方面体现了男女平等的思想。

（资料来源：卞浩宇，高永晨．论中西方饮食文化的差异．南京林业大学学报：人文社会科学版，2004.（6）.）

二、怎样品葡萄酒

1. 品葡萄酒的程序

某位酿酒商说：“品酒与喝酒的区别在于思考。”在西方，品酒被视为一种高雅而细致的情趣，鉴赏葡萄酒更是有钱阶层的风雅之举。

为了讲究温度，喝葡萄酒的杯子一定要选用有脚的高脚杯，以避免握到杯身，手的温度不致影响到酒温；为保留凝聚淡淡的酒香，杯肚要大，杯口却要缩窄，整个杯身最好像一朵郁金香，透露一股曼妙之美；为欣赏美丽的酒色，杯器需要光亮透明并且无折射，这样酒色可以毫无遮瑕地透视出来，好让醇醇的美酒借着杯器之雅映入呷客微熏的眼眸。说真的，这时不饮它也自醉了！此乃喝葡萄酒之乐趣矣！

说到品尝葡萄酒的程序，可分为以下三个步骤。

第一步，观色。

观察葡萄酒的外观，包括下列几个部分。

（1）清澈度。将酒杯倾斜45°，置于有白色背景的光源下即可观察到清澈度，不要有浑浊或雾状的迹象。有时候在白酒中会发现一些白色结晶状的沉淀物，这是酒石酸盐，不过对品质不会有影响。

（2）浓稠度。经过摇晃酒杯之后，在杯壁上留下一条酒痕，有“葡萄酒眼泪”之称。出现这种现象表示酒的浓稠度较浓，也就是酒精浓度和含糖量都较高，但与酒的品质并没有绝对的关系。

（3）颜色。从葡萄酒的颜色来分，可分为红、白及玫瑰红三大类，从每一类葡萄酒的颜色的深度与色调都可以形容葡萄酒的特性。一般红酒的颜色，会随着酒龄的增加，逐渐变淡；而白葡萄酒则相反，年限越短越呈淡黄绿色，经过多年的橡木桶储存，颜色会加深，变成金黄色。

（4）气泡。大部分红、白、玫瑰红的佐餐酒中，都不太容易发现气泡，只有在气泡酒或香槟酒中可察觉，而气泡的大小及持续冒泡的时间与葡萄酒的品质有关，气泡越小，越细致且持续较久，其品质越好。

第二步，嗅味。

手握酒杯底托，不停地摇晃杯中酒，使氧气与葡萄酒充分融合，最大限度地释放出葡萄酒的独特香气，然后品闻葡萄酒的香味。这个步骤在整个品尝葡萄酒的过程中，扮演相当重要的角色，可试着用不同的吸气方式与时间长短，来判别对葡萄酒香的认知，如深呼吸或短呼吸等配合鼻孔与杯子的距离长短而感受不同。一般来说，描述葡萄酒的香味是一件困难且相当主观的一件事。

第三步，品尝。

品尝葡萄酒的味道，这个步骤比闻酒香简单，将酒液啜入一小口放于口腔前部，让舌头相关部分把酒液温热，使各种香味缓缓逸出，渐入佳境。通常会感到下列味道相互糅合。

（1）甜味（不甜的称为“干”）。大部分红葡萄酒和某些白葡萄酒属于干性。提前终止发酵的酒会留下一些天然糖分。舌尖若明显感触到糖分，便属于微甜至十分甜的葡萄酒。

（2）酸味。可被舌头两侧和颚部位感觉到。白葡萄酒呈现出酸味非常普遍。

（3）涩味。葡萄的皮和籽皆含有丹宁。丹宁是一种存在于茶、菠菜等植物中的带苦涩味的化合物。红葡萄酒丹宁含量最高，白葡萄酒最低。

（4）酒精。酒液流进喉咙时，会弥漫一股暖气。酒精越多，温暖感越强。

总而言之，酒的好坏，在于个人口感对葡萄酒所呈现的口味，有不同的主观感觉，所以葡萄酒并没有好坏之分，只是是否合于你的口味而已，甚至可说：人饮“酒”，甘苦自知。

另外，葡萄酒与食物的搭配很微妙，怎样才能做到珠联璧合呢？

①红酒要配红肉，白酒要配白肉。

②简单的酒配复杂的菜，复杂的酒配简单的菜。

③干白口感清爽，酸度高，以清淡的蒸、烤鱼类或水煮海鲜最对味儿，浓一点的酒可以配简单的鸡肉或猪肉，也可试试高酸度的羊奶乳酪。

④干红葡萄酒适合配牛排等肉类，若是经过陈年的，四溢的酒香和丰满的口感，便可以配长时间煨煮的丰盛菜肴，如野禽加野菇等。

2. 品葡萄酒须知

葡萄酒杯通常选用的是无色玻璃高脚杯。这有利于鉴定酒色，还可以避免手温传给酒，影响酒液的温度。酒杯的容量最好不少于 20 毫升。大一点，盛的酒就多一点，酒在杯中就有足够的空间凝聚芳香。酒杯应该上窄下阔，这有利于凝聚酒香。杯形除美观外，为能观察酒的颜色，以没有花纹为宜，酒杯应该清洁，无破损。

大部分的葡萄酒适合于在较低的室温下饮用，16℃ ~18℃之间饮用为最佳。如果温度过低，可以手捧着杯身利用体温来给酒加热。传统上与葡萄酒相搭配的菜是牛肉、某些奶酪食品、拌着红色沙司的空心粉及禽肉。当然，与白酒类似，葡萄酒的饮用规则也并非那样死板苛刻。很多人并不管主菜是什么，仅仅因为个人喜好而一直选择某种葡萄酒。这时，所喝的葡萄酒更倾向于口味清淡的波尔多干红。而勃艮第所产的葡萄酒，口味浓郁，一般人不太喜欢。

不起泡的粉色葡萄酒也是葡萄酒家族的一员。它们适合于冰镇后饮用。与其搭配的主菜口味清淡，例如鱼类、小牛肉、鸡肉和水果。对于一瓶好年份的葡萄酒，如果要尽情欣赏它的美妙，就一定要仔细遵循它稍嫌复杂的上酒程序：饮用前一至两天，将酒从酒窖或酒橱中取出，以最轻柔的方式把它转移至稻草编织的篮子里并保持酒瓶处于半水平的位置——比藏酒时再立起 15°至 20°。然后静置至少一天的时间，以便于酒中的沉淀物沉至瓶底。

假如没有专门的酒窖，酒就必须在一两天之前购买，然后遵循同样的程序准备。饮用之前一小时左右是开启瓶塞的最佳时间。当然，瓶塞上的金属箔也应同时削去，以免它在倒酒时接触到酒浆而影响其品质。基于同样的考虑，瓶嘴应用一块潮湿的布擦拭干净以除去上面积攒的残渣。拔软木塞的时候要十分仔细，而拔出的瓶塞应放在酒瓶的旁边，让有心之人能注意到它的完好无损。开启瓶塞后的这一个小时是酒瓶内琼浆呼吸期，它可以趁此时间将在酒窖保存时中所吸收的霉味儿或其他的奇怪气味散发干净。

为了使客人知道酒的情况，酒瓶一定要放在篮中，上面的标签也不能撕走。斟酒时要格外小心，否则酒液可能因“后冲”而从瓶嘴向瓶底回流甚至起泡，激起瓶底的沉淀。斟酒时还应注意：一不要太满，大约是酒杯容量的一半至三分之二即可；二要留意酒的标签，酒瓶贴有标签的一面应向着客人。这样做的目的是要让每一位客人知道，主人为他们准备的佳酿是什么牌子的。主人应该把第一小口酒倒在自己的杯子里，这不仅仅是为了尝酒，确保酒质未变，也是为了不把可能漂浮在酒表面上的一层瓶塞碎末倒进客人的酒杯里。瓶中的酒显然不能倒空，要留下约一英寸深的酒液，因为这些酒液早已因沉淀而混浊。

在餐厅里，当服务员送上我们所点的葡萄酒时，主人应在开瓶前仔细地查看瓶签上的酒名、年份及酒厂是否无误，然后示意服务员先开瓶透气。开瓶后，主人应该检查瓶塞是否湿润，也就是说检查这瓶酒是否是平躺着存放的，如果是干的可以要求更换。接着便可安排倒酒的顺序。

服务员在倒酒时会先请主人品尝一小口，在主人确定了该酒的颜色、香气、味道皆正常后，服务员应该依年龄顺序先倒给女士，再倒给男士，最后才倒给主人。主人在尝酒时不能因酒味不合心意而要求换酒，只有在酒变质（如味道变酸等）的情况下，或因为服务员未在主人视线范围内开酒，才可以要求退换。

服务员应该在客人的右侧倒酒，右手握住酒瓶，左手拿着一块白餐巾背在身后。倒酒的时候，动作应该轻，绝不能像倒啤酒时那么鲁莽。另外，盛葡萄酒的高脚杯不可以倒满，否则会显得很失礼。当差不多倒满酒杯的三分之一时，服务员应该开始微微转动手腕，同时将瓶口抬起，这个动作应该非常果断，不让任何一滴酒落在台布上，然后用左手的白餐巾擦拭可能挂在瓶口的酒滴。

（资料来源：张建宏. 现代商务礼仪教程. 北京：国防工业出版社. 2011.）

课后训练

1. 在用餐上我国存在哪些陋习？请与同学展开讨论。

2. 以寝室为单位，按照宴会的程序，各组织一次中式宴会和西式宴会。

3. 如果你是一位宴请者，根据当地的风俗习惯，你会在宴会的前前后后注意哪些礼仪规范？请详细列表。

4. 有条件的话用 DV 在食堂拍摄同学们吃饭的情景，并与正确的餐饮礼仪对比分析。

5. 五湖实业公司总经理让其助理郑小姐安排一次中餐接待宴会，宴请公司重要的合作伙伴四海公司王总经理一行（5 人），郑小姐应该怎样安排这一商务宴请呢？

请问：如果王新一人出席宴请活动应该如何安排座次，为什么？

6. 王芳参加一个大型的研讨会，在会务组安排的自助餐上，她发现了自己喜欢吃的烤鸡翅，于是就装了满满一大盘。当她端着满满一盘子烤鸡翅的时候，周围的人投来了异样的目光。

请问：王芳的行为有何不妥？吃自助餐应该注意哪些礼仪？

7. 应朋友之邀，张明来到茶室与朋友喝茶，朋友要了一壶铁观音。由于天气较热，茶一端上来，张明就忍不住大口吞咽茶水，并发出咕咚咕咚的声音，不时地将茶杯中的茶叶也喝了进去，咀嚼起来。

请问：张明饮茶符合礼仪规范吗？为什么？

8. 你作为四海公司的公关人员，跟随总经理一行 5 人，参加汽车交易会。会前，作为亲密的合作伙伴及东道主的飞达汽车贸易公司总经理特为你们举行了招待宴会。请你替本公司总经理拟一份祝酒词。（不超过 300 字）

9. 事先准备几份饭店菜单，让学生分组进行点菜、配菜练习，最后由老师和学生一起，从色、香、味、营养、价格等方面进行评价，评出班级点菜“营养师”。

10. 策划组织一次商务宴请礼仪知识竞赛活动。

11. 观看电影、电视中各种宴请场合的座次排序，了解相关礼仪知识。例如《周恩来在重庆》、《泰坦尼克号》、《茜茜公主》等。

12. 在方便的时候，约上几个好友去西餐厅就餐，感受环境氛围，品尝美味佳肴，并观察他人的就餐习惯，找出不符合西餐就餐礼仪习惯的地方进行总结。

13. 章先生受邀参加一个宴会，期间如果对方这样向他劝酒："张先生，这一桌席上只有我们两位姓张，同姓，500 年前是一家，看来我们是有缘分的，这杯酒您必须干掉！"

请问此时你如何抓住其疏漏拒酒呢？

14. 筷子是享受中餐时最重要的工具。请结合你的亲身体会，总结一下有关使用筷子的礼仪禁忌。

15. 案例分析

自助餐风波

周小姐有一次代表公司出席一家外国商社的周年庆典活动。正式的庆典活动结束后，那家外国商社为全体来宾安排了丰盛的自助餐。尽管在此之前周小姐并未用过正式的自助餐，但是她在用餐开始之后发现其他用餐者的表现非常随意，便也就"照葫芦画瓢"，像别人一样放松自己。

让周小姐开心的是，她在餐台上排队取菜时，竟然见到自己平时最爱吃的北极甜虾，于是，她毫不客气地替自己满满地盛了一大盘。当时她的主要想法是：这东西虽然好吃，可也不便再三再四地来取，否则旁人就会嘲笑自己没见过什么世面了。再说，它这么好吃，这会儿不多盛一些，保不准一会儿就没有了。

然而令周小姐脸红的是，它端着盛满了北极甜虾的盘子从餐台边上离去时，周围的人居然个个都用异样的眼神盯着她。有一位同伴还用鄙夷的语气小声说道："真给中国人丢脸呀！"事后一经打听，周小姐才知道，自己当时的行为是有违自助餐礼仪的。

（资料来源：http：//www. xtpo. cn/info/infodetail-168922. html，2008-09-06.）

思考与讨论：

（1）请问周小姐错在哪儿？

（2）本案例对你有何启示？

16. 案例分析

"概念饭"

营销宴请吃的是"概念饭"，吃什么东西本身已经不是很重要了，但是吃的方式、怎么吃这顿饭，被赋予了非常多的内涵。就像我国某位副总经理出访德国，施罗德请他在国家图书馆就餐，乐队藏身于众多的书架之后，眼前烧着暖暖的炉火，晚宴就在这样的特殊气氛中进行，这是多么独特而有纪念意义的一顿晚宴啊！

无独有偶。有一次，中国的一个政府考察团前去参观美国的一个大企业，他们为中国客人设计的商务餐是在自己的工厂的车间里烤全牛，真是别出心裁！

（资料来源：http：//www. 7-hotel. com/foods/swyq/view-295. html，2009-12-24.）

思考与讨论：

(1) 本案例中的商务宴请安排有何效果？

(2) 请尝试为你公司的客户安排一次“概念饭”。

17. 案例分析

中国考察团在巴黎

一天傍晚，巴黎的一家餐馆来了一群中国人，老板安排了一位中国侍者为他们服务，交谈中得知他们是东北某县的一个考察团，今天刚到巴黎。随后侍者向他们介绍了一些法国菜，他们不问贵贱，主菜配菜一下子点了几十道，侍者担心他们吃不完，何况菜价不菲，但他们并不在乎。

点完菜，他们开始四处拍照，竞相和服务小姐合影，甚至跑到门外一辆凯迪拉克汽车前面频频留影，还不停地大声说笑，用餐时杯盘刀叉的撞击声，乃至嘴巴咀嚼食物的声音，始终不绝于耳，一会儿便搞得杯盘狼藉，桌子、地毯上到处是油渍和污秽。坐在附近的一位先生忍无可忍，向店方提出抗议，要求他们马上停止喧闹，否则就要求换座位。侍者把客人的抗议转述给他们，他们立刻安静了。看得出来，他们非常尴尬。

(资料来源：http://jpkc.zjiet.edu.cn/sheng/2010shenbao/swly/wlkc_zyxt_9.html，2009-05-01.)

思考与讨论：

(1) 这个考察团成员的行为有哪些不得体的地方？

(2) 公众场合应注意哪些用餐礼仪规范？

任务十二　营销活动

礼节乃是一封通行四方的推荐书。

——（英）伊丽莎白女王

有什么样的目的，就有什么样的礼仪。

——（古罗马）西塞罗

学习目标

1. 能够组织商务会议及展览会、联欢会、座谈会和新闻发布会等专题会议，在会议进行中讲究礼仪规范。
2. 能够组织签字仪式、开业仪式、剪彩仪式等仪式活动，在仪式进行中讲究礼仪规范。
3. 能够做好商务旅行的各项准备工作。
4. 能够在个人出行过程中遵守乘坐各类交通工具的礼仪规范。
5. 遵守宾馆住宿的各项礼仪规范。
6. 参加各类公共文体娱乐休闲活动时展示出良好的礼仪形象。

案例导入

嘉宾们即将到来

海达公司的新产品发布会即将开始，总经理秘书小叶正站在会议大厅的入口处，她一边做着最后的检查，一边等着嘉宾的到来。她检查主席台上放置的名签时，发现有问题，一位嘉宾因故不能前来，名签却没有撤掉，而另一位嘉宾刚才来电话说要来参加新产品发布会，名签却没有准备。这时她的手机又响了，原来是接电视台记者的汽车在路上抛锚了，重新派车已经来不及了。同时，会议秘书组的人员来报，宣传材料不够。此时嘉宾已经陆续到来。

（资料来源：杨海清. 现代商务礼仪. 北京：科学出版社，2008.）

任务设计

营销活动包括会议活动、仪式活动、商务旅行活动等。会议是指三人以上参加、聚集在一起讨论和解决问题的一种社会活动形式。人们通过会议活动交流信息、集思广益、研究问题、决定对策、协调关系、传达知识、布置工作、表彰先进、鼓舞士气等。仪式活动是指在人际交往中，特别是在一些比较重大、比较庄严、比较隆重、比较热烈的正式场合里，为了激发起出席者的某种情感，或者为了引起其重视，而郑重其事地参照合乎规范与管理的程序，按部就班地所举行的某种活动。商务旅行，又称公干、出差，是商务人士以商务或者其他相关商务活动目的为导向的一系列活动的统称。商务旅行活动一般包括差旅、会展、商务考察、奖励旅游及培训研修等内容。据统计，绝大多数企业认为商务旅行是企业行为的重要组成部分，因此，营销人员要重视商务旅行的相关礼仪。

对于企业而言，这三类活动有着重要的作用，它有利于提高组织的知名度和美誉度，塑造组织形象；有利于鼓舞员工的士气，激发员工对本组织的热爱，培育组织员工的价值观念，增强组织的凝聚力；有利于传递组织的信息，使组织赢得更多的成功机会和合作伙伴；有利于沟通情感，传达意愿，增进友情。因此，当今社会，讲究活动礼仪是现代营销的一项重要内容，也是企业成功的关键。

本任务“情境导入”中的案例说明组织好一次活动绝非易事，如何有条不紊地做好各项相关工作是营销人员必须面对而又必须做好的事情。

这里拟通过“营销活动模拟训练”完成本任务的学习。具体操作建议如下。

营销活动模拟训练

实训目标：掌握商务会谈、签字仪式、商务旅行等安排及礼仪规范。

实训学时：2 学时。

实训地点：会议室。准备长桌椅，桌椅摆放要符合商务活动位次安排的礼仪，适当布置会场。

实训背景：禹城汽车贸易公司和新城公司就合作销售汽车进行商谈，双方初步确定 10 月 20—27 日进行商务洽谈，若洽谈细节能达成，就签署相关协议。新城公司董事长张某、生产部经理王某、财务总监陈某、总经理秘书小王、小刘一行 5 人受邀到禹城汽车贸易公司总部洽谈。禹城汽车贸易公司派出总经理李某、销售部经理吴某、财务部经理叶某、公关部经理陈某和助理小黄负责接待。双方商定先举行洽谈，然后举行签字仪式并当场为商品销售剪彩。

实训方法：将学生每 10 人分为一组，分别扮演禹城汽车贸易公司和新城公司的人员。每组演示整个过程，交谈内容可以自由发挥，但要注意交际技巧和语言禁忌。

有条件的话可以用数码摄像机记录整个过程，然后投影回放，学生自我评价，找出不合规范之处。

授课教师总结点评学生存在的个性问题和共性问题。

最后，全班评选出“最佳表现组”。

（资料来源：严军. 商务礼仪与职业形象. 北京：对外经济贸易大学出版社，2009.）

知识链接

一、商务会议的礼仪

商务会议是商务活动中最重要、最频繁的内容之一。筹办、主持或者参加一次有效的商务会议，遵守商务会议的礼仪规范，对于商务人员来说是十分重要的。在筹办会议时，各方面都要考虑周全。主持会议要体现出会议主持人员对整个会议的良好的控制能力；出席会议时，仪态、精神都要与会议的内容、主题吻合。一个重要会议的举行往往是商务人员才华显现的机会，又是其礼仪修养和礼仪业务水平的表演舞台，所以应特别留心。

1. 商务会议的安排

（1）会场选择。大型会议的会场选择与会议主题的深化有密切关系，对与会者参会的情绪也有很大影响。举办会议首先要选准会场会址。要考虑交通便利、设施齐全、环境安静、停车方便、大小适中、费用合理等因素，使与会者能够方便地到会，安心地开会。

（2）会场布置。对于一般的小型会议，会议室只要清洁、明亮，有足够的桌椅让与会者方便地看文件、做记录、讨论发言就行了。而大型会议的会场准备则比较复杂，需要体现会议的主题，应注意会场内座位的布局、主席台的布置及其他为渲染和烘托气氛所作的装饰等，会场准备一定要讲究科学性、合理性和艺术性。

①会标。会标即会议全称的标题化。应将会议全称用大字书写后挂在主席台的正上方，一般用红底白字，也可以用红底金字。这是会议礼仪十分重要和点睛的一点。它能增强会议的庄重性，揭示会议的主题与性质，使与会者一进会场就被会标引导，容易进入会议状态。

②会徽。会徽是体现或象征会议精神的图案性标志。要选择具有强烈感染和激励作用的图案，重大会议的会徽可向社会征集，也可在单位组织内部征集。会徽图案要简练、易懂、寓意丰富。

③标语。标语当然是会议主题的体现，会场上的气氛往往就是被恰到好处的标语、旗帜等渲染起来的。标语在准备会议文件时就应拟就、并报请领导批准。会议标语要集中体现会议精神，使其简洁、上口、易记，具有宣传性和号召力。

④旗帜。会议的旗帜包括主席台上悬挂的旗帜和会场内外悬挂的旗帜。主席台上的旗帜应围挂在会徽两边，显得庄严隆重；主席台的两侧插上对应的红旗或彩旗，又可增添喜庆气氛。而会场门口和与会者入场的路旁插上红旗或彩旗，会使会议的热烈气氛洋溢在会场内外，以衬托会议的隆重。

⑤花卉。花卉是礼仪不可缺少的重要道具，在会场上，花卉还能起到解除与会者疲劳的作用。选用花卉应突出中华民族的文化特色，以梅花、牡丹、菊花、兰花、月季、杜鹃、山茶、荷花、桂花、水仙等十大名花为代表的中国原产花卉，早已被赋予浓重的文化色彩，以这些花为主构成的花卉艺术品如插花、盆景等都能以无声的语言向人们传播中华民族的文化，表现民族精神。因此，越是重大的会议，越应选取有代表性的中国原产花卉作为摆放的主体花卉，并将中国传统艺术花卉的插放造型作为会议花卉的礼仪形式。

⑥灯光。会议场所的灯光应该明亮、柔和，既给人适宜的照明，又可减缓因会议时间过长而带来身体或精神上的疲劳。大型会议的会场应设计几套灯光，以便于会议颁奖、照相、演出等多种需要。

⑦座位①。会场内座位的布局要根据会议的不同规模、主题，选择合适的摆放形式。“而”字形的布局格式比较正规，有一个绝对的中心，因此容易形成严肃的会议气氛，如图 12-1所示。一些小型的、日常的办公会议及座谈会等通常在会议室、会议厅进行，可以根据需要将座位摆放成椭圆形、圆形、回字形、T 字形、马蹄形和长方形等，这些形式可以使参加会议的人坐得比较紧凑，彼此面对面，容易消除拘束感，如图 12-2 所示。座谈会、小型茶话会、联谊会等多选择六角形、八角形或者半圆形等布局形式。

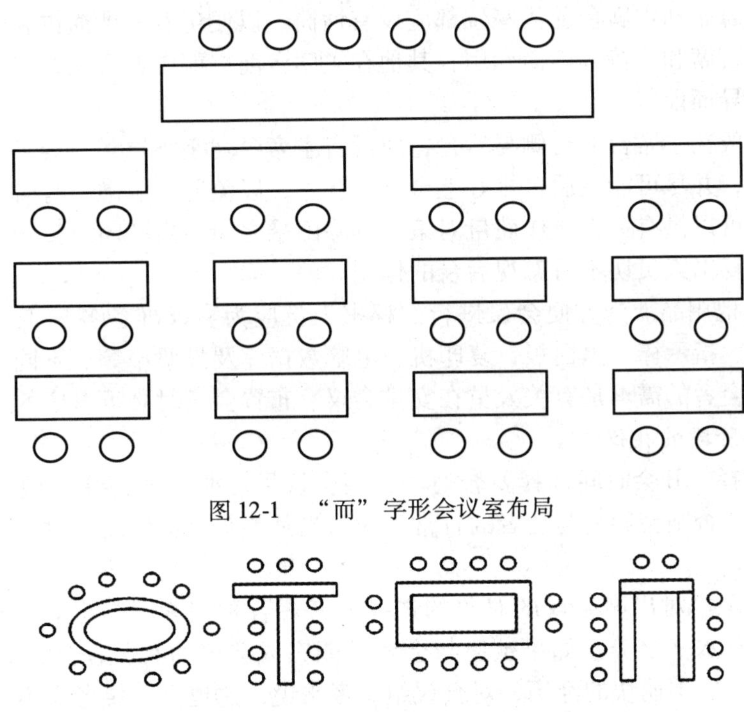

图 12-1　“而”字形会议室布局

图 12-2　椭圆形、T 字形、回字形、马蹄形会议室布局

① 杨海清．现代商务礼仪．北京：科学出版社，2006．

（3）主席台布置。主席台是会议的中心，也是会场礼仪的主要表现位置。主席台布置应与整个会场布置相协调。

①座位。主席台座位要满座安排，不可空缺。倘原定出席的人因故不能来，要撤掉座位，而不能在台上留空。主席台座位若有多排，则以第一排为尊贵。第一排的座位以中间为贵，依我国传统一般由中间按左高右低顺序往两边排开，即第二领导坐在最高领导左侧，第三领导坐在最高领导右侧，以此类推。如果人数正好成双，则最高领导在中间左侧，第二领导在中间右侧，以此类推。但目前国际上流行右高左低，因此安排涉外会议时，也要灵活依据有关规矩。时下一般处理方式为：开会以左为尊，宴请以右为尊。每个座位的桌前左侧要安放好姓名牌，既方便入座，也便于台下与会者和新闻采访人员辨认、熟悉有关人士。主席台座位不要排得太挤，桌上也不要摆放鲜花之类，以免阻碍视线，要便于主席团成员打开文件、做记录、翻阅讲话稿，并放置笔、茶水、眼镜等物。

②讲台。主席台的讲台应设于主席台前排右侧台口，讲台不能放在台中央，使主席团成员视线受妨碍。讲台上主要放话筒，也可适当放上一盆平铺的花卉。讲台桌面要便于发言者打开讲话稿或摆放相关材料。整个主席台的台口可围放一圈花卉，但要选低矮些的绿色品种。

③话筒。发言席和主席台前排座位都应设有话筒，以便于发言者演讲和会议主持人或领导讲话。一般发言席和主持人话筒专用，其他在主席台前排就座者合用两三个话筒，并且一般置放于主要领导面前。

④后台。一般在主席台的台侧与后台，应设有主席台就座领导和与会者的休息室，以便于安排他们候会，并尽可能在后台排好上台入座次序，以免造成混乱。有时会议会发生一些小意外，后台还可以供有关人员作商量对策、排除困难之用。主席团成员开会也可利用后台休息室。所以，秘书人员切不可忽视后台的作用。

（4）会议其他用品。为方便会议进行，秘书人员应为会议准备各种工作文具用品，如纸、笔、投影仪、指示棒、黑白板、复印机、电脑数据库及投票箱等。不同会议有各种不同的需求，满足与会者的需求是有关人员在安排会议、布置会场时必须考虑的。

2. 会议准备阶段的礼仪

（1）时间选择。开会时间选择要合适。大型会议尽可能避开公众节假日。同时注意会期不能安排太长，否则会影响与会者的日常工作，当某些紧急事件发生时，可以取消或延期举行会议。

（2）邀请对象。对出席会议的对象的选择要考虑各种因素，与会者既要有与会资格，又要有参与能力和水平修养。如果被邀与会者不能完成会议的有关任务，会感到痛苦或尴尬，使与会成了一次不愉快的经历，对会议组织者来说，这也是礼仪考虑不周的表现。

（3）详尽通知。会议通知的发送要做到：发得早——既便于与会者安排手头工作，又便于与会者为会议内容做准备；内容细——会议名称、届次、主要议题议程、出席范围、与会者应递交什么材料或做哪些准备、会期、会址等都应明明白白告知，便于与会者有备而来，从而提高会议效率；交代明——食宿如何安排、费用多少、交通线路怎样，都要交代清楚，以免造成麻烦。对特邀贵宾的通知，应派专人登门呈送，以示郑重。

3. 会议召开阶段的礼仪

（1）接站。一般会议都规定了报到日期。在报到日期应安排好接站。在车站、码头、机场等主要交通站点，用醒目的牌子标明“××会议接站”，使与会者一下交通工具就看见接站牌而安心。对所接到的与会者要表示欢迎，并慰问其旅途劳顿。

（2）登记。对到达报到地点的与会者，首先要做好签到、登记、收费、预订返程票、发放会议资料、发放会议身份证件等工作。这一过程应尽量在登记处一揽子解决，并应迅速办理，让与会者早点到客房休息。登记时，对与会者合理要求应尽量予以满足。大型会议的东道主应在会议召开前一天晚上，到会议各住宿地看望与会者，尤其是特邀贵宾和与会领导。

（3）联络。会议进行期间要注意与各小组联络，不要使一位与会者有被冷落的感觉。会议简报要对各小组的报道要相对均衡，不要只将视点聚焦于有大人物、有热点的小组，使其他小组产生不愉快心绪。

（4）安全。要确保每一个与会者的安全，包括其人身安全、财物安全及食品卫生安全。涉密会议还必须强调文件安全。秘书人员要尊重每一个与会者，但涉及机密时，必须按章办事。

（5）娱乐。若会期较长，在会议期间可安排一些影视放映和文艺演出，以调剂精神。也应鼓励与会者主动参与文体活动。可组织一些自娱自乐的卡拉 OK 演唱或球类、棋牌活动等，活跃会议气氛，调节与会者情绪。还可适当组织与会者参观游览，使会议节奏张弛得当。

4. 会议结束阶段的礼仪

（1）照相。如果会议有照相一项应早作安排，免得个别与会者提前离开而不能参与。早安排也可使与会者在离会前拿到照片。

（2）材料。发给与会者的材料要有口袋，以便于集中携带。如需收回的材料要早打招呼，发现有人未交，应尽早查问。不一致的意见不要写到会议的决议或纪要中去。要乐于为与会者提供复印材料，邮寄材料或其他物品等有关服务。

（3）送客。将与会者所订票交给其本人时，要仔细核对车次、航班或船期，并仔细向与会者交代。若有不对或不周之处，应主动承担责任。如果有人需要照顾而影响了其他人，应向其他人解释，以争取大家谅解。在每一个与会者离开时，都要热情相送，对集中离开的与会者，要尽可能准备车辆送他们去车站、机场或码头，对贵宾则必须送至机场登机处。

二、其他常见会议礼仪

1. 展览会礼仪

组织通过举办展览会，运用真实可见的产品和热情周到的服务、全面透彻的资料、图片介绍和技术人员的现场操作，吸引大量的参观者，使其留下深刻的印象。展览会是组织重要的公共关系活动之一。举办展览会要精心组织应做好以下细致全面的工作。

（1）展览会的组织。

①明确展览会的主题。每一次、每一种类型的展览会都应有明确的主题和目的。只有主题明确，才能提纲挈领，对所有的展品进行有机的排列组合，充分展示展品的风采。否则主题不明，眉毛胡子一把抓，很难把展品、各类资料有机地结合起来。杂乱无章，势必影响展览效果。

②搞好展览整体设计。任何一项展览都是一项系统工程，要求必须有一个详细的整体设计。包括展览场地、标语口号、展览徽章、参展单位及项目、辅助设备、相关服务部门的设置和人员安排、信息的发布与新闻界的联络、对工作人员的培训等，都需要全面设计，周密安排。否则在任何一个环节上安排不当，都会影响整个展览的效果。

③成立对外新闻发布机构。专门机构负责与新闻界进行密切的联系，展览过程中往往会发生许多有新闻价值的东西，这就需要有关人员以敏锐的观察力去挖掘、去分析并写成各种新闻稿件发表，以扩大影响，同时，要组成专门的机构，专门负责新闻发布的计划，如确定发布内容、发布时机、发布形式等，这样效果会更好些。

④进行展览的效果测定。展览的效果一般体现在观众对展品的反映，对组织形象的认识及对整个展览会从内容到形式的总体看法等方面。为了检验举办各类展览活动的目的是否达到，必须对展览效果进行检测。测定的方法很多，如设立观众留言簿，召开座谈会听取反映，检验公众对展品的留意程度等。

（2）展览会的礼仪。展览会的工作人员应当具备良好的素质，明确办展览的目的和主题，了解展览的知识和技能，具备与展览产品有关的专业素质，还要懂得礼仪，从各自不同的角度影响公众，使公众满意。

①主持人礼仪。主持人是一个展览会的操纵者，应该表现出决定性人物的权威性。在着装上，要穿西服套装、系领带，拿一个真皮公文包，显示出气派的样子，由此使公众也对其主持的展览会和产品产生信赖感。主持人的形象就是组织实力的一种体现。与宾客握手时，主持人应先伸出手去，等宾客先放手后再放手。

②讲解员礼仪。讲解员应热情礼貌地称呼公众，讲解流畅，不用冷僻字，让公众听懂，介绍的内容要实事求是，不弄虚作假，不愚弄听众。语调清晰流畅，声音响亮悦耳，语速适中。解说完毕，应对听众表示谢意。讲解员着装要整洁大方，打扮自然得体，不要怪异和过于新奇而喧宾夺主，应举止庄重，动作大方。

③接待员礼仪。接待员站着迎接参观者时，双脚略开，与肩同宽，双手自然下垂或在身后交叉，这种站姿不仅大方而且有力。站立时切勿双脚不停地移动，表现出内心的不安稳、不耐烦，也不要一脚交叉于另一只脚前，因为这是不友善的表示。接待人员不可随心所欲地趴在展台上或跷着“二郎腿”，嚼着口香糖，充当守摊者。随时与参观者保持目光接触，目光要坚定，不可游移不定，也不可眼看别处，要表示接待员的坦然和自信。

2. 联欢会礼仪

联欢会是一个宽泛的概念，它包括各种组织举办的节日联欢会（如新年联欢会、春节联欢会），各种文艺晚会（如歌舞晚会、电影晚会、戏曲晚会、相声小品晚会），游艺晚会等。联欢会对于提高组织凝聚力、向心力，活跃员工的文化生活，加强与外部公众的文化沟通，提高组织形象都起着积极的作用。联欢会重在娱乐，但也不可忽视其礼仪，否则会事倍功半。

（1）联欢会的准备。

①确定主题。为了使联欢会起到"教人"和"娱人"的双重作用，要精心确定联欢会的主题，使其有明确的指导思想和预期的目标。在此基础上选择联欢会的形式，适宜的形式对联欢会的成功意义重大，联欢会的形式可以不拘一格，可以不断创新。

②确定时间、场地。联欢会的时间一般应选在晚上，有时也可根据情况选择在白天。其会议长度一般在两小时左右为宜。联合会的场地选择非常重要，最好选择宽敞、明亮，有舞台、灯光、音响的场地。场地应加以布置，给人以温馨、和谐、喜庆、热烈之感。联欢会的座次要事先安排好，一般应将领导安置在醒目位置，其他公众最好穿插安排，以便于交流沟通。

③选定节目。要从主题出发来选定节目，尤其是开场和结尾的节目一定要精彩、有吸引力。节目应多种多样，健康而生动，各种形式穿插安排，不可头重尾轻，更不可千篇一律。正式的联欢会上，要把选定的节目整理编印成节目单，开会时发给观众，为观众提供方便。

④确定主持人。主持人是联欢会的关键人物，应选择仪表端庄，表达能力强，有一定的组织能力、应变能力，熟悉各项事物的人担当主持人。一场联欢会的主持人最好不少于两人（通常为一男一女）。主持人也不可过多，以免给人以凌乱无序之感。

⑤彩排。正式的联欢会一定要事先进行彩排。这样有助于控制时间、堵塞漏洞，增强演职人员的信心。非正式的联欢会也要对具体事宜逐项落实，做到万无一失。

（2）观众的礼仪规范。观众在参加联欢会，观看演出时应严守礼仪规范，这主要包括以下方面。

①提前入场。在一般情况下，在演出正式开始之前一刻钟左右，观众即应进入演出现场，注意不要迟到。入场后要对号入座，在自己的座位上就座时，要悄无声息，坐姿优雅。切勿将坐椅弄得直响，或坐姿不端。

②专心观看。参加联欢会观看节目时要专心致志，全神贯注。不能交头接耳，窃窃私语；不能进行通信联络，要自觉关闭手机等移动通信设备，或处于"静音"状态；不要吃东西，不要吸烟，更不能随意走动或大声讲话、起哄等。总之要自觉维护全场的秩序，保持安静，使联欢会顺利进行。

③适时鼓掌。当主要领导、嘉宾入场或退场时，全场应有礼貌地鼓掌。演出至精彩处时也应即兴鼓掌，但时间不宜太长，演出结束时可鼓掌以示感谢。对可能表演不佳的演员，要予以谅解，不要鼓倒掌，更不能吹口哨、扔东西等，因为这些做法是非常没有修养的表现。

演出结束时，全体演员登台谢幕时，观众应起立鼓掌，再次感谢演员的表演，不能熟视无睹，扬长而去。

3. 座谈会礼仪

邀请有关人员就某一个或某些问题召开会议，收集对某一个问题的反映，就某些方面的问题发表看法，是座谈的形式。座谈会要注意以下礼仪。

（1）发送通知。会议通知要发送及时，至少在开会的前一天发到与会者手中，因为座谈会大都要求与会者发言，早一天接到通知可以稍作准备。会议通知上要写明召开座谈会的时间、详细地点、座谈内容、举办单位名称。如果用电话通知，最好找到参加者本人接电话，表示郑重；如果托人转告，则不要忘了告知座谈会的主题，以免与会者懵懂而去，打无准备的仗，发生尴尬，这对与会者将是失礼的。

（2）会前礼仪。座谈会座位的安排，一般是与会者围圈而坐，主持人也不例外，以便创造一种平等的气氛。如果参加座谈会的人员互相间多为不认识的，主持人应该一一进行介绍，或引导他们做自我介绍，以融洽会议气氛。

（3）会中礼仪。座谈会开始时，主持者应首先讲明会议的主题以及被邀请者的类别，为什么邀请在座的来参加座谈会，以便使座谈者了解自己与这个座谈内容的联系，明确自己对座谈会的重要性，更积极主动地进入角色。如果开始有冷场现象，主持者可以引导大家先从比较容易作为话题的外围谈起，然后逐步逼近座谈会主题。采取点名的方法请某人先发言，是不得已而为之的。

座谈会请一定的对象来参加，就是希望大家来了后能畅所欲言，知无不言，言无不尽。话不在长短，而在于能包容较大的信息量。讲话的时候也不要求非得一个个轮着来，讲完一个算一个，像完成任务似的，允许你一言，我一语，鼓励大家插话和讨论。但插话时，切记不着边际地打“横炮”，也不要用反唇相讥、唯我独尊的方法和态度发言。要多用探讨、商榷的口气，即使有争论，也是冷静的，而不是冲动和粗暴的语言。

（4）结束礼仪。座谈会结束时，主持者应总结归纳大家的发言，并对大家发言提供的信息，参与座谈的态度给予肯定，表示座谈对于某项工作有积极的作用。最后，要向大家表示感谢。

4. 新闻发布会礼仪

发布会一般是指新闻发布会，又称记者招待会。政府、企业、社会团体或个人都可公开举行，邀请各新闻媒介的记者参加。举行发布会要注意如下礼仪。

（1）发布会的准备。筹备发布会，要做的准备工作很多，其中最重要的，要做好时机的选择、人员的安排、记者的邀请、会场的布置和材料准备等。

①时机的选择。在确定发布会的时机之前应明确两点。一是确定新闻的价值，即对某一消息，要论证其是否具有专门召集记者前来予以报道的新闻价值，要选择恰当的新闻“由头”。二是应确认新闻发表的最佳时机。以企业为例，新产品的开发、经营方针的改变或新举措、企业首脑或高级管理人员的更换、企业的合并、逢重大纪念日、发生重大伤亡事故等

事件时，都可以举行发布会。如果基于以上两点，确认要召开新闻发布会的话，要选择恰当的召开时机：要避开节日与假日，避开本地的重大活动，避开其他单位的发布会，还要避开与新闻界的宣传报道重点雷同或撞车。恰当的时机选择是发布会取得成功的保障。

②人员的安排。发布会的人员安排关键是要选好主持人和发言人。发布会的主持人应由主办单位的公关部长、办公室主任或秘书长担任。其基本条件是仪表堂堂，年富力强，见多识广，反应灵活，语言流畅，幽默风趣，善于把握大局、引导提问和控制会场，具有丰富的主持会议的经验。

新闻发言人由本单位主要负责人担任，除了在社会上口碑较好、与新闻界关系较为融洽之外，对其基本要求是修养良好、学识渊博、思维敏捷、能言善辩、彬彬有礼。

发布会还要精选一批负责会议现场工作的礼仪接待人员，一般由相貌端正、工作认真负责、善于交际应酬的年轻女性担任。

值得注意的是，所有出席发布会的人员均需在会上佩戴事先统一制作的胸卡，胸卡上面要写清姓名、单位、部门与职务。

③记者的邀请。对出席发布会的记者要事先确定其范围，具体应视问题设计范围或事件发生的地点而定，一般情况下，与会者应是与特定事件相关的新闻界人士和相关公众代表。组织为了提高单位的知名度，扩大组织的影响而宣布某一消息时，邀请的新闻单位通常多多益善；而在说明某一活动、解释某一事件，特别是本单位处于劣势而这样做时，邀请新闻单位的面则不宜过于宽泛。邀请时要尽可能地先邀请影响大、报道公正、口碑良好的新闻单位。如事件和消息只涉及某一城市，一般就只请当地的新闻记者参加即可。

另外，确定邀请的记者后，请柬最好要提前一星期发出，会前还应用电话提醒。

④会场的布置。发布会的地点除了可考虑在本单位或事件所在地举行外，还可考虑租用大宾馆、大饭店举行，如果希望造成全国性影响的，则可在首都或某一大城市举行。发布会现场应交通便利、条件舒适、大小合适。会议地点确定后，应实地考察，在会议召开前应认真进行会场布置，会议的桌子最好不用长方形的，要用圆形的，大家围成一个圆圈，显得气氛和谐、主宾平等，当然这只适用于小型会议。大型会议应设主席台席位、记者席位、来宾朋友席位等。

⑤材料的准备。在举行发布会之前，主办单位要事先准备好以下材料。一是发言提纲。它是发言人在发布会上进行正式发言时的发言提要，要紧扣主题，体现全面、准确、生动、真实的原则。二是问答提纲。为了使发言人在现场正式回答提问时表现自如，可在对被提问的主要问题进行预测的基础上，形成问答提纲及相应答案，供发言人参考。三是报道提纲。事先必须精心准备一份以有关数据、图片、资料为主的报道提纲，并认真打印出来，在发布会上提供给新闻记者。在报道提纲上应列出本单位的名称、联系方式等，便于日后联系。四是形象化视听材料。这些材料供与会者利用，可增强发布会的效果。它包括图表、照片、实物、模型、录音、录像、影片、幻灯片、光碟等。

（2）发布会进行过程中的礼仪。这主要包括以下内容。①搞好会议签到。要搞好发布会的签到工作，让记者和来宾在事先准备好的签到簿上签下自己的姓名、单位、联系方式等内容。记者及来宾签到后按事先的安排把与会者引到会场就座。②严格遵守程序。要严格遵守会议程序，主持人要充分发挥主持者和组织者的作用，宣布会议的主要内容、提问范围以及会议进行的时间，一般不要超过两小时。主持人、发言人讲话时间不宜过长，过长了则影响记者提问，对记者所提的问题应逐一予以回答，不可与记者发生冲突。会议主持人要始终把握会议主题，维护好会场秩序，主持人和发言人会前不要单独会见记者或提供任何信息。③注意相互配合。在发布会上，主持人和发言人要相互配合。为此首先要明确分工，各司其职，不允许越俎代庖。在发布会进行期间，主持人和发言人通常要保持一致的口径，不允许公开顶牛、相互拆台。当新闻记者提出的某些问题过于尖锐或难于回答时，主持人要想方设法转移话题，不使发言者难堪。而当主持人邀请某位记者提问之后，发言人一般要给予对方适当的回答，不然，对那位新闻记者和主持人都是不礼貌的。④态度真诚主动。发布会自始至终都要注意对待记者的态度，因为接待记者的质量如何直接关系到新闻媒介发布消息的成败。作为专业人士，记者希望接待人员对其尊重热情，并了解其所在的新闻媒介及其作品等；希望提供工作之便，如一条有发表价值的消息，一个有利于拍到照片的角度等，记者的合理要求要尽量满足。对待记者千万不能趾高气扬，态度傲慢，一定温文尔雅，彬彬有礼。

（3）发布会的善后事宜。发布会举行完毕后，主办单位需在一定的时间内，对其进行一次认真的评估善后工作。

①整理会议资料。整理会议资料有助于全面评估发布会会议效果，为今后举行类似会议提供借鉴。发布会后要尽快整理出会议记录材料，对发布会的组织、布置、主持和回答问题等方面的工作进行回顾和总结，从中吸取经验，找出不足。

②收集各方反映。首先要收集与会者对会议的总体反映，检查在接待、安排、服务等方面的工作是否有欠妥之处，以便今后改进。其次要收集新闻界的反映，了解一下与会的新闻界人士有多少人为此次新闻发布会发表了稿件，并对其进行归类分析，找出舆论倾向，同时，对各种报道进行检查，若出现不利于本组织的报道，应作出良好的应对策略。若发现不正确或歪曲事实的报道，应立即采取行动，说明真相；如果是由于自己失误所造成的问题，应通过新闻机构表示谦虚接受并致歉意，以挽回声誉。

三、签字仪式

签字仪式是组织与对方经过会谈、协商，形成了某项协议或协定，再互换正式文本的仪式。它是一种比较隆重的活动，礼仪规范也比较严格。

1. 草拟合同的礼仪

（1）明确合同的种类。在实际工作中，营销人员所接触到的商务合同种类繁多。除了常见的有购销合同之外，还有借贷合同、租赁合同、写作合同、加工合同、仓保合同、保险合同、货运合同、责任合同等。

（2）遵守合同的格式。从格式上讲，合同的写作有一定的规范。要求目的要明确，内容要具体，用词要准确、数据要精确、项目要完整、书面要整洁。

从具体的写法上来说，合同大体上有条款式和表格式两类。所谓条款式合同，指的是以条款形式出现的合同。所谓表格式合同，则是以表格的形式出现的合同。它们在写法上都有各自的规范，营销人员在实践中必须严格遵守，不可随意改动。一般来说，标的、费用和期限被称为合同内容的三大要素。在任何一项合同中，都应当三者齐全，缺一不可。如果从具体的条款撰写上来讲，则一项合同至少需要具备标的、数量或质量、价款或酬金、履约期限与地点及其方式、违约责任等五大基本内容。对于这些规范，营销人员必须自觉地遵照执行。

（3）拟订合同应注意的问题。在草拟合同时，除了在格式上要标准、规范之外，同时还必须注意四个方面的关键问题。

①草拟合同必须遵守法律。这甚至已经超出了礼仪的范畴，但也是一种更高层次、更具有震撼力的礼仪规范，是最高礼仪规范，如果连国家的法律都不遵守，那还有什么礼仪规范可言呢？所以这条看似简单且又容易被忽视的内容，其实是绝对不能够可有可无的。由此就要求参与商务签约活动的负责人必须增强自己的法制观念，必须熟悉商务签约所涉及的相关法律法规规章知识，必须要求参与草拟合同文本的工作人员应当熟悉相关法律法规规章知识，并逐条对照法律法规规章进行研判，力求使所拟条款完全合法。如果是草拟涉外商务合同的话，还必须要遵守国际法或相关国家的法律。

②草拟合同必须符合惯例。在遵守国家法律法规规章的基础上，还必须要遵守国内商务惯例，包括文本的行文格式、内容表述、抬头和落款等都必须符合惯例，否则会让对方产生歧义，严重时，可能无法接受该合同。从礼仪的角度看，不按惯例行文，也是不尊重对方或他方的表现。如果是涉外商务合同，还必须遵循国际法和国际惯例。

③草拟合同必须合乎常识。这些常识至少应包括商品知识、金融知识、运输知识、保险知识、商业知识、签署合同所涉及的法律方面的知识、公文知识、合同知识，等等。需要注意的是，合同应力求简约明了，表述应当清晰流畅，以便于双方在达成共识的过程中不产生任何歧义。

④草拟合同必须顾及对手。也就是要顾及对手的感受，这是商务签约礼仪的基石，离开了这块基石，就没有礼仪规范可言。所谓要顾及对手的感受，最重要的就是要转变零和博弈的传统观念，合同双方，也就是竞争与合作的双方，一般应树立起双赢的思想，不要只考虑自身利益，在市场竞争日益激烈的今天，没有“双赢”的思想，将很难达成合同双方的意愿，进而也就无法达成签约的目标。因此，顾及对手利益，从某种意义上说，也等于是顾及自己的利益，尤其是，双赢还有利于双方今后的长期合作，使新约的签订和履行更为顺利。

2. 签字仪式的准备

签字仪式是组织具有“里程碑”意义的大事，应予以充分准备，做到万无一失。

（1）准备待签文本。洽谈或谈判结束后，双方应指定专人按谈判达成的协议做好待签文本的定稿、翻译、校对、印刷、装订、盖印等工作。文本一旦签字就具有法律效力，因此，对待文本的准备应当郑重严肃。

在准备文本的过程中，除了要核对谈判协议条件与文本的一致性以外，还要核对各种批件，主要是项目批件、许可证、设备文件、用汇证明、订货卡等是否完备，合同内容与批件内容是否相符等。审核文本必须对照原稿件，做到一字不漏，对审核中发现的问题，要及时互相通报，通过再谈判，达到谅解一致，并相应调整签约时间。在协议或合同上签字的有几个单位，就要为签字仪式提供几份样本。如有必要，还应为各方提供一份副本。与外商签订有关的协议、合同时，按照国际惯例，待签文本应同时使用宾主双方的母语。

待签文本通常应装订成册，并以仿皮或其他高档质料作为封面，以示郑重。其规格一般为大八开，所用的纸张务必高档，印刷务必精美。作为主方应为文本的准备提供准确、周到、快捷的服务。

（2）布置签字场地。签字场地有常设专用的签字厅，也有临时以会议厅、会客室来代替的。布置它的总原则是要庄重、整洁、清净。

一间标准的签字厅，应当室内铺满地毯，除了必要的签字用桌、椅外，其他一切的陈设都不需要，正规的签字桌应为长桌，其上最好铺设深绿色的台布。

按照仪式礼仪的规范，签字桌应当横放。在其后，可摆放适量的椅子。签署双边性合同时，可放置两张椅子，供签字人就座。签署多边性合同时，可以仅放一张椅子，供各方签字人签字时轮流就座。也可为每位签字人都各自提供一张椅子。

在签字桌上，应事先安放好待签文本，以及签字笔、吸墨器等签字时所用的文具。

与外商签署涉外商务合同时，须在签字桌上插放有关各方的国旗。插放国旗时，在其位置与顺序上，必须依照礼宾序列而行。例如，签署双边性文本时，有关各方的国旗须插放在该方签字人椅子的正前方。如签署多边性合同、协议等时，各方的国旗应依一定的礼宾顺序插在各方签字人的身后。

（3）安排签字人员。在举行签字仪式之前，有关各方应预先确定好参加签字仪式的人员，并向其有关方面通报。客方尤其要将自己一方出席签字仪式的人数提前给主方，以便主方安排。签字人要视文件的性质来确定，可由最高负责人签，但双方签字人的身份应该对等。参加签字的有关各方事先还要安排一名熟悉签字仪式详细程序的助签人，并商定好签字的有关细节。其他出席签字仪式的陪同人员，基本上是双方参加谈判的全体人员，按一般礼貌做法，人数最好大体相等。为了表示重视，双方也可对等邀请更高一层的领导人出席签字仪式。

由于签字仪式的礼仪性极强，签字人员的穿着也有具体要求。按照规定，签字人、助签人及随员，在出席签字仪式时，应当穿着具有礼服性质的深色西装套装或西装套裙，并且配以白色衬衫与深色皮鞋。

在签字仪式上露面的礼仪、接待人员，可以穿自己的工作制服，或是旗袍一类的礼仪性服装。签字人员应注意仪态、举止，要落落大方，得体自然，既不要严肃有余，也不要过分喜形于色。

3. 签字仪式的程序

虽然签字仪式的时间不长，但它是合同、协议签署的高潮，其程序规范、庄重而热烈。主要有以下几项。

（1）签字仪式开始。有关各方人员进入签字厅，在既定的位次上坐好。签字者按照主居左，客居右的位置入座，双方其他陪同人员分主客两方以各自职位、身份高低为序，自左向右（客方）或自右向左（主方）排列站于各签字人之后，或坐在己方签字者的对面。双方助签人分别站在己方签字者的外侧，协助翻揭文本，指明签字处，并为业已签署的文件吸墨防洇。

（2）签字人签署文本。签字人签署文本通常的做法是先签署己方保存的合同文本，再接着签署他方保存的合同文本，这一做法在礼仪上称为“轮换制”。它的含义是在位次排列上，轮流使有关各方有机会居于首位一次，以显示机会均等，各方平等。

（3）交换合同文本。双方签字人，正式交换有关各方正式签署的文本，交换后，各方签字人应热烈握手，互致祝贺，并相互交换各自方才使用过的签字笔，以志纪念。这时全场人员应该鼓掌，表示祝贺。

（4）共同举杯庆贺。交换已签订的合同文本后，礼仪小姐会用托盘端上香槟酒，有关人员，尤其是签字人当场干上一杯香槟酒，这是国际上通用的旨在增添喜庆色彩的做法。

（5）有秩序退场。接着请双方最高领导者及客方先退场，然后东道主再退场。整个签字仪式以半小时为宜。

四、开业仪式

开业仪式，是指在单位创建、开业，项目完工、落成，某一建筑物正式启用，或是某工程正式开始之际，为了表示庆贺和纪念，按照一定的程序所隆重举行的专门的仪式。筹备和举行开业仪式始终应按着“热烈、隆重、节约、缜密”的原则进行。

1. 开业庆典的筹备

（1）做好开业庆典的舆论宣传工作。此类工作包括两个方面。一是选择有效的大众传播媒介进行集中性的广告宣传。企业可在报纸、电台、电视台广泛发布广告或在告示栏中张贴开业告示，其内容多为开业庆典举行的日期及地点、开业之际对顾客的优惠、开业单位的经营范围及特色等，以引起公众的注意。开业广告或告示发布时间在开业前的三天内为宜。二是邀请有关的大众传播界人士在开业庆典举行之时到场进行采访、报道，以期对本单位作进一步的正面宣传。

（2）做好来宾邀请工作。开业庆典影响的大小，往往取决于来宾的身份高低与数量多少。在力所能及的条件下，要力争多邀请一些来宾参加开业庆典。地方领导、上级主管部门与地方职能管理部门的领导、合作单位与同行单位的领导、社会团体的负责人、社会名流、新闻界人士，都是邀请时应予优先考虑的重点。其中新闻界人士是邀请的首要对象。

（3）发放请柬。提前一周发出请柬，便于被邀者及早安排和准备。请柬的印制要精美，内容要完整，文字要简洁，措辞要热情。被邀者的姓名要书写整齐，不能潦草马虎。一般的请柬可派人送达，也可通过邮局邮寄。给有名望的人士或主要领导的请柬应派专人送达，以表示诚恳和尊重。

（4）布置现场。应突出喜庆、热闹的气氛，营造出一种隆重而令人振奋的氛围。开业庆典多在开业现场举行，需要较为宽敞的活动空间，所以正门之外的广场、正门之内的大厅、展厅门前等处均可作为开幕仪式的举行地点。按照惯例，举行开业典礼时宾主一律站立，故一般不布置主席台及座椅。为显示隆重与敬客，可在来宾尤其是贵宾讲话之处铺设红色地毯，并在场地四周悬挂横幅、标语、气球、彩带、宫灯。此外，还应当在醒目之处摆放来宾赠送的花篮、牌匾等。

（5）准备开幕词、致词。仪式开始，组织的负责人致词，向来宾表示感谢，并介绍本组织的经营特色和服务宗旨等。上级领导和来宾可在会上致词祝贺，在祝贺中应多讲一些祝愿的话，但要注意限制发言时间。开幕词、致词要言简意赅、热情庄重，起到密切感情、增加友谊的作用。

（6）做好接待服务工作。接待人员在会场门口接待来宾，待来宾签到后，引导来宾就位。重要来宾须由本单位主要负责人亲自出面接待，其他来宾可由本单位的礼仪小姐负责接待。若来宾较多，应准备好专用的停车场、休息室，并应为其安排饮食。

（7）要做好礼品馈赠工作。开业庆典赠与来宾的礼品应具有以下三大特征。第一，宣传性。可在礼品及其外包装上印上本单位的企业标志、广告用语、产品图案、开业日期等。第二，荣誉性。要使之具有一定的纪念意义，让拥有者对其珍惜、重视，并为之感到光荣和自豪。第三，独特性。它应当与众不同，具有本单位的鲜明特色，使人爱不释手。

（8）拟定典礼程序。从总体上来看，开业庆典大都由开场、过程、结局三个阶段构成。

①开场。奏乐，邀请来宾就位，宣布仪式正式开始，介绍主要来宾。

②过程。这是开业庆典的核心内容，它通常包括本单位负责人讲话、来宾代表致词、启动某项开业标志等。

③结局。包括开业庆典结束后宾主一道进行现场参观、联欢、座谈等。它是开业庆典必不可少的内容。

（9）做好各种物质准备

①用品准备。如来宾的签到簿、本单位的宣传材料、待客的饮料等。

②设备准备。对于音响、录音录像、照明等设备及开业典礼所需的各种用具、设备，必须事先认真检查、调试以防在使用时出现差错。一般在开会前一小时应再验收一下。

2. 参加开业庆典的礼仪

（1）主办方礼仪。这主要包括以下内容。仪容整洁。出席典礼的人员事前要做适当修饰。女士要适当化妆，男士应梳理好头发，刮净胡须，服饰规范。最好着统一式样的服装，如果着装不统一，也至少要保证男士穿深色西装或中山装，女士穿深色西装套裙或套装。

请柬的发放应及时，无遗漏。

安排好座位、座次，安排好来宾的迎送车辆等。

遵守时间，不得迟到、无故缺席或中途退场。仪式应准时开始，准时结束。

态度友好，见到来宾要主动热情的问好，对来宾提出的问题应予以友善的答复。当来宾发表贺词后，应主动鼓掌表示感谢。主办方人员不得嬉笑打闹，不要东张西望，表现出心不在焉的样子。

（2）宾客礼仪。宾客应准时参加开业庆典，如有特殊情况不能到场，应尽早通知主办方，说明理由并表达歉意。到场后应礼貌地与周围的人打招呼，可通过自我介绍互换名片等方式结识更多的朋友。可以选择花篮、镜匾、楹联等作为贺礼，以表示对开业方的祝贺，并在贺礼上写明庆贺对象、庆贺缘由、贺词及祝贺单位以示恭贺。如果作为来宾代表致贺词要简短精练，以贺顺利、发财、兴旺的吉利话为主，不能随意发挥。庆典过程中要积极配合主办方的活动和安排，对合影、跟随参观、写留言等予以礼节性的支持。仪式结束后应和主办人握手告别，并致谢意。

五、剪彩仪式

剪彩仪式是有关组织为了庆贺其成立开业、大型建筑物落成、新造的车船和飞机出厂、道路桥梁落成后首次通车、大型展销会、展览会的开幕而举行的一种庆祝活动。

剪彩作为一种庆典仪式，可以在开业典礼中举行，也可举行专门的剪彩仪式，以期引起社会各界的重视。剪彩仪式起源于美国。据说美国人做生意保留着一种习俗，即一清早必须把店门打开，为了使人们知道这是一个新开张的店铺，还要特地在门前横系上一条布带。因为这样做既可以防止店铺未开张前闯入闲人，又能起到引人注目、标新立异的作用。等店铺正式开张时才将布带取走。1912 年，美国的圣安东尼州的华狄密镇上有一家大百货公司将要开张，老板威尔斯严格地按照当地的风俗办事，在早早开着的店门前横系着一条布带，万事俱备，只等开张。这时，老板威尔斯十岁的女儿牵着一条哈巴狗从店里匆匆跑出来，无意中碰断了这条布带。这时在门外等候的顾客及行人以为正式开张营业了，蜂拥而入，争先恐后地购买货物，真是生意兴隆。不久，当老板的一个分公司又要开张时，想起第一次开张时的盛况，又如法炮制。这次是有意让小女把布带碰断，果然财运又不错。于是，人们认为让女孩碰断布带的做法是一个极好的兆头，因而争相效法，广为推行。此后，凡是新开张的商店都要邀请年轻的姑娘来撕断布带。后来，人们又用彩带取代色彩单调的布带，并用剪刀剪代替用手撕，有讲究的还用金剪子。这样一来，人们就给这种正式做法取了个名——“剪彩”。剪彩的人也逐步被一些德高望重的社会名流甚至是国家元首代替。剪彩通常要遵循以下礼仪规则。

1. *邀请参加者*

参加剪彩仪式的人员主要分为：主办单位负责人和组织仪式的人员，上级领导、主管单位负责人、知名人士、记者等来宾；主办单位企业的员工；有关管理人员和技术人员。通过参加仪式，参加者身临其境，感受项目或展览的重要，从而形成深刻难忘的印象。对仪式的参加者应做好接待工作。当宾客到达时，接待人员要请宾客签到，然后引领他们到指定的位置上。

2. 做好准备工作

剪彩仪式的主席台要事先布置好，主席台要蒙好台布，摆放茶水和就职人员的名牌。为了增添热烈而隆重的喜庆气氛，可以邀请礼仪小姐参加仪式。礼仪小姐可从本组织中挑选，也可到礼仪公司聘请。对礼仪小姐要求仪容、仪表、仪态文雅、大方、端庄。着装宜选择西式套装或红色旗袍，穿高跟鞋，配长筒丝袜，化淡妆，并以盘起发髻的发型为佳。人员确定后，要进行必要的分工和演练。剪彩仪式的用品如剪刀、白纱手套、托盘应按剪彩者人数配齐，系有花结的大红缎带约 2 米，馈赠的纪念性小礼品也应准备好。

3. 剪彩者形象

剪彩者是剪彩仪式的主角，其仪表举止直接关系到剪彩仪式的效果和组织形象。因此作为剪彩者，要有荣誉感和责任感，衣着大方、整洁、挺括，容貌要适当修饰，剪彩过程中要保持稳重的姿态、洒脱的风度和优雅的举止。

4. 仪式开始

仪式主持人在宣布仪式开始时，声音要高亢响亮。然后，向到会者介绍参加剪彩仪式的领导人、负责人与知名人士，并对他们表示谢意，同时，也对在场的其他与会者表示感谢。感谢还要用掌声表示，主持人把两手高举起一些，以作为对引导在场各位鼓掌的暗示。仪式上可以安排简短发言，言简意赅，充满热情，两三分钟即可，发言者一般为东道主的代表，向东道主表示祝贺的上级主管部门、地方政府及其他协作单位的代表。

5. 进行剪彩

主持人宣布正式剪彩之后，剪彩者应在礼仪小姐的引导下，步履稳健地走向剪彩位置，如有几位剪彩者时应让中间主剪者走在前面，其他剪彩者紧随其后走向自己的剪彩位置。主席台上的人员一般要尾随至剪彩者之后 1 ~ 2 米处站立。当礼仪小姐用托盘呈上白手套、新剪刀时，剪彩者可用微笑表示谢意并随即接过手套和剪刀。剪彩前要向手拉缎带的礼仪小姐点头示意，然后，全神贯注、表情庄重地将缎带一刀两断，如果几位剪彩者共同剪彩，要注意协调行动，处在外端的剪彩者应用眼睛余光注视处于中间位置的剪彩者的动作，力争同时剪断彩带。还应与礼仪小姐配合，让彩球落于托盘中，剪彩者在放下剪刀后，应转身向周围的人鼓掌致意，并与主人进行礼节性的谈话，然后在礼仪小姐引导下退场。

6. 参观庆贺

剪彩后，一般要组织来宾参观工程、展览等。有时候要宴请宾客，共同举杯庆祝。

六、商务旅行的准备

1. 明确目的

常见的商务旅行目的有推销、洽谈业务、参观访问、出席会议、签订合同、实地考察等。只有明确了旅行的目的，才能有的放矢地做好旅行的各项准备工作，不至于浪费时间或者准备不足。

2. 制订商务旅行计划

制订商务旅行计划时要综合考虑时间、地点、气候及当地的交通状况选择合适的交通工具，同时与拜访的对方或者会议的主办方取得联系，安排好日程。一般而言，日程安排应尽可能详尽，以确保万无一失。

旅行计划中应包括日期；出发、到达、会晤的具体时间；目的地、中转站，以及旅行中开展各项活动及食宿的地点；交通工具安排；参观访问、会议、洽谈、宴请、私人活动等具体事项；要注意的其他事项，如特殊服务、时差、当地风俗习惯和礼仪及当地联系人与宾馆等的详细信息。旅行计划完成之后可以一式几份，一份留给自己，一份给家人，一份给你的秘书，还可以留一份存档。

3. 准备携带物品

商务人员常因商务洽谈或商务考察而出差旅行，每次差旅，除携带一些生活用品外，还要准备一些与本次差旅主要活动相关的物品。因此，要注意携带和使用的基本礼仪。

（1）业务资料。旅行时要带上业务联系所需的全部工作资料。并且要将这些资料分门别类地用卷宗、文件夹等妥善放置。一般常携带以下业务资料。

①协议或合同文本、报价资料、工程图表等。协议或合同文本要提前准备好，以便随时同客户成交签字；报价资料除准备本公司的，还应备有其他公司同类产品的价格，方便客户比较；工程图表等资料可使客户对企业或工程有更进一步的了解。

②公司资料。除公司情况简介、产品说明等资料外，还可准备一些权威机构的评价、报纸的宣传、实际销售场景的照片等。

③谈判对方人员名单及背景资料或客户名单。如果是因商务洽谈而出差，就要事先充分了解对手的情况，做到“知己知彼”；如果是因推销产品而出差，则可将购买并使用本公司产品的客户名单整理成册，起到加强说服力的作用。

④翻译文本。若有外宾参加或有涉及语言的问题，应及时配备相应语言的翻译，有关资料需要翻译的，也应提前准备好。

⑤考察文件目录。如果是去商务考察，则还应提前对考察对象做一个初步了解，对希望考察的内容，理一份目录清单或访谈问题清单，这样才能在有限的时间内，把需要了解的问题了解得系统而全面。

⑥礼品的准备。对初次见面的客户应准备小礼品，最好是公司专门制作的赠品或者有地方特色的产品（若有公司标志则最佳），可以让用户睹物思人，时刻记住你的公司。

（2）办公用品。这是商务人员处理公务时经常需要使用的一些备用品，如公文包、名片、钢笔、记事本、计算器、笔记本电脑等。要保证在需要的时候，这些物品能够信手拈来，办公用品的准备，可从一个侧面展现商务人员细致、严谨、认真的工作作风。

①公文包。公文包内的物品，应均与商务活动有关，而且放置有序。要绝对避免在人面前拿包取物时，给人包内物品乱七八糟的印象，同时还应注意保持取出物品干净、整齐。根据公文包的款式，可采用夹、提等方式携带，不要随便肩扛、肩背，甚至提在手中乱甩。在街头行走时，注意不要用包撞人。出门做客时，公文包不可乱放，应放在自己的腿上或身旁，这样取用方便。

②名片。需携带的名片应放在专门的名片盒内，名片盒可放在公文包内，使用时随时从公文包内取出。对方赠送的名片根据自己工作的需要分类后，放入专门的名片夹或名片册妥善保存。

③钢笔。许多正式场合只允许使用钢笔，因此，商务人员出差在外必须随身携带一支钢笔。钢笔的款式要大方，颜色以素雅为宜。墨水的颜色宜选择蓝黑色或黑色。如同时携带两支钢笔，墨水的颜色应一致。所携带的钢笔可放在公文包内或放在西服左侧的内袋里。

④记事本。经常使用记事本，可随时记录下所需信息，以便日后查用。记事本要随身携带，但只应记录与工作有关的事情，不要在上面乱写乱画。记事本以实用雅观为原则。现在市场上有一种每年一册的效率手册，大都一天一页，有的还可以用来精确地安排每一小时的工作，用它代替记事本既经济又实用。记事本宜放在随身携带的公文包内。

⑤计算器。在数字的计算上，口算、心算、笔算都难以准确无误，若随身携带一只计算器，就相对方便许多，它既省时，又能提供准确可靠的数据。计算器可放在随身携带的公文包内，体积小的，也可放在衣服口袋里。

⑥手机。手机的携带，既要考虑方便使用，又应注意形象。可放在公文包里或专用的手包里，亦可放在西装上衣左边的内侧口袋里。

⑦笔记本电脑。在现代的社会中，高效率、快节奏已是工作的主旋律，移动办公、上网、到自己信箱里查找文件或随时调用资料，笔记本电脑都是必不可少的。出差在外，如果需给对方展示一些文件，则该文件一定做好备份带上（多使用光盘或磁盘，或随同前往的其他人员再携带一台笔记本电脑，把相关文件备份其中，确保万无一失）。

（3）个人必需物品。除上述用品外，商务人员还需携带一些为证明身份或方便生活的个人必需物品。这包括以下内容。

①文件类物品。旅行计划和日程表、相关地址、电话通讯录、机票、车票、身份证、护照、名片、介绍信、地图、信用卡等。

②衣物药品。常用药品可携带一些晕车药、感冒药、肠胃药等；服装可以根据气候和活动内容准备正装、休闲装、睡衣、礼服等。

③盥洗用品。现在，有些宾馆、酒店已不再提供盥洗用品了，因此，商务人员要事先有所准备。

七、乘交通工具礼仪

商务人员的出行不同于一般的观光旅游，它是现代商务人员工作的重要组成部分。商务人员在出行的过程中始终代表着所在企业的形象，甚至代表着国家的形象。所以，无论在哪里，无论在什么情况下，商务人员都应该展示其良好的职业风范，体现良好的礼仪素养。

1. 乘坐轿车礼仪

（1）讲究上下车顺序。同女士、长者、上司或嘉宾乘双排座轿车时，应先主动打开车后排的右侧车门，请女士、长者、上司或嘉宾在右座上就座，然后把车门关上，自己再从车后绕到左侧打开车门，在左座坐下。到达目的地后，若无专人负责开启车门，则自己应先从左侧门下车后绕到右侧门，把车门打开，请女士、长者、上司或嘉宾下车。

（2）注意车上谈吐举止。在轿车行驶过程中，乘车人之间可以适当交谈，但不宜过多与司机交谈，以免司机分神。话题一般不要谈及车祸、劫车、凶杀、死亡等使人晦气的事情，也不要谈论隐私性内容及一些敏感且有争议的话题，可以讲一些沿途景观、风土人情或畅叙友情等能够使大家高兴的事，使大家的旅行轻松愉快。举止要文明，不要在车内吸烟，因为车内相对封闭容易使空气浑浊。不要在车内脱鞋赤脚，女士不要在车内化妆。不要在车内乱吃东西、喝饮料，不要在车内吐痰或向车外吐痰，更不要通过车窗向车外扔东西，这是有损形象和社会公德的。

（3）注意进出车的举止。尤其是女士更要注意进出小轿车时举止优雅得体。进车时，首先开门后手自然下垂，可半蹲捋整裙摆顺势坐下，依靠手臂作支点腿脚并拢抬高，继续保持腿脚并拢姿势，脚平移至车内，略调整身体位置，坐端正后，关上车门。（选自：杨青青．杨青青教你学礼仪．长沙：湖南科学技术出版社，1999.）。出车时双脚膝盖并拢抬起，同时移出车门外，身体可以随转，着裙装时小腿膝盖都要并拢并同时移出车门。身体保持端坐状态，侧头，伸出靠近车门的手，打开车门，然后略斜身体把车门推开。双脚膝盖并拢着地，一手撑座位，一手轻靠门框，身体移出车门。当身体从容从车身内移出，双脚可分开些，但保持膝盖并拢，起身直立身体后，转身关车门，关车门时不要东张西望，而是面向车门，好像关注的样子。

2. 自驾车礼仪

（1）严格遵守交通规则。驾驶车辆须严格遵守交通规则，你的方向盘就是你的形象。驾驶人员应该树立正确的驾驶观念，把遵守交通规则当作保护自己和他人生命财产的一种方式。上车后，行驶之前，务必系好安全带，这是出于对自身安全的考虑。安全带在发生碰撞或紧急刹车时会迅速收紧，能有效防止身体撞到前面坚硬的物体（如转向盘等）。带有安全气囊的车辆，乘员必须系好安全带；否则，气囊起爆时，气囊弹出就会带来致命的伤害。系安全带时，将安全带慢慢平顺拉出，使安全带位于肩与颈根部之间，通过胸部适当位置，将搭口插头插入插座，当听到“喀”的一声为止。系安全带不正确，一旦发生交通事故就不能充分发挥其作用。解除安全带时，用左手拿安全带，用右手按下安全带纽扣将其摘下。左手慢慢将其放回去。注意不要马上松手，防止金属扣弹回打碎玻璃或者打伤自己。

(2) 养成良好的行为习惯。驾驶人员要注意自己的道德修养，养成良好的行车习惯，在一些细小的做法上都要注意自己的行为举止。如驾驶人员在驾驶过程中，将痰吐到随身携带的废纸中，停车后扔入垃圾箱中，不往车外吐痰；把废纸和其他废弃物扔到随车携带的垃圾箱或等车辆停止后扔到道路边的垃圾箱内，不要开着车突然把包装纸、烟头等从车窗扔出去，也不要在停车收拾完垃圾后直接把东西往地上一扔，弄得车外遍地都是；为保持车内新鲜的空气，不要在车里抽烟；进出轿车时，替女士开（关）门是男士应有的风度，一只手开门，另一只手垫在车门顶上，万一女士不小心一抬头撞到门顶的时候，撞到的是你的手而不是金属门；道路拥挤或车辆堵塞时，要有等待的耐心，这也是一种涵养；清洗自己的车辆时，不仅要考虑保持车辆外观整洁，还要保持周围的环境整洁等。

(3) 安全礼让。驾驶人员在行车中，经常会遇到违章行驶、占道抢行、强行超车等不讲文明礼貌的行为。此时，驾驶人员应正确处理好有理与无理的关系，要宽容、大度和注意礼让；经常保持冷静的心态，“宁可有理让无理，不可无理对无理”，尽量避免引起事端。要做到：①发现前方道路或路口堵塞，应按顺序减速或停车，等前方路口疏通后或前方车辆开始行驶时，再尾随继续行驶；②与其他人员发生争执时，应该耐心分辨，理智处理，不要带着情绪驾车。俗话说，退一步海阔天空；③遇违章超车和强行占道行驶的车辆，应注意避让。

(4) 助人为乐。要做到以下几点。①行车中，发现有需要援助的车辆时，应该减速停车，给对方以帮助。②发现其他车辆陷入损坏路段而不能行驶时，应尽力给予帮助。③遇其他驾驶人员向自己询问路线时，应耐心回答，实事求是。④发现其他驾驶人员行驶的路线不正确时，应及时提醒，耐心回答和解释。⑤前方遇有交通事故，需要帮助时，应减速停车，协助对方，保护事故现场，并立即报警。⑥发现其他驾驶人员的车辆有隐患或驾驶操作方法不正确时，应及时提醒对方，以防事故的发生。

(5) 文明行车。驾驶人员在行车中，必须严格遵守法律、法规和规章，始终坚持文明驾驶，礼让行车；做到不开英雄车、冒险车、赌气车和带病车。要做到以下几点。①直行车辆，发现前方是红灯时，在本车道减速停车，等待放行信号。②车辆行驶时，发现本车道前方的车辆行驶速度比较慢，应开启转向灯，在不妨碍其他车道车辆行驶的情况下，变更车道超越；也可减速慢行，保持安全的距离尾随其后。③车辆行驶时，发现后车示意超车，应减速慢行，靠边行驶，给对方让出超车空间。④超车时，前方车辆不减速，应停止超车，与前方车辆保持安全的距离，或减速慢行，或变更车道。⑤超车时，发现前方车辆正在超车，应减速慢行，让前方车辆先超车。⑥当汽车经过积水路面时，应特别注意减速慢行，以免泥水飞溅到道路两侧行人身上。⑦驾车行经人行横道或繁华街道，要减慢车速，礼让行人。驾驶车辆通过有老人或儿童的路段，应减速慢行，确认安全后方可通过，以免行人受到惊吓，发生意外。⑧夜晚开车时要适时交换远近灯光，避免干扰对方司机。⑨经过不允许鸣喇叭的路段，应注意安全，禁止鸣喇叭；行经没有禁止鸣喇叭的路段时，驾驶人员应尽可能地少鸣喇叭，以免影响其他人群的正常工作。⑩开车去接人可事先打电话告诉对方，不要在楼下狂按喇叭。如果是休息时间停在居民楼附近等人，不要把音响声音开得太大。如果要等一会儿，要停好车，乱停车会给别人造成不便。

（6）规范停车。停车时，要清楚前后左右的情况，不要堵住别的车，也不要堵住行人和自行车的习惯通道，不要堵别人的门口，不仅招人讨厌，还容易被蹭到。建议不要占用绿地停车，不要堵在小区出入口，不要停在垃圾站门前。不管车位拥挤与否，都应该按车位线或按大家停车的方向停车，不管技术好不好，都请尽量与别的车靠近，给后来的车留出车位。如果实在没车位，又一定要短暂停留，可在车上贴个字条写上自己的电话，告知需要挪车时电话联系你。不要不管不顾地停，因为后果很难预料，特别注意不要随便停车。

此外，要保持车容的整洁，这也是为都市增色。同时，为了您和他人的安全，千万别酒后开车。

3. 乘飞机礼仪

飞机是目前世界上最快捷的交通工具，具有速度快、时间短、乘坐舒适等特点，很适合人们的旅行。由于空中旅行与地面旅行有很多差异，必须注意以下礼仪。

（1）登机前的礼仪。乘坐飞机要求提前一段时间去机场。国内航班要求提前半小时到达，而国际航班需要提前一小时到达，以便留出托运行李，检查机票、身份证和其他旅行证件的时间。大多数机场的登记行李和检查制度效率很高，等待时间很短。但有时飞机起飞时间快到了，而你却排在长长的人龙后面，这会使你心生焦虑。一方面这时要注意礼节，耐心等候。另一方面也是提醒你以后要提前去机场。

乘飞机需要尽可能轻便。手提行李一般不超过 5 千克，其他能托运的行李要随机托运。在国际航班上，对行李重量有严格限制。经济舱的旅客可携带 44 磅左右，头等舱的旅客可携带 66 磅。如果多带行李，则超重的部分每磅按一定的比价收钱。随机托运行李时尽可能将几个小件行李集中放在一个大袋中，这样可以节省时间，又避免遗失。为了避免在安全检查中耽搁时间或出现不快，应将带有金属的物品装在托运的行李中。为了在国外开会时有一套整洁、挺括的衣服，大多数大型飞机上，还可以携带装衣服的挂袋，如西装挂袋，你可请空中乘务员将挂袋挂在专门的柜子里。随机托运行李的件数、样式要记清，以便抵达时认领。

乘坐飞机前要取到登机卡。有的航班在你买机票时就为你预留了座位，同时发给你登机卡。大多数航班都是在登记行李时由工作人员为你选择座位卡。登机卡应在候机室和登机时出示。如果你没有提前买机票或未订到座位，需在大厅的机票柜台买票登记，等候空余座位时必须耐心等待，直到持票旅客全部登记后，再按到达柜台的先后得到安排。

领取登机卡后，乘客要通过安全检查门。乘客应先将有效证件（如身份证、军官证、警官证、护照、台胞回乡证等）、机票、登记卡交安检人员查验，放行后通过安检门时需将电话、传呼机、钥匙和小刀等金属物品放入指定位置，手提行李放入传送带。乘客通过安检门后，注意将有效证件、机票收好以免遗失，只持登机卡进入候机室等待。

上下飞机时，均有空中小姐站立在机舱门口迎送乘客。她们会向每一位通过舱门的乘客热情地问候。此时，作为乘客应有礼貌地点头致意或问好。

（2）登机后的礼仪。登机后，乘客要根据飞机上座位的标号按秩序对号入座。飞机座位分为两个主要等级，也就是头等舱和经济舱。经济舱的座位设在靠中间的到机尾的地方，占机身的3/4空间或更多一些，座位安排较紧；头等舱的座位设在靠机头部分，服务较经济舱好，但票价较高。所以登机后购买经济舱票的人不要因头等舱人员稀少就抢坐头等舱的空位。找到自己的座位后，要将随身携带的物品放在座位头顶的行李箱内，较贵重的东西放在座位下面，自己管好，注意不要在过道上停留太久以影响其他人。

飞机起飞前，乘务员通常给旅客示范表演如何使用降落伞和氧气面具等，以防意外。当飞机起飞和降落时要系好安全带。在飞机上要遵守“请勿吸烟”的信号，同时禁止使用移动电话、AM/FM 收音机、便携式电脑、游戏机等。

飞机起飞后，乘客可看书报或与同座交谈。如你愿意交谈，可以“今天飞行的天气真好”等开场白来试探同座是否愿意交谈，在谈话中不必互通姓名，只是一般谈谈而已。如你不愿交谈，对开话头的人只需“嗯哼”表示，或解释“我很疲倦”。飞机上的座椅可调整，但应考虑前后座位的人，突然放下座椅靠背、突然推回原位，或跷起二郎腿摇摆颤动，都会引起他人的反感。

在飞机上使用盥洗室和卫生间的规则与其他交通工具上的相同。要注意按次序等候，注意保持其清洁。同时不要在供应饮食时到厕所去因为有餐车放在通道中，其他人无法穿过。如果晕机，可想办法分散注意力，如若呕吐，要吐在清洁袋内，如有问题，可打开头顶上放的呼唤信号，求得乘务员的帮助。

（3）停机后的礼仪。停机后，乘客要带好随身携带的物品，按次序下飞机，不要抢先出门。

国际航班上下飞机要办理入境手续，通过海关便可凭行李卡认领托运行李。许多国际机场都有传送带设备，也有手推车以方便搬运行李。还有机场行李搬运员可协助乘客。在机场除了机场行李搬运员要给小费外，其他人不给小费。

下飞机后，如一时找不到自己的行李，可通过机场行李管理人员查寻，并可填写申报单交航空公司。如果行李确实丢失，航空公司会照章赔偿的。

4. 乘坐火车礼仪

火车是重要的交通工具之一。良好的乘车环境需要大家共同努力，因此在乘车过程中，要讲文明、懂礼貌，多一分宽容，多一分礼让，这样，不仅能减少许多不必要的麻烦，还能保持良好的心情，减轻旅途疲劳。要注意以下三点。

（1）讲究候车规则。乘客在候车时，要爱护候车室的公共设施，不大声喧哗，携带的物品要放在座位下方或前部，不抢占座位或多占座位，更不要躺在座位上使别人无法休息。要保持候车室的卫生，瓜果皮核等废弃物要主动扔到果皮箱里，不要随手乱扔，不随地吐痰。检票时自觉排队，不乱拥乱挤，有秩序上下车。

（2）维护车厢秩序。要有秩序进入车厢并按要求放好行李，行李应放在行李架上，不应放在过道上或小桌子上。放、取行李时应先脱掉鞋子后站到座位上，以免踩脏别人的座位。自己的行李要摆放整齐，尽量不压在别人的行李上，如果实在不行，也应征得别人的同意。不在车厢内吸烟，不随地吐痰，乱扔废物。不在车厢内大声说话。到达目的地后，拿好自己的物品有礼貌地与邻座旅客道别，有序下车，不要抢道拥挤。

（3）注意礼貌交谈。长途旅行，与邻座的旅客有较长的时间相处，有兴趣时可以共同探讨一些彼此都乐于交谈的话题。但应注意交谈礼貌：交谈前应看清对象，与不喜欢交谈的人谈话是不明智的，和正在思考问题的人谈话也是失礼的。即使与旅伴谈得很投机，也不要没完没了，看到对方有倦意就应立刻停止谈话。注意谈话中不要问对方的姓名、住址及家庭情况，这些不是火车上好的交谈话题。

八、宾馆住宿的礼仪

宾馆客房是客人临时之家，是为客人提供休息的场所。在我国，客人的入住一般须出示居民身份证等有效证件，然后办理住宿登记等手续。在一些发达国家，大都是先预订房间，到达后，只要说出自己的姓名，然后在登记册上签名即可。根据工作需要，旅行人员亦可在房间办公、举行小型会议、洽谈业务或会友。不论将客房作为休息场所还是临时办公地点，掌握入住基本规定，对自己、对工作都是十分有益的。要注意以下五个方面。

1. 内外有别

因为旅店既是休息的地方，又是工作的地方，所以，室内着装可相对随便些。但是如果约好客人在下榻饭店的客厅或自己的房间洽谈业务，则要仪表端庄，注意自己的职业形象，同时亦应遵守前面提到的待客礼仪和日常礼仪。为客人准备好相关的茶水和饮料。

2. 文明入住

住店要处处体现文明。关房门时注意用力轻一些。深夜回来，如需洗澡，注意动作要轻一些，避免打扰到隔壁邻居，如果可能最好等第二天早晨再洗。如果与别人合住，应该注意出门时随手将门关上，不要在房间里喧哗，以免影响他人休息。休息的时候可以按上“请勿打扰”的标志灯，或在门外挂上“请勿打扰”牌子。到别的房间找人，应该敲门，经主人许可再进入，不要擅自闯入。

3. 安全第一

入住宾馆，进入客房后应先阅读房间门后消防逃生路线图，熟悉所在房间的位置和逃生楼梯的方位。之后，要查看一下窗户和侧门是否锁好。如果饭店员工无法将侧门锁好，可以要求换一个房间。旅行期间，只要可能就要将你所带来的贵重物品随身携带。不要把钱或贵重物品留在房间里，要把珠宝、照相机、文件等都锁在饭店的保险箱里。进入饭店房间后，离开房间时，为了安全起见，如果条件允许，你可以让电视机开着。待在房间里的时候，把门关好并上好锁。除非你在等人，否则不要开着门；开门前要先问一声，或从窥孔那儿查看一下来人是谁。如果对方宣称自己是饭店员工，或者你有其他考虑，可以给前台打电话进行核实。晚上睡觉前，应将防撬链扣好挂好。房门钥匙要随身携带。不要当众展示你的钥匙，也不要把它放在饭馆的餐桌上、健身房里或者其他容易丢失的地方。门厅的灯可以亮着，可以开夜灯睡觉，或者开着洗手间的灯睡觉，以便让自己感到安全，或者遇到紧急的情况，可以照亮。

4. 爱护设施

宾馆客房内备有供旅客生活使用的各种物品，如桌、椅、灯具、电视、空调以及洗漱和卫生洁具、浴具等设施，使用时应予以爱护，不许用力拧、砸、敲。如不慎损坏应主动赔偿，故意破坏房内物品或损坏了物品不声不响，甚至把房内的不属于自己的东西随意拿走等，都是违背社会公德的不文明行为。

5. 保持卫生

在客房内衣物和鞋袜不要乱扔乱放。废弃物应投入垃圾桶内，也可放到茶几上让服务员来收拾，千万不要扔进马桶里，以免堵塞影响使用。吸烟者不要乱弹烟灰、乱抛烟头，以免烧坏地毯或家具，甚至引起火灾。出门擦鞋应用擦鞋器，用枕巾、床单擦鞋是不道德的行为。

专业阅读

一、会议中的个人礼仪

1. 仪表

每一位与会人员都应该注意自己的仪表举止，做到穿着得体、举止优雅。一般要求是：穿着打扮要端庄大方、美观得体，最好穿职业套装，以显成熟、精干；仪容要整洁，举止文雅大方、风度潇洒、气质高雅，不要缩手缩脚，扭扭捏捏，矫揉造作。

出席正式会议和宴请，要穿正装，男士是深色西服，女士穿中长裙和长裤均可。男士要贴身穿衬衣，打领带，穿深色袜子，并把衬裤脚包在袜子里。女士的衣服最好每天更换一套。除会议主持人和发言人须遵循这些基本要求外，其他与会人员相对可以自由一些，比如可以穿休闲装、运动鞋，可以不带资料，简单进场。

但需注意的是：不能太随便，禁忌穿拖鞋，衣衫不整；禁忌大声喧哗，遇到熟人热聊，旁若无人；无论在主席台还是在台下，坐姿都要端正，切忌抖腿或跷二郎腿。

2. 遵守会议纪律

正式的会议，一般都会提前宣布会议纪律，即使有些会议没有明文规定，事实上会议纪律已经在人们的意识中客观存在。一般情况下，参会人员应该准时到会、保持安静、不得逃会。一般而言，与会人员在出席会议时应当严格遵守的会议纪律。其内容主要有以下三项。

（1）按时到会。严守会议时间，是保证会议顺利进行的基本条件之一。这一要求要落到实处，不但要靠主持人、组织者的积极努力和得力措施，也要靠全体与会人员的自觉和认真配合。接到会议通知后，应当按照通知上规定的具体时间准时出席会议。参加在本地举行的会议，应至少提前5分钟进入会场，以便有充足的时间做好会前准备，比如签到、寻位、领取材料等。参加在外地举行的集会，则最好提前一天报到，以便事先熟悉情况。如果迟到无法避免，应尽量提前通知会务组织者，且到后悄然进入会场，不要扰乱会议秩序。

（2）保持安静。全体与会者都应自觉维护会场秩序，保持会场安静，不影响发言人的讲话与听众的听讲。

在发言人或主持人讲话时，不允许起哄或是直接制造噪声。比如，不应在会场使用手机，不应当玩弄游戏机，不准吃东西等。与讲话者意见相左时，可以通过适当的渠道表达，不应当粗暴地打断对方的发言，或是大声予以斥责、议论，狂吹口哨，拍打桌椅，跺脚乱踢等。在会场上鼓掌，主要是对讲话者表示欢迎和支持，不允许“鼓倒掌”。

在开会之时，不应当随意走动，或者与周围的人交头接耳，更不应大声喧哗，或在会场里大声接听电话。一般情况下，最好不要带外人（与会议无关的）、家人（特别是小孩）参加会议。

（3）不得逃会。参加会议，必须善始善终。万一有特殊原因需要中途离会，应当事先请假。必要时，还须向主持人说明原因，并表示歉意，不允许在会议中途不辞而别。在他人讲话期间当众退场，不仅自己失礼，也失敬于对方。

3. 认真倾听发言

对每一位听众而言，在会议进行期间认真倾听他人的发言，是尊重对方的具体表现，也是自己掌握会议精神的主要途径。要真正做好这一点，需要注意以下三点。

（1）会前准备。参加会议前，应做好必要的准备工作。其一，要充分休息，养精蓄锐，否则在开会时疲劳困乏，大打瞌睡，必定影响听讲。其二，要处理好其他工作，免得在开会时神不守舍、三心二意。其三，要预备好必要的辅助工具，如纸、笔、录音机等。其四，要认真阅读会议材料，以便全面了解会议情况，掌握会议主旨。

（2）聚精会神。在会议进行时，每位听众都要聚精会神地聆听他人的讲话、发言——唯有聚精会神、全神贯注，方能汲取他人发言的精华，抓住要点，发现问题。在聆听他人发言时，切勿心神不定，“魂游”于会场之外。自己在讲话、发言后，更要注意专心聆听别人的讲话、发言。

（3）笔录要点。“好记性不如烂笔头。”参加会议时，要尽可能地对他人的讲话、发言择其要点，予以笔录，这对于深入领会和准确传达会议精神帮助很大。

4. 正确就座

会议座位安排主要有两种方法，一是按指定区域统一就座，二是自由就座。进入会场后，在没有会务工作人员引导的情况下，选择座位时应注意以下几点。

（1）弄清楚哪个是上座，哪个是下座，按自己的身份、地位合理就座。一般情况下，面对正门的位置为上座，靠门边的、远离领导的座位为下座。不管是圆会议桌还是方会议桌，与上座领导面对面的位置属于次上座。有一定级别的领导，应坐到与自己级别相适应的座位上。

（2）抢坐前排或退居后排，在会场中间留出空白，这是与会人员就座的大忌。

（3）应勇于坐前排。座位的远近在心理学上反映了自信心的大小和地位权力的微妙差距。爱坐后排者，往往是缺乏自信心的表现。我们应善于表现自己，养成坐在会场前排的习惯。

（4）注意主宾的区别。如果以客人的身份参加会议的，要注意主客的区别，做到客随主便。①不需要起身为领导添茶，不要主动分发会议材料；②不要评价会议准备工作的好坏，不要随意改变座位；③不需要接洽会议安排事宜，应尽可能服从安排（为本单位领导安排行程除外）。

5. 参加会议应注意的事项

（1）是否要讲话。会议主持人会要求与会人员对近期工作或某件事、某个人发表意见和建议。在这种情况下，应注意以下几点。①发言应讲究顺序和秩序，注意级别，不能争抢发言，一般应让领导先讲。②有想法就讲，要勇于表现自己，不要扭扭捏捏。事前应认真思考，组织好语言；逻辑要清晰，发言要简短，观点要明确，不能讲套话、大话、废话；可以提出尖锐、敏感的问题，引起领导的注意。③评价某人或某项工作时，应以正面表扬为主，不可偏激、冲动、感情用事，切忌进行人身攻击。④一定要低姿态，谦虚诚恳，如“今天非常荣幸能够参加这个会议，主要是来向大家学习的，在此也提出个人的几点想法，请大家多批评”。在发言时，要少用“我”字，别提“本人”，切忌自我推销、自我宣传和自我肯定。发言结束时，要道一声“谢谢大家”。⑤与他人有分歧时，应以理服人，态度平和，听从主持人的安排，不能只顾自己。如果与会人员有提问，应礼貌作答，对不能回答的问题，应机智而礼貌地说明理由；对批评意见应认真听取，即使提问者批评是错误的，也不能失态。

（2）能否上洗手间。关于会议期间能否上洗手间的问题一般应注意三点。①一般建议不要上洗手间，特别是在会议室较大，人较多，座位很挤，离开要穿越整个会场的情况下。②主要领导作总结发言时，最好不要走动，以示尊重。③抓住发言间隙，轻声起座离开，切忌发出椅子搬动声音和高跟鞋的响声，避免吸引大家的注意力，影响会议的秩序。有经验的与会人员入会前会先上洗手间，或提前半小时不喝水，或在会场中少喝水。当然一般会议对此没有严格要求，但与会者应尽可能保持自身良好形象。

（3）能否吃东西。有些会议如座谈会会准备茶点和水果，以起到装饰和调节气氛的作用。在这种情况下，能否吃东西呢？有时主持人也会招呼大家来吃水果。一般来说，应注意以下三点。①不能吃，注意形象，特别不能吃需要剥皮、会弄脏手、影响形象的水果，比如芒果、枇杷、西瓜类；②领导讲话时不能吃；③有时可以礼节性地吃点，但只可拿取个人面前的水果，且吃时不能发出声音，不能把手和文件弄脏。总之，在日常工作中，讲究个人礼仪应该成为每一位职场人员的一种素养，一种发自内心的习惯。

（资料来源：胡红霞. 浅谈会议中的个人礼仪，秘书之友，2010（1），有改动.）

二、商务谈判的礼仪

有的事情在你的生活、工作中的每一天都要做，但你却并未意识到。并且它们对你的职业成功是绝对关键的。这就是谈判。也许你认为谈判技巧无关紧要，谈判只对少数领导者才是重要的。那你就错了！生活中你和你的爱人曾经商讨过谁负责家里的哪项家务吧？你曾买过车或房子吗？那你就是一个谈判者。其实谈判无处不在。

1. 商务谈判的准备

商务谈判之前首先要确定谈判人员，与对方谈判代表的身份、职务要相当。其次要对谈判主题、内容、议程作好充分准备，制订好计划、目标及谈判策略。还要布置好谈判会场，采用长方形或椭圆形的谈判桌，门右手座位或对面座位为尊，应让给客方。谈判代表也要有良好的综合素质，应整理好自己的仪容仪表，穿着要整洁正式、庄重。男士应刮净胡须，穿西服必须打领带。女士穿着不宜太性感，不宜穿细高跟鞋。应化淡妆。

2. 商务谈判之初

谈判双方接触的第一印象十分重要，言谈举止要尽可能创造出友好、轻松的良好谈判气氛。作自我介绍时要自然大方，不可露傲慢之意。询问对方要客气。介绍完毕，可选择双方共同感兴趣的话题进行交谈。稍作寒暄，以沟通感情，创造温和气氛。

谈判之初的姿态动作也对把握谈判气氛起着重大作用，目光注视对方时，目光应停留于对方双眼至前额的三角区域正方，这样使对方感到被关注，觉得你诚恳严肃。手心冲上比冲下好，手势自然，不宜乱打手势，以免造成轻浮之感。切忌双臂在胸前交叉，那样显得十分傲慢无礼。

谈判之初的重要任务是摸清对方的底细，因此要认真听对方谈话，细心观察对方举止表情，并适当给予回应，这样既可了解对方意图，又可表现出尊重与礼貌。

3. 商务谈判的基本功

（1）保持沉默。在紧张的谈判中，没有什么比长久的沉默更令人难以忍受。但是也没有什么比这更重要。另外还要提醒自己，无论气氛多么尴尬，也不要主动去打破沉默。

（2）耐心等待。时间的流逝往往能够使局面发生变化，这一点总是使人感到惊异。正因为如此，我们常常在等待，等待别人冷静下来，等待问题自身得到解决，等待不理想的生意自然淘汰，等待灵感的来临……一个充满活力的领导总是习惯于果断地采取行动，但是很多时候，等待却是人们所能采取的最富建设性的措施。每当怀疑这一点时，就得提醒自己有多少次成功来自关键时刻的耐心，而因缺乏耐心又导致了多少失败。

（3）随时观察。在办公室以外的场合随时了解别人。这是邀请“对手”或潜在客户出外就餐，打高尔夫、打网球等等活动的好处之一，人们在这些场合神经通常不再绷得那么紧，使得你更容易了解他们的想法。

（4）亲自露面。没有什么比这更使人愉快，更能反映出你对别人的态度。这就像亲临医院看望生病的朋友，与仅仅寄去一张慰问卡之间是有区别的。

4. 商务谈判的语言技巧

成功的商务谈判都是谈判双方出色运用语言艺术的结果。

（1）针对性强。在商务谈判中，双方各自的语言都是表达自己的愿望和要求的，因此谈判语言的针对性要强，做到有的放矢。模糊、啰唆的语言会使对方疑惑、反感，降低己方威信，成为谈判的障碍。针对不同的商品、谈判内容、谈判场合、谈判对手，要有针对性地使用语言才能保证谈判的成功。例如，对脾气急躁，性格直爽的谈判对手，运用简短明快的语言可能受欢迎；对慢条斯理的对手，则采用春风化雨般的倾心长谈可能效果更好。在谈判中，要充分考虑谈判对手的性格、情绪、习惯、文化以及需求状况的差异，恰当地使用针对性的语言。

（2）表达方式婉转。谈判中应当尽量使用委婉语言，这样易于被对方接受。比如，在否决对方要求时，可以这样说："您说的有一定道理，但实际情况稍微有些出入。"然后再不露痕迹地提出自己的观点。这样做既不会有损对方的面子，又可以让对方心平气和地认真倾听自己的意见。

其间，谈判高手往往努力把自己的意见用委婉的方式伪装成对方的见解，提高说服力。在自己的意见提出之前，先问对手如何解决问题。当对方提出以后，若和自己的意见一致，要让对方相信这是他自己的观点。在这种情况下，谈判对手有被尊重的感觉，他就会认为反对这个方案就是反对他自己，因而容易达成一致，获得谈判成功。

（3）灵活应变。谈判形势的变化是难以预料的，往往会遇到一些意想不到的尴尬事情。因此要求谈判者具有灵活的语言应变能力，与应急手段相配合，巧妙地摆脱困境。当遇到对手逼你立即作出选择时，你若是说："让我想一想"，"暂时很难决定"之类的语言，便会被对方认为缺乏主见，从而在心理上处于劣势。此时你可以看看表，然后有礼貌地告诉对方："真对不起，9 点钟了。我得出去一下，与一个约定的朋友通电话，请稍等 5 分钟。"于是，你便很得体地赢得了 5 分钟的思考时间。

（4）恰当地使用无声语言。商务谈判中，姿势、手势、眼神、表情等非发音器官来表达的无声语言，往往在谈判过程中发挥重要的作用。在有些特殊环境里，有时需要沉默，恰到好处的沉默可以取得意想不到的良好效果。

（5）多听少说。缺乏经验的谈判者的最大弱点是不能耐心地听对方发言，他们认为自己的任务就是谈自己的情况，说自己想说的话和反驳对方的反对意见。因此，在谈判中，他们总在心里想下面该说的话，不注意听对方发言，许多宝贵信息就这样失去了。他们错误地认为优秀的谈判员是因为说得多才掌握了谈判的主动。其实成功的谈判员在谈判时把 50% 以上的时间用来听，他们边听、边想、边分析，并不断向对方提出问题，以确保自己完全正确的理解对方。他们仔细听对方说的每一句话，而不仅是他们认为重要的，或想听的话，因此而获得大量宝贵信息，增加了谈判的筹码。有效地倾听可以了解对方的需求，找到解决问题的新办法，"谈"是任务，而"听"则是一种能力，甚至可以说是一种天分。"会听"是任何一个成功的谈判者都必须具备的条件。在谈判中，我们要尽量鼓励对方多说，我们要向对方提问题请对方回答，使对方多谈他们的情况，以达到尽量了解对方的目的。

（资料来源：王飞．商务礼仪：谈判篇．金融管理与研究，2007（6）．）

课后训练

1. 五湖四海商贸公司准备召开客户咨询联谊会，你准备怎样开好这次会？

2. 某职业技术学院为推荐毕业生就业，专门邀请了10家企业的领导进行会谈。请模拟演示这次会谈程序，最后安排企业领导与师生合影。

3. 在全班举办一次企业标识展览会。学生5～6人为一组，分组进行准备。经过一周的准备后，进行展示，每组一块展板，安排一名学生进行讲解。

4. 五湖四海公司为了答谢新老顾客对公司的厚爱，决定在公司会议室举办一次座谈会。如果让你来组织，你将怎样做？

5. 五湖四海饮品有限公司一直热心社会公益事业。最近，公司董事会决定对汶川地震灾区恢复重建进行赞助，请策划这次赞助活动并说明社会赞助的程序和注意事项。

6. 你所在的单位要进行十周年庆典活动。如果负责人把庆典活动的组织工作交给你，你该如何来做呢？

7. 寻找机会参加一次企业的仪典活动，并谈谈你的切身感受。

8. 中国五湖四海饮料公司将迎来一批来自美国的华尔集团商务考察团，五湖四海饮料公司准备向华尔集团订购两条先进的罐装流水线设备。在这次考察活动中将要进行谈判，签订合同，举行签字仪式。请模拟这次签字仪式。

9. 在全班模拟组织一次新闻发布会，以最近学校或系发生的较大的新闻事件为主题，同学们分别扮演发言人、记者、会议服务行业从业人员。

10. 公司经理派你下星期去1000公里以外的城市，如到上海、三亚或成都出差，那么你应当准备哪些物品？请列出清单。

11. 案例分析

会场的“明星”

小刘的公司应邀参加一个研讨会，该研讨会邀请了很多商界知名人士及新闻界人士参加。老总特别安排小刘和他一道去参加，同时也让小刘见识大场面。

开会这天小刘早上睡过了头，等他赶到，会议已经进行了20分钟。他急急忙忙推开了会议室的门，“吱”的一声脆响，他一下子成了会场上的焦点。刚坐下不到5分钟，肃静的会场上响起了摇篮曲，是谁放的音乐？原来是小刘的手机响了！这下子，小刘可成了全会场的“明星”……

没多久，听说小刘已经离开了该公司。

（资料来源：http：//www. blog. ccoo. cn/nbk5/lshow. asp？id = 595208&uid = 169348，2010-08-01．）

思考与讨论：

（1）小刘失礼的地方表现在哪里？

（2）参加各种会议应该注意哪些礼仪？

12. 案例分析

狼狈不堪的签约仪式

今年1月，宏达公司与美国戴维斯公司经过多轮磋商，达成了合作意向，他们决定16日上午10点在嘉元宾馆举办正式的签约仪式。准备由宏达公司总经理秘书王芳负责。由于王芳最近工作比较忙，所以准备签约仪式的时间比较紧张。到了这天，她提前半小时到了会场，突然发现合同文本忘记在办公室了，她赶快请办公室文员小李拿上合同，从后勤处要了一辆车火速赶往签约现场。幸好当天交通状况比较好，没有塞车，合同在会议开始前5分钟送到了，总经理秘书王芳悬着的心终于落下来了。可在主持人宣布签约仪式开始时，王芳发现她忘记安排助签人了，所以她自己临时上阵担任助签人，而她的着装与签约仪式的气氛不是很协调，导致场面有点尴尬。

（资料来源：张岩松，李桂英．现代商务礼仪．北京：北京交通大学出版社，2009.）

思考与讨论：

（1）举行仪式活动应做好哪些准备？

（2）签约仪式对助签人有何要求？

13. 案例分析

有备无患

张经理为争取进一步的合作，出差到自己公司的一家大用户那里，介绍新的产品。新产品资料已经装入张经理携带的笔记本电脑里。为了防备万一，又请同行的另一名同事再带上一台笔记本电脑，并在里面备份了该资料。在准备的过程中，有人颇不以为然，觉得张经理用的笔记本是非常好的品牌，从未出过问题。需要带的行李已经不少了，不必再带一个笔记本！由于秘书的坚持，备份的笔记本还是带上了。产品介绍会开始了，当该公司介绍产品时，问题发生了：张经理准备用的笔记本电脑突然死机，怎么也调不出要用的文件。张经理不慌不忙地换上备份电脑，一切按照安排顺利进行。最后，产品介绍会取得了预期效果。

（资料来源：张岩松，李桂英．现代商务礼仪．北京：北京交通大学出版社，2009.）

思考与讨论：

（1）如果张经理准备的不够充足，那将会是什么样的结果？

（2）商务旅行怎样才能做到万无一失？

参考文献

[1] 杜明汉．营销礼仪．北京：电子工业出版社，2007.
[2] 未来之舟．销售礼仪．北京：中国经济出版社，2009.
[3] 廖春红．中国式商务应酬细节全攻略．广州：广州出版社，2010.
[4] 刘晓清．现代营销礼仪．大连：东北财经大学出版社，2006.
[5] 周朝霞．营销礼仪．北京：中国人民大学出版社，2006.
[6] 吴良勤．营销礼仪．北京：清华大学出版社，2009.
[7] 宋洪洁．每天学点销售学大全集．上海：立信会计出版社，2011.
[8] 未来之舟．营销礼仪手册．北京：海军出版社，2005.
[9] 赵云龙．电话营销学．北京：中国经济出版社，2003.
[10] 王吉芳．营销礼仪．北京：北京交通大学出版社，2011.
[11] 尹菲．形体礼仪．北京：机械工业出版社，2007.
[12] 严军．商务礼仪与职业形象．北京：对外经济贸易大学出版社，2009.
[13] 孙玲．商务礼仪实务与操作．北京：对外经济贸易大学出版社，2010.
[14] 杨海清．现代商务礼仪．北京：科学出版社，2006 年.
[15] 谢迅．商务礼仪．北京：对外经济贸易大学出版社，2007.
[16] 黄琳．商务礼仪．北京：机械工业出版社，2005 年.
[17] 郭文臣．交际与公关礼仪．大连：大连理工大学出版社，1998.
[18] 李兴国．现代商务礼仪．哈尔滨：黑龙江科学技术出版社，1998.
[19] 吕维霞，刘彦波．现代商务礼仪．北京：对外经济贸易大学出版社，2003.
[20] 杨眉．现代商务礼仪．大连：东北财经大学出版社，2000.
[21] 冯玉珠．商务宴请攻略．北京：中国轻工业出版社，2006.
[22] 李莉．实用礼仪教程．北京：中国人民大学出版社，2006.
[23] 马志强．语言交际艺术．北京：中国社会科学出版社，2006.
[24] 吴蕴慧，徐静．现代礼仪实务．上海：上海交通大学出版社，2008.
[25] 林成益，帅学华．现代礼仪修养教程．杭州：浙江大学出版社，2007.
[26] 崔志锋．礼仪．北京：科学出版社，2008.
[27] 徐克茹．商务礼仪标准培训．北京：中国纺织出版社，2007 年.
[28] 汪连天．职场礼仪心得：商务签约礼仪．工友，2010（04）.
[29] 樊丽丽．实用生活礼仪常识．北京：中国经济出版社，2008.

[30] 要力勇，李华秀．实用公关技巧大全．北京：北京师范大学出版社，1992.
[31] 晓燕．公关礼仪．南昌：百花洲文艺出版社，1995.
[32] 吴绿星．推销与口才．福州：福建科学技术出版社，1991.
[33] http：//book. sina. com. cn/new/nzt/vip/60478/40743. html，2008-05-12.
[34] 向多佳．职业礼仪．成都：四川大学出版社，2006.
[35] 李杰群．非语言交际概论．北京：北京大学出版社，2003.
[36] 水中鱼．销售金口才．武汉：华中科技大学出版社，2010.